法学部は甦る！ 上

初年次教育の改革

國學院大學法学部教授 中川孝博

現代人文社

目次

はしがき ... 6
1. 最もつぶしの利かない学部！？ ... 6
2. 眠れる獅子 ... 8
3. 本書の基本的スタンス ... 10
4. 本書の構成 ... 17

第1編　法学系フレッシュマンセミナーの風景

第1章　基礎演習の教育目標 ... 20
1. 科目の属性 ... 20
2. 教育目標①：知識・理解 ... 24
3. 教育目標②：思考・判断 ... 25
4. 教育目標③：関心・意欲 ... 25
5. 教育目標④：技能・表現 ... 27
6. 本授業のコンセプトのまとめ ... 28

第2章　授業実践記録 ... 30
1. 授業開始前のコントロール ― 仕込みはオープン・キャンパスから！ ... 30
2. 第1回授業(2012.09.27) ── つかみは大事！ ... 34
3. 第2回授業(2012.10.04) ── いよいよチーム結成！ ... 38
4. 第3回授業(2012.10.11) ── ノートはちゃんととっているか？ ... 42
5. 第4回授業(2012.10.25) ── 図書館に行こう！ ... 47
6. 第5回授業(2012.11.08) ── 反対尋問に挑戦！① ... 52
7. 第6回授業(2012.11.15) ── 反対尋問に挑戦！② ... 55
8. 第7回授業(2012.11.22) ── 模擬裁判のシナリオ作り！① ... 57
9. 第8回授業(2012.11.29) ── 模擬裁判のシナリオ作り！② ... 59

10.	第9回授業(2012.12.06)	ディベートのテーマを決めよう！	60
11.	第10回授業(2012.12.13)	より深く文献検索をしよう！	64
12.	第11回授業(2012.12.20)	模擬裁判ゲネプロ！	66
13.	第12回授業(2013.01.10)	ディベート初戦！	66
14.	第13回授業(2013.01.17)	ディベート再戦！	68
15.	第14回授業(2013.01.24)	最後にふりかえり	69

第3章　学習成果の検証　71

1. 12年度授業参加者の学習成果 ………… 71
2. PDCAの軌跡 ………… 75

第1編・資料　79

- 簡易共通シラバス ………… 80
- 募集要項 ………… 82
- 中川デイズの志望理由 ………… 85
- 基礎演習の手引き ………… 87
- 反対尋問シナリオ ………… 111
- 模擬裁判シナリオ　完成稿 ………… 115
- ディベートレジュメの例 ………… 139
- 小論文の例 ………… 141
- 中川デイズのチームふりかえり ………… 144

第2編　実定法初級科目の風景

第4章　裁判法Aの教育目標　152

1. 科目の属性 ………… 152
2. 教育目標①:知識・理解 ………… 155
3. 教育目標②:思考・判断 ………… 155
4. 教育目標③:関心・意欲 ………… 156
5. 教育目標④:技能・表現 ………… 157

第5章　授業実践記録 ― 158

1. 授業前のコントロール ── シラバスは呼び込みチラシ！ ………… 158
2. 第1回授業(2012.9.28) ── 初回はツァイガルニック効果を狙う！ …. 160
3. 第2回授業(2012.10.4) ── チーム編成！ ………………………… 169
4. 第3回授業(2012.10.12) ── チーム制本格始動！ …………………… 174
5. 第4回授業(2012.10.19) ── 取調べシミュレーション！ ……………… 183
6. 第5回授業(2012.10.26) ── 法的意見表明の型を修得しよう！ ……… 187
7. 第6回授業(2012.11.09) ── ふりかえってから次のステップへ！ …… 195
8. 第7回授業(2012.11.16) ── 授業時間外学習は順調！ ………………… 205
9. 第8回授業(2012.11.30) ── 中間テスト！ …………………………… 210
10. 中間試験の結果と分析 …………………………………………… 214
11. 第9回授業(2012.12.14) ── ふりかえりは重要だ！ ………………… 217
12. 第10回授業(2012.12.21) ── 模擬裁判！ …………………………… 227
13. 第11回授業(2013.01.11) ── ALなしでも大丈夫！？ ……………… 234
14. 第12回授業(2013.01.18) ── 法的意見表明はもう大丈夫！ ………… 240
15. 第13回授業(2013.01.25) ── 期末試験がんばって！ ………………… 246
16. 期末試験実施後 ── アフター ………………………………………… 251

第6章　学習成果の検証 ― 254

1. 12年度授業参加者の学習成果 …………………………………… 254
2. PDCAの軌跡 ……………………………………………………… 264

第2編・資料 ― 281

- 簡易シラバス ……………………………………………………… 282
- 2012年度　裁判法A/刑事手続法概論　学習の手引き ………… 285
- 2012年度　裁判法A/刑事手続法概論　これだけは！シート … 316
- 第1回アンケートのサンプル …………………………………… 318
- 座席表 ……………………………………………………………… 319
- チーム成績一覧表 ………………………………………………… 320
- 第1回課題シート ………………………………………………… 321
- 第1回任意課題講評 ……………………………………………… 323

第2回課題シート	325
第3回課題シート	328
とりあえず便利な法的意見表明の型	330
第3回課題答案の例	332
第3回任意課題講評	333
第4回課題シート	336
第4回課題答案の例	339
第4回任意課題講評	341
中間試験ガイダンス	345
中間試験問題用紙	347
中間試験論述問題答案の例	350
中間試験データ	351
第6回課題シート	353
とりあえず便利な法的意見表明の型：補遺	356
第6回課題答案の例	358
第6回任意課題講評	360
第7回課題シート	362
期末試験ガイダンス	365
補助レジュメ	367
期末試験問題用紙	368
期末試験論述問題の解答例	371
最終アンケートのサンプル	375

＊國學院大學法学部facebookページ（https://www.facebook.com/kokugakuinlaw）にて、本書で扱う授業の記事（写真や動画）が掲載されている。リンク集（http://www.kokugakuin.ac.jp/law/facebook_link.html）にまずアクセスし、「法律専攻の授業」の表にある「中川先生の基礎演習」や「裁判法Ａ」中のリンクをクリックしていただくと効率的に見ることができる。

はしがき

1. 最もつぶしの利かない学部!?

　法学部の人気が低下してきている。それは、全国法学部の志願者数減少、競争倍率の低下、偏差値の低下といった形で既に明確に表れてきている。

　人気低下の原因が、理高文低という近年のトレンド、法曹養成制度をめぐる混乱状況に由来する不安感の醸成、給与削減の動きに伴う公務員の魅力低下といった外在的要因にのみ求められるのであれば、そして、法学部の教育自体は魅力あふれるものになっているというのであれば、特に対策を打つこともなく、外で吹き荒れる嵐が過ぎ去るのをじっと待っているだけでよいのかもしれない。

　しかし残念ながら、法学部の教育は魅力的でないとの批判が目につくようになってきている。例えば、以下のような指摘がある。

> 法学部のような学部は、ここを出ておけば"つぶしが効く"といった評価に甘んじるのではなく、法学部の教育を通じて、法律についての実務的な知識・スキルとリーガル・マインドを身につけさせ、学生たちの卒業後の進路にもつながるような専門教育をすることが求められます。全員が、裁判官や弁護士といった法曹界にすすむという意味ではありません。民間企業に就職をするとしても、法律的な知識・スキルやセンスが生かされるような業種や職種は存在しているはずです。（児美川孝一郎『若者はなぜ「就職」できなくなったのか？──生き抜くために知っておくべきこと』[日本図書センター、2011年] 207頁）

　一見するとこれは、法学部業界の「内」にいる者から「何もわかっていない」と一笑に付されかねない指摘である。法律家養成のみを目的とする法学部など日本に存在したことはなく、今も昔も「リーガル・マインドを備えたジェネラリスト」の養成をうたっている法学部ばかりだからである。わざわざ「外」の人から「法律家になるつもりのない人にもリーガル・マインドを付けさせよ」と指摘されるまでもない。

しかし論者は、法学部の歴史に無知なわけではなかろう。全国の法学部は、リーガル・マインドを身につけさせるとの看板を一様に立てておきながら、実際は身につけさせていないではないか、看板に偽りありではないかという告発をしているのではなかろうか。
　実際、リーガル・マインドの中身は、近年盛んに喧伝されている、ジェネリック・スキル、コンピテンシー、学士力等の要素と重なるものが多い。リーガル・マインドを備えた学生は、企業の引く手あまたのはずである。ところが、2013年における法学部全体の就職率は73.6%で、主要文系学部の中で最低値を記録している。文学部（74.1%）よりも低く、いまや主要文系学部の中で「最もつぶしの利かない学部」になり下がっているのである（以上のデータは、週刊ダイヤモンド2013年10月12日号41頁による）。
　よりダイレクトに、法学部教育は立ち遅れていると断じる指摘もある。河合塾によると、高次のアクティブラーニングも一般的アクティブラーニングも全く導入せず、演習を除けば大教室講義による知識の伝達に終始しているのが法学部の典型的なカリキュラムであると指摘したうえで以下のように法学部の教育体制を批判している。

> このスタイルは旧来の法学部＝司法試験を目指すという構図の中では有効性を持ち得たが、現在のように司法試験の主舞台が法科大学院に移行し、法学部卒業生の大多数は法律に見識を持ったビジネスマンや行政マンとして社会に進出している中ではどうか。その意味で、他の学系が深い学びやアクティブラーニングが求められているのと、何ら選ぶところがないはずである。そういう脈絡において、法学部が明確に学系的な特徴として伝統的なカリキュラムスタイルに固執している点について、当プロジェクトは再検討の必要性を指摘しておきたい。（河合塾編『「深い学び」につながるアクティブラーニング──全国大学の学科調査報告とカリキュラム設計の課題』［東信堂、2013年］136頁）

　「旧来の法学部＝司法試験を目指す」という構図があったとは必ずしもいえない（少数の大学、少数の学生のみにしかあてはまらない）ので、本指摘の前半部分も事実に反する表現、もしくは、いささか誇張された表現のように思う（さらに、

旧来のスタイルが司法試験の受験にマッチしていたとも言い難い）が、この点にこだわっても生産的ではない。他の学系（学部）はアクティブラーニング等を積極的に導入し、教育改善・カリキュラム改善に積極的に取り組んでいるにもかかわらず、法学部は全く動こうとしていない、それでよいのかという批判の本旨に注目すべきである。

2．眠れる獅子

　法学部の「内」にいる者たちは、これらの「外」からの批判に正面から応えることができるだろうか。「ウチは、学生を能動的学修へと誘うよう周到にデザインされた授業に満ち溢れたカリキュラムになっていて、ほとんどの学生は真剣に学んでおり、ものすごく力をつけているぞ！」と、胸を張って断言できる「内」の者はどれだけいるだろうか。

　残念ながら、答えはネガティブなものにならざるをえない。ベネッセによる最新の調査（ベネッセ・コーポレーション「第2回大学生の学習・生活実態調査報告書」[2013年]）によると、学部系統別にみて最も授業の出席率が低いのが社会科学系統であり（同書79頁図3-1-1参照）、また、授業の予復習や課題をやる時間の割合が最も低いのも社会科学系統である（同書53頁表2-2-3参照）。法学部が「社会科学系統」の中の例外というわけでは決してなかろう。

　中央教育審議会大学分科会大学教育部会「予測困難な時代において生涯学び続け、主体的に考える力を育成する大学へ」（2012年）は、大学生全般の学修時間が少ない現状を憂い、単位制の趣旨をみたすべく、学生をもっと学ばせるよう要請しているが、全国の法学部はこの「外」からの要請に十分に応えているとは言い難い。

　さらに、「社会科学系統」を一括りにして論じることもできなくなってきている。社会科学系統の学部の中でも法学部人気の低下が激しいのだが、サンデー毎日2013年11月10日号69～70頁の記事「東大法学部の不人気が象徴する受験地図激変」は、法学部の教育に魅力がないと感じる受験生が多いことがその理由であると示唆している。

> （中川注：河合塾第2回全統マーク模試の結果から作成された、学部系統別志望動向の表をみると）国公立・私立大ともに法・政治の指数は対前年比で10％下

> がっている（中川注：国公立大が90％、私立大が91％となっている）が、私立の経済・経営・商は対前年比95％にとどまっている。ベネッセ教育総合研究所高等教育研究室コンサルタントの村山和生さんが、その理由を説明する。
> 　「経営や商で学生が主体的に授業に参加する双方向型のアクティブラーニングや問題解決型の授業を実践する大学が増えています。社会で通用する論理的思考力などが身に着く（ママ）ことに期待し、就職を意識した志望と言えます」
> 　経営や商には、経済産業省が提唱する「前に踏み出す力」「考え抜く力」「チームで働く力」といった、社会人基礎力や実学が身に着く（ママ）ことに対する期待が大きく、理論を中心に学ぶイメージが強い経済は人気がないのだ。
> 　社会・国際の指数が……高いのも就職を意識したものだ。……法や経済などの社会科学系から、（中川注：グローバル系へと）志望を変更する受験生も多いようだ。

　もっとも、「内」の中に全く動きがないかといわれると、必ずしもそうではない。日本学術会議大学教育の分野別質保証推進委員会法学分野の参照基準検討分科会は、2012年11月に「大学教育の分野別質保証のための教育課程編成上の参照基準──法学分野」と題する報告書を発表した。この報告書は法学部が自己点検・自己評価を行う際に、「参照基準」として用いるよう推奨されているものである。本報告書は、法学の授業についてどのような「基準」を定立しているだろうか。

> （中川注：講義の具体的方法は）大いに検討される必要があり、教員の側からの一方的な教授の方法は、必ずしも学生の集中力を一定時間持続させることができず、また聴講する学生たちがその内容を理解し得ているかの検証も十分とはいえない。双方向的な授業による検証などを十分に取り込んで、聴講する学生の能力に合わせてそれを向上させるための方法を開発することが不可欠である。双方向的方法により講義に参加するための学生の事前の準備は極めて重要であり、その周知徹底の方策が確立されるべきである（同報告書17頁）。

残念ながら、授業方法について明快なモデルや具体例を打ち出すようなものにはなっていない。従来の授業方法ではダメだという評価は示されているが、どのように改善すべきかについては漠然と方向性を示すにとどまっている。あとは各大学に丸投げの状態である。これでは「参照基準」とは言い難い。

　全国の法学部が淘汰され消滅しても特に問題はない、法学を学ぶ者は社会の一握りのエリートだけでよいというのであれば話は別だ。しかし、広く多くの者に法学を学んでほしいと願い、それが社会の発展に資するのだとの信念を持つ者・学部であれば、法学を学ぶことによって学生の力がつくという評価を取り戻し、法学部の魅力を強くアピールできるような態勢を整える必要がある。その意味で、学生の学修意欲を高め、実際に力をつける授業方法の開発は喫緊の課題といえよう。そして、特定個人の授業が突出するのではなく、カリキュラム全体が、学修意欲を高め、維持させ、実力をつけていくようなものになっていなければならないのであるから、体制をどのように構築していくべきかという課題もまた喫緊のものとなる。

3．本書の基本的スタンス

(1) 各論から出発

　本書は、これらの課題について実のある議論をするためのたたき台とされることを意図して執筆したものである。この種の本は、法学部の教育はどうあるべきかについてまず総論を記し、その後具体的な授業方法を論じる各論に移るという構成が常道なのかもしれない。例えば、米倉明『民法の教え方［増補版］』（弘文堂、2003年）もそのような構成をとっている。

　しかし本書では、授業実践を記す各論から始めたいと思う。認識を誤っていたなら非礼を詫びるしかないが、私のみる限り、法律系教員は、さまざまな授業の技法を知らなさすぎる。私が協同学習の技法をふんだんに採用した授業を念頭に置きながら総論を執筆しても、そのような授業を脳裏に浮かべることができず、せいぜい、学生に予習させて、一人一人あてて答えさせるという「双方向型」授業しかイメージできない教員には、当該総論部分を正しく理解してもらえない可能性が高い。そこで、まずは各論から入り、多くの読者が想像もしていなかった授業形態（協同学習の技法を用いている教員にとっては別に目新しくもない形態なのだが）をつぶさにご覧いただきたいのである。従来とは異なる授業方

法について、とにもかくにもイメージを共有していただいたところで、総論に入りたい。

とはいえ、いきなり各論から入っても、かえってパラダイムを共有できず、途方に暮れてしまう方もおられよう。そこで以下、簡単に本書の基本的考え方（総論部分）を素描しておきたい。

(2) 基本的スタンス

広く言われているように、いわゆるユニヴァーサル化時代のただ中に私たちはいる。ユニヴァーサル化に伴い、入学生たちの学習意欲、入学までに培ってきた学力、学ぶ姿勢には、大きな幅がある。全国の法学部もその例外ではない。加えて、18歳人口が急激に低下する時代がまもなく始まろうとしている。志願者の減少に比例して定員も削減するのであれば別だが、そうでない限り、そして、特に何も手を打たない限り、状況が現在よりもよくなると思わせる材料は何もないし、むしろ悪くなると考えたほうがよい。我々はどうすればよいか。

教員一人当たりの学生数を大幅に減らす等、実現可能性の低いドラスティックな教育改革案を構想することもできる。しかしながら本書では、そのような構想は提案しない。実現可能性の低いヴィジョンを構築することは、大学教育研究者であれば必要なことかもしれないが、ここ数年のうちに改革を断行しなければならない現場の「実務家」としては、あまり意味がないからである。どこの私大法学部も、伝統的に教員一人当たりの学生数が多いという現実がある。また、非常勤に多くをまかなっているため、組織的なカリキュラム改革、実効的なFD（ファカルティ・ディベロップメント）を行いにくいという現実もある。これらの現実が改善されなければ教育改革なぞできないと叫び、案の定改善されないので、それを理由に何もしないという悪循環は避け、現実をひとまず前提にするところから始めたい。本書のスタンスは、困難な状況の中で、「今よりはマシ」にすべく、一歩一歩改善を進めていくという、地味なものである。そして、改革の対象は、「普通の実定法科目」である。何か特定のプロジェクトを立ち上げたりすることではない。演習科目のみに焦点をあてた改革でもない。「普通の実定法科目」の質を全体的に底上げすることによって教育の質の改善を図ることを目的とする。普通の実定法科目は、金銭のトラブルから国際紛争まで、人間・社会・国家が抱えているさまざまな問題を対象に、どうしたらよりマシな社会になる

かを考える科目である。これらをまともに学べば、リーガル・マインドと我々が呼んできたジェネリック・スキルは必ずや身につく、という仮説を維持したい。人的・金銭的資源の乏しい中での改革を目指すのであるから、効率性は非常に重要な要素となる。普通の実定法科目の改善を図ることは最も効率的な改革になるはずである。

(3) 教育目的論争に拘泥しない
　大学はミッションを明確にせよ、学部はディプロマ・ポリシーを明確にせよという要請がなされている。ほとんどの法学部は、細かな表現の違いはあれ、従来から言われてきた「リーガル・マインドを備えたジェネラリストの養成」をディプロマ・ポリシーとしているところが多い。
　産業界等がジェネリック・スキルやコンピテンシーを養成するよう大学に強く要請していることから、大学の存在意義や教育目的について盛んに議論されているが、少なくとも法学部が伝統的に標榜してきた「リーガル・マインド」の中身は、ジェネリック・スキル、コンピテンシー、学士力といった新しい概念の構成要素と変わらない。また、これらの概念に盛り込まれた要素は、どんな世界でも求められるような一般的・抽象的・包括的なスキルなのであって、産業界で活躍する人にとっても、公務員となる人にとっても、NPO活動をする人にとっても、ヴォランティア活動をする人にとっても、等しく必要なものである。私たちは、イデオロギー論争は専門家に任せておいて、教育の中身に焦点をしぼるべきだ。ただし、リーガル・マインドというガラパゴス化したマジックワードはもはや必要ない。このマジックワードの中にこめられてきた要素を、ジェネリック・スキル等の汎用的な概念に変換して語ることが求められよう。

(4) 個々の授業改善のポイント①：教育学の概念装置を意識する
　授業を改善しようとする時、わたしたちはとかく、自分の授業経験等に頼ろうとする。しかし、経験と直感と教育信念のみに基づく教育改善は非効率的である。教育学上の主要概念装置に触れておき、指標とするのが効率的である。
　例えば学習意欲を喚起するために、おもしろくわかりやすい説明を心がけようと努力している教員、そして、それだけしか努力していない教員はいないだろうか。しかし学習動機にはさまざまなものがあるのであって、どれだけわか

りやすく説明したところで学生の自習時間が直ちに増えるというものではない。やはり教育心理学における学習動機に関する理論等に触発されながら、多面的に意欲喚起の手段を構築したほうが効率的である。

　勉強の仕方についても同じことがいえる。自分の学生時代の経験に基づいて勉強の仕方をレクチャーする教員はいないだろうか。しかし、人間が知識をとりこみ、その知識を使って問題を解決するプロセスは複雑なのであり、一面的なレクチャーしかしていない可能性がある。学習方略については、知識の取り込まれ方に関する理論、記憶のメカニズムに関する理論、問題理解・解決のプロセスに関する理論、学習方略のメタ認知の理論に触れておいたほうが、格段に効率的に授業改善を図ることができる。これらの理論を深く研究する必要はないが、さまざまな概念装置に一応触れておき、授業デザインの際にたえず意識しておくことが有用である。

(5) 個々の授業改善のポイント②：スモールステップ法の徹底

　法学部科目の中で量的に主要な位置を占めるのは、実定法解釈学科目である。通常は、法分野ごとに科目が並べられている。ある法分野が複数科目に分割されている場合でも、民法総則→物権→債権総論→債権各論のように、法典の順番等に従って縦割りにしているにすぎない。

　しかし、ある分野の中にも、基本的な箇所と応用的な箇所、簡単なところと難しいところ、学生の有する既有知識にすぐ関連づけられる箇所と、これまで知らなかったさまざまな知識を仕入れてはじめて理解できる箇所がある。それらの区別を十分に意識せず、法体系に沿ってレクチャーするやり方は、多くの学生の学習を困難に陥らせている。基礎から応用に着実に進んでいけるよう、スモールステップ法を意識する必要がある。これにより、講義の途中でわからなくなって、意欲をなくしていく学生を少なくし、効率的にカリキュラムを進めていくことができる。

　以上は知識の修得に重点を置いた書き方をしたが、リーガル・マインドまたはジェネリック・スキルの養成という観点からも同様のことがいえる。特定の科目はもっぱら知識の修得を目標とし、別の科目で法的意見表明力の養成を目標とするといった科目の分け方もまた避けるべきである。このようなやり方は非効率そのものである。あらゆる科目において、知識の修得と問題解決力の養成と

を同時並行で行っていくのが効率的である。そして、問題解決力を養成する方法もまた、知識の修得と同様、スモールステップを意識しなければならない。

(6) 個々の授業改善のポイント③：形成的評価の徹底
　法学部の多くで採用されているマスプロ授業の最大の問題点は、自分が所定の知識を身に付けたか否かを確認する手段がほとんどないこと、自分の検討したことを検証してもらう手段がほとんどないことにある。初等・中等教育と同様、授業内に、練習の機会とフィードバックの機会を提供する必要がある。教員の側から見れば、これは形成的評価の機会を増やすということである。学生の立場からみれば、不正確な理解を短期間に正すことができ、かつ、学習方略をメタ認知し、早期に改善を図ることができるということである。このようなプロセスを積み重ねることにより、学生は、成功体験を積み重ね、自己効力感を強めることができる。教員の立場からは、自身の授業方法が妥当か否かを、頻繁に検証できることになる。

(7) 個々の授業改善のポイント④：学びの共同体の活用
　グループ学習等、学びの共同体を活用した授業形態には多種多様な効用がある。例を挙げよう。前述のように形成的評価の機会を増やすと、添削など教員の負担は増える。大人数の学生1人1人に答案を提出させて丁寧に添削することは、人によっては不可能だし、可能であったとしてもかなりの負担増である。しかも、かけた苦労の割には改善の効果がみられないという経験を持つ教員も多いだろう。しかし、グループ学習を導入し、グループで徹底的に検討したものを1枚提出させることにすると、どこから朱入れをしたらよいかわからないようなひどい答案は激減し、短時間に添削を済ませることができる。学生も、グループのメンバーと学び合いながら、添削される以前に自身の問題点に気付き、直すことができる。また、学び合う過程がまさにコミュニケーション力等の養成となる。学生にとっても教員にとってもまことに効率がよい。
　法学部（または法科大学院）の教員は、一方通行のレクチャー以外の授業方法というとすぐに「事前に学生に予習させ、授業では一人一人にあてていく」方法を脳裏に浮かべ、かつ、それしか脳裏に浮かべられない人が多い。そして、そのような方法を試してみたがうまくいかないという感想をもらす教員も多いよう

である。しかし、協同学習の技法にはさまざまなものがあるのであって、法学部教員はそれらの技法を知らなさすぎる。もっとさまざまな技法を学び、自分の授業の中にとりいれていく必要がある。

(8) カリキュラム再構築のポイント①：多様なニーズに対応

学生の意欲や学力に幅があり、将来の進路等にも幅がある法学部では、カリキュラムもそれに相応したものでなければならない。この観点から必要なのは、前述のようなスモールステップ法をカリキュラムにも反映させることである。刑法であれば、刑法総論と刑法各論をどちらも履修してほしいのが刑法教員の願いではなかろうか。しかし現実には、片方を履修したらもう片方は履修しないという学生も多い。民法(財産法)のように単位数の多い法分野では、つまみ食い履修の現状は無視できないものになっているのではないかと推察する。

今よりもマシなカリキュラムにしようとするならば、刑事法入門→刑法初級→刑法中級→刑法上級といったように、総論と各論を融合させた科目を難易度に応じて段階的に配置するのが効率的である。

このような科目配置により、つまみ食い履修の弊害を最小限にし、「いつどの段階で履修を辞めても一応の力をつけた」と評価できるカリキュラムとすることができる。

このような科目配置は、落ちこぼれを出さないことにも資する。訳のわからない難しい科目を、わからないまま、お情けで単位をもらって卒業するよりも、入門・初級レベルの授業を多数とれるようにしておき、少なくともさまざまな分野の基礎中の基礎はマスターしたという自信を学生に持たせてやりたい。

また、このような科目配置は、浮きこぼれ対策にも資する。先修条件を厳格につけておけば、上級授業は意欲まんまんで学習経験も積んできた学生しか参加できないので、そのような学生も満足し、教員も高度な授業をのびのびと展開することができるのである。低意欲層の意欲を喚起する教員の努力は不要となり、つまみ食い履修等に由来する学生のレベルのばらつきに教員はもはや悩まされない。まことに効率的である。

なお、このようなスモールステップを意識した科目の配置の基準も、いくつかのヴァリエーションを持たせてよい。例えば、当該法分野が何らかの資格試験等の試験対象である場合、関連科目は、上級に進むほど細かい知識・技術的な

知識に触れていくという観点から科目を構成・配置すべきだろう。そうでない科目は、上級に進むほどよりアカデミックな「研究」ができるようになる（例えば、通常の実定法科目では扱うことが時間的に無理な立法過程の検討をグループ課題に取り入れる等）ことを目標の1つとしてもよいだろう。

　ところで、多くの法学部では、授業改善に意欲を持つ教員が揃っているという状況にはないだろうし、FD活動に十分に参加してもらえない非常勤に頼らねばならない授業も多いだろう。これらの現実とうまく折り合いをつける必要もある。あわせて、改革に積極的な教員がバーン・アウトしない工夫も必要である。何か改革をしようという場合、改革をする者が無用の苦労を強いられ疲弊し、改革をしたくない者がふんぞりかえっているという構図は世間のいたるところにみられる。改革をとん挫させがちなこのような構図に陥らせないことが必要である。同時に、理想に燃えて学生を勉強しまくらせようとした結果、学生がバーン・アウトするという危険性も考慮しておかねばならない（はっきりいえば、意図的に楽勝科目をある程度残しておく必要性があるかもしれないということである）。以上のようなもろもろの事情に鑑み、一方通行方式の従来型授業とそうでない授業の配置を工夫する必要がある。

(9) カリキュラム再構築のポイント②：特定分野の履修を基本と考えるドグマからの解放

　憲法や民法総則を必修にしたり、1年生配当科目にする法学部は多いだろう。このような、特定の科目から必ずスタートさせねばならないというドグマから解放される必要がある。

　特定の科目を必修扱いで1年次配当にするということは、大勢の学生を詰め込む伝統的なマスプロ授業から学生を出発させるということを意味する。これは学生にとって全く有害である。必ずしも興味のない分野の授業、しかも一方通行授業から学生生活をスタートさせねばならない。そして、出席しなくても直前に先輩や友人から試験情報を聞いて詰め込み勉強をして何とか単位を取れればいいやという「隠れたカリキュラム」をさっそく発生させることになる。また、教員にとっても有害である。憲法担当教員や民法担当教員は、いつまでたってもマスプロ授業から解放されない。FDから取り残され、最悪の場合、大きな改革の流れを邪魔する人物にもなりかねない。

そこで、少しでも学生の興味のある科目から出発できるよう、主要な法分野(科目は、前述のような「入門」、「初級」レベル)のどこからでも学習を開始できるようなカリキュラムにすべきである。1年生から履修できる科目を多数配置することにより、学生を分散させ、1つの授業あたりの受講生数を減らすことが期待できる。また、入門レベルの科目を全員の専任教員が担当すれば、全教員が低学年の学生に直接接することができるので、FDにも役立つ。さらに、全教員が、他の科目を履修していることを前提とせず、一から法学を教えることになるので、他の授業によりかからない、わかりやすい授業の鍛錬に役立つ。よいことばかりである。全ての入門科目で「法学入門」的なことを、学びの共同体を用いて鍛えることができれば、もはや「法学入門」的な科目は不要となり、「基礎演習」のような初年次科目も不要となり、リストラを図ることができる。これによって教員は自分の専門科目に集中することができ、効率的である。

　このようにして、教員団全体の教育力が向上し、かつ、学生の興味関心とのマッチングがうまくいっている授業ばかりになると、授業はたいへん楽になる。教育改革・授業改善は、教員をしんどくさせるものから、教育活動を楽しくさせるものへと変容するだろう。このように好循環のサイクルが回るようになれば、あとは微調整で済む。

(10) 実質的かつ効率的なPDCAサイクルの実現

　このようなカリキュラムをうまく回すためには、個々の教員レベルにおいても、教員団レベルにおいても、効率的なFD活動が必要である。授業アンケート結果等のエビデンスに基づくティーチング・ポートフォリオ(自らの教育活動をふりかえって記述した本文とこれらの記述を裏づけるエビデンスから構成される教育業績についての記録のこと)を基礎に、ピア・レビューを徹底的に行いながらPDCA(Plan-Do-Check-Action)サイクルをうまく回していけるかが鍵となろう。

4．本書の構成

　以上のようなスタンスに立って実際に授業を展開している様子を示したのが、第1編〜第6編である。第1編は初年次セミナー。第2編は実定法初級科目、第3編は実定法中級科目(資格試験対策込み)、第4編は実定法上級科目(資格試験対策込み)、第5編は実定法上級科目(資格試験対策なし)、第6編は演習科目の実践

例である。現時点において、私が所属している國學院大學法学部のカリキュラムが私が素描したようなものになっているわけではない。しかし偶然にも、私の専門である刑事訴訟法の関連科目はいずれも必修の縛り等がほとんどなく、自由に授業をデザインしても他の科目に影響が出ない（他の科目からも影響されない）構造になっている。おかげで、ほぼ自由自在に、私が思い描いている理想に近い授業を実施することができている（実際は、各授業でさまざまな実験をしながら理想の授業形態やカリキュラムを構想していったのである）。

基本的スタンスとして述べてきたところを、各授業においてどのように具体化しているか、読者のみなさんに存分に検証していただきたいと思う。まずは上巻に収録した第1・2編をお読みいただきたい。

授業実践記録を検討していただき、私の授業・カリキュラム哲学をご理解いただいたところで、先に素描したスタンスについて敷衍し、授業・カリキュラム・FDのあり方について詳述したのが第7編である。普通であれば冒頭に置いてしかるべきものをあえて最後に回した、と前述したが、ここまで読まれた方は、私がそのようにした理由を感じ取っておられるのではなかろうか。そう、私の構想に対し猛反発をされることを恐れているのである。ドラスティックな改革案は示さないと前述したところではあるが、これでも十分「実現不可能な」改革案だと叫ぶ方がいらっしゃるかもしれない。そのような方が多くないことをただひたすら祈ることにしよう。さもないと、法学部は社会から取り残され、回復不可能なまでに沈んでしまうだろう。

本書の刊行にあたっては、現代人文社の桑山亜也さんに編集の労をとっていただいた。私の単著は過去に2冊あるが、いずれも現代人文社から出版されている。今回も、facebook上で「出版の見込みなど考えずに、とにかく情熱に駆られて、一気呵成に大学教育について原稿を書いてしまった」などとつぶやいたところ、即座に桑山さんや北井大輔さんよりオファーをいただいた。まことにありがたいことである。成澤壽信社長はじめ、現代人文社のスタッフ一同に心より御礼申し上げる。

2014年10月15日　40代後半開始の日を迎えて

中川孝博

第1編

法学系フレッシュマンセミナーの風景

第1章　基礎演習の教育目標

1．科目の属性

　「はじめに」で書いたとおり、法学部教育のあり方を考察する前に、まずは私の授業風景をつぶさにご覧いただきたいと思う。学生の学びの歩みに従い、初年次配当科目から始めよう。

　初年次教育の内容全般についてある論者は、①スタディ・スキル系（レポートの書き方、図書館の利用法、プレゼンテーション等）、②ステューデント・スキル系（学生生活における時間管理や学習習慣、健康、社会生活等）、③オリエンテーションやガイダンス（フレッシュマンセミナー、履修案内、大学での学び等）、④専門教育への導入（初歩の化学、法学入門、物理学通論、専門の基礎演習等）、⑤教養ゼミや総合演習など学びへの導入を目的とするもの、⑥情報リテラシー（コンピュータリテラシー、情報処理等）、⑦自校教育（自大学の歴史や沿革、社会的役割、著名な卒業生の事績など）、⑧キャリア・デザイン（将来の職業生活や進路選択への動機づけ、自己分析等）の8つに分類している[1]。このうち、法学部固有科目として設けられていることの多いと思われる④、すなわち法学系教員が担当する基礎演習を最初に取り上げたい[2]。

　「基礎演習」という名称になっているかは別として、法学系のフレッシュマンセミナー科目を設置している大学は多いし、初年次教育のメイン科目として重要視しているところも多いだろう。実際、私が最初に赴任した大阪経済法科大学でも「基礎演習」は1年次通年4単位義務履修科目[3]であった。次に赴任した龍谷大学でも同様であった。それに対し、國學院大學法学部法律専攻の基礎演習は、

---

[1] 山田礼子『学士課程教育の質保証へ向けて――学生調査と初年次教育からみえてきたもの』（東信堂、2012年）177頁、188頁（注6）参照。
[2] もちろん、8分類に従ってきれいにさまざまな科目や制度に分担している大学はむしろ少ないだろう。④に一応分類される科目においても、他の要素を教育目的として併置させている大学は多いと思われる。
[3] 義務履修科目とは、当該科目の単位を取らないと卒業できないという意味での必修科目ではないが、選択の余地なく履修を強制される科目を意味する。

1年後期開講2単位科目で、かつ、任意履修科目にすぎない。法律専攻に設定されている3つのコース（公共政策と法コース、ビジネスと法コース、国際関係と法コース）いずれの選択必修科目でもない。つまりこの授業は、カリキュラム表を見るかぎり、「とってもとらなくてもよい科目」なのである。

　もっとも、法学部教授会は、文字通り「とってもとらなくてもよい科目」と捉えているわけではない。法学や政治学への動機付けを図る科目として多くの学生にとってもらいたいと考えている。しかし、主として教員のマン・パワーの問題、そして、都心の大学の宿命だと思うが、キャンパスの狭さに由来する教室数確保の問題があり、学生全員に受講を義務づけるだけの環境が整っていない。

　私が赴任した当初は、基礎演習という科目を1年生全員が履修するというシステムに慣れていたため、このカリキュラムに抵抗感をおぼえていた。しかしながら、環境的に難しいのであれば、如何ともしようがない。

　もっとも、あわててフォローしておかねばならないが、初年次教育の目的の1つである、友人を作り大学における居場所を確保するという機能を果たすべきものとしては、1年前期に「キャリア・プランニング」という科目が設けられている（もちろん本科目の主目的は前述の8分類中⑧「キャリア・デザイン」にある）。1年生の義務履修科目であり、50人程度の規模のクラスが組織され、クラスごとに、同一内容の授業が行われる科目である。この科目では徹底したアクティブ・ラーニングが行われており、学生たちは、授業時間時、授業時間外時を問わず、グループを組み、協同学習を行っている。嫌でも知り合いができる仕組みになっている。したがって、居場所確保という機能を國學院大學法学部の「基礎演習」に与える必要性は高くない。

　他に「基礎演習」という科目が担わなければならない機能として、基礎的なスタディ・スキルの修得（前述の8分類のうちの①「スタディ・スキル系」）が挙げられるかもしれない。しかし、これを正面から「基礎演習」の目標とすることも躊躇される。「なぜ、スタディ・スキルを修得させる科目を、限られた学生しか履修できないのか？」という問題に正面から答えることはできないからである。

　また、教員になりたてのころから疑問を抱き続けているのだが、さまざまな学問には特有のスタイルがあるのであり、それらを捨象して一般化した「スタディ・スキル」なるものがそもそも存在するのか、そして教授することはできるのか、さらに、教授できたとして学生がそれを身につけて活用する（得たスキルを、

状況に合わせて自由自在に転移させて用いる)ことは本当にできるのか、という疑問がある[4]。さまざまな教員がさまざまな方法論を持って実践している、さまざまな専門科目に取り組む中で、それぞれの科目で培われるスキルというものがまずあり、学習方略の一般化・統合は、学生自身が、さまざまな科目を学びながら、あるいは、学んだしばらくあとで、(意識的にせよ無意識的にせよ)メタ分析することによって達成すべきことではないか。したがって、スタディ・スキル系の学びは、一般化・抽象化した、無内容な事項を独立した科目で教えられることによってではなく、初年次に配当される全科目で、それぞれのディシプリンに最も適当なスキルを、個別に教えられるべきではないだろうか。フレッシュマンセミナーという科目は、他科目の教員が基本的な説明を端折るために置かれるべきものではないのではないか。

　このように考えてくると、初年次教育として果たすべき機能の大半を、基礎演習という、他の諸科目とは直接リンクしていない独立の科目で担わせようとすること自体、無理があるように思われる。この大学に来た当初は、前述のように、通年義務履修科目として基礎演習が置かれていないことが不満であったが、むしろそのような多機能詰め込み&孤立科目を置いて満足していること自体が問題であると考えるに至った。端的にいえば、基礎演習など必要のないカリキュラム、すなわち、基礎演習に期待されているさまざまな機能を全科目に担わせるようなカリキュラムが望ましいのではないか(このような考えをもとに、第2編で紹介する「裁判法A」という科目をデザインしている)。國學院大學法学部のカリキュラムは、実は、悪くはなかったのだ。

　ともあれ、國學院大學法学部の現行カリキュラムにおいて、「基礎演習」は存在している。どのように教育目標を設定すべきだろうか。基礎演習は、異なる教員が担当する8〜10クラス(年により異なる)からなる。1クラス20名である。共通シラバスはある(本書80〜81頁参照)が、専門科目に対する学習意欲を喚起するのが目標であるということ以上の記載はない。そう、これだけが共通の、

---

[4] ある論者は、「それぞれの学問における知的活動に必要な知識・技能という文脈性を取り払い、前学問的活動とも言えるようなパッケージ化された独自の基礎的なトレーニング・プログラム」を多くの大学が実践していると捉え、このようなプログラムが「学生にとって意味のある学習成果を生み出すことが可能かどうかは別の話である」と述べている(杉原真晃「〈新しい能力〉と教養——高等教育の質保証の中で」松下佳代編著『〈新しい能力〉は教育を変えるか——学力・リテラシー・コンピテンシー』[ミネルヴァ書房、2010年]108、116〜117頁参照)。

そして唯一の目標なのである[5]。そして、このシンプルさが、基礎演習を義務履修科目としない積極的理由ともなろう。憲法や民法総則等、通常の法律科目で十分に満足している者にとっては、あらためて学習意欲を喚起させるような授業は必要ない。憲法や民法総則では物足りない、あるいは、やる気はあるのだがさっそくつまずいてしまい困っている学生を対象として、早期に学習意欲を取り戻す授業として基礎演習を位置付けるのである。

ところで、フレッシュマンセミナーにつき、統一シラバスによる同一内容の授業を行うことを肯定的に捉える向きもあるが、それがよいか否かは当該科目の目標達成のために合理的か否かで決まるだろう。学習意欲を取り戻すことを主目標として据えた場合、意欲を喚起する合理的手段は、教員が研究しているディシプリンの性格や教員が有している性格・技術により異なりうる。したがって、個々の教員の持つ長所を存分に活かし、学生にインパクトを与えるためには、統一シラバスによる同一授業は望ましくない。したがって、具体的内容まで統一しようとはしていない「基礎演習」は妥当だと考えている（質保証はピア・レビューによって担保すべきである）。学生の側からみても、どのような内容や方法によれば意欲を喚起できるのかは、学生によって異なりうるのだから、多彩な内容のクラスが揃っていたほうがよいだろうし、本科目の目標達成をしやすいだろう。

それだけに、担当教員1人1人がどのような具体的（サブ）目標を設定し、目標達成のためにどのような手段を講ずべきか、真剣に検討しなければならない。内容の薄い、誰にでも教えられる、無内容なスキル・パッケージではなく、担当教員のディシプリンを存分に活用した、刺激的な基礎演習となるか否かは、ひとえに、教員自身の事前準備にかかっている。

このような気概をこめて私が設定した教育目標を図表1-1に掲げた[6]。以下、敷衍する。

---

5 もちろん、法学に対する動機付けという目標は非常に重要である。一部の少数派を除き、ほとんどの学生は、法学に対する正確なイメージを持たずに、かつ、どちらかというと消極的な理由（消去法等）で、法学部を選択し、入学した者たちだからである。
6 國學院大學では、シラバスに教育目標を掲げる際、「知識・理解」、「思考・判断」、「関心・意欲」、「技能・表現」の4領域に分けて書くことになっているので、それに合わせた書き方をしている。なお、図表1-1に掲げた目標をそっくりそのまま学生に見せるシラバスに書いているわけではない。

科目の属性	教育目標			
	知識・理解	思考・判断	関心・意欲	技能・表現
・1年後期 ・任意 ・2単位	・なし	・KJ法に沿った思考整理を体験する。 ・批判的思考の実際を体験する。 ・論理的思考の実際を体験する。	・法律学に積極的関心と意欲を持つ。 ・授業に出席し続けられる。 ・授業に集中し続けられる。 ・単位制度の趣旨にみあった自習ができる。 ・法律学の学習に関して自己効力感をある程度持つ。	・口頭による情報提供に対し、TPOに応じて必要なメモを正確に取ることを意識する。 ・人から質の高い口頭による情報を提供してもらうために適切な質問をすることを意識する。 ・文書情報を適切に要約することを意識する。 ・図書館や法学部資料室にアクセスして、法律文献をある程度収集することができる。 ・簡単な報告レジュメを作る体験をする。 ・人前で簡単に報告する体験をする。 ・対立する意見の持ち主と簡単に議論をする体験をする。 ・脚注の付いた小論文 (2000字程度) を書く体験をする。 ・グループワークを継続して行うことにより、大学における居場所 (学びの共同体) を確保する。

図表1-1　基礎演習の教育目標

2．教育目標①：知識・理解

　特定の知識やスキルを、「この授業だけで」身につけることを目的とはしない。したがって、この科目において、ある知識を身につけることを目標には設定しない。

　ところで、法学系の「基礎演習」科目では、六法の調べ方とか、条文の読み方とか、判例の読み方などといった基礎的スキルを扱うことにしている大学も多いと聞く。しかし、六法の調べ方とか条文の読み方などは、「普通の法律科目」で扱うべきことであり、基礎演習でわざわざ扱う必要性は感じない。また、判例の読み方も、ごく基本的なことについては「普通の法律科目」で扱うべきであるし、突っ込んだ判例分析の方法などは、法的知識やスキーマが全然できていない1年生の段階で教授すべきでないと思う。いたずらに混乱させ、法学ってやたら難しいなという苦手意識を持たせるだけに終わることが多いだろうからである (スモール・ステップ!)。また、「普通の法律科目」で突っ込んだ判例分析を行う課題を学生に課すような授業はどのくらいあるだろうか。ほとんどないの

であれば、基礎演習で教授した「判例分析の方法」はまるきりムダで使われずじまいということにもなりかねない(高学年で履修する「演習」では使われるかもしれないが、その頃には知識と技術がすっかり錆びついているだろう)。無駄なことはすべきでない[7]。

3．教育目標②：思考・判断

　図表1-1に書いたとおり、思考整理、批判的思考、論理的思考を「体験する」ことが目標である。いうまでもなく、これらの思考パターンは、裁判法Aを含めた他の普通の法律科目で鍛えるべきものである。そこで、思考・判断についても、具体的に何かができるようになること、そしてそのレベルを具体的目標(したがって評価や検証の対象とする)として設定しない。「体験する」だけが目標である。他の「普通の法律科目」においてスキーマを発動させやすいようになれば、それでよい。

　なお、思考整理のツールとしてKJ法を掲げてはいるが、本格的なものではなく、「いろいろ思いついたことを並べていって、ああでもない、こうでもないと並び変えたりしながら整理していく」ことを体験させているにすぎない。

4．教育目標③：関心・意欲

　本授業で最も比重が置かれるのが、この関心・意欲の項目である。前述のように、基礎演習の共通シラバスには、法学・政治学に対する学習意欲を高めることが唯一の目標として掲げられている（本書80〜81頁参照）。もちろん、憲法や民法総則といった他の初年次配当科目において、法学に対する学習意欲を高めているだろう(高めていないとすれば、それらの科目は、初年次科目としては失敗だということを意味する)。したがって、他の科目がうまく機能していれば本科目は必要ないものなのである。まさに、完全任意履修科目にふさわしい。

　あえてこの科目を設ける意義があるとすれば、憲法や民法科目に満足できていない学生群にやる気を与えることだろう。私としては、①やる気まんまんの者が集い、切磋琢磨しあい、いわゆる「浮きこぼれ」を予防する、②やる気はあるのだが法学の学びがうまくいかず元気喪失気味の者を回復させるという2点

---

[7] 大学教育にも効率性が問われていることを指摘するものとして、金子元久『大学教育の再構築』(玉川大学出版部、2013年)12〜13頁参照。

にターゲットを絞り込みたい。

　学生が多様化している現在、学習意欲の低い者への対策に焦点が当てられがちであるが、学習意欲の高い者が、同僚や授業のレベルの低さに意気消沈し、意欲をなくしていくことも、同等に問題視されるべきである[8]。キャリア・プランニングという科目が、とにもかくにも居場所確保の場として機能しているとするならば、基礎演習は、志の高い学生が出会い、知的共同体を構築する場として機能させたい。この授業が成功すれば、意識の高い者同士のネットワークが強化され、互いに切磋琢磨できる仲間が増えることになり、浮きこぼれを防ぐことができるだろう。これはマスプロ授業では実現しにくい機能である。

　なお、全く法学を学ぶ気がない、やる気がないという学生群は、学生相談室の問題であるか、退学させるか否かの問題と考えている[9]。この点については下巻でやや詳しく触れたい。

　図表1-1の「意欲・関心」欄に記したことは、ごく当たり前のものにすぎない。ごく当たり前のことを当たり前のようにできるようになることが本授業の目標である。

　なお、後述のように、「裁判法Ａ」という実定法入門科目においては、自習時間の目標を1週間あたり90分程度に設定しているが、本科目においては、単位制度の趣旨どおり、3〜4時間を目標に設定する。やる気まんまんの学生たちを迎えるのであるから、このような高い目標（大学設置基準通りに授業デザインするということは、現在の日本では、とても高い目標を設定するということである）を設定してあげないと失礼というものだろう。

　また、この程度の時間がかかるような課題を毎週出すことによって、こつこ

8　落ちこぼれ対策のみならず「浮きこぼれ」の対策の重要性を指摘するものとして、例えば、小野桂之介「学部教育が直面する問題と対応策」中部大学中部高等学術研究所編『変容する現代の大学教育を考える──学問の再構築を目指して』（風媒社、2012年）86、100〜102頁参照。

9　ある論者は次のように述べている。「最近、日本でも全入時代になり、また、入試の多様化により学力格差が顕著になっていることから、教員はどのレベルの学生層を相手に授業をすれば良いか戸惑う場合が少なくない。多くの教員の意見を総合すれば、学力の低い学生の『底上げ』に標準を合わせているようである。はたして、これで良いのだろうか。……（中川注：学力の低い学生に対する手当は、教員に委ねるのではなく）図書館などに学習支援センターを設置して、TAを活用したチューターリングなど個別指導で対応すべきである」（土持ゲーリー法一『ラーニング・ポートフォリオ──学習改善の秘訣』［東信堂、2009年］66頁）。論者の見解に全面的に賛同するわけではないが、いずれにせよ、國學院大學法学部の基礎演習は、後述のように、エントリーシートを記入して応募することになっているため、やる気の全くない学生群はそもそも応募してこないので、基礎演習という科目で救済の手を差し伸べることはできない仕組みになっている。

つ勉強し続ける「勤勉性」を身につけさせようともしているのである[10]。これが自己効力感の上昇という教育目標につながる。自己効力感とは、自分がある行動をとればよい結果が得られるだろうという「結果期待」と、実際に自分はそのような行動をとれるのだという「効力期待」からなる感覚のことである[11]。「結果期待」だけでは、幼児的万能感から脱皮することができないが、「効力期待」を上げることで、人は自信を持って困難に挑んでいくことができるようになる。このような効力期待のレベルを上げるためには、負荷をかけられた状況に身を置き、自分の努力によって困難を克服したという成功体験の積み重ねが必要である[12]。大量の（がんばればできるように教員がレベル設定した）課題を克服したという事実は、学生の自己効力感を高めることに寄与するだろう。

5．教育目標④：技能・表現

　メモ取り（ノート・テイキングも含む）、要約、図書館の利用法、報告のためのレジュメ作成、プレゼン、議論、レポート作成等々、いわゆる初年次教育で目標とされることの多い、スタディ・スキル系の目標を並べてある。本当は、基礎演習という「とってもとらなくてもよい科目」において、これらのアカデミック・スキルを教授する（そして他の科目では教授されない）というのは望ましくない。私も、裁判法Ａという「普通の法律科目」において少しは一般的アカデミック・スキルに触れるが、限定的なものにとどまっている。やろうと思えばもっとできるのだが、そうすると、基礎演習生は同じことを2回やらねばならなくなり、そのような重複を恐れているのである。この重複をどうするかという点については今後の課

10　勤勉性を少年期に修得したことを前提に、新しい自己認識を形成するのが青年期だが、日本では、そもそも高校までに勤勉性を身につけていない学生が多いことにつき、金子・前掲書（注7）118〜124頁参照。

11　市川伸一『勉強法の科学――心理学から学習を探る』（岩波書店、2013年）92〜93頁参照。自己効力感という概念を提唱したのはバンデューラという人だが、本人が自己効力感を端的に説明したそのものずばりの論文は未だ翻訳されていないようである。

12　ある論者は、自己効力感が生まれてくる背景として、①小さな成功体験の積み重ね、②代理観察（できる人の行動を間近でじっくり観察すること）、③社会的説得（信頼する人から「きっとできるよ」と保証してもらうこと）、④心身の健康を挙げている（大久保幸夫『30歳から成長する！『基礎力』の磨き方』［PHPビジネス新書、2012年］94〜96頁参照。本文で協調したのは①の要素だが、本科目では、グループワークをさせることによって②の機会も豊富に用意している。また、③についても、私は、学生に対し、意図的に励まし続けている（次章の授業実践記録のあちこちで言及する）。このように、自己効力感をキーワードにした授業デザインを心がけているが、それは本科目に限らず、私の担当する全科目について当てはまることである。

題である。

　グループワークについては、この段階ではさしあたり簡単に述べるにとどめたい。従来の法学部科目・カリキュラムにおいて最も弱いのは、協同学習[13]の促進をはかるしかけが乏しい点にある[14]という印象を持っている。私は現在、担当科目全てにおいて協同学習方式を何らかの形で導入しているが、その第一歩がこの授業となる。この科目では、さほど難しいことを目標には設定していない。キャリア・プランニングという、大学における居場所確保の機能を果たす科目が前期で終了しているので、後期も引き続き、学問する共同体に所属させておこうという程度のものである。ただし、自分が属するチームの運営は、意欲まんまんの人たちばかりでなかった場合に、それなりに苦労することになる。さまざまな葛藤を経ながらもなんとか授業終わりまでチームを崩壊させることなく存続できたという体験を積ませ、協同作業に関する自己効力感を向上させてあげたいと考えている。

　さて、居場所確保および図書館へのアクセス方法以外は、「意識する」「体験をする」に止めている。上記のように、この授業だけで何か特定のスキルを身につけるようにさせることは無謀というものである。教育目標は、夢を語るのではなく、現実に達成可能なものを掲げなければならない。基礎演習において、全てのスキルは「体験」するだけでよい。一通り触れておくことによって、他の科目でさまざまな課題が出されたり自習的に学習したりする際に、課題遂行のためのスクリプトを大雑把にでも発動させることができ、何をどうしたらよいかさっぱりわからないという状況に陥らせない程度で十分である。「体験」しておくだけで、この目標は達成できるはずである。

6．本授業のコンセプトのまとめ

　少しごちゃごちゃしてきたので、本授業のコンセプトを端的に記しておこう。本授業の主たる目標は、ちょっとがんばればできる課題を大量に与え続けるこ

13　協同学習の意義については、さしあたり、安永悟ほか「自ら学ぶ学生──学生の主体的な学びを実現する」谷川裕稔ほか編『学士力を支える学習支援の方法論』（ナカニシヤ出版、2012年）125頁参照。
14　普通の法律科目のほとんどは一方通行講義という大学が多いのではないだろうか。そして、演習のような少人数科目でも個人単位の研究・報告が多く、みんなで議論せよといっても沈黙で返されるので、仕方なく教員と報告者だけの対話に終始するということはないだろうか。

とによって勤勉性を向上させるとともに、これらの課題で用いるべき方略的知識または行為スキーマを意識させることによって、さらには、当該方略的知識が当該課題のみならず、さまざまな場面で使えるのだということを感じてもらうことによって、今後の学びを確かに進めていける（すなわち、コツコツ学ぶ耐力もつき、さまざまな課題に取り組む際のワザも身につけた！）という自信をつけさせること、要するに、自己効力感(とりわけ効力期待)を高めることである。

第2章　授業実践記録

1．授業開始前のコントロール──仕込みはオープン・キャンパスから！
(1) 入学時ガイダンス、共通シラバス、キャリア・プランニングでの説明

　前述のように、完全任意履修科目である基礎演習は「とってもとらなくてもよい科目」のようにみえるが、できるだけ多くの学生に参加してほしいというのが教授会の願いである。そこで、入学式の後に行われる新入生ガイダンスにおいて、基礎演習というものの大切さを説き、多くの人が受講するよう誘う。

　2012年度は、基礎演習の大切さを説く役割が私に与えられた。与えられた時間は5分しかない。かつ、新入生に細かい話をしても、理解してくれないから意味がない。そこで、履修要項の科目一覧部分を開かせ、基礎演習の箇所にマーカーを塗るよう指示し、その横に「面白くてためになるから、6月に募集が開始されたら迷わず申し込む」と書かせる。そして、「いや、この授業本当に面白くてね、私も担当しているんですけど、毎年この授業が楽しみなんですよ。今年も多くの学生が参加するよう期待していますよ。その時が来たらよろしくね！　ついでに裁判法Ａもよろしく‼」とにっこり微笑んで終わりにする[15]。

　6月に募集が開始される。全学共通フォーマットのシラバス(本書80～81頁)は既に公表されているが、たいしたことは書いていない。担当教員による具体的なシラバスは募集開始直前に配付される「募集要項」に記載される。この「募集要項」は、全員義務履修の「キャリア・プランニング」で配付してもらい、全員に確実に届くようにする。かつ、キャリア・プランニングの先生方に基礎演習の意義について説明してもらい、募集するよう強く促していただく。これらの事務や調整作業は、学部の教務委員が担当している。

　なお、募集要項作成時に担当者会議を開き、法律・政治学に対する学習意欲を高めるという基礎演習の目標に叶ったシラバスになっているかという観点から、

15　プラスの感情を込めて人に伝えることにより、聞き手の脳内の自己報酬神経群を活性化させ、A10神経群を発火させることができやすいという。林成之『脳に悪い7つの習慣』(幻冬舎新書、2009年)154～177頁参照。

ピア・レビューを行っている。その結果を受けて各自修正の上、募集要項を完成させている。

(2) 募集要項

さて、私が書いた募集要項原稿を紹介しておこう(本書82〜84頁)。シラバスは、ターゲットにしている学生を呼び込み、ターゲットにしていない学生が応募しないように、注意深く書かねばならない。教育目標や内容を淡々と書けばよいというものではない。シラバスは一種の広告として捉えるべきである。

上述のように、私がターゲットとしているのは、意欲まんまんの学生と、意欲はそれなりにあるのだが、前期の法律学習がうまくいかず、くよくよしている学生である。私のシラバス自体、文字も多いし、課題もたくさん出そうなことが書かれてあるので、後者の学生は敬遠しやすい。そこで、「現在の学習生活にすっきりしないものを持っているやつはこい」とか、「ハードだが、面白く、ためになった、と先輩たちが言っている」などと、彼らの心に響きそうなキーワードを散りばめ、文体もできるだけくだけたものにしてみた。

(3) 選考

このようなシラバスに反応して、110人の学生が私の基礎演習に応募してきた。多数の学生が応募してくれたのは嬉しいといえば嬉しいが、いささか多すぎる。何よりもまずいのは、しょせん1年生前期段階で作成された志望理由文書にはたいした差がでないということである。そこで、苦し紛れに、以下のような選考を行った。

第1に、志望理由欄を空欄にしている者、または、「必ず裁判法Aを受講する」と書いていなかった者を除外した。足切りである。これで5人が除外された。

第2に、「オープン・キャンパスで体験ゼミに参加し、魅かれた」と書いてあるものを合格させた。実は、オープン・キャンパスで毎年、私が担当する演習を模擬授業として行っている。普段学生が議論している姿をそのままオープン・キャンパスに持ってきて、受験生に見てもらい、法学部に入って勉強するとどれくらい成長するのかを実際に感じてもらい、あこがれてもらうのである。その際、「みなさんが入学した場合、6月頃に基礎演習の募集があるが、その際に中川基礎演習を受講したいと思ったのならば、『昨年オープン・キャンパスの

体験ゼミを見て、あこがれました』と書けば、優先的に合格させるから、憶えておいて！」と言ってある。せっかくゼミにあこがれて法学部に入ったのに、いきなり基礎演習の選考で落とされては、詐欺みたいなものであろう。彼らを失望させないために、このような優先枠を設けたのである。12年度において、このような志望理由を書いてきたのは1人だけであった。いささか寂しいが、同じくオープン・キャンパスの「教員相談ブース」で私に基礎演習を紹介されて興味をおぼえたと書いてきた学生が1人いたので、この人も優先枠を類推適用し、合格させた。これで2人確定である。

　第3に、事前に研究室に質問に来た人2人を合格とした。この基礎演習について直接私が説明したうえで応募してきたわけだから、本授業の内容をよく理解しており、期待とのギャップを生じさせないだろうと考えたわけである。これで計4人確定である。これ以降が難しい。

　第4に、まずは法律専攻内の3つのコースのうち、公共政策と法コースに属する者を優先させた。本授業のメインとなる素材は刑事裁判であり、刑事訴訟法という科目が選択必修なのはこのコースのみだからである。まずは志望理由書の量が一定量に達していないものをばっさり切り落とした。文字数が多い者を優先させたのである。文字数が多い者に、意欲の低い者は少ないだろうという勘を働かせている。次に、文章中に誤字・脱字の目立つものをばっさり除外した。何度も見直していないのであろうから、本人にとってこの基礎演習は重要性が低いのだろうと推測している。これでも相当数が残るので、あとは、男女同数になり、かつ、特定のクラス（1年生が属しているクラスは9組まである）に偏らないよう配慮（新しい出会いを促進するため）しながら、法律の学びに対し、強い意欲、または、強い悩みを持っていそうな者を選んでいく。これで20名が一応そろう。

　第5に、他の2コースに属する者の理由書を読み、特に「この者は入れさせねばならない」と強く思う者がいたならば、第四で選んだ学生と入れ替える。他コースの復活戦である。第四で書いたのと同様の基準で文字数の少ないもの、誤字・脱字の目立つものをばっさり切ったあとで、男女同数、クラス拡散という目的が壊れないよう配慮しつつ、意欲や悩みの強さ（つまり本授業に参加させるべき必要性の高さ）という観点から最終調整したのである。

　以上のような選考を行った結果、男性9名、女性11名となり、公共政策と

法コース所属者16名、ビジネスと法コース所属者4名という内訳となった。彼らの志望理由書の一部（紙幅の制約があるため、後に「中川デイズ」というチームを結成することになる5人のもののみ）を参考に掲載しておく（本書85～86頁参照）。

(4) 事前のメール

授業の円滑な運営のために、私はメールを活用しており、第2編で扱う「裁判法A」という科目で最大限活用することになる。基礎演習ではそれほどでもないので紹介する必要性も薄いが、今後一部紹介していこう。

6月27日送信メールは、結果として大量の学生を落とすことになったので、彼らがくさらないよう鼓舞し、裁判法Aを受講するように誘導しておいたものである。大学のシステムでは、教員からは、自分の担当授業に登録している者に対してしか一斉メールを流すことができない。この段階では誰も登録していないため、合格発表当日に、教務課職員に依頼して流してもらった。

その後、第1回授業前日の9月25日に、登録者20名にあてて軽く挨拶するメールを送っておいた。

【6月27日送信】
基礎演習担当の中川です。
今回、110名の応募がありました。倍率5.5倍（「裁判法Aを必ず受講します」と書かれていないものが5通あったので、実質倍率は5.25倍）ということになります。
前述の5通を除いた105通には、いずれも動機や抱負が書かれてありました。それらの中で、この授業とのマッチングがうまくいっていないものは1通もありませんでした。「この人は来てほしくない」というものは1通も存在しなかったのです。
したがって、選考は至難を極めました。合格と不合格を分ける基準は、みなさんから見れば、「偶然」であると考えてもらって構いません。ですから、落ちた方々は、自分の文章に問題があったのかなどと悩む必要はありません。そして、他の基礎演習クラスの中には再募集が行われるところもあります。4月の履修ガイダンスで申し上げたように、とにかく基礎演習という授業は「良いもの」ですから、ぜひ他のクラスに応募してください。
また、基礎演習に落ちたとしても、裁判法Aには是非参加してください。実はこの授業も、300人授業のくせに6人単位のチーム編成を行い、チーム作業を行うのです。フツーの講義とは一味違いますから、お楽しみに！

２．第1回授業(2012.09.27)──つかみは大事！
(1) 配付物
　❶基礎演習の手引き１〜２頁(本書87〜89頁)
　❷講義用レジュメの例
　❸詳しいレジュメの例
　❹簡単なレジュメの例
　❺❹に基づいた読み上げ原稿の例
　❻自己紹介レジュメ
　❼名簿

(2) 授業の流れ①：あいさつ
　まずは冒頭にこやかにあいさつする。学生さんたちは元気よくあいさつを返してくれる。この時点でこの基礎演習は成功することを予感する。毎年この授業を楽しみにしていることを伝え、今年も楽しくいこうと告げる。そして、倍率が5.5倍であったことを確認し、この競争をくぐりぬけてきた人たちの授業が失敗するはずがないと確信していると告げる。学生さんたちの誇らしげな顔を見られて楽しい。
　いい雰囲気を作れたところで❼の名簿を配付する。学籍番号と氏名とよみがなを記したものだ。いちはやく名前を憶えるよう指示し、この名簿を見てもらいながら出欠をとる。名前を読み上げ、返事をしてもらい、みなさんに顔見せするのである。欠席者は1名。おいおい、大丈夫か。クラスの中に欠席者の知り合いがいるか否か尋ねたが、いなかった。彼女が孤立しないようにあとで私なりにケアをすることにする。

(3) 授業の流れ②：基礎演習の趣旨説明
　次に、残りの資料を配布する。そして❶の「基礎演習の手引き」(本書87〜89頁。これは授業レジュメに相当するもの。次回以降、小出しに配付していく。今回は１〜２頁を配付した)を見てもらいながら、まずは基礎演習の趣旨説明を行う。
　冒頭、「私がこの授業でこんなに語るのは今回だけで、次回からはみなさんがもっぱら語ることになります。この授業で私が脚光を浴びる唯一の機会やね」と語ったうえで、適宜メモをとるよう指示し、本授業の趣旨説明をする。

34 ｜ 第1編　法学系フレッシュマンセミナーの風景

趣旨説明の前半部分については、詳説するべきことはあまりない。手引き1頁（本書87～88頁）「1．基礎演習の目的」の部分だが、「(1) 大学での学問」と「(2) 基礎演習の目的」では、①法学に限らず大学での学問全般にいえることとして、情報収集・考察・検証のサイクルを繰り返していくこと、②そのような作業をする際の手助けは、大人を対象とする大学ではあまりないこと、③しかし現実の学生群とのギャップが著しくなってきたので、全世界的に初年次教育がクローズアップされ、スムーズに大学になじめるようになることを目的とした科目が近年増えてきていること、④國學院大學法学部の専門科目における初年次科目としてはキャリア・プランニングと基礎演習とがあること、⑤キャリア・プランニングでは「君たちは大学をどう過ごすか」ということ全般について考察したが、基礎演習では、もっぱら法学をどのように学ぶかを理解し、学修意欲を増進させることを目的としていること、を伝える。
　「(3) 目的を達成するために必要な事項」は、力を入れて説明するところである。第1に、毎回課題が出て、人によってはかなりしんどい思いをすることになるかもしれないが、とにかくやってみるよう鼓舞する。途中までしかできなかったり、いい出来に仕上がらなかったりしたとしても、いいのだ。全て放り投げて途中でドロップアウトするのが一番よくない。課題群はともかく体験することが重要なのだ——以上のようなことを大きな声で伝える。途中でドロップアウトすることを防ごうとしているのである。
　第2に、何でも発言し、みんなでまともな協働作業ができるような雰囲気を全員で作り上げるよう鼓舞する。その様子を再現してみよう。
　「なぜ人は発言できるのかというと、発言を受け止めてくれる人がいるからだ。自分はこの場にいていいんだという安心感、ここが自分の居場所だという感覚を持てない限り、人は自由に発言できない。こんな先生に出会ったことない？『何でもいいから発言してみな。発言することに価値があるのだから』。さあ、言ってみよう。——（学生1人が発言する）——『え？　何言うてんねん。お前アホちゃう？　さ、次の人、さあ自由に発言してみてくれ！』——こんな教師は高校までにいなかったかな？　こんな授業では萎縮しちゃって、到底自由に発言することなどできない。こんな雰囲気になったらこの基礎演習は大失敗確定だ。そうならないために、「うなづいたりメモしたりして反応する」など、手引きに挙げたような具体的な行動をとることが大切だ。ただ聴いているだけではだめだ。人に

ちゃんと聴いてもらっているということは伝わらない。具体的な行動を示すことによって人は安心感を得るのだ。繰り返すが、具体的行動を示して、全員が安心感と居場所感覚を持てるように努力せよ。これが「知的共同体」だ（安心感、居場所、知的共同体、という3つのワードを大きく板書する）！ ほら、今みんなは黙って私の話を聴いているが、メモをとっていないし、うなづいてくれてもいないぞ。俺は今とても不安だな。ちゃんと自分のメッセージがみなさんに伝わったのだろうか。大きく反応してくれよ。どう、伝わってるかい（耳に手をあてて学生さんにつきだす）？──（学生さんたちの少数が『はい！』と大きく声を出してくれたので、さらに）聞こえないなあ。みんな、伝わってるかい？──（学生さんたちのほとんどが返事したので）そうだよ、このノリだよ。これでようやく俺は安心できたわけよ。次回からみんなはがんがん発言していくことになるから、ちゃんと反応するんだぞ！」

このようなアジテーションで、一気に教員─学生間のラポール形成と、本授業に対する心のレディネスを済ませてしまう。

最後に、やむを得ず欠席する場合は必ず事前連絡するよう述べ、私のメールアドレスを教える。そして、資料等は全てきっちり保存しておくよう指示する。あとで学習成果をふりかえらせるためである。

(4) 授業の流れ③：次回課題の説明

あとは次回課題の説明である。手引きの2頁（本書88～89頁）に詳しく書いておき、口頭で補足説明を加えていく。

本授業最初の課題は「自己紹介」である。文献等を調べたりする必要がなく、自分に関する情報の分析と、レジュメを作成しプレゼンすることに意識を集中させることができるので、昔からフレッシュマンセミナー系の授業冒頭ではこの課題を課してきた。この課題への取り組み方をどのように指示しているかについては手引き2頁（本書88～89頁）を参照していただきたい。情報分析についてはKJ法[16]のさわりを教授している。レジュメ作成については、特に詳細な作成マニュアルを示すことなく、私の授業に使用していたレジュメ（❷）、学会報告で使用したレジュメ（❸❹）などを配付し、TPOに応じて作成の仕方も変わって

---

16 KJ法については、川喜多二郎『発想法──創造性開発のために』（中公新書、1967年）参照。

くること(つまりマニュアルに頼ってはならないこと)を示したうえで、一般的な注意(補助資料としての位置付け、タイトル等を付けること)を行うにとどめている。さらに、読み上げ原稿の例も示し(❺)、読み上げ原稿を使ってプレゼンするよう推奨している。

最後に私自身の自己紹介レジュメ(❻)を配付し、実際に私が、あらかじめ作成しておいた読み上げ原稿を使って3分で自己紹介してみる(教員と学生との間のラポール形成という意味もこめている)。3分きっかりで行うために、学生2人に学会で行われているようなタイムキーパーの役を担ってもらい(経過時間をみている人と、「あと1分です」「あと30秒です」という紙[あらかじめ教員が用意しておく]を見せる役を担う人)、次回の自己紹介がどのように行われるか、イメージをつかんでもらう。

私が自己紹介を行っている時、学生さんたちは、笑ったり拍手したりするなどして、「聴いていることを示す具体的アクション」をとっていた。その調子だと褒め称え、次回が楽しみであることを伝え、第1回授業を終わろうとしたところ、次回どうしても欠席せざるをえないことを申告する者が出てきた。初めてのことに一瞬当惑しつつも、黙って後から欠席の申告をするのではなく、今の段階で申告したことを褒め称え、即興でその場で自己紹介をしてもらい、いち早くみなさんに記憶してもらった。

(3) 一斉メール

次回授業までに3通送っているが、そのうちの1つを紹介しておこう。以下に掲載したのは、欠席した学生の実名を出して出席を煽ったものである。過度に委縮しないような配慮もしている。

【10月3日送信】
基礎演の中川です。
前回欠席した■■■! 明日の授業には絶対来いよ!
とりあえず、3分間の自己紹介スピーチを準備しておけ!
強い口調で書いたが、君を何が何でも出席させて、クラスで孤立させないようにしなければならないというオレの教育者としての熱意のあらわれであって、別に怒っているわけではないし、今ならクラスのみんなも暖かく迎えてくれるから、どきどきびくびくするなよ!

3．第2回授業（2012.10.04）——いよいよチーム結成！

(1) 配付物
- ❶基礎演習の手引き3～4頁（本書89～90頁）

(2) 授業の流れ①：自己紹介

　まずはあいさつし、出欠を手早くとる（名前を読み上げ、返事してもらう）。最初から欠席していた1人も出席していた。一安心である。その後直ちに自己紹介に移る。机の配置は、教卓に出る者が全員と対面するデフォルトの形態のままにする。

　授業直前に出したメールの指示により前1列の机が空いている。ここに、私が用意した手引き（❶）と、各自が用意してきた自己紹介レジュメを並べてもらい、順番に取っていかせる。

　レジュメを取り終わったところで、簡単に自己紹介の意義や方法を再確認する説明を行う。そして、今回は組織作りをするので、誰がどの役にふさわしいかを考えながらみなさんの自己紹介を聞くように注意を促す。役は他薦オンリーであり、自己紹介の成果が試されるというわけである。

　「次は■さんお願いします」などと発言して運営させていく司会と、タイムキーパー2人を募る。すぐに希望者が出てくるので即決し、あとは彼らに進めてもらう。順番が来たら前に出てプレゼンするという単純な方法である。タイムキーパーには、プレゼンの時間が何分何秒だったかをその都度伝えてもらう。私は最後尾の机に座り、プレゼンとクラス全体の雰囲気を同時に観察する。

　自己紹介レジュメには自己情報が満載なので、本書に掲載することはできないが、人それぞれに工夫があって楽しかった。プレゼンも概してよく準備してきていた。読み上げ原稿を使用していない者は2人しかおらず、そのせいだと思うが、プレゼン時間も、ほぼジャストタイムの者が多数を占めた（図表1-2参照）[17]。クラス全体の雰囲気もよかったと思う。半数くらいの学生は声が震えており、初々しい。私が相手にしている学生はまだまだ世慣れていない1年生たちなのだということを再確認する。

---

[17] 表には16人分の時間しか記していない。記載していない4人のうち1人は、前述のように今回欠席した者である。残りの3人は、時間がおしてきたので、無理を言って端折った報告をしてもらった者である。計測の意味がなくなったので記載していない。

2分30秒台	2:30
2分40秒台	2:42、2:43、2:47
2分50秒台	2:55、2:56、2:57、2:59、2:59、2:59
3分台	3:00、3:00、3:01、3:02、3:06、3:22

図表1-2　自己紹介の時間一覧

　ジャストタイムの者が多かったため、時間がおすことになってしまった。私が國學院大學で基礎演習を担当して5年目になるが、このような事態は初めてのこととなった。というのも、従来は、読み上げ原稿を準備してくる者は少数派にすぎず、所要時間も1分台や2分台前半という者がざらにいた。中にはレジュメを作成してくることすらせず、その場でテキトーに自己紹介する者もいたのである。当然、全体として時間はそれほどかからない。このような状況になることを想定したタイムスケジュールを組んでいたのである。

　これに対し、12年度はきっちり作業を行ってきた者がほとんどだったので、時間がおしたというわけである。3分で報告せよと指示しておきながら、3分かからないことを想定したスケジューリングをしていた私にも問題はあるが、いずれにせよ、このままでは大幅な時間延長となってしまう。途中でその旨を率直に伝え、残っていた人たちには端折って報告してもらった。申し訳ないことである。

(3) 授業の流れ②：組織作り

　次に組織作りを行う。ゼミ長1人、副ゼミ長2人をまず選出してもらう。自己紹介を聞いて、リーダーの素質十分と「感じた」者の氏名を挙げてもらうのである。これにより、リーダー役の学生に、みんなに選ばれたのだという承認の感覚がやどることを期待している。

　もっとも、基礎演習においてゼミ長や副ゼミ長の果たす役割は大きくない。大半は私が仕切るからである。たまに司会を行うこと、授業の運営に問題が生じた時、学生と教員のパイプ役になることくらいである。過度にプレッシャーを感じないよう申し伝えたうえで選出手続に移る。

　まずはゼミ長の選出である。すんなり1人に決まる。次にゼミ長のサポート役である副ゼミ長2人の選出である。これもすんなり決まる。今回は決まるのが早

い。私から見ても、ゼミ長に選ばれた者は、はきはきとした口調でプレゼンを行い、プレゼンの内容も非常に活発な人物であることがわかるものになっていた。明るく前向きなクラスの雰囲気を維持できそうな人物である。副ゼミ長の2人は、それほど明るくはないが、周到に準備された手堅いプレゼンを行った者で、縁の下の力持ち役にぴったりのように思えた。

　次にチーム長を4人選出する。本授業ではチーム単位で作業をするので、烏合の衆にならないようにリーダーを置く。これも他薦ですんなり決まる。

　その後、黒板に4つのボックスを書き、それぞれのボックスに各リーダーの氏名を書く。そしてゼミ長と副ゼミ長に対し、特定のチームに固まって所属しないように分散するよう求め、4つのボックスのどこかにそれぞれ氏名を書いてもらう。そのうえで各チーム長に一言スピーチをしてもらい、教室の四隅にそれぞれ立ってもらい、残りの学生が「この人といっしょにがんばりたい」と思える人のところに集う(図表1-3参照[18])。所属クラスごとに代表をだしてもらい、ジャンケンで順番を決め、勝ったクラスのメンバーから、分散して、かつ、男女比が同数になるようにうまく分かれて、各チーム長のもとに向かうよう指示する。クラスや性別で特定の塊ができないよう配慮しているのである。したがって、必ずしも学生の自由に選べるわけではない。教員は以上のような指示を出しつつ、黒板に書いたチーム表に氏名を書きこんでいく(そうやって学生の顔と名前をできるだけ早く記憶する)。

　特に問題なく均等に分かれたので、チーム長にジャンケンをしてもらい、チームが座る座席エリアを決める。以後、固定座席とする。その後10分間で、チームごとに作業を行ってもらう。①簡単な自己紹介、②メアド交換、③授業外ミーティング日時の設定、④チーム名の考案を行ってもらう。

　翌日は裁判法Aの第2回授業なので、基礎演習生以外の「自主編成チーム」と同じように行動する(特定のエリアに固

図表1-3　チーム編成をしている風景

18　2012年度には写真撮影をしていなかった。本章で用いる写真は全て2013年度のものである。

まって座る)よう指示する(本書169頁に掲載した4通目のメール参照)。

　楽しそうに作業をしている様子を教員は机間巡視して確認し、黒板に書かれたチームメンバー一覧表を手元のレジュメに書き込んでおく。

　なお、本授業に必須ではないが、懇親会を開くべきだと多くの学生が思うのであれば、幹事として懇親会係を設けることにしている。今回は実際に多くの学生さんが求めたので、設けることにした。これだけは立候補を求めたが、すぐに手が挙がったので、全員の拍手でもって承認する。懇親会は課外活動なので、私からは一切指示しないこと、懇親会係が自ら企画し、実行すべきことを伝える。

(4) 授業の流れ③：次回課題の説明

　次回の授業では、学生のノートテイキング状況をチェックしようと考えている。そこで手引き4頁（本書90～91頁）にあるような課題を出すのだが、時間がおしたために、課題説明の時間が全くなくなってしまった。「悪い、時間がなくなってしまった。課題については、レジュメ4頁をよく読んで実行しといてね。それでは！」とさらっと述べて、足早にその場を去る。

(5) 一斉メール

　次回授業までに2通送っているが、そのうち1つを紹介しておこう。10月5日送信メールは、課題として何をやればよいのか困惑している学生があとから来たので、やはりレジュメだけではだめかということで、あらためて課題を実行するよう指示したものである。

【10月5日送信】
基礎演の中川です。
昨日、ある人と話しをして、ちょっと不安になったので、メールします。
さっそくチーム課題が出ているんだよ。わかっているね？
私が配っているレジュメの4頁に「第3回ゼミのための課題」というのがあるでしょ。これを読んで、指示通りやってきてね。
ちょっと補足します。
(1) 途中で出てくるａｂｃは、ばらばらにならないように、1人分ずつホッチキスで綴じてください。ａが一番上、ｃが一番下になるように。
ｃの「選定基準とあてはめ」とは、要するに、どのようなノートが良いのかという基準をチームで作り、その基準にみんなのノートがどの程度適合するかを検証し、その結果を記すということ。

| よろしく！
まだわかりにくいかもしれません。質問があれば、どしどしてください。

4．第3回授業(2012.10.11)──ノートはちゃんととっているか？
(1) 配付物
　❶基礎演習の手引き3〜8頁(本書91〜94頁)
　❷Peer Review Sheet
　❸吉川あゆみほか『大学ノートテイク入門』(人間社、2001年)50〜54頁
　❹裁判法A第2回課題シート(本書325〜327頁)

(2) 授業の流れ①：チーム別best＆worstノート発表
　今回のテーマは、他者から口頭で提供された情報を的確に収集するスキル(本授業では受動的情報収集と呼んでいる)である。その一つとして大学におけるノートの取り方を取り上げる。
　私がレクチャーをする前に、学生がどのような考えに基づいてどのようなノートをとっているのか知りたかった。そこで今回のような課題を出してみたのである。
　各チームは、事前に以下の準備をしてきている。①共通にとっている科目のノート(授業1回分)をみせあう。②どのようなノートがよいのかを話し合ってもらい、一定の基準を作る。③その基準を各自のノートにあてはめ、チーム内の最優秀ノートと最劣悪ノートを選び出す。④チーム長が、「選定基準とあてはめの経過レジュメ」を記す。⑤「選定基準とあてはめの経過レジュメ」、「最優秀ノート」、「最劣悪ノート」を束にして配付のためにコピーする。⑥授業当日、レジュメを使って選定基準とあてはめの口頭報告を簡単に行う(これによって、ノートをどのように取るのがよいのかに関する学生の考えを知ることができる)ので、その準備をする。⑦続けて、最優秀ノートを使って授業内容を再現する報告を5分きっかりで行う(プレゼンの練習であるとともに、人に授業内容を説明できるということはよく授業内容を理解していることだということを後に教授する布石である)ので、その準備もする。
　前回の授業でこの課題の説明を十分に行うことができなかったので、果たしてちゃんと課題をこなしてきているか心配だったが、全チームが適切にこなし

てきていた。最初に手引き(❶、本書91 ～ 94頁)を配付する。

　まず、報告前にPeer Review Sheet(❷、図表1-4)を各チームに人数分＋1枚(各自のメモ用と、提出用)ずつ配付し、各チームの最優秀ノートのよかった点や悪かった点、そして、授業再現報告のよかった点や悪かった点について採点し(10点満点だが7点を基準とする)、コメントを加えるよう指示する。このような採点をさせる目的は、他チームの報告をしっかり聞こうとする姿勢を出させること、そして、コメントをもらう、つまり他者からの反応を得られることによって報告のやりがいを感じられるようにすることである。

　次に、用意してきたレジュメや資料を配付してもらう。各チーム1人ずつ、全チームに配付する。ホッチキスで束にしておくよう指示していたので、素早く配付することができる(この指示を守らなかったチームが1つあったので、実際はややもたついた)。

　それでは報告開始。進行は、執行部に司会とタイムキーピングをお願いすることによって学生に委ね、私は最後列で全体の様子を観察した。進行自体に教員が特にテコ入れすべき問題は発生しなかった。

　各チームの報告を聞いているうちに、非常に困った事態が生じたと感じた。今回のような課題と報告は、基礎演習という授業を担当した場合必ず行ってきた。これまでの経験では、「最劣悪ノート」に選ばれたノートは、教員がたまに板書したことしか書いていないものであったり、(教員が板書をしない場合に)白紙のノートであったりすることが多かった。最優秀ノートと最劣悪ノートとの差異が激しいので、最劣悪ノートのようなものではダメなのだということを際立たせることができた。しかし12年度は、板書されたことしか書かれていないノートは1チームしかなく、最優秀ノートと最劣悪ノートとの差異は、マーカーを塗っているかとか、きれいかとか、私にとってはそれほど重要なことではないとこ

チーム名	ノートの取り方	再現報告	計
3限12番　きなこもち			
3限23番　中川デイズ			
3限24番　中川家			
4限12番　かな☆たま			

図表1-4 Peer Review Sheet ノート・テイキング編

ろにあったり、あるいは、板書や教員の口頭教授事項以外についても関連事項を自分で調べて書きこむとか、ノートの当該部分は指定教科書の何頁と関連するかを明らかにするために適宜教科書の頁数を書きこむといった、私からみると想定外の高度なところまで行っているかどうかにあったりする。もともとこの課題は、板書されたことを写すだけでよいと考えていて、実際それではうまくいかず、悩んでいる学生を浮き彫りにし、必要なアドヴァイスをするために出していたわけだが、12年度においては、現実の学生とのマッチングが、学生のレベルが高かったという意味で、うまくいかなくなっている。

　そのようなことを考えているうちに全チームの報告が終わったので、7分の時間を提供し、採点してもらい、その後口頭で簡単にピア・レビューをしてもらう（図表1-5、1-6参照）。時間がきたら提出用シートを回収し、とりあえず集計する（執行部に行ってもらう）。今回1位となったのは「中川家」チームであった。彼らのレジュメとノートを掲載できればよりわかりやすいとは思うが、著作権の問題が発生しそうなので掲載できない。私としては、このチーム報告については「選定基準」と「基準のあてはめ」がごっちゃになっている（実質的には基準を作らず、各ノートを比較してアド・ホックに決めている）ところに不満があり、少し改善のアドヴァイスもしたが、後述の裁判法Aの授業でも、規範定立とあてはめがごっちゃになる学生が非常に多く、このミスは簡単には修正できないことを体験済みであるから、あまりここではこだわらない。

　全員の拍手でもって中川家チームを褒め称えた後、各チームに対し寄せられたコメントを口頭で紹介する。もっとも、時間がまたおしてきたので、かなり

図表1-5　他チームの報告を審査している風景　　図表1-6　ピア・レビューをしている風景

端折ってしまった。何かよい方法はないものか。

(3) 授業の流れ②：ミニ・レクチャー

　みなさんの報告が例年になく素晴らしいものであったことを褒め称える。その後、レクチャーに移る。毎年そうで12年度もそうだったのだが、多くのチームは、よいノートの基準の1つとして、「板書されたことだけでなく、先生が言ったことで重要だと思ったことも書く」ということを挙げる。このうち「重要だと思ったこと」という部分に注意を向けさせ、本当にそれでよいかと疑問を提起させたうえでレクチャーを開始する。

　今回はたまたまノートの取り方というテーマにしたが、もっと広く、「人から口頭で情報を受け取る技術一般」の問題として捉え、ノートの取り方はその一ヴァリエーションにすぎないと考えるよう示唆する。社会に出て重要事項を板書してくれる人などいないことを伝え、その旨説明した文章を紹介しながら、情報を正確に聞き取りメモする技術は社会で必須であること、大学の授業のノート取りをその訓練の場として捉えるべきと教授する(以上、手引き5頁[本書91～92頁])。

　次に、何をどの程度メモすべきかについてマニュアルはなく、TPOに応じてその都度工夫すべきものなのだということを伝える。特に法学系の授業は、みなさん初めて触れる学問で、まだ右も左もわからないのだから、「自分が重要だと思うこと」は実は重要でないことかもしれないし、「自分が重要だと思わなかったこと」は実は重要なことかもしれない[19]。判別がつかない現段階では、網羅的にメモを取るべきだと示唆し、同旨のことを述べた文章を紹介する。そして、私が前任校で担当した、刑法総論講義の補習ゼミ(基礎ゼミ)のような授業のデータを紹介する。この補習ゼミでは徹底的に網羅的メモ取りを指導し、刑法総論の授業で実践させたのだが、そのような訓練を経た学生群と訓練を受けていない学生群の刑法総論の成績は段違いなものとなった(メモ取りだけを訓練したわけではもちろんないが、その他の点はここでは重要ではないので、レクチャーでは語らない)。前期の民法総則で自信を失くした人は、ぜひこの方法をトライしてみてほしい(以上、手引き6頁[本書92～93頁])。

19　具体例の説明をメモしないことがその典型である。宇佐美寛『大学の授業［新訂版］』(東信堂、2012年)36～41頁参照。

最後に、網羅的メモ取りの訓練方法をアドヴァイスする。聴覚障害者の授業参加をサポートするものとして、いわゆるノート・テイキングがあるが、そのマニュアル本の中で口述筆記の技法（要するに端折り方）に触れているところ（❸）を資料として渡し、実践してみろ、と述べるのである。ついでに、この技法に興味がある人は、本学でもノートテイカーを募集しているから参加してみたらと紹介しておく。その他細々としたアドヴァイスもするが、さっと説明するだけである（以上、手引き6〜7頁[本書93頁]）。

(4) 授業の流れ③：次回課題の説明

　次回の課題は、「口頭による能動的情報収集」、すなわち、人に質問して答えてもらうということをテーマにする。

　明日に行われる裁判法Aで犯罪を発生させるので、警察官になりきって目撃者（すなわち授業に参加している学生）を取り調べ、犯罪立証に必要な情報をとって、取り調べの過程を忠実に記した「プロトコル表」と、取り調べの結果を簡潔にまとめた「調書」を作成してくるという課題である。どのような情報をとる必要があるのか、どのように取り調べるのが妥当なのかといった「取り調べ固有のTPO」については、明日の裁判法Aで配る予定の第2回課題シート❹（本書325〜327頁）に書いておいたので、それを特別に事前配付し、熟読しておくよう指示する。このシートは、明日の裁判法Aの授業でも配り、全受講生に取調べをさせる予定である（本書183〜187頁参照）。他の裁判法A受講生と違うのは、基礎演習生は、犯罪が行われるということを事前に知ってしまったことである（他の裁判法A受講生は犯罪が発生するのを知らされない）。そこで、他の友人たちには絶対にこの情報を漏らしてはならないこと（ツイッターでつぶやくのも禁止）、そして、みなさんは知ってしまったので、実際に犯罪が起きそうな雰囲気になってきたら、捜査官としての中立公平さを保つために目と口を閉じておくこと（たぶん守られないが）、そして目撃者役は私が基礎演習生以外の学生から適当にみつくろってくるので、その人を取り調べることを指示する。

　裁判法A受講生は調書の作成のみが課題となるが、基礎演習生はプロトコル表も作成する。網羅的メモ取りの能力がここで鍛えられる。プロトコル表の作成の手順も示しておく（以上、手引き7〜8頁[本書93〜94頁]）。

5．第4回授業(2012.10.25)――図書館に行こう！

(1) 配付物
　❶基礎演習の手引き9〜10頁(本書94〜97頁)
　❷Peer Review Sheet
　❸『刑事弁護ビギナーズ』125〜134頁
　❹大阪弁護士会刑事弁護委員会ダイヤモンドルール研究会ワーキンググループ「事例から学ぶ証人尋問のテクニック！4――ケース2偽りの目撃者!?」季刊刑事弁護39号(2004年)146〜151頁

(2) 授業の流れ①：課題の配付とミニ・レクチャー

　まずは各チームに課題の成果を配付してもらう。ここで、調書のコピーをし忘れたチームが2つ、プロトコル表のコピー担当が急に欠席し配付できなくなったチームが1つ出てきた。しかたがないので、今後この失敗を活かしてチームメンバー間の相互連絡力や段取り力を向上させることを命じる(この程度では怒ったり叱ったりしない)。さしあたりの対応策として、前者については、後述のチーム作業をしている間に私がコピーしてあげることにする（甘かったかもしれない）。後者については、プロトコル表を後日コピーし、法学部資料室に預け、私に連絡するよう伝える。その連絡を受けた私が基礎演習生全員に一斉メールし、各自資料室に取りに来てもらうという段取りを考えたわけである。ハプニングに対し瞬時に対応しなければならないのは教員の常。

　これらの課題成果をいきなりその場で吟味するには無理がある。この吟味は授業外課題にまわし、ミニ・レクチャーに入る。

　まずは調書作成課題をふりかえり、文字情報全般は、調書の作成と同様、得られた生データをもとに、分析し、加工されたものがほとんどであることに気付かせる。手引きには書いていないが、例として、私がある新聞記者に対し「(ある裁判におけるある問題につき)憲法違反とはいえないが刑事訴訟法には違反している」とコメントしたところ、翌日の朝刊に「憲法に違反している疑いがある」と中川がコメントしたという記事にされてしまったことを伝える。生データを加工する際に多かれ少なかれ歪みが出てくることは避けられないので、新聞等の資料をみる際にはそのようなものだという前提で接する必要があることを伝える。

　そして、得られた生情報を加工する際の一般的マニュアルというものはなく、

何が求められているかを理解し、それに適合するように作るということを常に意識することが重要だということを述べる。以上のレクチャーは、後述の、他チームが作成した調書をピア・レビューする際に意識してもらうために行っている(以上、手引き9頁(❶[本書94～95頁])。

(3) 授業の流れ②：図書館探索ゲーム

これまで口頭情報の受動的収集、口頭情報の能動的収集を体験してきた。次のステップとして、文献を能動的に収集するスキルの体験に移る。端的にいえば、図書館の使い方である。

國學院大學の図書館を利用したことがあるか、正直に答えよと問うと、実際に本を検索したり借りたりするなど使用している者ももちろんいるが、入学して半年間、一度も行ったことがないという人もぱらぱらといる。これが現実である。また、図書館主催で図書館の使い方を指導するガイダンスを頻繁に行っているのだが、このサービスを利用した学生は2人しかいなかった。毎年これらの質問をするのだが、概ね同じような回答状況となる。

そうであろうことを見越して、授業をあらかじめデザインしている。まず、図書館の使い方を口で説明してもよくわからないだろうから、実際に図書館に行き、自分自身でツールを使ってみることにする。そして、ある種のゲームを設定し、各チームに競わせるのである。あれこれ詰め込んでも頭に入らないだろうから、彼らが地方自治体の図書館や高校の図書室などを使ってきた際のスキーマを想像しつつ、今回の目標を2つに絞る。第1に、文献がどういう形で存在しているかを知ること（まだ学生には言わないが、要するに開架だけでなく閉架式書庫等もあるので、図書館に行って本棚を眺めるだけでは発見できない図書がたくさんあるということに気付かせること）である。第2に、一般的な大学図書館検索ツールを用いてキーワード検索や著者名検索をするだけでは漏れが出てくること（これもまだ学生には言わないが、共著の場合、調べたいテーマに合致する章があったとしても、あるいは調べたい著者が書いている部分があったとしても、著書のタイトルに当該キーワードが記されていなかったり、奥付に記載される著者が代表編者のみであったりした場合には検索漏れが生じうること）に気付かせることである。図書館をまともに使ったことがない人にたくさんの情報を詰め込んでも、理解できない、またはすぐ頭から抜けてしまうことは避けられない。そこで、これら2つの目標

に限定するのである。どちらの目標も、漠然と調べるだけでは情報に到達できないということを気付かせるものである。これが最優先事項であると考えている。

ゲームは単純で、手引き10頁（本書96頁）真ん中の囲みにある3つの課題を実行させ、一番早く教室に戻ってきたチームが勝ちというものである。第1の課題は、K-aiser[20]を用いてある図書を検索し、この課題を実行したことを示す証拠として29頁の本文冒頭を写してくるというものである。その29頁とは、この共著に掲載されている私の論文の冒頭部分である。この本は図書館の閲覧室に置かれている。K-aiserの説明はしない。図書館の職員さんに尋ねろと指示し、あとは職員の説明に委ねる。餅は餅屋、である。

第二の課題は、ある大学紀要の89頁冒頭を写してくるというものである。これまた、私の論文の冒頭部分である。この紀要は閉架書庫におさめられている。閉架書庫の存在に気付かせようとしているのである。

第三の課題は、タイトルを示して検索し、198頁冒頭を写してくるというものである。この本は私の単著であるが、著者名は伏せ、タイトルだけを示している。本書は図書館にはなく、法学部資料室におさめられている。國學院大學の蔵書はさまざまなエリアに分散配置されているという事情があるので、それに気付かせようとしている。

この時点で11時となった。これまでの経験上40分間で実行可能だと思われるので、11時40分には教室に戻ってくる（進行の都合上、仮に実行途中だったとしても中断して戻ってくる）ようにと指示し、彼らを送り出す。私はヒマなので、研究室に待機している[21]が、何かトラブルがあれば電話連絡するようにと述べ、私の携帯番号を教える。結局電話はかかってこなかった。彼らが図書館で作業している風景については、図表1-7参照。

11時35分に教室に戻ると、既に3チームが私よりも前に教室に戻ってきていた。例年と比べるとかなり早い（2、3分前に駆け込んでくるのが通常である）。残る1チームも時間内に戻ってきた。全チーム、指示した部分を写してきていた。最速のチームは「中川デイズ」であったので、全員の拍手をもって称える（図表1-8参照）。

最後に今回のゲームをふりかえる。学生さんたちに気付いてほしい点として、

20　國學院大學の一般的図書検索ツール。http://k-aiser.kokugakuin.ac.jp/webopac/topmnu.do
21　2013年度は、写真撮影のために学生に同行した。

図表1-7　図書館で文献検索をしている風景　　図表1-8　最速のチームを称える風景

以下の2点を挙げる。①第二、第三の課題から、蔵書は閲覧室の開架図書だけではないことがわかったと思う。閲覧式の本棚を眺めるだけでは重要な蔵書のほとんどを検索できないことになるということである。このことを印象づけるために、過去に実際にあったエピソードを紹介する。すなわち、「この大学には全然本がないっすね。ネットで調べたこの10冊を読みたいんですけど、全くないんっすよ」とある学生が言ってきたので、「本当か？　じゃあ俺が調べてみよう。もし全部あったらコーヒーをおごれ」と宣言し、調べたところ、全て國學院大學図書館にあったというものである（もちろん学生におごらせるというのは冗談である）。②K-aiserは便利なツールなので今後活用すべきだが、他方で、第1、第2の課題にした論文は、執筆者名や論文タイトルではK-aiserでは引っかからないので、網羅的に検索しようとするとK-aiserでは不十分である。それではどうするかということだが、それはまたの日にしよう。とにかく今はK-aiserに慣れること。

(3) 授業の流れ③：次回課題の説明
　今回の授業時間外課題は2つある。第1に、本日配付された調書を評価してくることである。各チームにPeer Review Sheet(❷)を配付し（人数分＋提出用1枚）本日の前半に行ったレクチャーを思い出させたうえで、記入してくるよう伝える。清書用シートのみを提出すること、チームとしての意見のとりまとめはチーム長がすることを伝える。最も点数が高い調書を後日行う模擬裁判で使用することになる旨も伝え、評価を真剣に行うよう誘導する。

第二に、反対尋問に関する論文のコピーを2点（❸❹）配付[22]し、読んだうえで、さらにK-aiserで反対尋問に関して書いた書物を検索し、コピーし、検討して、反対尋問をするために重要な情報を入手し、チームとして、反対尋問のために最も重要だと考えた事項をA4用紙1枚にまとめ、次回に配付せよと指示する。K-aiser検索を早速実行させるという趣旨である。何を読んでそのようなまとめになったのかが他者にもわかるように、出典を明示すべきことも伝えておく。

　なお、作業課題ではないが、次回に持参すべき物が多いので、「課題3」として、持参すべき物を列挙しておいた（以上、手引き10頁［本書96～97頁］8「第5回ゼミのための課題」）。

(4) 一斉メール

　11月7日送信メールは、次回授業直前に忘れ物をしないよう注意喚起したものである。また、忘れたプロトコル表を法学部資料室に預けるよう指示しておいたのだが、それが実行されていないので、予定を変更し、次回授業時に配付させるよう指示した。

　これまで紹介してきたように、授業を滞りなく進めるために、一定の指示をメールで適宜出している。メールで何をしようとしているのか、読者のイメージを喚起できたと思うので、以後はメールの紹介を全て省略させていただく（紙幅の都合があるので）。

【11月7日送信】
基礎演習の中川です。
明日までにやらねばならない課題や持参物が多いので、忘れたことや物がないように気を付けてください。
今後12月まで怒涛のごとく進むので、もたつきは許されません！
もたつきといえば、かなたまのプロトコル配付はどうなったんだ？
もう資料室預けはやらなくていいから、明日、絶対教室に持ってこいよ！
明日忘れたら、もう不要になってしまうぞ（つまり、見捨てられるぞ）！

---

[22] ❸は、なりたての弁護士を名宛人として尋問の基本を一般的に説明したものである。これによって基本的知識を修得する。❹は、ある証人に対し、悪い反対尋問の例とよい反対尋問の例を挙げたものである。この実例を読むことによって、反対尋問に関する具体的イメージを形成することを期待している。各チームには、具体的なイメージを形成するために、眼で読むだけでなく、本論文に掲載されている尋問プロトコルを実際にチームで演じてみよとアドヴァイスしている。

6．第5回授業(2012.11.08)――反対尋問に挑戦！①
(1) 配付物
- ❶基礎演習の手引き11～12頁(本書97～100頁)
- ❷2010年度基礎演習生が作成した反対尋問シナリオの台本

(2) 授業の流れ①：調書コンテストの結果発表

　冒頭に懇親会委員から懇親会日時の告知があった。

　さて、各チームからPeer Review Sheetを回収し、急いで集計する。「中川家」チームが僅差で1位となったので、これを模擬裁判の本番に用いることにする。全員の拍手でもって「中川家」を称える。早速中川家チームからUSBメモリを受け取り、今回私が持ってきたノートパソコンに一応コピーする。

　そのうえで、中川家の調書には形式的な面で問題が若干あった（事前に私も調書群をチェックしている）ので指摘し、後日そのファイルをメール添付で送るよう指示する。

　Peer Review Sheetに書かれてあるコメントを学生さんたちに簡単に紹介したかったのだが、どのチームのシートにもコメントが比較的詳細に書かれていたので、十分に紹介する時間がない。そこで私がシート群をコピーして次回の授業時に配付することにした。今回の授業の前日に提出させ、私がコピーしておいて、授業当日に配付したほうがよかったのかもしれない。あるいは、チームに最初から自チームのシートを人数分コピーして配付してもらったほうがよいのかもしれない。

(2) 授業の流れ②：反対尋問の方法に関するチーム報告

　ノートの取り方に関する報告の場合と同じく、各チームにレジュメを用いて5分で報告してもらう。今回はピア・レビューを行わない。他チームに既に借りられたりして、ある本が読めない等の理由により、各チームによって検索した本が異なりうるので、自チームが読まなかった本からの情報を他チームの紹介によって得る、すなわち自分の知らない情報を共有しあうことが今回の目的である。

　詳細は省略するが、ウェルマン『反対尋問の技術』という古典から、『入門法廷戦略――戦略的法廷プレゼンテーションの理論と技術』という最先端のものまで、

多彩な本に基づく報告が行われた。

(3) 授業の流れ③：ミニ・レクチャー
　各チームの報告を聞いた後、反対尋問に限らず、情報を分析する場合全般に共通すると思われるスキルについてレクチャーする。本授業では、ノートの取り方の時もそうであったように、何か特定の作業をさせたうえで、メタレベルの一般的抽象的スキルを紹介し、そのあてはめとして特定の狭い作業に戻っていくという方法論を原則としてとる。ここでも原則どおり進めているわけである。
　情報分析の一般的スキルとして学生さんに伝えたのは、①仮説を立てて検証すること、②テーマが大きすぎる場合には細分化すること、この2点である。そして反対尋問という狭い領域の作業にあてはめてみせる。すなわち、「この証言は信用できる（はずだ）」という仮説を立て、さらに信用できる証言といえるためのサブ仮説をさらに立てる。「証人は細かいところまでしっかり見ていた（はずだ）」、「証人は誠実に供述しており、いい加減なことは言っていない（はずだ）」、「証人の発言には矛盾がなく、一貫している（はずだ）」等である。そのうえで、これらの仮説が本当に成立するか検証してみろとアドヴァイスする。抽象的な説明ではわかってもらえないので、実際に彼らが作成し、提出した調書やプロトコルに基づいて検証の例を示す（以上、❶手引き11頁［本書97～98頁］）。学生さんにとってはこのあてはめ例はかなりショックなようで、「ああ、そうか」とか、「へぇ～」といったつぶやきがどんどん出てくる。素朴に素直に読んでいては気付かない問題点が多くありうることに気付かせ、ある種の知的興奮を生じさせることに成功したところで次回課題の説明に移る。

(4) 授業の流れ④：次回課題の説明
　作成した調書が本番採用されることになった「中川家」に対しては、調書の微修正、および、当該調書をもとに主尋問シナリオを作成してくるという課題を出す。ひな形が裁判法Aの教科書に掲載されているので、それを真似て作成してみるよう指示する。（❶手引き12頁「課題1」［本書98～99頁］）。
　他の3チームには、反対尋問シナリオを作成する課題を出す。主尋問シナリオはまだ作成されていないが、これは調書の内容とほぼ同じになるので、調書の内容に基づいてシナリオを作成すればよい。

反対尋問のシナリオも裁判法Aの教科書にひな形が掲載されているが、教科書に掲載したシナリオは、前任校で模擬裁判の試みを開始したころの例であり、近年の基礎演習生が作成したもののほうが出来がよくなっているので、2010年度の基礎演習生が作成した反対尋問のシナリオを配付する（❷）。ただ配付するだけでは分析の手掛かりをつかめないチームが出てくる危険性があるので、少々時間をかけて解説する。

　まず、教卓を証言台に見たて、前列の2つの長机を対抗するように並べ直して検察官席と弁護人席に見たてる。証言台に対向する位置に椅子をおいて裁判長席に見たてる。このように舞台設定したところで、チーム長4人をそれぞれ証人、検察官、弁護人、裁判長役に指名し、それぞれ所定の位置に配置させ、10年度のシナリオを実際に演じてもらう（図表1-9参照）。シナリオの節目節目でストップをかけ、適宜解説をほどこす。特に、さきほどの各班の報告に含まれていた「反対尋問のコツ」を具体的にどう活用するかを意識させる。「さきほど○○班が報告していた『逃げ場を与えるな』というポイントは、昨年度のシナリオのこの部分に活かされているね。ほら、ここで証人にはっきりと答えさせているだろう。あとで逃げられないようにしているわけだね」といった感じである。このように、各班が調べてきたことと、シナリオ作成が分断されないように、つなげてやるのである。

　このように例を示し、解説をほどこしたうえで、授業時間外で反対尋問のシナリオ案を作成してもらう。作成しやすいようにするためにいくつかの特殊ルールを設定しておく。次回授業では、作成したシナリオを、今回チーム長たちが行ったように実際に上演し、ピア・レビューを経て、本番のシナリオを完成させるためのベースとなるシナリオを確定させる。シナリオ作成の際には、KJ法を活用するべきだ等のアドヴァイスもしておく（以上、❶手引き12頁［本書99～100頁］）。

図表1-9　反対尋問シナリオの上演風景

7．第6回授業(2012.11.15)──反対尋問に挑戦！②

(1) 配付物
　❶基礎演習の手引き13〜14頁(本書101〜102頁)
　❷前回集計したPeer Review Sheetのコピー
　❸Peer Review Sheet

(2) 授業の流れ①：プレゼンに関するミニ・レクチャー
　教室に行くと、直前に出したメールの指示どおり、舞台設定と配付物の配付は済んでいた。ゼミ長を褒め称え、授業を開始する。
　手引き(❶)、前回約束していた調書に関するPeer Review Sheetのコピー(❷)、反対尋問シナリオ用Peer Review Sheetを配付した後、プレゼンの基本に関するミニ・レクチャーを行う。といってもそれほど大仰なレクチャーをするわけではない大人数教室で他者にわかりやすいプレゼン(模擬裁判という芝居)をするには、①原則として文節ごとに切って話すことを意識する、②抑揚を通常よりもやや大げさにつける、③間を大切にする、④過度に緊張しないために、自分のことではなく、情報を他者に提示するという目的を達成するために何をしなければならないかという点だけに意識を集中させる、ということくらいである。抽象命題だけではイメージをつかんでいない可能性があるので、実際に私がよい例と悪い例を実演しながら説明する。
　あと一点、大きな声を出すためには、マイクに頼らず、かつ、近くの聴取者ではなく自分から一番離れている者に意識を向けることを意識し、空間を見渡して、当該教室の容積(空間)を自分の声で満たすのだということを意識すると、自然に大きな声になるから試してみよというアドヴァイスもする。これらは全て、普段から私が心がけていることでもある。

(3) 授業の流れ②：主尋問シナリオ案の上演
　次に主尋問シナリオのチェックに入る。「中川家」に、作成してきたシナリオを上演してもらいながら、修正を要する箇所がないかチェックする。前述のように、主尋問シナリオは調書の内容を一問一答形式に再構成するだけでよいので、それほど難しい作業ではない。実際提示されたシナリオ案についても修正すべき箇所はほとんどなかった。調書における表現と異なる表現を目撃者がし

ている箇所をいくつか修正するよう指示して、翌日夕方までに修正されたファイルを私に送るよう求める。

(4) 授業の流れ③：反対尋問シナリオ案の上演

　引き続き、反対尋問シナリオ案の上演に移る。まずはピア・レビューの仕方について指示する。今回のPeer Review Sheet(❸)は、これまでとは異なり、各チームの成果に点数付けをし、合計点を競わせようとするものではない。以下のように趣旨を説明する。「おそらくどのチームのシナリオにも、他のシナリオにはないよい箇所はあると思うので、1つのシナリオを全面採用し、他のシナリオは全て捨てるというのはもったいない。そこで、細かい点は置いておき、全体の流れがよい、すなわちベースとすべきシナリオ案（今後シナリオを完成させていくにあたり、あるチームのシナリオ案をベースとし、他チームのシナリオ案の中のよいところをベースに埋め込んでいくことになる）はどれかという観点から、よいと思ったチームのシナリオ案についてコメントしてほしい」。

　その後、3チームが順次舞台に立ち、上演していく（図表1-10参照）。上演しているチーム以外の者は、当該シナリオのコピーをみながら上演を見て、チェックを入れていく（各チームの反対尋問シナリオを代表して、「中川デイズ」のものを本書111～114頁に掲げておいた）。突っ込みどころは多数あるが、このような作業を初めて行う者たちの成果としては、この程度で十分であろう。

　3チームの上演が全て終了した段階で、各チームのレビューをまとめるための審議時間を設ける。学生が審議している間に私は各チームの原ファイルを各学生のUSBメモリから私のノートパソコンにコピペするという作業を行っておく。

図表1-10　反対尋問シナリオ案の上演風景

　審議時間終了後、各チームが、Peer Review Sheetをもとにレビューを口頭で行う。結局3チームの優劣はほとんどないということになった。そこで私自身の観点から「中川デイズ」のシナリオをベースとし、他のチームのシナリオのよいところをはめこんでいくことを提案し、みなさんの同意を得たので、私が次回授業までに編集してくること

にした。この編集作業を学生に行わせるのも教育効果上よいのだが、少々時間がおしているので断念する。

(5) 授業の流れ④：今後の予定・課題説明
　今後かなりの回を使って模擬裁判のシナリオを作り上げていくことになる。そこで大まかな見通しを説明して、五里霧中の気分にならないよう配慮した。そして基本的な作業の分担を決めた。起訴状、冒頭陳述、論告要旨という検察官が用意すべきものは全て、調書が採用され主尋問シナリオを担当していた「中川家」に担当してもらう。弁論要旨については、反対尋問シナリオのベースを作った「中川デイズ」が担当。再反対尋問シナリオは、「きなこもち」に担当してもらう。裁判法Aにおける教育目的との関係で、再主尋問は調書を採用させるための尋問(刑事訴訟法321条1項2号の要件を満たすという主張に持っていくための尋問)にすると決まっており、その後、調書が採用されることになるので、再反対尋問は、調書の記載も信用できないことを示すような尋問にすればよい。裁判法Aの教科書に掲載されているひな形を参考に作ってみるよう指示する。被告人質問シナリオは「かな☆たま」に担当してもらう。これも裁判法Aにおける教育目的との関係で、被告人は完全黙秘すると決まっており、これもまた裁判法Aの教科書に掲載されているひな形をほぼなぞればよい。
　最後に、配役と必要人数を教え、裁判法A金3クラスでの上演は自前でアクターをまかなえるが、金4クラスのそれはまかなえない（金4クラスに属しているのは「かな☆たま」のメンバー6人だけである）。そこで、金3クラスに属している基礎演習生のうち4限が空いている者の人数を、挙手してもらうことで把握した。その数をみるかぎり、基礎演習生だけで全てまかなえる見込みがたったので安心した。安心したうえで、この模擬裁判に上演者として参加したい人も一応募ってみようと考え、その段取りを教示した（以上、❶手引き13〜14頁［本書100〜102頁］）。

8．第7回授業(2012.11.22)——模擬裁判のシナリオ作り！①
(1) 配付物
　　❶反対尋問シナリオ案(本書111〜114頁)

(2) 授業の流れ①：起訴状、冒頭陳述のチェック
　今後しばらくは「基礎演習の手引き」を配付しない。みなさんが作成してきたシナリオ案の上演とチェックをひたすら繰り返すだけなので、特にレクチャーすべき事項がないからである。
　このチェック作業を比較的しつこく繰り返すこと自体、「1回書きあげて満足するのではなく、何度も見返して再考する」という一般的アカデミック・スキルへの気付きを狙っている。学生には、脳科学の本[23]を引用しつつ、同じことを何回も繰り返し思考することで新たなアイデアが生まれてくることを伝え、これからの作業を真剣に行うよう鼓舞する。
　もう1点、何度もシナリオ案を朗読させることによって、朗読の対象に慣れさせ、模擬裁判本番のプレゼンに資するという狙いもある。シナリオ案を修正する際には、必ず上演させる。教員が事前に読んで修正案を示して返却するというのが、資料の修正という点では効率的なのかもしれないが、それではこの目的が達成できない。
　まずは「中川家」が作成してきた起訴状および冒頭陳述要旨を本人たちに朗読してもらう。大きな問題はなかったので、微修正案を示すのみで済んだ。「中川家」の次週までの課題は、この修正作業、および論告要旨の作成である。論告要旨を読まないと最終弁論要旨を作成できないので、早めに完成させて「中川デイズ」（最終弁論要旨作成担当）に送付するよう指示する

(3) 授業の流れ②：反対尋問シナリオ案のチェック
　次に私が編集してきた反対尋問シナリオ案（❶）のチェックに移る。中川デイズのメンバーに上演してもらいながら、適宜中断させ、学生さんたちが作成したシナリオをどのような意図で修正したか、「中川デイズ」以外のチームが作成したシナリオのどの部分をどこに入れたかなどを説明していく。特に学生のシナリオは、説明不十分な場合が多いため、くどいくらいに論理のプロセスをはしょらないシナリオに相当作り替えておいたので、その点をよく説明する。
　上演してもらいながら解説している途中で既にさまざまな小ミスが発見された。私の事前チェックもずいぶんと雑なものなのだ。ここですかさず、先ほど

23　林成之『脳に悪い7つの習慣』（幻冬舎新書、2009年）96〜119頁など。

述べた「繰り返すこと」の重要性を再び指摘した。教員自らのミスを、当該スキルの重要性の例証とするのである。

　一通り上演したあと、各チームからそれなりに質問・意見が出た。彼らと対話しながら一定の意見は取り入れることにし、シナリオ案の修正を私自身の次回までの課題とした。「中川デイズ」の諸君は、前述のとおり、最終弁論要旨の作成が課題となる。両チームに対しては、多くの視聴者は、反対尋問を聞いても、一つ一つの問いと答えの意味を考えているうちにどんどん次に進んでいくので、ちんぷんかんぷん状態になっている可能性があるから、尋問結果を適切に引用し、記憶を喚起させたうえで、その解釈を十分に提示するよう伝える。信用性の有無に関する論証を丁寧に行えということだ。

(4) 授業の流れ③：再反対尋問シナリオ案・被告人質問シナリオ案のチェック
　次に、「きなこもち」による反対尋問シナリオ案の上演とチェックである。さほど問題がないが、若干の修正案を示した。この指示に従って修正してくるのが「きなこもち」の宿題となる。
　引き続き、「かな☆たま」による被告人質問シナリオ案の上演とチェックである。ドラマとしての構成という観点から表現の修正提案を多少行った。「かな☆たま」の宿題は、この指示に基づく修正である。

(5) 授業の流れ④：課題の説明
　各チームの課題を再確認し、修正したファイルをメール添付で私に送るよう指示する。完成したものを１つのファイルに統合する作業を私がやることにする。ヒマになった「きなこもち」に統合作業をやらせたい気もするが、この作業は、先が見える人（台本の最終形態がどのようなものになり、その台本を舞台でどのように使うかがわかっている人）がやらないとうまくいかない。もっと時間があるのであれば、とりあえずやらせてみて、あとで修正を指示することも可能だが、とてもそのような時間はない。残念だが、全て私が背負うことにする。

9．第8回授業(2012.11.29)——模擬裁判のシナリオ作り！②
(1) 配付物
　　❶暫定版統合台本

(2) 授業の流れ①：通しリハーサル

　私が作成した暫定版統合台本は、学生さんたちが作成してきたものを統合しただけではなく、人定質問や書証の取調べ等、学生さんが作成していない部分も含まれている（ルーティーンの部分なので昨年度のものをコピペし、被告人の氏名等を手直ししただけである）。この統合台本を使い、一度通して上演してみる。上演しながら、細部を再チェックし、適宜中断して再修正していくのである。

　いくつかの再修正も済み、最後に、今回初めて登場する論告要旨と最終弁論要旨を朗読してもらい、チェックする。論告要旨のほうは、裁判法Ａのテキストに書かれてあるひな形（証言が信用できる旨論証する部分は非常にそっけないものになっている）にほぼ沿ったもので、面白くない。証言が信用できる旨もう少し論証する部分を増やすよう指示する。逆に最終弁論要旨のほうはかなり詳細な論証を行っているもので力作といえるが、5000字強あり、いささか長すぎる。プレゼン効果という点から半分に減らすよう無茶な指示をする。

(3) 授業の流れ②：課題の説明

　模擬裁判のシナリオ作りという点で残すところは論告要旨と最終弁論要旨の修正のみである。

　全体に対して別の課題を追加する。シラバスに書いておいたように、模擬裁判上演後、本授業ではディベートを行う。本来は模擬裁判上演によって一区切りついてからディベートの準備に移ると美しいのだが、裁判法Ａの進行が遅延していて、それに合わせると、基礎演習の授業1回分が空いてしまう。そこで、次回は、論告と弁論のチェックを早々に済ませ、配役を決定した後、ディベートテーマの選定を先行させることにした。「私がテーマを与えるわけではなく、みんなの議論によって選定する。テーマをよく考え、次回に意見（テーマと、なぜそのテーマをみんなで議論すべきなのか）を述べることができるよう準備しておくように。ディベートなので、テーマはYesかNoかで答えられる形式にすること。そして、2つのテーマを選ぶことになるので、複数考えておくように」。

10. 第9回授業(2012.12.06)──ディベートのテーマを決めよう！
(1) 配付物

　❶基礎演習の手引き15～16頁(本書102～104頁)

❷ディベート・レジュメの例
❸小論文の例
❹ディベート・フローシート(図表1-11)

(2) 授業の流れ①：論告要旨・弁論要旨の最終チェック
　はじめに論告要旨と弁論要旨の最終チェックを行う。弁論要旨の量はかなり切り詰められていたが、依然としてやや長い。が、プレゼンを巧みに行えば何とかなるだろうと判断し、これでOKとする。模擬裁判のシナリオに関する学生さんの作業はこれで終了である。

(3) 授業の流れ②：ディベートに関するミニ・レクチャー
　次に、修正された授業進行をあらためて示した（レジュメ15頁15(1)［本書102頁］）うえで、ディベートに関するミニ・レクチャーを行い、本授業におけるディベートの形式(進行手順)を説明する。
　次に、チーム長に司会をしてもらい、テーマについて意見を述べてもらう。この時のメモを残しておかなかったので正確ではないが、記憶によれば全部で10個ほど挙がった。それぞれのテーマを挙げた人に、なぜそのテーマを議論すべきなのか、テーマの重要性について語ってもらう。同じようにそのテーマが重要だと考えた人は、補足で理由を付加してもらう。このように主張させたうえで、多数決による上位2つをディベートのテーマとした。実際は上位のテーマ3つ以上が僅差で、単純に割り切ることはできないということで再度投票するなどのハプニングもあったが、結局「死刑制度は維持すべきか」というテーマと、「自衛隊を廃止して軍隊を持つべきか」というテーマに決定した。私自身は、こんなに重いテーマをいきなり扱わずに、学生が受講しているはずの憲法Ⅰや民法・債権各論の期末試験に出そうなところにすればよいのにと思い、実際にそうつぶやいてもいるのだが、学生はこういう大きなテーマが好きである（試験対策にふさわしい問題を作る力量がない可能性もあるが）。
　その後チーム単位で、①どちらのテーマを選択するか、②賛成、反対のどちらに回るかについて話し合ってもらう。本格的なディベート試合であれば、試合当日にくじなどで賛成、反対のどちらにまわるかを決めることもあろう。しかしここでは、準備のための時間もあまりないので、最初に立場を決めておいた

第2章　授業実践記録　│　61

ほうが効率よく準備ができると考えている。

　うまい具合にすっきり分かれる年もあるが、12年度は調整が必要となった。結局ジャンケンで決めていった。みんなで決めたテーマである以上、本来どちらのテーマでもよいので、ジャンケンで十分である。賛成、反対のどちらに回るかについては、「自分の心情としては死刑廃止なのに、死刑賛成のほうに回されるのは困る」といった意見も出て（がまんしないでこのような意見をストレートに出せること自体、知的共同体がうまく構築されている証拠であると考えている）、少し手間取った。私から、「単なるゲームとはいえ、どうしても死刑肯定の言説を自ら語るのが嫌だという場合は、当日のディベートでは発言役にならず、バックアップに徹したらどうか。事前の準備の際に仮想反対派を肯定派チームの中で作り、あなたはその仮想反対派になり、肯定派チームを徹底的に攻撃することで、予想される主張とそれに対する反論を準備する手助けをするのだ」と伝え、納得させたうえで、結局ジャンケンで決める。

　同様に司会担当チームと審査担当チームも決め、手引きの表に担当チームを書きこんでいく（以上、手引き16頁［本書103〜104頁］15(3)）。

(4) 授業の流れ③：レジュメの書き方に関するレクチャー

　次に、ディベートの際に用意すべきレジュメの例（❷）を配付し、これを参考にしながら、時間の関係で主張に対する論拠は3点に絞ること、出典注を記すことを指示する。出典の示し方に関するレクチャーは、当該レジュメ例に記した例を使って単著を引用する場合、雑誌論文を引用する場合、共著を引用する場合を簡単に説明する程度である。厳密な引用の仕方を仕込もうとはしない。それ自体1年生には大変であるし、そこだけに気を取られるのもよくないからである。厳密な引用の訓練は、私の担当する授業では3年生以上の学生が集う「演習」で行うこととし、1年生は、見よう見まねで出典注をつけてみる、という体験でよしとする。

　さらに、本授業の最終課題である小論文の例を示す（❸）。ディベートで十分に準備し、吟味した成果を論文の形に示すのであって、全く新しい課題に取り組むものではないこと、そして、ディベート・レジュメをしっかり作成しておけば、小論文はそれを再構成すればよいだけなので難しいものではないことを述べ、安心させる（以上、手引き16頁［本書104頁］15(4)）。

最後に、ディベートを実り豊かにするTipsをいくつか紹介した（以上、手引き16頁［本書104頁］15(5)）、ここで紹介したものは、本授業や裁判法Aで既に紹介し、実践してきたものばかりである。アド・ホックに紹介してきたスキルを、当該課題を実行する場合だけ意識し、他の課題を出されると忘れてしまうという事態にならないよう、意識させるのである。

(5) 授業の流れ④：実際にやってみる

ディベートの進行手順や、Tipsをどう活用するか、説明だけを聞いて理解し実践に移すことは難しいので、実際に即席でディベートをしてみて、具体的なイメージを抱かせる。

弁論部に所属している学生が1人いたので指名し、何も知識がなくても議論できるようなバカっぽいテーマを考えさせる。この学生は「あんぱんはこしあんがよいか粒あんがよいか」というテーマを考えてきたので、それでこの学生と私とで即席にディベートをしてみた。実際にディベートをしながらさきほどの進行手順をふりかえり、一つ一つの手順をしっかりイメージさせたつもりである（後述のとおり、実際にやらせてみるとやはり混乱するチームが出てきたが）。後にディベート中のメモや審査に役立つように、フローシートも配付し（❹［図表1-11］）、このシートにディベートの内容をメモさせながら説明していく。

これまでの笑顔をたやさない朗らか先生から一転して威圧的な人間に変身し、申し訳ないと思いながらも徹底的に攻撃してみた。そして、質問、批判、反論をするたびに、「今の質問は、相手の主張がやや漠然としているのでそれを明確

賛成側の主張：

理由	反対側の「批判」	賛成側の「反論」	反対側の「再批判」	賛成側の「再反論」
①				
②				
③				

反対側の主張：

理由	賛成側の「批判」	反対側の「反論」	賛成側の「再批判」	反対側の「再反論」
①				
②				
③				

図表1-11　ディベート・フローシート

化させるためのものね。こうやって相手の主張を明確化させるということは、すなわち限定させるということだから、あとで逃げられないように追いこむために役立つんだよ。だからディベート上、質問は非常に重要なんだよ」とか、「ここが矛盾をつく批判ね」とか、「これが相手の審理不尽をつく批判ね」などと注釈を加えていく。ディベート相手の学生さんにはたいへん申し訳ないことで、完全にモルモットにされるのである。ディベート終了後、「先生、怖い」とうなだれるディベート相手の学生の苦労をねぎらったうえで、全員に対し、ディベートというものは、なあなあでやっても意味がないこと、これまでみなさんは信頼関係を築いてきているのだから、がんがん攻撃しても信頼関係が崩れることはないので安心して相手をたたけとアドヴァイスする。「バスケットボールを友人とやって、友人が傷つくかもしれないと考えてシュートをわざと外す人はいなかろう。それと同じことである」(以上、❶手引き16頁［本書104頁］15(6))。このように鼓舞してみた。見渡したところ、やる気まんまんの顔を浮かべる学生と、不安そうな顔の学生が半々というところか。

(6) 授業の流れ⑤：課題の説明

　以下の4点を指示した。第1に、次回は模擬裁判の配役を決めるので、自分がどの役になりたいか考えておくこと[24]。第2に、模擬裁判のシナリオを読み込み、何かおかしい点はないか、最終チェックすること。何か気付いたら私にメールすること。第3に、ディベートの準備をぼちぼち始めておくこと。少なくともK-aiserを使った文献検索は早めに行っておいたほうがよいこと。出典注を示すために、必要な事項をメモしたり、本の奥付をコピーしておくと効率的であること。第4に、対戦チーム間で期限を設け、レジュメを本番よりもかなり前に送りあっておくこと。相手がどう出てくるのかを正確に把握し、早めに対策をうっておくことが必要である。

11. 第10回授業(2012.12.13)——より深く文献検索をしよう！

(1) 配付物

　　❶基礎演習の手引き17～22頁(本書105～106頁)

---

[24] なお、エクストラ・アクターの申出者は1人にとどまった。次々回の授業に参加してもらうことにした。

❷模擬裁判の完成台本(本書115〜138頁)

(2) 授業の流れ①:蔵書検索のミニ・レクチャー

　エキストラ・アクターが来てくれたので自己紹介してもらう。その後、彼には申し訳ないがしばらく座って待っていてもらうよう伝え、より突っ込んだ文献検索の方法についてミニ・レクチャーを行う。ディベート準備のためである。

　文献検索の方法について1年生にどの程度教授するかはいつも迷うところである。詳細に教授しても、実際にさまざまな法律系の講義で、文献収集スキルを駆使しないと点数がつかないような高度のレポート課題が出されることは稀であるのが現実だろう。そうすると、自主的にさまざまな文献を調べてみようという少数の学生を除き、大半の学生にとっては、3年次以降の「演習」くらいしか当該スキルを使う場がない。1年生の時に教授しても3年生の時には忘れているだろうから、あまり意味がない。このような理由から、法律文献の収集方法についてはごく簡単な紹介しかしていない。少数の勉強熱心な学生には、本格的な調査方法を示してくれる文献を個別に紹介すれば、自分で勝手に突き進んでくれるだろうから、それで十分だと考えている。

　ここで紹介したのは、①特定のテーマについて一般的な知識を得るにはやはり各種教科書が便利であること、②コンメンタールと呼ばれる条文注釈書にはもう少し突っ込んだ解説がある可能性が高いこと、③判例について突っ込んで検討してみたいと思ったならば、オンライン検索ツールを使って当該判例や判例評釈を調べてみるのが手っ取り早いこと(例としてLEX/DBの使い方の基礎を教える)、④その他さまざまな論文を探してみたければ、これまたオンライン検索ツールを使ってキーワード検索してみるのが手っ取り早いこと(例として、法律判例文献情報の使い方の基礎を教える)くらいである。ついでに、パソコンの主要なショートカットも教え、効率的に作業できるよう支援する(手引き❶18〜22頁[本書105〜106頁])。

(3) 授業の流れ②:模擬裁判の配役決定

　手引き17頁(本書105頁)に戻り、配役を決定する。ゼミ長の司会進行で進める。エキストラ・アクターには「おいしい役」を優先的にとれるように配慮する。彼は弁護人役というまさに「おいしい役」をとった。その後基礎演習生が立候補して

決めていった。特にトラブルもなく、スムーズに決まる。
　時間に余裕があれば通し稽古をしてみたかったが、いつものとおり時間に余裕はなかったので、省略する。

(4) 授業の流れ③：課題の説明
　完成台本（❷［本書115〜138頁］）を配付し、残された授業内時間を使って、シナリオのどの部分を誰が担当するか等の打ち合わせをしておくように伝える。シナリオには、例えば弁護人のセリフは全て「弁護人」が語ることになっている。しかし現実の弁護人は3人または4人である。したがって、どのセリフを誰が語るか、調整が必要になってくるわけである。
　その他、何度もリハーサルしておくこと等を指示し、次回はゲネプロを敢行する旨伝え、鼓舞して、今回の授業は終了である。なお、次回は通し稽古を2クラス分やらねばならないため時間超過が避けられない旨伝え、昼休みまで延長してもOKとの了解を得たあと、詳しい段取りはメールで伝えると約束して教員は研究室に戻る。学生は教室で調整を続けていた。

12．第11回授業(2012.12.20)──模擬裁判ゲネプロ！
(1) 配付物
　・なし

(2) 授業の流れ：ゲネプロ
　前日にメールで指示したのだが、集合時間に時間差を設け、2クラスのゲネプロを順次行った（図表1-12参照）。どちらのクラスもまず通してやってみて、私が気付いた点（かみすぎなのでかむなとか、ここで頭の中で10までカウントせよ。そのくらい、ここで間を空ける必要がある）などを述べるにとどまった。翌日が本番なので、「君たちは絶対に成功する！」などと十分に鼓舞して授業終了。

13．第12回授業(2013.01.10)──ディベート初戦！
(1) 配付物
　❶基礎演習の手引き23〜24頁（本書106〜108頁）
　❷ディベート・フローシート（図表1-11）

(2) 授業の流れ①：ディベート初戦

　新年のあいさつを早々に済ませ、まずはディベート用に机の配置を変える。模擬裁判の時と同様、対戦チームが対向するように配置し、さらに、司会チーム席と審査チーム席を設ける。そしてさっそくディベート開始である。今回は、まだディベートに不慣れな者が多いことから「練習」と捉え、進行も相手チームに対する批判と反論は1回ずつにし、短い間で全力集中するよう鼓舞し、開始する。ジャンケンの結果、最初は軍隊のディベート、続いて死刑のディベートが行われることになった。

　所定の位置についたところで、手引きを配付し、審査について若干のアドヴァイスをした（❶手引き23〜24頁［本書106〜107頁］19(2)）。希望者には❷フローシートも配付した。さて、いよいよディベート開始である（図表1-13参照）。

　死刑のディベートも軍隊のディベートも、例年通り、非常にぎこちなく進行した。レジュメの形は体裁が整っているものばかりであったが、脚注をみるかぎり、教科書類の検索にとどまっているようである。またディベートそのものについても、論拠は3点に絞れと指示しておいたのに5つも出してきたり、とっさに声が出ずに沈黙の時間が生じたり、逆に制限時間内にぎゅうぎゅう詰めの主張をしようとしてやたらと早口になったり、相手の質問に対し文脈がずれた応答をしたり、当初提示していなかった論拠を議論の途中で突然追加したり、相手の出してきた論拠の一部にしか批判を加えず、他の論拠については無視したり……等々、さまざまな問題がみられた。このような状況を見て「準備が足りない」とか「人の話を聞いていたのか！」などと叱ってはならない。彼らが、緊張の

図表1-12　模擬裁判ゲネプロの風景

図表1-13　ディベートの作戦タイム中に打ち合わせをする風景

第2章　授業実践記録　｜　67

あまり声を震わせながら必死に発言をしようとしている様を観察すれば、ここは叱るところではなく、鼓舞するところだということがわかる。

どちらの対戦についても、審査チームの講評を聞くと、冒頭に示した審査に関するアドヴァイスはほとんど活かされず印象批評的な審査にとどまっていたので、私も特別審査員として、さきほど挙げたような欠点をより具体的に指摘し（フローシートに書きこんでおいた）、徹底的な減点方式で、「どちらがよいか」でなく、「どちらがよりマシか」という観点から講評した。講評にあたっては、「ここが減点要素」と減点要素を列挙するだけでなく、「こう切り返してみたらよかったんじゃないかな。いわゆる内在的批判ね」などと見本を示してあげる。そして、「いつも初戦はこのようなものであって、本番は次回だ。十分にチームミーティングをして今回生じた問題を徹底的に洗い直し、次回に備えよ！」と鼓舞する。例年、ここで初めて火がつく学生が多い。ディベートを試みてもイマイチ盛り上がらないという悩みをお持ちの教員諸氏には、1回やって終わりにするのではなく、同じテーマで2回やらせてみることを強くお勧めする。

(3) 授業の流れ②：課題の説明

最後に、小論文を作成するにあたって注意すべき事項を再確認し、提出期限を設定する。次々回が最終回であり、全員で授業のふりかえり報告をするので、その準備もぼちぼち始めておくよう指示する（❶手引き23～24頁［本書107～108頁］19(3)、20）。

14. 第13回授業(2013.01.17)──ディベート再戦！

(1) 配付物

　❶基礎演習の手引き25頁(本書108～109頁)
　❷ディベート・フローシート(図表1-11)

(2) 授業の流れ①：ディベート再戦

さっそくディベート再戦の開始である。今回は順序を入れ替え、死刑のディベートを先にやり、軍隊のディベートを後にやる。前回は、相手に対する批判や反論を1回限りとしたが、今回はさらに再批判、再反論も行わせ、いかに長くコミュニケーションを続けられるかを試してみた。

前回と比較すると、どのチームも一気に成長した。緊張して発言できずに沈黙の時が過ぎることもなく、打てば響くような応答を繰り返している。形式面でも減点すべき点はほとんどなかった。前回の数々の失敗がよほどこたえたらしい。と同時に、このような知的対戦など、一度経験してしまえば、すぐに慣れるようなものであることも示している。全てのチームが前回のトラウマを克服したという点で、大いに称賛に値する。

　もちろん、不十分な点は多々ある。特に法的議論の中身については、後掲のレジュメをご覧いただければ一目瞭然だが（本書139～140頁）、全く未熟といってよい。しかし、法的知識や思考の枠組みが十分に形成されていない1年生の段階では、とにかく法律を使ってもがいてみるだけでよい、というのが私の意見である（講評時にいくつか具体的に指摘はしたが）。小論文もまた同様。みなさんを称え、このようなディベートゲームにしなくとも、普段からメリハリを意識して友人たちと議論してみたらよいと示唆し、ディベート終了。

(3) 授業の流れ②：課題の説明
　小論文の第一次締切を本日に設定していたのだが、やはり提出者は少なかった（提出された小論文のサンプルとして、本書141～143頁参照）。来週には必ず出すよう伝える。
　次回は最終授業ということで、これまでの授業体験をふりかえる回とする。❶手引き25頁（本書108～109頁）に掲げたような、個人ふりかえり課題とチームふりかえり課題を出す。チームふりかえり課題については、チームメイトに対し最近流行のルービック評価を試み、総合評価する中川に対する参考意見を作りあげろと指示しておく。このルービック評価は、学生が基礎演習をどのようなものとして捉えていたか、私に何を評価してほしいのかを示唆するものとして試している。

15．第14回授業(2013.01.24)——最後にふりかえり
(1) 配付物
　❶基礎演習の手引き26頁（本書109～110頁）——基礎演習のふりかえり

(2) 授業の流れ①：ふりかえり報告

いよいよ最終授業である。「他の授業と比べると相対的にハードであったかもしれないが、よくがんばった。この授業で何をみなさんがつかみ取ったのか興味があるので、今回のふりかえり報告を非常に楽しみにしている」と伝え、早速報告に入る。

机の配置は通常通りで、チーム全員で黒板前に出てきて、チームふりかえり報告をまずチーム長が行い、続けて順番にチームメンバーが個人ふりかえり報告を行うという流れにした。紙幅の関係から、チーム「中川デイズ」のペーパーのみを掲げておく（本書144〜149頁）。

詳細は省略するが、チームふりかえりの際に報告されたルービック評価は、やはり、チーム内で割り振られたタスクをこなしたかとか、ミーティングに参加し、意見を活発に述べたかといった基準を挙げているチームが全てであった。これをみるかぎり、完全なフリーライダーはなく、濃淡の差はあれど、何らかの貢献を全員がしていることがわかって安心した。チーム全員で嘘をついている（誰かをかばってあげている）可能性も抽象的には存在するが、私がこれまで観察してきて抱いている個々人に対する印象と、彼らの評価報告とが大きく異なるものは全くなかったので、後日成績評価に悩むことはなかった。

個人のふりかえりについては、過大な自己評価をする者がいなかったものの、過小な自己評価をする者は若干いた。自尊感情なしには人間は成長することができないので、自分はダメだとばかり言っていないで、自分を褒めてあげられるようなモノの見方も持ってみろ、その際にはオール・オア・ナッシングで考えるのではなく、ある点についてはこうだが、別の見方をするとこうともいえるというように、柔軟で複眼的な見方をこころがけるとよい、とアドヴァイスしておく。

(3) 授業の流れ②：最後に二言

❶手引き26頁（本書109〜110頁）を配付し、今後も仲良くやっていってほしいこと、ここで得たスキルを今後たゆまず発展させ、3年生以降のゼミでがんがん鍛えてほしいと檄を飛ばす。そして、春休みに読んでみたらよいと思う本を2つ紹介しておいた。

最後に授業アンケートを実施し、回収して終了である。期末試験期間終了後に打ち上げ会を開いたのが実質的な最終回となる。

第3章　学習成果の検証

１．12年度授業参加者の学習成果

(1) 検証の方法

本授業の目標は第1章冒頭に記した。これら目標はどの程度達成されただろうか。学習の成果を図る方法は、図表1-13のとおりである。

	知識・理解	思考・判断	関心・意欲	技能・表現
検証方法	——	・目標実現のために設定された課題を毎週提出させ、チェックする。	・途中リタイア率、出席率、課題提出率、自習時間、関心・意欲、自己効力感に関する学生の意識により検証する。自習時間および関心・意欲に関する学生の意識については、授業アンケートを分析することにより検証する。	・目標実現のために設定された課題を毎週提出させ、チェックする。 ・グループワークについては、授業アンケート結果等により検証する。
成績評価の対象と比率	——	——	・遅刻・欠席が3回までならば少なくともAを保証。 ・遅刻・欠席が4回の場合、最終授業時に行う自己評価、チーム活動評価報告を聴き、A～Cを保証。	・小論文の形式が要求を満たしていれば、左のセルの評価を1ランク上げる。
サンクション等	——	——	・遅刻・欠席5回でR（棄権）認定。	・小論文を提出しなければR認定。 ・個人ふりかえりペーパーを提出しなければR認定。

図表1-13　学習成果検証および成績評価の対象と方法

(2) 知識・理解

第1章2で述べたように、もともと特定の知識を仕込み、理解させることを目標に掲げていない。もちろんさまざまな知識に触れさせはするが、成績評価の対象にはしていない。

(3) 思考・判断

第1章3で述べたように、体験が全てであり、特定の思考ができるか否かを成績評価の対象とはしていない。ただし、全チームに対し全課題の提出を義務づけ、改善したほうがよい点については指摘をしてきた。その意味で、ただ何かを聞いていればよいという放任授業では決してなく、形成的評価を繰り返してきていることは強調しておかねばならない。12年度は、全チームが全課題を提出し、個人単位の課題も全員が提出した。完全なフリーライダーもおらず、十分に全員が批判的思考や論理的思考の一端に触れたといえる。

(4) 関心・意欲
　以下の7点より、法律学に対する関心・意欲を増大させ、自己効力感を高めることに成功したと考えている。
　第1に、遅刻・欠席が5回に達しRとなった者は存在しない。
　第2に、無遅刻・無欠席の出席率の平均は92.5％であり、極めて良好である。
　第3に、チーム課題の提出率は100％であり、チーム課題、個人課題ともに、全てをこなしている。
　第4に、本授業受講生の裁判法Aの成績は、期末試験受験率100％、合格率100％、A＋35.0％、A 35.0％、B 25.0％、C 5.0％、D 0.0％であった。裁判法Aの全体成績は、期末試験受験率92.0％、合格率96.0％、A＋15.2％、A 38.7％、B 29.6％、C 12.5％、D 4.0％であるから、全体成績と比較してかなりの程度上方シフトしていることがわかる。関心・意欲をもって学習に励んでいることが示唆される。
　第5に、授業アンケート（以下、アンケート結果については図表1-14、1-15、1-16参照。回答率は95.0％［1名すなわち5％が欠席したため］）によると、自習時間の平均(Q10)は3.00(全体平均1.87)で、④(3時間以上)26.3％、③(2時間以上3時間未満)52.6％、②(1時間以上2時間未満)15.8％、①(1時間未満)5.3％である。全員が単位制度の趣旨をみたすレベルに達しているわけではないが、全体平均と比較すると、非常に数値は高い。
　第6に、授業アンケートによると、意欲的に取り組みましたかという設問(Q3)に対する平均は3.74（全体平均2.85）、授業のテーマへの関心が高まりましたかという設問(Q8)に対する平均は3.95(全体平均3.18)となっており、関心・意欲の程度は極めて高い。

第7に、授業アンケートによると、知識や能力が増大したと思うかという設問（Q12）に対する平均は3.94（全体平均3.18）であり、肯定的解答である④94.4％、③5.6％を合わせると100.0％となり、ネガティブ解答は0.0％であった。自己効力感が非常に増していることがうかがえる。

　なお、アンケート結果の因子分析もしてみたが、第一順位においてさえ説明力が低すぎるので、この結果に特に意味はないと判断して、データの解釈はしていない。

Q1 この授業にどの程度出席しましたか。	回答率（％）					
	すべて出席した(100%)	ほとんど出席した(80%以上)	3分の2程度出席した(60%以上)	半分くらい出席した(50%以上)	3分の1程度出席した(30%以上)	ほとんど出席しなかった(30%未満)
	42.1%	52.6%	5.3%	0.0%	0.0%	0.0%

	④かなりそう思う	③そう思う	②あまりそう思わない	①思わない	平均点	全体平均点
Q2 シラバスをよく読んでこの授業を履修しましたか。	78.9%	15.8%	5.3%	0.0%	3.74	3.29
Q3 予習・復習をするなど授業に意欲的に取り組みましたか。	78.9%	15.8%	5.3%	0.0%	3.74	2.85
Q4 教員の話や指示は明確で聞き取りやすかったですか。	88.9%	11.1%	0.0%	0.0%	3.89	3.28
Q5 板書や教材は理解の助けになりましたか。	84.2%	15.8%	0.0%	0.0%	3.84	3.29
Q6 教員は意欲的に授業を進めていましたか。	100.0%	0.0%	0.0%	0.0%	4.00	3.46
Q7 この授業を理解できましたか。	68.4%	31.6%	0.0%	0.0%	3.68	3.07
Q8 授業のテーマへの関心が高まりましたか。	94.7%	5.3%	0.0%	0.0%	3.95	3.18
Q9 この授業を理解できましたか。授業を履修して良かったですか。	100.0%	0.0%	0.0%	0.0%	4.00	3.26
Q10 この授業について、授業時間外に週平均でどのくらい勉強しましたか。④3時間以上 ③2時間以上3時間未満 ②1時間以上2時間未満 ①1時間未満	26.3%	52.6%	15.8%	5.3%	3.00	1.87
Q11 授業の内容はシラバスに沿っていましたか。	83.3%	16.7%	0.0%	0.0%	3.83	3.27
Q12 この授業を受けて、知識や能力が増大したと思いますか。	94.4%	5.6%	0.0%	0.0%	3.94	3.18

図表1-14　12年度アンケート集計結果①

Q2	78.9%	15.8%	5.3%
Q3	78.9%	15.8%	5.3%
Q4	88.9%	11.1%	
Q5	84.2%	15.8%	
Q6	100.0%		
Q7	68.4%	31.6%	
Q8	94.7%	5.3%	
Q9	100.0%		
Q10	26.3% / 52.6%	15.8%	5.3%
Q11	83.3%	16.7%	
Q12	94.4%	5.6%	

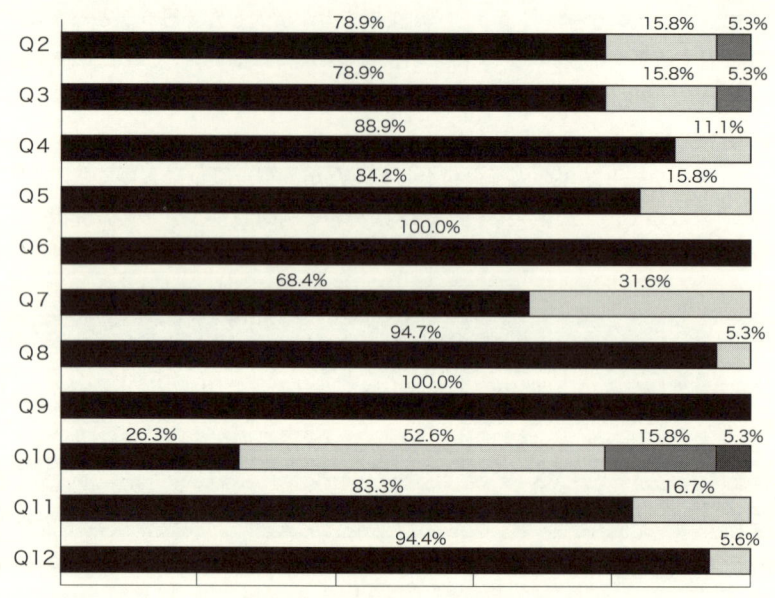

図表1-15　12年度アンケート集計結果②

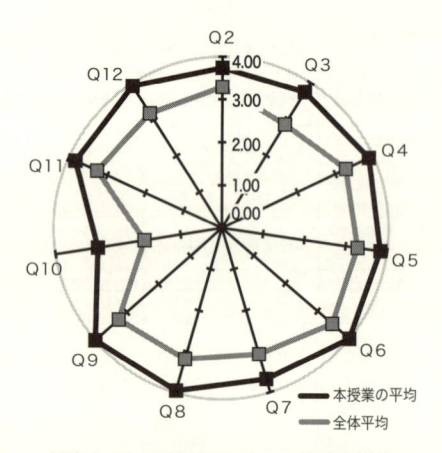

図表1-16　12年度アンケート集計結果③

(5) 技能・表現

　毎週提出された課題は、いずれも教員の要求に最低限度以上応えていた。個

人課題であった小論文についても、論文としての体裁が一応整っているものばかりであった。

チーム課題の提出率が100％であったことに鑑みると、グループワークはおおむね良好であったと考えられる。また、最終授業において提出されたふりかえりペーパーを読む限り、各チームそれぞれ一定の困難を抱えつつも、完全なフリーライダーは絶無であったことが窺える。

(6) 総合

成績評価は、単位取得率100％、全員A＋であった。本授業の成果は極めて良好である。

2．PDCAの軌跡

國學院大學に赴任して以来基礎演習を担当し続けているが、授業の内容や方法に変化はほとんどない。学生が教員の指示を誤解した事例をメモしておいて、そのような誤解の再来を極力避けるように手引きの表現や口頭説明の表現をよりわかりやすいものに変えたり、Peer Review Sheetやディベート・フローシートなどを作成してレビューをしやすくしたりといった微調整レベルの変化しかない。要するに、私はこの基礎演習の内容と方法に満足しており、現在の内容や方法を上回るものを構想することができないでいるのだ。

参加した学生がこの内容や方法を受け容れることができないというのであればまた話は別だが、授業アンケートも従来から特に悪くはなく（演習にアンケートは不要であろうと考え、基礎演習についてはしばらくアンケートを実施してこなかったが、因子分析をしてみたいという欲求にかられ、10年度から実施するようになった）、アンケート結果が授業改善を深刻に迫るということもなかったのである（図表1-17）。

もっとも、授業アンケートの結果は、12年度が突出して高い。國學院大學の授業アンケートは毎年質問項目が変わるので経年比較が難しいが、10年度から12年度まで共通している質問項目である「この授業を理解できましたか」、「この授業を履修してよかったですか」、「この授業について、授業時間外に週平均でどのくらい勉強しましたか[25]」を比較してみると、以下のような特色がみられる。

---

25 この質問は12年度から実施されているが、教員独自設定質問として同内容の質問を10年度から実施していたので、経年比較が可能となった。

第1に、「この授業を理解できましたか」については、10年度と11年度のピークが③にあるのに対し、12年度は④がピークとなっている。
　第2に、「この授業を履修して良かったですか」については、10年度と11年度が④と③に分散しているのに対し12年度が全員④にマークしている。
　第3に、授業時間外学習については、④の比率が12年度のみ20％台になったこと、低い数値である②と①の合計が10年度と11年度は40％台であるのに対し12年度は20％台であること等である。

設問文	年	④	③	②	①	平均点	全体平均点
この授業を理解できましたか。	2010	44.4%	50.0%	5.6%	0.0%	3.39	3.15
	2011	35.0%	65.0%	0.0%	0.0%	3.35	3.20
	2012	68.4%	31.6%	0.0%	0.0%	3.68	3.07
この授業を履修して良かったですか。	2010	77.8%	22.2%	0.0%	0.0%	3.78	3.34
	2011	65.0%	35.0%	0.0%	0.0%	3.65	3.39
	2012	100.0%	0.0%	0.0%	0.0%	4.00	3.26
この授業について、授業時間外に週平均でどのくらい勉強しましたか。④3時間以上　③2時間以上3時間未満　②1時間以上2時間未満　①1時間未満	2010	17.6%	41.2%	35.3%	5.9%	2.71	-
	2011	15.8%	36.8%	47.4%	0.0%	2.68	-
	2012	26.3%	52.6%	15.8%	5.3%	3.00	1.87

図表1-17　アンケート結果の経年比較

　このような変化は、私の授業改善の成果というよりも、選考システムがもたらしたものといえよう。11年度までは、志望理由を事前に書かせることもなく、希望者がエントリーし、コンピュータによる抽選によって選ばれていた。これまでさまざまな学生に本授業に参加した理由を尋ねてきたが、必ずしもやる気まんまんの学生ばかりというわけでは決してなかった。ある体育会系の部では先輩が後輩の時間割を組むことになっていて、出席していれば単位をとりやすい（というイメージがある）基礎演習を勝手にエントリーしてしまうとか、シラバスをろくに見ずに、時間割の空いているところを埋めるために何となく入れた等、必ずしも積極的でない理由による参加者もそれなりにいたのである。毎年必ず、登録を認められながら最初から最後まで1回も出席しない者が1〜2名存在したのだが、何らかの事情で不本意にエントリーさせられたのであろう。

これに対し、志望理由を書かせ、教員が学生を決める新選考システムの結果、——第2章1で述べたような形式的選考方法をとったのにもかかわらず——、例年よりも意欲まんまんの層が厚くなった。
　私としては複雑な気分である。意欲まんまんの層が厚くなり、授業運営が楽になったことは確かだが、少々楽すぎるきらいがある。「やる気はあるのだが法学・政治学の学びがうまくいかず元気喪失気味の者」をもう少し取りこんでみたいという欲求にかられた。
　13年度も多数の応募があったが、「文章中に誤字・脱字の目立つものをばっさり除外」という基準を削除し、相当日本語に問題がある者も取りこんでみた。また、憲法や民法総則で相当苦労していそうな者も増やしてみた。
　結果としては、これまでの中で最も自習した年度となり（自習時間の平均点は3.21で、「④3時間以上」との回答が52.6％にのぼる）、課題遂行のレベルも、クラスの雰囲気も非常によかった。前述のように（本書40頁注18参照）、本章で掲げてきた写真は全て13年度のものだが、全ての学生さんがよくがんばっていることが写真からも窺われると思う。

第1編
資料

■簡易共通シラバス

◎授業のテーマ

　みなさんは、何のために法学部に入学しましたか？「法律や政治に関心があるから」という理由と「法律に関係する職業に将来就きたいから」という理由をあげる人が多いのではないかと思います。しかしそれ以上具体的なことを聞かれても、答えられなかったり、ごく少数の例しかあげられなかったりしませんか？

　法学部に入ったとはいえ、法律や政治、あるいは、それにかかわる職業について、漠然としたイメージしかもっていない人は少なくありません。そして、こういう状態で法学部の講義を聞いても、今ひとつ実感がわいてこないでしょう。その結果、法学部での勉強は、講義で聞いたことや教科書に書いてあることを、試験のためにただ覚えるだけ、ということになってしまいがちです。これでは、法律や政治について、自分から積極的に学んでいくことなど、できるはずもありません。

　そこで、この基礎演習では、法律や政治による解決が求められている具体的な場面や問題状況について考えてみることで、みなさんが持っている法律や政治についての漠然としたイメージや関心を、より具体的な形にしていきます。そして、みなさんに、4年間にわたって大学で積極的に学習する意欲を持ち続けられるようなきっかけを与えたいと思います。

◎授業の内容

　法律や政治的な考え方は、現実に起こっている問題を解決するための「道具」です。そして、法学部では、その道具の使い方を中心に教えます。しかし、解決すべき問題の方を知らずに、道具の使い方だけを教わっても、うまく使いこなすどころか、なぜそのような道具が必要なのか、ということすらわからないまま学修を進めることになってしまうでしょう。

　その原因の一つは、法律や政治というものに対して、みなさんが思い描いている漠然としたイメージと、法律や政治が解決を迫られている現実とのギャップにあります。何となく法律や政治について勉強するのではなく、具体的にどのような問題に対して法的な解決や政治的な解決が求められているのかを知って初めて、法的な考え方や政治的な考え方の意味を知ることができると思いますし、そこから「より深く知りたい」という気持ちも生まれてくると思います。そして、その気持

ちが、「自ら積極的に学修する」意欲の基礎になるのです。

　そこで、この基礎演習では、現実の社会の中で法的な解決や政治的な解決が要求されているさまざまな場面や事例を、具体的に知ってもらい、時には、それに対する解決を具体的に考えてもらうことで、法律や政治という「道具」の必要性と有効性を、より具体的で実感を伴った形で理解してもらいます。

　基礎演習は、複数のクラスが開講されますので、具体的に取り上げる素材と授業の進め方は先生によって異なります。6月に第1次募集が行われますので、そのときに配布される募集要項をよく読んで応募して下さい。

◎到達目標
　自分が法律または政治を学修することの意味を、具体的な社会的文脈の中で説明することができる。

◎授業計画
　基礎演習は、複数のクラスが開講されますので、具体的に取り上げる素材と授業の進め方は先生によって異なります。6月に第1次募集が行われますので、そのときに配布される募集要項をよく読んで応募して下さい。

◎受講に関するアドバイス
　具体的なものであれ漠然としたものであれ、自分の関心がある場合には、それに近い授業内容の基礎演習を選ぶとよいでしょう。
　特に関心がない人は、とにかくどれかの基礎演習に応募してみましょう。参加しなければ、関心があるかどうかを判断することすらできません。

◎成績評価の方法・基準

評価方法	割合	評価基準
平常点	100%	詳細は基礎演習の募集要項を参照して下さい。
注意事項		各先生ごとの具体的な評価方法については、募集要項および授業時に説明します。

◎教科書・参考文献等
　★教科書　募集要項を参照して下さい。
　★参考文献　募集要項を参照して下さい。

■募集要項

担当教員名：中川孝博

担当教員の専門分野：刑事訴訟法

開講詳細

開講キャンパス／教室名	開講時期	曜日・時限	開講学年	単位数
渋谷キャンパス／3410	後期	木曜2限	1	2

講義概要
◎授業のテーマ：模擬裁判を通して、法律を学ぶ構えとスキルを体得せよ！

◎授業の内容
　法律の学び方を知るためには、実際に法律を使って働いている人々の仕事をシミュレーションしてみるのが効果的です。本授業のメイン作業は、刑事裁判のシミュレーションです。実際に検察官や弁護士になりきって、犯罪目撃者の取調べ、調書の作成、証人尋問等を行い、最終的に刑事裁判シナリオを完成させ、上演します。また、これらのメイン作業と並行して、情報収集、情報分析、情報交換の技も身につけていきます。この授業に参加することによって、法律を学ぶ意義が具体的にわかり、実際にどのように勉強すべきかも体でわかります。お楽しみに！
　なお、この授業は、後期に開かれる授業「裁判法A」と連動して行います。ですから、裁判法Aにも参加する必要があります。せっかく本授業の選考に合格しても、後期になって裁判法Aの履修登録をしなければ、自動的に本授業も棄権したとみなしますから注意してください。なお、裁判法Aは金曜3限と4限に開かれます。どちらをとっても構いませんが、事前登録科目ですから、急いで登録したほうが良いでしょう。

◎教科書・参考書・参考URLなど
　教科書はありません。参考書も現時点ではありません。授業の進行に合わせて随時紹介していきます。

◎授業の進め方
　メンバーの自己紹介を済ませたあと、5〜6人からなるチーム編成をします。毎回教員がミニ・レクチャーをし、各チームに課題を出します。次回の授業でチームの成果を発表し、他チームに吟味してもらいます。このような作業を繰り返すことによって実力をつけていきます。

◎身につくスキル

資料収集	○	読解力	○
プレゼンテーション	○	文章作成	○
協同作業	◎	その他	

◎評価方法
　平常点100%です。毎回出席し、チーム課題を全てこなし、最終課題であるレポートをきっちり作成すればA以上確定です。

◎担当教員からのアドバイス
　大学に入ったはいいが、学習生活に何かすっきりしないものを感じている人はぜひ来てください。損はさせません！「ハードだが、楽しいし、ためになった」というのが先輩たちの授業評価です。

◎教員との連絡方法
　基礎演習応募前に相談がある人は、若木タワー7階0715中川研究室に来てください。私をつかまえやすいのは水木の昼休みです。私のメアドは第1回授業時にお教えします。固定したオフィスアワーは設けません。授業終了直後やメールでアポを取り、互いに都合の良い時間帯をその都度設定しましょう。

◎選考方法
　1．【前提】エントリー票の自由記述欄に、まず「裁判法Aを必ず受講します」という文章を書いてください。これは必須です。次に、この基礎演習に参加したいと思った動機や抱負を書いてください。これは任意です。
　2．【選考方法】次の手順で選考します。①「裁判法Aを必ず受講します」と書

かれていないエントリー票を落選させます。②残った票のうち、動機や抱負が書いてあるものをまずピックアップし、私の心にぐっとくるもの（この授業とのマッチングがうまくいっているもの）を合格させます。合格者が20名に達した場合、ここで選考は終了です。③20名に達しなかった場合、不足人数分を、②で合格にならなかった票と動機や抱負が書かれていない票から抽選で選びます。

◎授業進行予定

回数	内容
第01回	【イントロダクション（1）】本授業の目的・進行方法等をあらためて説明します。
第02回	【イントロダクション（2）】ＫＪ法によって収集・分析・加工した情報をもとに3分間自己紹介してもらいます。その後、チーム編成をします。
第03回	【口頭情報の受動的収集】チーム内における講義ノートを検証し、効果的なメモ取りの技術を学びます。
第04回	【口頭情報の能動的収集】検察官になりきって、窃盗事件の目撃者取調べを行います。この作業を通して、相手に質問して必要な情報を歪みなく受け取る技術を学びます。
第05回	【文書情報の収集（1）】図書館に眠る膨大な文献の調べ方・基本編。
第06回	【情報の要約】第4回で行った目撃者取調べの結果を「調書」という特有の形式に従って文書化し、それをもとに主尋問シナリオを作成します。この作業を通して要約の技術を学びます。
第07回	【情報の分析（1）】弁護人になりきって、前回作成された「調書」および「主尋問シナリオ」の弱点を徹底的に抽出します。この作業を通して批判的思考という思考スタイルを学びます。法律を学ぶにあたり、この思考スタイルは結構重要です。
第08回	【情報の分析（2）】前回の作業を活かして、反対尋問シナリオを作成します。この作業を通して、批判的思考の結果を他者にわかりやすくプレゼンする技術を学びます。
第09回	【プレゼンテーション（1）】模擬裁判のシナリオを完成させ、上演のために稽古をします。この作業を通して、大きな会場において他者に口頭で情報を伝えるために効果的な声量、アクセント、スピード等をつかみとります。
第10回	【プレゼンテーション（2）】裁判法Ａの授業の中で模擬裁判を上演します。これまでの鍛錬の成果を示す時です！
第11回	【文書情報の収集（2）】第10回でメインとなる模擬裁判関連作業は終了しました。ここからは、これまで習得してきた各種スキルを一般的な法律の勉強に活かせるように「変換作業」を行います。まずは、図書館に眠る膨大な文献の調べ方・発展編。
第12回	【ディベート（1）】法的な問題を1つ選び、これまで得てきた技術をフル活用して準備し、議論します。
第13回	【ディベート（2）】前回の議論でみられた問題点を洗い出し、徹底的に改善し、再戦します。
第14回	【小論文作成】ディベートの体験をふまえて、ディベートと同じテーマで小論文を作成します。これまでは全て「チーム課題」でしたが、小論文だけは「個人課題」となります。本授業の総決算課題です！
第15回	【授業のまとめとふりかえり】

■中川デイズの志望理由

◎YM 【公共政策と法コース／男性】
　初めまして、法学部法律学科法律専攻■年■組■番のYMと申します。僕は後期に裁判法Ａを必ず受講します。まずこの基礎演習に参加したいと思った動機ですが、一つ目は昔からニュースなどで「誰々に懲役何年の判決が下りました」というのをよく聞きますが、ある事件では僕の考えとしては「その判決は厳しすぎるのではないか？」と思ったり、また違う事件では「その判決は軽すぎるだろう」と思うことが多々ありました。そのため、何をどうしたら被告にどの位の刑が下るのかというのを深く知りたいと思ったからです。そして２つ目は、昔から人と討論したり協同作業をすることが大好きなので自分の意見を相手に「言う」のではなく「伝える」力を磨きたいと思い、また相手の意見もしっかりと理解できるような力をつけて自分の中の教養を広げて生きたいと思ったからです。次に抱負ですが、授業では常に物事に対して自分の考えを持ち、その考えを積極的に他者に発表するようにします。また他者の発表に対しても一度相手が何を言っているのかを理解してからその意見について「もっとこうしたほうが良いのではないか？」という発言をします。以上が僕の動機と抱負となりますのでよろしくお願い致します。

◎A 【公共政策と法コース／男性】
　裁判法Ａを必ず受講します。自分がこの授業をとりたいと思った理由としてまず将来の夢である検察官になるために欠かせない内容の授業だと思ったからです。そして自分はこの基礎演習をいつも受けている法律の授業の応用でもあると考えます。例えば、今受けている民法の授業では条文と事例を照らし合わせその条文が指し示す効果を理解するものですが、基礎演習では導き出したその答えが本当に正しいのかどうかを議論し様々な意見を聞くことで理解がさらに深まると思います。また授業の内容である情報分析、交換を含む模擬裁判はこの授業でしか学べないものであると思います。もう一つの理由として中川先生の刑事訴訟法のみ協同作業の箇所が◎だったことです。自分は前期のキャリアプランニングの授業を通してコミュニケーション能力の大切さと難しさを知りました。少人数制の授業が少ない法学部ですが、この授業はその中でもハードではありそうですがそれ以上にやりがいを感じられると思いました。やはり法廷においても弁護士、検察官のある意味で共同作業といったものが重要になると思います。もしこの授業を履修できたら積極的に自分で考え発言、行動することを意識します！

◎S 【復活戦枠／ビジネスと法コース／女性】
　裁判法Ａを必ず受講します。裁判系の映画や本、ドラマが昔から好きで法律に興味があり、よく触れてはいましたが、実際には詳しく知りませんでした。ですから私は高校の頃から、法律を学んで、特に刑事裁判について学習していきたいなと考えていました。国学院大学を高校生の際に見学に行ったとき、模擬裁判の実演を、法科大学院生が見せてくださり自分も裁判について実践的に学びたいと思っていました。法学部の授業は大人数で、聞く講義が多いですが、

この演習では少人数の中、自分で調べたり、発表したり、自主的に行動しチームで協力しあうという、自分から何かを得ていくということを学べると思いました。そして、国学院大学に入学し数日後にあった法学部のガイダンスの際に、この演習の中川教員の説明を聞いて、中川教員の人柄も魅力的に思い、絶対にこの基礎演習をとりたいと当時から思っていました。また、基礎演習募集要項の担当教員からのアドバイスにも心打たれ、自分自身を成長させるのにもこの基礎演習がぴったりだと思っています。もし、この演習の選考に合格させていただいたら、私も中川教員に損はさせないよう、裁判についてしっかりと学んでいきます！約束します！ハードだが、楽しいし、ためになったという中川教員の演習は私が求めているものにぴったりすぎます！ぜひよろしくお願いいたします。

◎M【公共政策と法コース／男性】
　私は裁判法Aを必ず受講します。私がこの基礎演習に参加したいと思った動機は2つあります。一つは、私はこの大学に入学し、前期の授業を受講してみてもどこか幼いころから抱いていた法律に対する知的好奇心が満たされず、すっきりしていなかったことです。今回中川先生の基礎演習の募集要項を見て純粋に、受講してみたい、そうすれば入学してから求めていた知識が得られるのではないかと考えました。もう一つは私は大学卒業後、法科大学院進学を志し、最終的には司法試験合格を目指し、検察官として将来働きたいと考えていることです。この目標を話すと笑われそうですが（実際に笑う人もいましたし……）、本気で目指しています。ですが今のままでは圧倒的に知識が足りないのも分かっています。ですから先生の講義を受講して少しでも可能性に近づけるのではないかと考え応募しました。そして受講出来ることになった際には、毎回出席は当たり前のこと、積極的にグループワークに参加しチームが活発になるよう心がけ、法律を学ぶ意義を考えていきたいです。「何をするにしたって、自分次第ですべては変わってくる」を常日頃から心がけて勉学に臨んでいます。どうかよろしくお願いします。

◎YN【復活戦枠／ビジネスと法コース／女性】
　裁判法Aを必ず受講します。今日の法に関する大学の講義は教員が教壇に立ち生徒は講義を聞き板書を写すという生徒が一方的に受ける講義ばかり……。このような講義で本当に法律の学び方を理解することができるのだろうか、確かに基礎やセオリーは大事だけれども活きた法知識が身に付くのだろうか……と常々疑問に感じていました。しかしながら基礎演習の冊子が配布され中川先生のページを拝読した際、これこそ自分が求めていたような実践的講義だと感動を覚えました。私が今日までの一方的で受動的な講義しか受講しないままであったのなら、私は"法律は暗記が基本"と思い、法律を学ぶ意義が具体的に解らないまま大学生活を終えると思います。今までの学習生活に何かすっきりしないものを感じていましたし、法律を体で体験し学びたいと思っています。また、他の基礎演習の講義にはないようなチームの協調性を重視するところや、細かな刑事裁判のシュミレーションにとても惹かれましたので中川先生の講義を選ばせていただきました。宜しくお願い致します。

■基礎演習の手引き

1. 基礎演習の目的
   (1) 大学での学問
   ・大学での学問全般
   　①情報収集・分析:人間・社会につき、どのような状態になっているのか認識
   　②考察:その状態は望ましいか、望ましくないならばどう変えるべきかを考察
   　③検証:自身の考察を他者に示し、正当か否かを吟味
   　④以上の作業を繰り返すことにより、人間・社会の理解を深め、social skillを磨く
   　　→社会で十分に活躍するための準備が整う
   ・大学の特徴
   　＊高校生から社会人への橋渡し
   　＊みなさんに期待する「おとな度」は高校より強く、社会より弱い
   　　→「教育的介入」の度合いは高校より弱く、社会より強い
   　　→「自己決定・責任」の度合は高校より強く、社会より弱い

   (2) 基礎演習の目的
   ・大学での学問に必要なスキル:情報「収集」・「分析」・「提示」・「交換」スキル
   ・これらのスキルに一通り触れ、大学の学問にスムーズに誘うべく、この授業は置かれている。
   ・スキルの理論を「教員が教えこむ」のではなく、「学生自ら体験し、学んでいく」ことを重視

   (3) 目的を達成するために必要な事項
   ・とにかくやってみること
   ・何でも発言＆協同作業できるような雰囲気をみなさん全員が作り上げること
   　　Ex. きちんと聴く／肯いたりメモしたりして反応する／馬鹿にしない／
   　　　　傷つけたら謝る／傷ついたらはっきり言う／個人情報保護
   ・欠席・遅刻をする人が出てくるということは想定していないので、そのつもりで。
   　　　　→やむを得ない場合は、必ず事前連絡　［メールアドレス掲載省略］

＊成績評価は総合評価だが、
　　　少なくとも遅刻・欠席3回でB以下確定
　　　遅刻・欠席5回でR確定
・A4のファイルを購入し、本授業で配布されたもの等は全てとじておくこと。
　　　＊今配布したものを後で参照する場合がある／最後に半年間をふりかえる

2．第2回ゼミのための課題
　(1) 次回のテーマ：自己紹介
・次回は「自己紹介」をやる。
・単なる儀礼ではない。情報収集・分析・提示スキル習得のための修行の一環だ。
・なぜ「自己紹介」か？
　　①自分のことだから情報収集がしやすい。
　　②自分のことだから情報分析がしやすい。
　　③本クラスにおける情報提示は重要。知的共同体の早期構築のために。
　　　社会に出る前／出た後でも何かと重要。
・授業進行：レジュメを用いて、1人3分ずつ自己紹介。その他、チーム編成など。

　(2) 準備のためのヒント
　ア．まず情報収集
　　・自分に関するデータを、あまり整理せずにPost-itに書きなぐってみる（1枚1項目）ことをお勧めする。
　イ．次に分析
　　・多数のPost-itを眺め、項目別に分類していく[1]。
　　・その際に、「事実」と「評価」を分ける。「評価」は「事実」によって裏付ける。
　　・自分がどんな人間なのかを短時間にわかってもらうのが自己紹介の目的。目的に適った分析を！
　ウ．そして提示

---

[1] このように、とりあえずたくさんの用紙に書きまくり、後でそれを眺めながら分類・整理していく方法をKJ法という（川喜田二郎が創始者なのでそう呼ぶ）。時間があれば原典を読んでみよう。川喜田二郎『発想法──創造性開発のために』（1967年・中公新書）。

・レジュメ[2]作成　A4　1頁　→21枚コピーして、当日に配布
　＊レジュメ作成の肝
　①口頭報告を聴く者の補助のために作成するものであることをふまえよ！
　　　　Ex. 見出しをつけたり、箇条書きにしたりして、見やすいようにする
　　　　　　メモしやすいように余白に配慮する
　②自身がこういう報告をしたという証明資料になることをふまえよ！
　　　　Ex. 報告タイトル、報告年月日、報告者氏名は必ず冒頭に記す
・読み上げ原稿の用意
　＊コピーはしなくてよい。1人3分きっかり。
　＊快適に聴けるスピードは一般に1分300字と言われている。
　＊家で練習しておくこと
・レジュメのコピーは、若木タワー7階法学資料室でできる。
　＊コピー機を使う人は概して多い。余裕を持ってコピーすること。
　　　授業直前にやるのは極めて危険
・なお、基礎演習で編成したチームは、同時に、裁判法Aのチームでもある。

3．第2回ゼミ：自己紹介／組織作り
(1) 議論しやすい机配置

(2) 自己紹介
・自己紹介3分
・聴く人はちゃんと反応すること
・以下の組織作りのため、「誰がこの役柄にふさわしいか」検討しながら聴くこと

(3) 組織作り
　ア．はじめに
・3年生以降のゼミでは、そもそもどういう組織にするかということから学生の議論＆意思決定に委ねる（中川ゼミの場合）が、ここは基礎演習だし、半年しかないし、どんな内容なのかも不明だろうから、私が一応考えてみた組織で

2　報告要旨のこと。仏語のrésuméが語源。

やってみよう[3]。
　イ．執行部の編成
　　　ゼミ長(1人)　ゼミの統括
　　　副ゼミ長(2人)ゼミ長補佐
　　　チーム長(4人)チームの統括
　　　懇親会係？　　懇親会の企画、運営
　ウ．チームの編成：ゼミ活動の基本ユニット
　　＊執行部はばらけること

ゼミ長	
副ゼミ長	
懇親会係？	

チーム名	チーム長	メンバー
3限12番　きなこもち		
3限23番　中川デイズ		
3限24番　中川家		
4限12番　かな☆たま		

4．第3回ゼミのための課題
　次回のテーマ：情報を収集する①
・とりあえず以下の課題をやってきてください。趣旨は次回説明します。
・チームごとにどこかで集まり、
　　①共通にとっている科目のノート(授業1回分)をみせあい、
　　②a「最優秀ノート」、b「最劣悪ノート」を選出し、
　　　c「選定基準とあてはめ」をチーム長が書き、
　　③それぞれ21部コピーし(2頁分をA4用紙片面に縮小コピー＆両面コピー)、
　　④次回のゼミで配付。チーム名、氏名等を記すのを忘れずに。
・次回授業では、チーム毎に「選定基準とあてはめ」について報告してもらう。
・続けて、最優秀ノートを使って、「授業内容再現報告」をチーム毎にしてもらう。
　　①制限時間は5分。授業全てを要約する必要はない。みんなに配布する2頁分。
　　②イメージとしては、「先生が、前回の授業の復習(ふりかえり)を授業冒頭に

3　この組織案ではうまくいかない状況になった場合、もちろん、臨機応変に改編を加える。

少々丁寧に行う」感じ。かつ、最優秀ノートがその授業の「レジュメ」という感じ。
　③プレゼンの方法は任せる。誰か1人でやっても良し、チーム全員で分担を決めて順繰りにやってもよし。いずれにせよ5分きっかりで！

　＊ちょっと気が早いが、念のため。
　　次の次の課題を遂行する際に、メモ取り能力をどれだけ鍛えたかが問われたりする。現在の自分のメモ取り能力に自信がない場合、ICレコーダなどを準備しておくと良かったりするかもしれない。メンバーの中の誰か（あるいはその家族等）で持っている人、いるかな？　50分くらい連続録音できるもの。

5．第3回ゼミ：情報を収集する①
　(1) 今日の机配置

　(2) 情報を収集する①(受動的情報収集)
　　ア．チーム別 best & worst ノート発表
　　　＊(目的・趣旨)　　　ノートを取るのは何のためか
　　　　(方法)　　　　　その目的を果たすベストの方法は？
　　　　(あてはめ)　　　bestの理由、worstの理由
　　イ．ミニ・レクチャー

［視点］：①「ノートの取り方」でなく「情報の収集・整理方法」として捉える
　　　　②趣旨（何のためにノートを取っているのか）から考える
　　　　③自分の対応力（知識や技術）を把握し、対応策を練り上げる

＊①について
浅羽通明『大学で何を学ぶか』（1999年・幻冬舎文庫）30-32頁
　［引用部分省略］
→講義における板書やレジュメは、筆記の労を軽減するために用いているにすぎない。

資料｜91

これは、社会と同じ。

藤田哲也編著『大学基礎講座[改増版]』(2006年・北大路書房)46-47頁
　　［引用部分省略］
→社会に出るための訓練の場として講義を捉えるべし
　「学校」というシステムでしか通用しない「ノートの取り方」として考えない

＊②について
　　→TPO(Time, Place, Occasion)に応じて情報収集・整理
　　→現在受けている法律学系の講義の特色
　　　　・試験がある
　　　　　→後で見返すことができなくてはならない
　　　　・授業時間が長く、かつ、連続している
　　　　　→記憶の保持が難しい
　　　　　　過去・現在を見通すことができねばならない
　　　　・裁判法Aは基本中の基本で、今後の科目でも使用する概念が頻出
　　　　　→知識やモノの見方をしっかり自分のものにしておく必要あり

＊③について
　　→通常は、「大筋をつかみ、大事なところをメモるべし」と指導される
　　　　　　　　↓しかし
　　　法学の知識はほとんどないのが普通
　　　法律学のモノの見方に触れたことがないのも普通
　　　　　　　　↓したがって
　　　「何が大事で何が大事でないのかを瞬時に判断してメモ」は困難
　　　　　　　　↓そこで
　　　「網羅的にメモし、あとで整理する」をお勧めする

弥永真生(商法の学者)『法律学習マニュアル[第3版]』(2009年・有斐閣)74頁
　　［引用部分省略］

米倉明(民法の学者)『民法の聴きどころ』(2003年・成文堂)19-20頁
　［引用部分省略］

　某大学では、基礎ゼミという実験的授業が行われた。苦手な学生の多い「刑法総論」のフォローをするという目的のもとに行った。参加者には、刑法総論の講義に毎回出席してもらい、毎回網羅的にノートをとり、テキストを丁寧に読み、ゼミでは毎週講義内容の確認・議論をやり、確認問題を解いたりしてみた。さて、刑法総論の成績はいかに！？

■■大学2007年度刑法総論の成績データ

	全受験者	基礎ゼミ非受講者	基礎ゼミ受講者
受験者(人)	229人	175人	54人
平均点(点)	51.9点	45.3点	72.6点
合格者(人)	118人	73人	45人
合格率	51.5%	41.7%	83.3%

では、どうやって網羅的にノートをとるか？
　　　　a．聴覚障害者をサポートする「ノートテイク」に学ぶ　資料6
　　　　b．その他、アドヴァイス
　　　　　　・座るのは前のほう。
　　　　　　・字は何とか自分が読めればよい。整理はあとで。
　　　　　　・略字や記号を多用する
　　　　　　・何を問題にしているのかをしっかり把握
　　　　　　・論証過程をしっかりおさえる→接続詞に要注意
　　　　　　・予習・復習をする

6．第4回ゼミのための課題
　◎テーマ：情報を収集する②(能動的情報収集)
　　犯罪を発生させ、
　　みなさんは警察官(検察官)となって目撃者を取り調べ、
　　結果を調書にまとめる
　　＊これらの作業は11月末〜12月初に予定している模擬裁判の重要な基礎となる。

　　　　気合いを入れてやれいっ！

　　◎作業
　　　①10月19日(金)3＆4限　裁判法Aの授業中に窃盗事件発生
　　　　→授業を開始して40分過ぎたころ、妙な人or人々が入ってくるだろう。
　　　　　みなさんは耳と目を閉じておく(自分自身が目撃するとバイアスがかかるため)。
　　　②事件発生後、教員の指示により、教室内で取調べ開始　資料7
　　　　→他チームはチーム内で作業完結。うちらは、教員が目撃者を連れてくる。
　　　　　＊記録に自信がない場合には、ICレコーダなど録音マシンを補助で使用。
　　　③他チームと異なり、調書だけでなく、プロトコル表も作成。
　　　　いつものようにコピーし、ホッチキス止めして次回基礎演授業で配布。
　　　　紙はＡ４に統一。
　　　　　＊8頁参照。
　　　　　＊PCで作るのが望ましいが、間に合わないという場合には手書きでも可。
　　　　　　ただし、見やすいように注意(読みやすい字＆余白)。
　　　　　＊言うまでもないが、常に年月日＆氏名・チーム名を冒頭に記すべし。
　　　［WordやExcelで作ったプロトコル表のサンプル　省略］

7．第4回ゼミ：情報を収集する②③
　(1) 今日の机配置

　(2) 課題の成果配付
　　・後から使うので、大切に保存しておくこと
　　　(この授業で保存しなくてもよいものはないが……)

　(3) ミニ・レクチャー
　　　a．情報を収集する②
　　　　ア．口頭による情報収集
・受動的情報収集(講義を訓練の場としてメモ取り訓練)
・能動的情報収集(目撃者取調を体験し、高質な情報をとる難しさを実感)

・人間・社会の現状認識に関する情報収集は、みんながやったように行われている
・得られた生データをもとに、情報を分析し、加工する
・みなさんがこれからいろいろ読むであろう文献資料も、みんながやるようなプロセスを経て「加工された」ものである、という前提を忘れてはならない。

 b．収集した情報を加工する①
・常日頃、私たちは情報を加工している。
  ex.テレビで見たことを友人に要約して伝える
   本を読み、要点をノートにまとめる　等
・プレゼン(口頭報告、文書によるレポート・論文etc)するときもまた同じ
・情報加工skillの基本は、単純だが、以下の2つに尽きる
  ①何が求められているのか明確に意識する
  ②求められているものに合うようにまとめる
・あてはめ
  今回の課題の場合は？
   ①刑事裁判で被告人を確実に有罪にするための証拠を作る
   ②刑事裁判で通常行われている方式で調書と主尋問シナリオを作る
    犯罪が行われたことを具体的・明確に示す
    被告人が犯人であることを明確に示す
    証言が信用できることを具体的に示す
    迅速な裁判が求められているので簡潔に示す

 c．情報を収集する③
  ア．口頭による情報収集
   ・受動的情報収集(講義を訓練の場としてメモ取り訓練)
   ・能動的情報収集(目撃者取調を体験し、高質な情報をとる難しさを実感)
  イ．文献による情報収集
   ・受動的情報収集　→△
   ・<u>能動的情報収集</u>(図書館リサーチスキルの初歩を学ぶ)

◎目標1：文献を調べるときに、みなさんはどうしていただろうか？

「図書館に行って、本棚に並べてある本をぱらぱらみながら探す」
　　　「検索ツールを使って、著者名やタイトル名で検索し、あたりをつける」
　　　　→いずれも有効だが、それだけでは不十分(漏れる文献多数)
　　　　→まずは、文献はどういう形で存在しているかを把握する必要あり
　　◎目標２：本や雑誌が大學図書館のどこにあり、どうゲットするかを理解する
　　◎目標達成のための３課題
　　　＊以下の課題をこなすことにより、上記２目標をだいたい達成できるだろう。
　　　＊必ずチーム全員でやること。(他人まかせではスキルが身に付かない)
　　　＊借りられる本もあるが、借りずにすぐ返却すること(他チームに迷惑)

---

①K-aiserを用いて、刑事立法研究会編『21世紀の刑事施設：グローバル・スタンダードと市民参加』(2003年、日本評論社)を検索し、某場所から自分でとってきて、29頁の本文冒頭を写してきなさい。
②K-aiserを用いて、大阪経済法科大学法学研究所紀要31号(2000年)を検索し、図書館カウンターの人に請求し、89頁の本文冒頭を写してきなさい。
③K-aiserを用いて、『合理的疑いを超えた証明——刑事裁判における証明基準の機能』(2003年、現代人文社)を検索し、しかるべき場所に行って請求し、198頁本文冒頭を写してきなさい。

・11時■■分に教室再集合
　　＊教員は研究室(若木タワー７階)に待機。何かもめごとが起きたら電話連絡。
・得られた教訓は？

8．第5回ゼミのための課題
　◎次回のテーマ：情報を加工する②／情報を分析する①
　・課題１：被告人を有罪にする証拠として優秀かどうかという観点から、本日配布された「検面調書」に対し、いつものように点数付けしなさい(シートに記入してくること)。
　　　＊最も点数の高い調書が、模擬裁判の本番で採用されることになる。
　・課題２：来週のテーマは「情報を分析する」だ。これに備え、

①本日配布の資料を読んでおく。
②K-aiserを用いて、「反対尋問」とか「刑事弁護」とかいったキーワードで文献を調べ、入手し、だだだっと拾い読みし、「検察側証人に対し反対尋問をする」という観点から有益な情報を得て、Ａ４用紙１枚にまとめて、21部コピーし、次回配布。なお、出典は必ず示すこと。
③複数の文献を比較して、同じテーマにつき、違うことが書いてあったとしたら、そこは面白いところ。どちらも紹介して、どちらの見解が妥当かを記すと良いかも。
・課題３：来週絶対に持参する物
　①本日配布された調書群とプロトコル群
　②調書の作成者は、元ファイルを入れたUSBメモリ
　③課題１で作成したpeer review sheet
　④課題２で作成した「反対尋問のコツ」レジュメ
　⑤テキスト『刑事法入門』
＊来週は若木祭で休講。次回は11月8日。

9．第5回ゼミ：情報を分析する①
 (1) 今日の机配置

 (2) 課題の成果配付（尋問スキル抽出課題は、後で私がチェック）

 (3) The Best of 検面調書

 (4) ミニ・レクチャー
 ａ．情報を分析する①
　・得られた情報の分析について、一般的に勧められる技法は……
　　→仮説を立てて検証する
 ｂ．今回の場合
　・大きな仮説：この証言は信用できる。
　・この仮説が正しいことをどのように検証したらよいか？
　　→より具体的な仮説を立てる(テーマの細分化)

- 例えば……
  - ①証人は細かいところまでしっかり見ていた
  - ②証人は誠実に供述しており、いい加減なことは言っていない
  - ③証人の発言には矛盾がなく、一貫している
- この細分化された仮説が成立するか、検証する。

<u>検証するためには、仮説に反する事実がないか、を探るのが一番。</u>
  - ①証人は細かいところまでしっかり見ていた
    - →調書に書かれていないこと＝見ていないこととみなし、
      書かれていないことを網羅的にあぶりだしていく
      書かれていないことが多いほど、仮説は×だったということになる
        - 例：中川デイズ「木箱は文字が書かれていましたが……」
          - →集中したと言っている割には、どんな文字だったか言えない？
  - ②証人は誠実に供述しており、いい加減なことは言っていない
    - →いい加減なところがないかを徹底的に検討する
      いい加減なところが多いほど、仮説は×だったということになる
        - 例：中川家「(3人目につき)年齢は、20前後、」(2頁2行目)
          ⇔プロトコルでは、「20代、20代前半ぐらいで……」と言っている (008)。
          - →年齢を下方修正。面割帳の写真に影響を受けた！？
  - ③証人の発言には矛盾がなく、一貫している
    - →証人の発言に矛盾がないかを徹底的に検討する
      矛盾が多いほど、仮説は×だったということになる
      ①②の結果を活用する

(5) 検討！

10. 第6回ゼミのための課題
- 課題1　ベストオブ検面調書に選ばれたチームは、主尋問シナリオを作成
  - ＊ひな形は『刑事法入門』70-72頁＆本日配付資料があるので、参考にすべし
  - ＊『刑事法入門』の79頁と70-72頁をよく見比べると、主尋問のやりとりは、基本的には、検面調書に書いてある内容をなぞっていくものであることが

わかる。実務でもそうやっている。
　＊証人尋問に関する「書かれた法」は刑事訴訟規則199条の2以下だ。読んでおくように。(特に主尋問では誘導尋問が原則禁止されていることに注意)
　＊シナリオ21部コピーし、当日配布。元ファイルもUSBメモリに入れて持参。

・課題2　その他のチームは反対尋問シナリオを作成
　＊テキスト72〜73頁＆本日配付資料参照
　＊本日の検討結果を参考に、さらに検討を加え、問題点を徹底的に洗い出す
　＊その後、シナリオに書く。抽出した問題点をそのまま呈示するわけではなく、前回配付した資料や、今回みなさんが調べてきたスキルを駆使して、裁判官に「ああ、この証人の言うことは信用できないな」と強く思わせるようなプレゼンにしなければならない。そこに気をつけよう。
　＊注意！：反対尋問の段階で、検面調書は裁判の中に登場していない。検面調書を読んでいることを前提としたような質問は禁止！
　　ex.「調書に〜〜〜と書いてあったんですけどね？」
　＊今回の特殊ルール
　　・検面調書およびプロトコル表に示されているものについてはなるべく忠実に。
　　　ex. プロトコル表の中で「視力は1.0」と言っているのに、反対尋問シナリオで「視力は0.2」と答えさせてはダメ。
　　・上記2つの資料に示されていないものについてはフィクションを交えてもよい。
　　　ex. 視力について何ら言及されていない場合は、シナリオの中で視力を好きに設定してもよい。
　　　　他のチームのプロトコル表にあるやり取りをパクってきてもよい。
　　・検索課題でゲットした文献を参考に、できるだけファニーでクールでドラマティックなシナリオに仕上げるべし！
　　・証人尋問に関する「書かれた法」は刑事訴訟規則199条の2以下だ。読んでおくように。(特に反対尋問では誘導尋問が許されていることに注意)
　　・ヒント:KJ法を使え！(テーマごとにやりとりを作って、後で配列を考えよ)
　＊分量は本日配付資料のシナリオ量をMAXと考えよ！

＊シナリオ21部コピーし、当日配布。元ファイルもUSBメモリに入れて持参。

　・課題3　次回のテーマは、「情報を呈示する①」。
＊作成してきたシナリオをチームで演じてもらい、「The Best of 反対尋問」を選出。
　→他のシナリオの良いところも混ぜて中川が編集する可能性あり
＊事前に練習しておくとよい。

11．第6回ゼミ：情報を呈示する①
 (1) 今日の机配置

 (2) 課題の成果配付

 (3) 主尋問チェック／各チーム反対尋問の上演&ベストシナリオ選出

 (4) ミニ・レクチャー：情報を呈示する①
・プレゼンの基本：明瞭な発声で呈示
　①原則、文節ごとに切る
　②抑揚をやや大げさにつける
　③間を大切に
　④自分のことを考えない。情報呈示という目的達成のことだけを考える

12．第7回ゼミ以降の予定と課題
 (1) 今後の予定

	タスク	担当チーム
11月22日	・起訴状完成 ・冒頭陳述完成 ・再反対尋問シナリオ完成 ・被告人質問シナリオ完成	
11月29日	・論告要旨完成 ・弁論要旨完成 ・通し稽古	

12月06日	金3クラスの配役決定 金3クラスの通し稽古＆シナリオ微修正 （模擬裁判以降のゼミ進行の段取り）	
12月13日	金4クラスの配役決定 金4クラスの通し稽古＆シナリオ微修正 （情報を収集する④図書館ガイダンス２）	
12月20日	ゲネプロ	
12月21日	本番！	

(2) 第7回ゼミのための課題
- チームごとに担当を決めてそれぞれ以下のどれかの課題をやってくる。どの課題も、いつも通り、23部コピー＆元ファイル持ってくる

①起訴状、冒頭陳述関係資料作成
→これは比較的簡単。テキスト（77〜78頁）を参考に、作成してみよう。

②再反対尋問シナリオ作成
→せっかく反対尋問が成功したのに、検察官が検察官調書を申請し、裁判所がＯＫを出してしまう。
検察官は、これにより、公判廷証言よりも捜査段階でしゃべったことのほうが正確なのでこちらも見てくれと言おうとしている。
弁護人は、それに対抗しなければならない。（テキスト74〜75頁参照）
→「捜査段階の供述もあてにならない」と裁判官に思わせる尋問シナリオに！

③被告人質問シナリオ作成
→被告人は黙秘を貫く。検察官はあえて質問を続ける。「被告人が犯人だから黙秘しているのではないか？」と裁判員に思わせるため。
→テキスト75〜76頁を参考に、いやらしい質問シナリオを作成すべし！

(3) 配役について
- 3限クラス、4限クラス、それぞれ最低これだけの人数（最低8人、最高22人）がいる

裁判官1 or 3人
廷吏1人
書記官1〜2人（省略可能）

検察官1〜6人
　　　弁護人1〜6人
　　　被告人1人(男性限定)
　　　拘置所職員2人(男性限定)
　　　目撃証人1人

・金曜3限は人手が足りる。4限が足りない。そこで……
　　①金3クラスの中で、4限も出席可能な人
　　②それがダメならエキストラを頼む
　　　＊12月13日、12月20日の基礎演に参加できる人
　　　＊12月21日の裁判法Aの金4クラスに参加できる人
　　　＊もし人数が多ければ、中川基礎演習落とされた人優先
　　　＊明日の裁判法A授業時に教員が募集

13. 第7回ゼミ：情報を呈示する②

14. 第8回ゼミ：情報を呈示する③

15. 第9回ゼミ：情報を呈示する④／情報を交換する①
　(1) 授業進行の修正
　・本日：①論告・弁論完成
　　　　　②ディベートのテーマ決定
　　　　　③ディベートに関して、ミニ・レクチャー
　・次回：①図書館ガイダンス②→ほとんどは配付レジュメに委ねる
　　　　　②配役決定
　　　　　③通し稽古
　　　　＊大幅時間延長。昼休みはないものと思ってください。
　・次々回：ゲネプロ

　(2) ディベートに関するミニレクチャー
　　①ディベートとは？

②チーム編成(4班)
　・討論チーム(2チーム):Aチーム、Bチームと呼ぶ。
　・司会チームC
　　　→進行係と時間管理係
　・判定チームD
　　　→議論形式の優劣を判定
③ディベートの実行(基本形態でやる)

　・Aチーム(賛成側)、立論(最大3分)
＊レジュメに基づき立論。結論と理由を明確に
　・質疑応答(最大3分)
＊ここで論争をしかけるのではない。相手の立論に不明瞭な点があった場合、それを明確にさせる(後で逃げられないようにする)のが目的
　・Bチーム(反対側)、立論(最大3分)
　・質疑応答(最大3分)
　・作戦タイム(3分)
　・Bチームが、Aチームの立論に対して批判(最大3分)
　・Aチームが、Bチームの立論に対して批判(最大3分)
　・Aチームが、Bチームの批判に反論(最大3分)
　・Bチームが、Aチームの批判に反論(最大3分)
　・Bチームが、Aチームの反論に再批判(2～3分)⇒オプション
　・Aチームが、Bチームの反論に再批判(2～3分)⇒オプション
　・Aチームが、Bチームの再批判に再反論(2～3分)⇒オプション
　・Bチームが、Aチームの再批判に再反論(2～3分)⇒オプション
　・Dチーム、判定

---

④チームを変えてもう1回
　→2回目は、CチームとDチームが討論、Aチームが司会、Bチームが判定
⑤それぞれ反省し、それぞれ再戦

(3) テーマ決め

- テーマは、教育的観点から、法律的なものがよろしい。今までの法律授業などで突っ込んで検討してみたいものなどがよいだろう。
- テーマはYes or No で答えられる形式にする。2つ作る。
- このディベート・テーマをもとに小論文を書くことになるので、真剣に選べ！
- 2つのテーマのうち、どれを担当するかを決定。

		賛成派	反対派	司会	審査
テーマ①：	1回戦(1月10日)				
	2回戦(1月17日)				
テーマ②：	1回戦(1月10日)				
	2回戦(1月17日)				

(4) レジュメの準備
- レジュメの例参照
- 小論文の例も参照　→脚注機能を必ず！

(5) ディベートを実り豊かにするTips
- これまで基礎演習と裁判法Aで学んだスキルをフル活用
  例：問題設定(明確化)がきっちりなされているかチェック
  　　主張と根拠、根拠となる事実を分け、それぞれが存在するかチェック
  　　メリットとデメリット
  　　　＊それぞれにつき、「本当にそうなの？　そんなに重要なの？」
  　　解釈とあてはめ・結論をごっちゃにしていないかチェック
  　　相手の矛盾を突く　⇒論理矛盾の指摘
  　　相手が気づいていない点を突く　⇒審理不尽
- 事前下調べは入念にすべし
- 想定問答集(メモ)を作るべし

(6) 実際にやってみよう
- なんか、しょぼいテーマで。フローシートを用意したので、判定の仕方も覚えよう。

16. 第10回ゼミ：情報を呈示する⑤
  (1) 配役決定
    ＊金3は11人。3人が金4に移動。　金4は6人＋3人＋1人＝10人。

	金3	金4
裁判官(1人)	1人	1人
検察官(3人)	3人	3人
弁護人(4or3人)	4人	3人
被告人(1人・男性)	1人(男性)	1人(男性)
目撃証人(1人・男性)	1人(男性)	1人(男性)
廷吏(1人)	1人	1人
拘置所職員(なし)		

  (2) 通し稽古

17. 第11回ゼミのための課題：とにかく練習！
  ・検察官役と弁護人役は、分担を早期に決定。
  ・各自練習。明瞭な発声、適度な間、よどんだりつかえたりしない、漢字を間違って読まない。
  ・シナリオを丸暗記する必要はない。見ながら演じてよいが、ずうっとシナリオに目を落とさなければならないような状況は避ける。マイクを持ちながらやるので注意。

18. 情報を収集する④
  ①とりあえず手っ取り早く！
    →各種教科書には、問題の所在、主要判例、主要学説が短く紹介されていて便利
      ★憲法、(刑事政策)の教科書
        K-aiserで検索
        見つけたら、しかるべきキーワードを索引で探し、該当頁をコピー
  ②もう少し詳しく！
    →コンメンタール(Kommentar)と呼ばれる本には、条文ごとに、結構詳しく書いてある
      ★憲法、(刑法)のコンメンタールをK-aiserで検索

教科書でわかっている条文の頁を読む
　③判例を突っ込んで検討！
　　→各種教科書等で必ず挙げられている判例があるはず。これのオリジナルを見て、さらに「判例評釈」と呼ばれる論文（その判例について突っ込んで検討した論文)を検索する
　　　　★「LEX/DB」（後述）＆K-aiserを使う
　④学説を突っ込んで検討！
　　→これまで読んできた教科書、コンメンタール、判例評釈には、主要な論文が挙げられているはず。それを検索して読んでみよう。さらに、網羅的な論文収集もするか？
　　　　★K-aiserを使う
　　　　◎判例検索（國學院の図書館のページ→情報検索【主題別】→法律）
　　　　　［省略］
　⑤もっといろいろ網羅的に検討！
　　→以上では物足りないときは、片っぱしから論文を探す。
　　　　★「法律判例文献情報」＆K-aiserを使う

19. 第12回ゼミ：情報を交換する②
(1) 本日の机配置

(2) ディベート初戦！
◎審査のめやす
　・主張を支える理由は明確だったか？
　・理由を支える証拠は確固たるものだったか？
　・対抗チームの質問・批判に適切に対応していたか？
　　無視していなかったか？
　　回答はしているが、質問・批判の趣旨を誤解したちぐはぐ対応でなかったか？
　　質問・批判の趣旨を理解しているようだが、答えが非論理的でなかったか？
　　反論しているように見えて、実は自分の主張をただ反復しているだけでは？
　　主張の時には言っていないことを全く新たに持ち出していなかったか？
　　問いを問いで答えていないか？

(3) 小論文に関するミニレクチャー
　・レポート・小論文を書く大前提
　　→自分は課題の趣旨をよくわかっており、よく調べ、よく考え、よくまとめることができたのだ、ということを作品自体でアピール
　・当該課題の趣旨を正しく捉える
　　→趣旨を捉えられないと、その後の作業は徒労に終わることが多い
　　→趣旨を正しく捉えれば、おのずと内容・形式は決まってくる
　・脳裏に刻みつけておくべき6つのスキーマ
　①「問題提起、規範定立(法解釈)、あてはめ・結論」スキーマ
　②「書かれた法、生きた法、あるべき法」スキーマ
　③「サブテーマを展開する」スキーマ
　④「主張、根拠、事実」スキーマ
　⑤「必要性と許容性」スキーマ
　⑥「内在的批判と外在的批判」スキーマ

　◎レポート・論文として体裁を整える際の注意
　　・タイトル、執筆者名
　　・論理的な流れ(適切な接続詞)
　　・見出し
　　・出典→脚注
　　　＊「参考文献一覧」はもういらない。一歩進めよう
　　　＊Wordだと、「参考資料」タブ→「脚注の挿入」ボタン

20. 第13回ゼミのための課題
◎次回は再戦。今回の反省をチームでよくして、パワーアップに努めるべし。
　レジュメを再検討し、書きなおしたものを21部印刷、配布。
◎次回は小論文課題提出締切の日でもある。1部、左上をホッチキス止めして中川に提出。
　　＊次々回でもいいが、さっさと仕上げたほうがよい。
◎次々回(最終回)は、個人のふりかえりと、チームのふりかえり報告会。それぞ

れＡ４・１枚のレジュメもしくはレポートを配り、１人２分きっかりで報告する（チームふりかえりはチームリーダーが行う）。ぼちぼち準備しておくとよいだろう。シラバスやレジュメを見返して、本授業の目的に照らし、自分やチームがどのように活動し、どのような成果を得たか、どのような問題があったか、今後どう生きていくか、といったことを報告してほしい。

21. 第13回ゼミ：情報を交換する③
　(1) 本日の机配置

　(2) ディベート再戦

　(3) 小論文提出(次回でもよいが)

　(4) ふりかえり課題
・この授業の目標は、法学の学びに対する意欲を喚起しつつ、大学での学問にスムーズに入っていけるよう、情報「収集」「分析」「提示」「交換」スキルを、「学生自ら体験し、学んでいく」というものであった。
　この目標はどの程度達成されただろうか？　今まで体験してきたことをふりかえってみよう。
・課題①　基礎演習のふりかえり・個人編
　　＊Ａ４用紙１枚の範囲内で好きなだけ書く。ただし報告は２分。
・課題②　基礎演習のふりかえり・チーム編
　　＊チームで集まり、これまでの活動を振り返り、一定の評価基準を作って各人の活動をそれにあてはめ、各人の成績を出せ！　報告は２分。
　　＊Ａ４用紙１枚。<u>チーム長が作成し、みんなで点検したもの</u>。
・課題①も②も、箇条書きは不可。
　　→課題①は、エッセイ風の文章に仕上げること。
　　→課題②では、どのような評価基準をどのような理由で作ったかを明らかにすること。
そのうえで、その基準の各メンバーへのあてはめを、一読明快な形で記すこと。
例えば、最近、教育業界の一部で流行りつつある「ルービック評価」はいかが？

↓のような感じ。

	作業の段取り作りに貢献した	割り当てられた作業をこなしてきた	チームメンバーの意見を引き出した	チームのがんばろうという空気を作った	総合評価
中川孝博	C	B	A	C	B−
赤池一将	A	B	C	A	B+

- ちなみに、成績評価だが、
  ①出席回数が三分の二に満たない者（今年度は該当者なしか！?）、小論文課題を出さない者、個人ふりかえり課題を出さない者はR。
  ②①の前提要件を満たしたうえで、欠席回数、遅刻回数、欠席・遅刻の際の事前連絡の有無等、外形的事情でA〜C。その後、みんなのふりかえり課題の中身をみて、いろいろと説得されたら評価アップ（下げることはない）。
  ③そのうえで、小論文がそれなりにできていた（形式も含む）ならば1ランクアップ。
- というわけで、ふりかえり課題（個人もチームも）の中身には気をつけるべし。自分ががんばったことやチームに貢献した事実は恥ずかしからず、具体的に、余すところなく記すべきだし、かといって、誇張や嘘は避けるべきである。また、反省すべき点があるならば、これまた隠すことなくきっちり書かねばならない。

22. 第14回ゼミ：基礎演習をふりかえる

(1) 本日の机配置

(2) ふりかえり報告

(3) 最後に二言
ア．今後について
　この授業で得られた「知的共同体」は貴重なものだ。授業が終わったからこれで終わり、というのではなく、今後も大切にしていってほしい。
　本格的な演習（ゼミ）は3年生から始まる。3年生以降のゼミは、本格的に勉強したい分野ごとに分かれている。募集は2年生時の11月末。今から10か月後には、どのゼミに入るか、すなわち、どの分野について突っ込んだ勉強（研究）をしたいか、

決めなければならない。様々な授業に積極的に参加し、自分が一番やりたい学問分野は何なのか、模索してほしい。2年生という時期は結構ダレやすいので注意しよう。

　3年生以降のゼミの履修率は、残念ながらそんなに高くない。これは非常にもったいないことだ。基礎演習で得たスキルを今後も磨いていくならば、みなさんは、どのゼミに入っても中心的存在になれるだろう。がんばってほしい。

　イ．春休みに読んでみたら？（『刑事法入門』に掲載されている参考文献以外）
◎瀧本哲史『武器としての決断思考』（星海社新書・2011年）
　議論（ディベート）の仕方、批判的・論理的思考の方法を具体的に指導する本。裁判法Aで教示した「必要性・許容性をともに考える」という基本思考様式を身に付けた人は、それをさらに深めることができる。書き方や表現方法がちょっとあざといのが気になるが、若い人には、これくらいのアジテーションがあったほうがウケるのかもしれない。

◎戸田山和久『論文の教室——レポートから卒論まで［新版］』（日本放送協会、2012年）
　論文の書き方に関する本はたくさんあるが、私の視点でみると、本書がピカ一。詳しくは説明しない。とにかく、めっちゃ面白いから、読んでみたら！

　(4) それでは最後の最後に、授業アンケートをお願いします！

■反対尋問シナリオ

2012年11月15日　中川デイズ

裁判長	それでは弁護人、反対尋問をどうぞ。
弁護人	それでは私の方から質問します。思ったことを正直に答えてください。
証人	はい。
弁護人	まず、最初に言っておきたいのは、私はあなたの敵ではないということです。私の目的は真実を明らかにすることです。よろしいですね。
証人	はい。
弁護人	さて、まず中川教授についてですが、あなたが目撃した窃盗した犯人を追いかけ、交通事故に遭って亡くなってしまったんですよね？
証人	はい。まだまだ教えてもらいたいことがたくさんあったのですが……、残念です。
弁護人	そうですよね。あなたはまだ1年生で本来ならばあと3年は授業を受けることができたわけですからね。そう考えると、原因を作った犯人は許せないですよね？
証人	はい。絶対に許せないです。
弁護人	そういえば、中川教授は刑事訴訟法担当ということでしたよね。中川教授は授業でどのようなことをよくおっしゃっていましたか？
証人	はい。えーと……、刑事裁判は真実に基づかなければならない。だから罪を犯した者は必ず処罰しなければならない……とか。
弁護人	おお！実体的真実主義ですね。でも、罪を犯してない人を処罰してしまったら……大変なことですよね。
証人	そうですね。それについても先生はおっしゃっていました。冤罪を起こさないためにも裁判は人権を保障して行わなければならないと。
弁護人	あなたは先ほど検察官に犯人は被告人だと言いましたね。
証人	はい。
弁護人	では、これから一緒に真実を明らかにしていきましょうか。
証人	は……はい。
弁護人	今、真実を明らかにする証拠はあなたの証言しかないのですからね。よろしいですか。
証人	はい。
弁護人	つまり、教授の最後の教えを実行できるかどうかは、あなたの証言が真実かどうかにかかっているのですからね。
検察官	異議あり！
裁判長	異議を認めます。弁護人は質問を変えてください。
弁護人	失礼しました。つい熱くなってしまいました。さて、あなたは事件当時教室の前のドアに一番近い机の真ん中の席に座っていたのですよね。
証人	はい。
弁護人	さらにあなたは授業中、眼鏡をかけているおかげで視力が1.2くらいあるのですよね？
証人	はい。
弁護人	つまり、よく犯行が見える状況にあったということですよね？
証人	はい。

弁護人	では、事件がどこで発生したか教えてくれませんか？
証人	えっ、國學院大學、ええと、渋谷キャンパス、うーんと……1号館2……201教室です。
弁護人	おや、おかしいですね。國學院大學の1号館の教室番号は「1」から始まり、2号館の教室番号は「2」から始まるはずなんですけどねぇ。どちらですか？
証人	えっ。……ええと……2号館……2号館です！ 2号館の2201教室です。
弁護人	そうですか。わかりました。では次に犯人の特徴についてですが、あなたは先ほど検察官に、犯人は中肉中背より若干太っていて、身長は170cm位、短髪で年齢は20代前半位、目は一重で、黒系のポロシャツ、ショルダーバッグを身に着けていた男性だった。間違いありませんか？
証人	はい。
弁護人	他に気付いたことはありますか？
証人	ええと……ショルダーバッグは……明るい色ではなかったと思います。
弁護人	そうでした。そんなことも言っていましたねぇ。他に何か。例えば下半身とか。
証人	……よく見えませんでした。
弁護人	そうですか。他に一重以外に顔の特徴で気づいたことはありますか？
証人	う〜ん……。特にありませんね。
弁護人	おや、でしたら、あなたは一重で上半身が中肉中背より若干太っているという理由だけで犯人が男性だと判断したことになりますねぇ。でもこれだけだと、女性が犯人である可能性も捨てきれませんねぇ。
証人	でも、服が男性物で……。
弁護人	ほぉ。男性物でしたか。ですが、私は、これから盗みをする人間が男装してごまかすことも全然不思議なことじゃないと思うんですがねぇ。
検察官	異議あり！ 今の発言は憶測にすぎません！
裁判長	異議を認めます。弁護人は質問を変えてください。
弁護人	これは失礼しました。どうしても細かいところが気になってしまうことが私の悪い癖でして。では、事件当時は裁判法Ａの授業中だった。そうですね？
証人	はい。
弁護人	では、事件発生直前まで中川教授がどのような講義をしていたか、覚えていますか。
証人	ええと……一人目が入ってくるまでは、……前回の講義の復習をしていたと思います。……すいません、内容はあまり記憶していません。
弁護人	そのとき、ノートなどは取られていましたか？
証人	いいえ。先生の話を聞いているだけでした。
弁護人	では、先生が言っていたことを覚えてないのはおかしいですね。内容は本当に覚えてないですか？
証人	さぁ……。
弁護人	わかりました。別の質問をします。あなた窃盗物も目撃されているのですよね？
証人	はい。ワインボトルが入りそうな形の箱で、漢字一文字書いてありました。
弁護人	どんな漢字か覚えてないですか。
証人	……覚えてないです。

弁護人	あなた、一番前の席に座っていたのですよね。
証人	はい。
弁護人	視力も1.2あるのですよね。
証人	はい。
弁護人	でも、そんな見やすい状況にも関わらず、たった漢字一文字すらも覚えてないと？
証人	はい。
弁護人	これでは、窃盗場面を目撃したことさえ、怪しくなってくるのですが。
証人	いや、窃盗場面はしっかり見ていました！あんなことめったに起こらないですもん。
弁護人	では、犯人は箱を持ち去るとき持っていたバッグなどに入れたりしていましたか？
証人	いえ、トートバッグには入れず、両手で持って逃げていきました。
弁護人	トートバッグ？あなた先ほど、ショルダーバッグとおっしゃっていましたが。
証人	……ショルダーバッグです
弁護人	どうも、あなた、まじまじと見ていたという割には、授業内容を覚えていなかったり、箱の漢字一文字すら覚えてなかったり、よくわからないですね。
証人	でも、窃盗場面はしっかり見ていました。
弁護人	しかし、顔は一重以外の特徴が表現できないと？
証人	……。
弁護人	あなた一番右端の前の席に座っていたのですよね。
証人	はい。
弁護人	盗られた箱は教卓の上にあったのですよね。
証人	はい。
弁護人	つまり、窃盗した時、犯人はあなたに対して背を向けていたかっこうになる。ちがいますか？
証人	……そうなりますね。
弁護人	そして、犯人は足早に教室の外に出ていったため、実はあなたは一瞬しか犯人の顔を見る余裕がなかった。だから、あなたはあまり犯人の顔を覚えてないのではないですか？
証人	……でもこの目でしっかりと見たんですよ。
弁護人	では、犯人の顔の一重以外の特徴を説明してください。
証人	……。
弁護人	ところで、盗まれた箱ですが、漢字一文字以外何か書かれていませんでしたか？
証人	書かれてはなかったと思います。
弁護人	では、別の質問です。あなた今、バイトやサークル活動をしていますか？
検察官	異議あり！ その質問は事件と全く関係ありません。
裁判長	弁護人、質問の趣旨は何ですか？
弁護人	証人の事件当日のコンディションを確認するために質問しました。つまり、主観的視認条件と関係があります。
裁判長	異議を棄却します。証人は質問に答えてください。

証人	はい。サークル活動をしています。
弁護人	何のサークルですか?
証人	バレーボールサークルです。
弁護人	事件前日もサークル活動を?
証人	はい。そして練習後、友達の家に遊びに行き、そのまま泊まりました。
弁護人	そうですか。ちなみに就寝したのは、何時くらいですか?
証人	その日は話が盛り上がってしまって。寝たのは午前3時くらいだったと思います。
弁護人	ずいぶん遅かったですね。次の日起きるのがつらかったんじゃないですか?
証人	はい。次の日は1限からだったので、少し寝坊して、朝食をとらずに学校に行ったのを覚えています。
弁護人	それでは、お昼はさぞおなかが減ったでしょうね。
証人	はい。お昼は、カツ丼とサンドウィッチとおにぎりとドーナツを食べました。
弁護人	おお(笑)たくさん食べましたね。しかも炭水化物ばかり。
証人	そうですね。
弁護人	そういえば、裁判法Aは昼食後の3限からでしたよね。睡眠不足に加えてたくさんの昼食、結構眠かったのではないですか?炭水化物は一般的に人間の眠気を誘うと言いますし。
証人	そうですね。確かに授業の冒頭はウトウトしていました。でも、一人目が入ってくるときにはしっかりと起きてました。
弁護人	そうですか。ですが、一般的に人間の脳は居眠りをした後、30分以上たたないと覚醒しないといわれています。つまり、それまでは寝ぼけているのと同じ状況なわけです。たしか3限が始まるのが、13時くらいで、事件が発生したのは、13時半頃ですよね?
証人	はい。でも、事件が発生した時は、しっかり目は覚めていました。
弁護人	しかし、犯人の顔の特徴も、箱の漢字もわからないのですよね。
証人	……はい。
弁護人	質問は以上です。ありがとうございました。

■模擬裁判シナリオ　完成稿

12.12.13　2012年度基礎演習中川クラス一同作成

Ⅰ．冒頭手続き

◎裁判官入廷

【裁判官以外は全員席に着いた状態。そこに裁判官が入廷してくる】

廷吏	起立！

【裁判官入廷、着席後、一同着席】

廷吏	平成24年（わ）2567号窃盗被告事件！
裁判長	それでは始めます。被告人は証言台の前に立ってこちらを向いて下さい。

◎人定（じんてい）質問

裁判長	名前はなんと言いますか？
被告人	宮里慶一です。
裁判長	生年月日は？
被告人	平成3年10月5日です。
裁判長	職業は？
被告人	大学生です。
裁判長	住所は？
被告人	江東区西葛西56-7-132。
裁判長	本籍は？
被告人	住所と一緒です。

◎起訴状朗読

裁判長	被告人は窃盗の罪で起訴されました。これから検察官がその起訴状を朗読します。そこでよく聞いてください。検察官、起訴状を朗読してください。

【検察官、起訴状朗読】

弁護人	裁判長！
裁判長	はい。
弁護人	ただいまの起訴状には看過しがたい違法がありますので、本件裁判はここで打ち切りにし、刑事訴訟法338条4号に基づいて公訴棄却の判決を出すべきと考えます。
裁判長	ほう、なぜでしょう。
弁護人	犯行時刻が記載されていないからです。犯行がいつ行われたかということは訴因の不可欠な要素でありますから、犯行時刻が記載されていないということはすなわち、訴因が記載されていないことに他ならないと考えます。
裁判長	検察官。

【検察官どうしで相談】

検察官	犯行時刻の点につきましては、「午後13時30分ごろ」という文言を挿入し、もって補正させていただきたいと思います。
裁判長	弁護人？
弁護人	補正を認める明文規定は刑事訴訟法上ございません。また、仮に補正を認めるにしても、「30分ごろ」というのは曖昧な表現でありまして、依然として訴因は特定されていないと考えます。
裁判長	これくらいの補正は良いでしょう。判例もありますし。あと、「ごろ」という記載については、検察官、これ以上は特定できないのですか？
検察官	これ以上の特定はできませんでした。本件では被害者が死亡しており、被害者の供述を得ることができなかったこと、そして、目撃者の中に犯行時刻を時計等で正確に確認した人が存在しなかったという特殊事情がありまして、詳細を記すことができませんでした。刑訴法256条3項は「できるかぎり」特定すればよいと規定しているのでありまして、当方としてはせいいっぱい特定したわけですから、法律の要件はみたしていると考えます。
裁判長	まあ、この程度でも審判対象は十分限定されていると思いますから、このままでよろしいことにします。
弁護人	異議あり！
裁判長	異議を却下します。

◎黙秘権の告知・意見陳述

裁判長	これから、この事実について審理を始めます。その審理の途中で被告人に対し質問をすることがありますが、被告人には黙秘権がありますので、答えたくないときには黙っていてもかまいません。被告人がこの法廷で述べたことは、被告人にとって有利か不利か問わずに証拠になりますからその点をよく考えて述べてください。そういう前提で尋ねますが、今検察官が朗読した公訴事実の中でどこか違っている点はありますか？
被告人	私は、窃盗なんてやっていません。
裁判長	弁護人の意見をうかがいます。
弁護人	被告人がただいま述べましたように、本件の犯人は被告人ではありません。弁護人といたしましては、被告人の犯人性を争いたいと思います。
裁判長	被告人は先ほどと同じ椅子に座ってください。

Ⅱ．証拠調べ手続

◎冒頭陳述

裁判長	では、これから証拠調べに入ります。まず、検察官がこれから証拠によって証明しようとする事実を述べるので被告人はよく聞いてください。検察官、冒頭陳述をどうぞ。

【検察官、冒頭陳述書を朗読】

裁判長	弁護人も冒頭陳述をしますか？
弁護人	いいえ。私どものほうからも冒頭陳述をするか否かにつきましては、検察官請求の証拠の取調べが終了してから明らかにしたいと思います。

◎証拠調べ請求

裁判長	それでは証拠調べ請求に入りましょう。検察官どうぞ。
検察官	さきほどの冒頭陳述で述べた事実を証明するために、以下の証拠を請求します。第一に、被害者中川孝博の妻高佐智美作成にかかる平成24年10月19日付け被害届、第二に、犯行状況を目撃した田中玲奈に対する取調べ結果を録取した検察官大枡雄一郎による平成24年10月30日付け検察官調書、第三に、司法警察職員鳩山国雄による平成24年10月31日付け捜査報告書、第四に、司法警察職員小沢逸郎による平成24年11月1日付け捜査報告書であります。

◎証拠決定

裁判長	ただいま、検察官により証拠調べ請求がありましたが、弁護人のご意見はいかがですか？
弁護人	はい。第二の検察官調書につきましては不同意、第一の被害届、第三、第四の捜査報告書につきましては同意いたします。
裁判長	それでは、第一の被害届、第三の捜査報告書、第四の捜査報告書については証拠採用いたします。

【検察官、廷吏に書証を渡す。廷吏、裁判長にその書証を渡す。】

裁判長	第二、については、検察官いかがですか？
検察官	第二につきましては証拠調べ請求を撤回しますが、新たに目撃者田中玲奈の証人尋問を請求いたします。
裁判長	弁護人、いかがですか？
弁護人	証人尋問についてはしかるべく。
裁判長	それでは目撃者田中玲奈の証人尋問も行うことにします。検察官、田中さんは在廷していますか？
検察官	はい。
裁判長	検察官、主尋問にかかる時間はどのくらいでしょう？
検察官	5分です。
裁判長	弁護人、反対尋問にかかる時間は？
弁護人	20分です。
裁判長	それでは、本日証人尋問をすることにしましょう。

◎証拠調べ①──書証の取調べ

裁判長	では検察官、まず、先ほど証拠採用した書証について朗読してください。
検察官	要旨の告知でよろしいでしょうか。
裁判長	弁護人、いかがですか？
弁護人	しかるべく。
裁判長	それでは要旨の告知でけっこうです。それでは始めてください。
検察官	第一は、被害者中川氏の妻である高佐智美による平成24年10月19日付け被害届です。ここには、窃盗の被害状況について記されています。第三は、司法警察職員鳩山国雄による平成24年10月31日付の捜査報告書であります。これには被告人の身上、経歴を警察官が調査した結果が記してあります。第四は、司法警察職員小沢逸郎による平成24年11月1日付の捜査報告書であります。これには、被告人が大学に入学した後の状況を警察官が調査した結果が記してあります。

◎証拠調べ②──証人尋問（主尋問）

裁判長	それでは、証人尋問を行います。証人、証言台の前に立ってください。

【証人、証言台の前に立つ】

裁判長	名前は何とおっしゃいますか？
証人	田中玲奈です。
裁判長	生年月日は？
証人	1993年6月24日です。

裁判長	職業は？
証人	大学生です。
裁判長	住所は？
証人	東京都江東区豊洲3-6-8です。
裁判長	それでは、これからあなたを証人として尋問しますが、その前に嘘をつかないという宣誓をしていただきます。傍聴人も全員起立をしてください。その紙に書いてある文字を声に出して読んでください。
証人	宣誓、良心に従って、真実を述べ、何事も隠さず、偽りを述べないことを誓います。
【証人、宣誓書にサイン。廷吏、宣誓書を手に取り、裁判長に渡す】	
裁判長	【傍聴人に対して】では、座って結構です。証人は、今、宣誓していただいたとおり正直に述べてください。嘘をつくと証人自身が偽証罪に問われることがあります。はじめに検察官が質問しますので、こちらを向いて答えてください。検察官どうぞ。
検察官	事件が起こった日はいつですか。
証人	【検察官のほうを向いて】平成24年10月19日です。
検察官	場所はどこですか？
証人	【検察官のほうを向いて】國學院大學です。
裁判長	証人、こちらを向いて答えてくださいね。
証人	はい。
裁判長	質問を続けてください。
検察官	國學院大學の具体的には？
証人	渋谷キャンパス1号館の2201教室です。
検察官	被害者はどなたですか？
証人	中川孝博先生です。
検察官	そこであなたは窃盗場面を目撃したのですね。
弁護人	異議あり！
裁判長	異議を認めます。検察官は質問を変えてください。
検察官	その2201教室であなたは何を見たのですか？
証人	窃盗場面を目撃しました。
検察官	その時見たことを、少し前から教えてください。
証人	まず前のドアから男の人が入ってきて、教卓の前で先生に「この教室は何とかの教室じゃないんですか？」と聞いた後「ちがうよ」という先生の答えを聞いてそのまま出ていきました。
検察官	「何とかの教室」というふうにその男は述べたのですか？
証人	いいえ。授業の名前を言っていたと思うのですが、よく聞き取れませんでした。
検察官	その人の特徴はおぼえていますか？
証人	はい。中肉中背、年齢は20前後、服装は、黒縁の眼鏡をかけていて、赤系のチェックのシャツを着ていてイヤホンをし、リュックサックを背負っていました。髪型は黒髪の少し長めで癖毛っぽい感じでした。
検察官	なるほど。そのあとはどうでしたか？

証人	次に別の男の人が前のドアから入ってきました。この人は事前にメールで指示のあったプリントを取りに来たようで、「配布物はどこですか？」という感じのことを教卓の奥のほうで話していました。そして先生がその男と話している間にまた別の男の人が、どこから入ってきたのかわかりませんが、その男が窃盗を行いました。
検察官	なるほど。その犯人は教室でどのような行動をしましたか？
証人	先生が学生と話している間に教室の後ろからあるいてきました。そして教卓には段ボールが置いてあり、その上にボトルの入っていそうな箱で黒字の漢字が一文字書いてあるものが置いてあったのですがそれを両手で持って出ていきました。
検察官	そのときの状況をどこで見ていましたか？
証人	前のドアに一番近いテーブルの真ん中の席でした。
検察官	では、はっきりと見える近い距離にいたということですね。
証人	はい。
検察官	あなたの視力はどれくらいですか？
証人	1.2くらいあります。
検察官	それでは、犯人の特徴をお聞きしたいと思います。年齢は何歳くらいでしたか？
証人	20歳前後に見えました。
検察官	髪型は？
証人	髪はほとんど坊主のような感じに短かったです。
検察官	身長は？
証人	170cm位でした。
検察官	体格はどのような感じでしたか？
証人	中肉中背よりは若干太っている感じでした。
検察官	服装は覚えていますか？
証人	黒系のポロシャツを着ていました。
検察官	顔の特徴はわかりますか？
証人	メガネはかけてなく、一重でした。
検察官	他に何か特徴はありますか？
証人	バッグはショルダーバッグを身に着けていました。
検察官	犯行時の状況はどのような感じでしたか？
証人	周りはざわついていて、みんな注目してみているような感じでした。
検察官	その、あなたが目撃した犯人はこの法廷にいますか？
証人	はい、います。
検察官	それは誰ですか？
証人	被告人です。
検察官	以上です。

◎反対尋問

裁判長	それでは弁護人、反対尋問をどうぞ。
弁護人	それでは私の方から質問します。見たことを正直に答えてくださいね。
証人	はい。
弁護人	まず、最初に申し上げておきたいのはですね、私はあなたの敵ではない、ということです。私の目的は真実を明らかにすることです。それだけです。よろしいですね。
証人	はい。
弁護人	さて、まず中川教授についてですが、窃盗の犯人を追いかけ、交通事故に遭って亡くなってしまったんですよね？
証人	はい。まだまだ教えてもらいたいことがたくさんあったのですが……、残念です。
弁護人	そうですよね。あなたはまだ1年生で、本来ならばあと3年は授業を受けることができたわけですからね。そう考えると、原因を作った犯人は許せないですよね？
証人	はい。絶対に許せないです。
弁護人	そういえば、中川教授は刑事訴訟法担当ということでしたよね。中川教授は授業でどのようなことをよくおっしゃっていましたか？
証人	はい。えーと……、刑事裁判は真実に基づかなければならない。だから罪を犯した者は必ず処罰しなければならない……とか。
弁護人	おお！　実体的真実主義ですね。確かにそうですね。でも、罪を犯してない人を処罰してしまったら……大変なことですよね。
証人	そうですね。それについても先生はおっしゃっていました。冤罪を起こさないためにも裁判は人権を保障して行わなければならないとおっしゃっていました。
弁護人	……あなたは先ほど検察官に犯人は被告人だと言いましたね。
証人	はい。
弁護人	では、これから一緒に真実を明らかにしていきましょうか。
証人	は……はい。
弁護人	今、真実を明らかにする証拠はあなたの証言しかないのですからね。よろしいですか。
証人	はい。
弁護人	つまり、教授の最後の教えを実行できるかどうかは、あなたの証言が真実かどうかにかかっているのですからね。
検察官	異議あり！
裁判長	異議を認めます。弁護人は質問を変えてください。
弁護人	失礼しました。つい熱くなってしまいました。さて、具体的な質問に入らせていただきますよ。あなた、さきほど検察官の質問に対して、犯行時刻をお答えになっていなかったようなんですけれども、何時何分ごろにこの犯罪は発生したんですかね？
証人	う〜ん、1時半くらいですかね。
弁護人	授業開始時刻はいつですか？
証人	12時50分です。
弁護人	となると、授業が始まってから40分後に事件が発生したということになりますか。
証人	それくらいだと思います。
弁護人	この時刻ははっきり確かめられたんですか？
証人	いえ、時計も持っていませんでしたし、そんな印象がしただけです。
弁護人	印象で語っておられるんですか。

証人	……はい。
弁護人	そうですか。次の質問に移りますよ。あなたは事件当時教室の前の、ドアに一番近い机の真ん中に座っていたのですよね。
証人	はい。
弁護人	さらにあなたは、視力が1.2くらいあるのですよね？
証人	はい。
弁護人	今あなたは眼鏡をかけていらっしゃるようですが、眼鏡をかけて1.2ということですか？
証人	はい。
弁護人	犯行当日は眼鏡をかけていなかった、ということはないですか？
証人	いいえ。かけていました。
弁護人	それでは、よく犯行が見える状況にあったということですよね？
証人	はい。
弁護人	何でも、正確に、詳細に、観察できたわけですね？
証人	何でも観察できた、かどうかは、わかりません。あれです、「何でもは見てないわ。見てることだけ」って感じです。
弁護人	そうですか。では、事件がどこで発生したかもう一度教えてくれませんか？
証人	えっ？　ええと、國學院大學の、ええと、渋谷キャンパス、うーんと……1号館2…201教室です。
弁護人	おや、おかしいですね。國學院大學の1号館の教室番号は「1」から始まり、2号館の教室番号は「2」から始まるはずなんですけどねぇ。どちらですか？
証人	えっ。……ええと……2号館……2号館です！2号館の2201教室です。
弁護人	……あなた、もしかして國學院の学生さんではないんじゃないですか？
証人	えっ？　いや、國學院の学生ですよ。
弁護人	國學院の学生さんだったら、こんなこと、間違うわけはないでしょう。違いますか？
証人	いや、ただの言い間違いです。ちょっと、今、緊張しているんで。
弁護人	そうですか。わかりました。では次に犯人の特徴についてですが、あなたは先ほど検察官に、犯人は中肉中背より若干太っていて、身長は170cm位、短髪で年齢は20歳前後、目は一重で、黒系のポロシャツ、ショルダーバッグを身に着けていた男性だった。間違いありませんか？
証人	はい。
弁護人	他に気付いたことはありますか？
証人	ええと……ショルダーバッグは……明るい色ではなかったと思います。
弁護人	そうでしたか。他に何か。例えば下半身とか。
証人	……よく見えませんでした。
弁護人	目の前を通り過ぎていったんでしょ？
証人	はい。
弁護人	だったら、よく見えなかったってことはないでしょう。
証人	う〜ん、ちょっと近すぎて、よく見えなかったです。
弁護人	近すぎて、とおっしゃるのは、あれですか、犯人とあなたとの距離が近すぎて、ということですか。

証人	はい。
弁護人	そうですよね。確かに、近すぎると、かえってよく見えなかったりしますよね。
証人	でも、顔はちゃんと見たんですよ。
弁護人	そうですか。顔の特徴で、一重だったという事以外に気づいたことはありますか？
証人	う〜ん……。特にありませんね。
弁護人	「特にない」？　あなたが重要と思わない点も、もしかしたら重要かもしれないので、憶えておられることは全てお話ししてくださいよ。
証人	いや、ありません。
弁護人	わかりました。でしたら、あなたは一重で上半身が中肉中背より若干太っているという理由だけで犯人が男性だと判断したことになりますねぇ。でもこれだけだと、女性が犯人である可能性も捨てきれませんねぇ。
証人	でも、服が男性物で……。
弁護人	ほぉ。男性物でしたか。ですが、私は、これから盗みをする人間が男装をしてごまかすことも全然不思議なことじゃないと思うんですがねぇ。
検察官	異議あり！
裁判長	異議を認めます。弁護人は質問を変えてください。
弁護人	これは失礼しました。どうしても細かいところが気になってしまうのが私の悪い癖でして。え〜と、あなたは、結局、犯人の顔について憶えているのは、一重だった、これだけですか。
証人	はい。あ、眼鏡はかけていませんでした。
弁護人	最初に入ってきた男の顔については、主尋問でなんておっしゃってましたっけ？
証人	え〜と、黒ぶちの眼鏡をかけていました。
弁護人	それだけですか？
証人	はい。
弁護人	二人目の男の顔については、なんておっしゃってましたっけ？
証人	顔は、憶えていません。あっ、でもそれは、二人目の人は単に遅刻してきただけのようだったので、【このあたりで弁護人に遮られる】その人だけはそんなに注意してみなかったというか。
弁護人	証人、聞かれたことだけにお答えくださいね。
証人	……はい。
弁護人	一人目の男については眼鏡のことだけしか憶えていない。二人目の男については何も思い出せない。犯人についても一重だったということしか思い出せない。それでよろしいですか。
証人	顔については、そうです。
弁護人	なのに、あなたは、被告人が犯人だと断定するんですか？
証人	……いや、犯人なんです。間違いありません。
弁護人	ところで、日本人って、人の顔といいますか、眼を直視しない人が多いですよね。今もあなた、視線を落としてしゃべっておられるけども。
証人	……【あわてて顔を上げて弁護人の眼を直視する】
弁護人	あなた、犯人の顔は、実は、ほとんど、見ていないんじゃないですか？
証人	いや、見ました。見たんですよ。本当に。
裁判長	証人、弁護人ではなくて、私のほうを向いて答えてくださいね。
証人	あ、そうでした。すみません。

弁護人	別の質問をしますよ。事件当時は裁判法Aの授業中だった。そうですね？
証人	はい。
弁護人	では、事件発生直前まで中川教授がどのようなお話しをしていたか、覚えていますか。
証人	ええと…一人目が入ってくるまでは、……前回の講義の復習をしていたと思います。……すいません、内容はあまり記憶していません。
弁護人	そのときあなた、ノートは取っていましたか？
証人	いいえ。先生の話を聞いているだけでした。
弁護人	分かりました。別の質問をします。あなた盗まれた物も目撃されているのですよね？
証人	はい。ワインボトルが入りそうな形の箱で、漢字が一文字書いてありました。
弁護人	どんな漢字か覚えてないですか。
証人	……覚えてないです。
弁護人	箱の色はわかりますか？
証人	クリーム色……と思っていたんですけど、違うかな〜。
弁護人	あなた、一番前の席に座っていたのですよね。
証人	はい。
弁護人	視力も1.2あるのですよね。
証人	はい。
弁護人	でも、そんな見やすい状況にも関わらず、たった漢字一文字すらも覚えてないと？
証人	はい。
弁護人	その箱は、いつから教卓に置かれていたのですか？
証人	よく憶えていませんが、授業が始まる時からあったような気がします。
弁護人	ということは、あなたは、授業が始まる時から犯行時刻まで、その箱は絶えず視線の中に入っていたわけですね。
証人	まあ、ノートを取っている時は見ていませんけど。
弁護人	あなたさきほど、ノートは取っていないとおっしゃっていたじゃないですか。
証人	いや、ノートを取っていた時もあったんです。
弁護人	その箱は、いつも教卓に置かれているのですか？
証人	いえ、その日だけです。
弁護人	それでは、あなた、なんでそんな物が置かれているのか、不審に思ったでしょう。
証人	そうですね。後で何か小道具として使うのかな、と思って見ていました。
弁護人	そうやっていろいろ考えながら長時間見ていたわけですが、箱にどんな文字が書かれてあったのか思い出せないと。
証人	はい……。
弁護人	窃盗は一瞬で行われたのですよね？
証人	はい。1分もかかっていないと思います。
弁護人	あなたの印象で40分も置いてあった箱の文字は憶えていないのに、一瞬しか見なかった犯人の顔は、被告人の顔だと断言できるというのですか？

証人	いや、窃盗場面はしっかり見ていました！　あんなことめったに起こらないですもん。
弁護人	箱が置かれることもめったにないわけでしょう。
証人	いや、それは、インパクトの度合いがちがうというか……。
弁護人	犯人は箱を持ち去るとき持っていたバッグなどに入れたりしていましたか？
証人	いえ、トートバッグには入れず、両手で持って逃げていきました。
弁護人	トートバッグ？　あなた先ほど、ショルダーバッグとおっしゃっていましたが。
証人	……ショルダーバッグです
弁護人	どうも、あなた、ちゃんと見ていたという割には、授業内容を覚えていなかったり、箱の漢字一文字すら覚えてなかったり、よくわからないですね。
証人	でも、窃盗場面はしっかり見ていました。インパクトが違います！
弁護人	でも、しつこくて恐縮ですが、顔は、一重だったということ以外の特徴が表現できないと？
証人	……。
弁護人	あなた一番右端の前の席に座っていたのですよね。
証人	はい。
弁護人	盗られた箱は教卓の上にあったのですよね。
証人	はい。
弁護人	つまり、窃盗した時、犯人はあなたに対して背を向けていたかっこうになる。ちがいますか？
証人	……そうなりますね。
弁護人	そして、犯人は足早に教室の外に出ていったため、実はあなたは一瞬しか犯人の顔を見る余裕がなかった。だから、あなたはあまり犯人の顔を覚えてないのではないですか？
証人	……でもこの目でしっかりと見たんですよ。
弁護人	では、犯人の顔の一重以外の特徴を説明してください。
証人	……そうだ、輪郭が丸かったというか、そんな気がします。
弁護人	一重で輪郭が丸い人はいくらでもいますね。
証人	そうですが……。
弁護人	主尋問であなた、周りがざわついていたとおっしゃっていましたね。
証人	はい。
弁護人	ざわついていたということは、学生どうしで会話していたということですよね。授業中に。
証人	はい。
弁護人	あなたも隣の人と何か話していたのではないですか。集中して見ていなかったんではないですか。だから断片的な部分しか見ていないんじゃないですか。
証人	いや、見たんです。ちゃんと。
弁護人	では、別の質問です。あなた今、バイトやサークル活動をしていますか？
検察官	異議あり！　その質問は事件と全く関係ありません。
【検察官と弁護人、裁判長の下に集まる】	
裁判長	弁護人、質問の趣旨は何ですか？

弁護人	証人の事件当日のコンディションを確認するために質問しました。つまり、主観的視認条件と関係があります。

【検察官と弁護人、定位置に戻る】

裁判長	異議を棄却します。証人は質問に答えてください。
証人	はい。サークル活動をしています。
弁護人	何のサークルですか？
証人	バレーボールサークルです。
弁護人	事件前日もサークル活動を？
証人	はい。そして練習後、友達の家に遊びに行き、そのまま泊まりました。
弁護人	そうですか。ちなみに就寝したのは、何時くらいですか？
証人	その日は話が盛り上がってしまって。寝たのは午前3時くらいだったと思います。
弁護人	ずいぶん遅かったですね。次の日起きるのがつらかったんじゃないですか？
証人	はい。次の日は1限からだったので、少し寝坊して、朝食をとらずに学校に行ったのを覚えています。
弁護人	それでは、お昼はさぞおなかが減ったでしょうね。
証人	はい。お昼は、カツ丼とサンドウィッチとおにぎりとドーナツを食べました。
弁護人	おお（笑）たくさん食べましたね。しかも炭水化物ばかり。
証人	そうですね。
弁護人	そういえば、裁判法Aは昼食後の3限からでしたよね。睡眠不足に加えてたくさんの昼食、結構眠かったのではないですか？ 炭水化物は一般的に人間の眠気を誘うと言いますし。
証人	そうですね。確かに授業の冒頭はウトウトしていました。でも、一人目が入ってくるときにはしっかりと起きてました。
弁護人	冒頭はウトウトしていたんですか。聞いてませんよ。……一般的に人間の脳は居眠りをした後、30分以上たたないと覚醒しないといわれています。つまり、それまでは寝ぼけているのと同じ状況なわけです。あなた、犯行があった時には、まだ寝ぼけていたのでは？
証人	そんなことないです。
弁護人	質問は以上です。ありがとうございました。

◎検察官調書の証拠採用をめぐる攻防

裁判長	検察官、再主尋問はありますか？
検察官	はい。田中さん、あなたは、現在ちょっと混乱しているようですけれども、捜査のときに検察官から取調べを受けましたね。
証 人	はい。
検察官	その時は事件発生まもなくのことでしたから、記憶は新鮮でしたね。
証 人	はい。
検察官	その時に調書をとられましたね。
証 人	はい。
検察官	その調書を作成したとき、内容を読み聞かされましたか？
証 人	はい。

検察官	読み聞かされた内容は、あなたがしゃべったとおりでしたか。
証　人	はい。
検察官	それであなたは、内容に間違いがないと述べ、署名・押印しましたか。
証　人	はい。
検察官	裁判長！　証人田中玲奈に対する取調べの結果を録取した、平成24年10月30日付け検察官調書を証拠請求いたします。
弁護人	検察官は、なにゆえにそのような証拠調べ請求をするのか、釈明をいただきたいと思います。
裁判長	検察官？
検察官	刑事訴訟法321条1項2号後段であります。
裁判長	弁護人？
弁護人	後段に該当するという根拠は？
裁判長	検察官？
検察官	証人はただいま、検面調書記載内容とは実質的に異なる供述をしました。
弁護人	特信性は？
検察官	検面調書は、犯行目撃直後の供述を録取したものであり、記憶が現在よりも新鮮であること、そして、今のように極めて多数の人がおり、みんなが証人に注目しているという、圧迫した雰囲気とは異なり、自然な雰囲気の中で供述がなされたものであることからして、ただいまの供述よりも信用できる情況の中で供述がなされたといえます。
弁護人	それはおかしいでしょう。検察官の論法によれば、証人の公判廷証言よりも、捜査段階における密室での取調べのほうが、常に信用できることになっちゃうじゃないですか。そのような理屈は公判中心主義に反するものといえます。当職としましては、321条1項2号に該当するとはいえず、検察官の証拠調べ請求は却下されるべきと考えます。
裁判長	検察官調書を採用します。
弁護人	異議あり！
裁判長	異議を棄却します。

◎証拠調べ③──検察官調書の取り調べ

【検察官、廷吏に書証を渡す。廷吏、裁判長にその書証を渡す。】

裁判官	検察官は、調書を朗読してください。
検察官	要旨の告知でよろしいでしょうか？
弁護人	しかるべく。
検察官	本調書には、目撃者の田中さんが目撃した犯行状況の内容が詳細に記されております。

◎弁護人再尋問

裁判官	弁護人、再尋問はありますか？
弁護人	はい。田中さん。検察官調書によれば犯行場所を國學院大學渋谷キャンパス1号館2201教室と書いてありますね。主尋問で検察官に事件がおこった場所を國學院大學渋谷キャンパス1号館2201教室とお答えになった。先ほどの反対尋問でも1号館の2201教室とお答えになった。合ってますでしょうか？
証　人	は……はぃ……いいえ！　2号館2201教室です。間違えてしまいました。

弁護人	今も間違えそうになりましたよね。これは言い間違えですまされるものでしょうか？　あなたが部外者だったということも疑えなくはないですよね？
証　人	……でも本当に勘違いしてしまっていたんです。
弁護人	別の質問に移ります。あなた、主尋問において盗まれたものを「ボトルの入っていそうな箱」って答えていますよね。
証　人	はい。
弁護人	その後、私が反対尋問で尋ねた時には、「ワインボトルの入りそうな形の箱」とお答えになりましたよね？
証　人	……そうでしたっけ？　よく、憶えていません。
弁護人	頭の中で情報が作りかえられているような気がするのですが。
証　人	……。
弁護人	そして、あなた反対尋問でも犯人の持ち物のショルダーバッグとトートバッグを言い間違えましたよね？　ショルダーバッグとトートバッグ犯人の持っていたものはどっちでしょうか？
証　人	……トートバッグ、いやショルダーバッグです！！！
弁護人	本当に確かな意識で見ていたのですか？あなた、言い間違えが多すぎてどの証言も疑ってしまいかねませんよ。
証　人	……緊張していて……。
弁護人	質問は以上です。
裁判官	終わりました。証人は下がって結構です。

◎証拠開示をめぐる攻防

裁判長	さて、検察官が請求してきた証拠については全て取り調べましたが、弁護人のほうで何か立証することはありますか。
弁護人	その前に、申し上げたいことがございます。
裁判長	何でしょう？
弁護人	本件は授業中に犯行がなされたものであります。ですから、多数の目撃者がいたわけです。当然、これらの者に対する取調べがあり、調書が作成されたはずであります。田中証人を含め、これらの目撃者に対する全ての警察官調書および検察官調書を証拠開示するよう検察官に求めます。
裁判長	検察官？
検察官	弁護人にそのような証拠開示請求権のないことは判例の示すところであります。そのような主張に応じる義務が当方にはないこともまた判例の示すところであります。
弁護人	裁判長！　わざわざ言うまでもありませんが、判例によれば、証拠開示請求権が当事者にないとしても、一定の要件を満たした場合には、訴訟指揮権に基づき裁判所が証拠開示命令を発することができるのであり、この職権発動を当職は求めているのであります。
裁判長	証拠開示を必要とする理由は？
弁護人	田中証人の供述の信用性を吟味するために不可欠のものであります。
裁判長	検察官、いかがですか？

【検察官、相談して】

検察官	本件においては、田中証人の証言と検察官調書を吟味すれば足りると思料いたします。また、他の目撃者に対する不当なプライバシー侵害等のおそれがあり、開示は相当でないと思料いたします。
裁判長	裁判所としましては、証拠開示命令を発する必要はないと判断します。
弁護人	異議あり！

裁判長	異議を棄却します。弁護人、立証計画を述べてください。
弁護人	【不満そうに】弁護人のほうからは冒頭陳述もいたしませんし、証拠請求もいたしません。

◎被告人質問

検察官	裁判長！
裁判長	？
検察官	被告人質問を行いたいと思いますが。
裁判長	弁護人？
弁護人	被告人は終始黙秘することにしており、証言台に立たせて質問を行うこと自体、不当であります。
裁判長	証言台に立たせても黙秘権侵害にはならないでしょう。被告人質問を行います。被告人、証言台へ。
弁護人	異議あり！
裁判長	異議を棄却します。被告人、証言台へ。
検察官	あなたは犯行を否認していますが、犯行当時はなにをしていましたか？
被告人	（黙秘）
検察官	ではその時はどこにいましたか？
被告人	（黙秘）
検察官	國學院大学生なのだから犯行当時は國學院大學構内にいたのではないですか？
被告人	（黙秘）
検察官	なぜ、答えないのですか？
被告人	（黙秘）
検察官	その場にいたかいなかっただけのことですよ。
弁護人	異議あり！
裁判長	異議を認めます。検察官は威圧的な質問を避けてください。
検察官	言えないのはアリバイがないからではありませんか？
被告人	（黙秘）
検察官	アリバイくらい言ったらどうですか？
被告人	（黙秘）
検察官	では質問を変えましょう。あなたは、裁判法Ａの受講生なんですから、当然、中川教授を知っていますよね？
被告人	（黙秘）
検察官	どうですか？
被告人	（黙秘）
検察官	なぜなにもしゃべらないのですか？
被告人	（黙秘）
検察官	黙っているのは何か隠し事があるからではないのですか？

弁護人	異議あり！
裁判長	異議を認めます。検察官は威圧的な質問を避けてください。
被告人	（黙秘）
検察官	あなたが犯人なのではないですか？
弁護人	異議あり！ これは明らかに誘導尋問です。
裁判長	異議を棄却します。
被告人	（黙秘）
検察官	どうなんですか？
被告人	（黙秘）
検察官	もう一度聞きます。あなたは犯行当時何をしていましたか？
被告人	（黙秘）
検察官	これ以上続けても無駄なので終了します。
裁判長	それでは被告人、もとの席に座ってください。

Ⅲ．最終意見・説示

裁判長	それでは、双方から最終意見をうかがいます。まず検察官に論告していただきます。
【検察官、論告要旨を朗読】	
裁判長	次に弁護人の弁論をうかがいます。
【弁護人、弁論要旨を朗読】	
裁判長	それでは被告人は前へ立ってください。
【被告人、証言台の前に立つ】	
裁判長	これで審理を終わりますが、最後に裁判所に対して述べたいことがあったら、述べてください。
被告人	私はやっていません。信じてください。
裁判長	それでは被告人、席に戻ってください。これで弁論を終結します。次回は判決公判ですね。期日は来年の1月11日でよろしいですか？
【検察官・弁護人、うなずく】	
裁判長	それでは、終わりましょう。
廷　吏	起立！
【裁判官、退廷。裁判官がドアを出た後、全員着席】	

平成24年検第143号

　　　　　　　　　起訴状

平成24年11月18日
東京地方裁判所　殿

　　　　　　　　　　　　　　　　　東京地方検察庁
　　　　　　　　　　　　　　　　　検察官検事　　荻野玲子

下記被告事件につき公訴を提起する。

　　　　　　　　　　　記

本　籍　　東京都江東区西葛西56-7-132
住　所　　同上
職　業　　大学生

　　　　　　　　　　　　　　　　　勾留中　　宮里　慶一
　　　　　　　　　　　　　　　　　平成3年10月05日生

　　　　　　　　　公訴事実

　被告人は
　平成24年10月19日、東京都渋谷区東4-10-28国学院大学2号館2201教室において、教卓上の段ボールの上に置いてあった中川孝博所有に係る時価3万円相当の吟醸酒「芳」を窃取して逃走した。

　罪名及び罰条
　窃　盗　　刑法第235条
　以上

冒頭陳述書

平成24年11月23日
東京地方裁判所刑事第1部　御中

窃盗罪　　宮里　慶一

東京地方検察庁
検察官検事　荻野玲子

　検察官が証拠により証明しようとする事実は、下記のとおりである。

記

第一　被告人の身上・経歴
　被告人宮里慶一は、平成3年10月05日、高等学校の教師をする父恭一と主婦である母慶子の長男として東京都新宿区内で出生し、葛西区内の公立高校を卒業し、平成22年04月01日、渋谷区内の国学院大学法学部に入学したが留年し、現在に至るものである。
第二　本件窃盗事件に至る経緯
一　被告人は、国学院大学法学部に入学し入学当初から面白いと噂の、同法学部教授中川孝博の裁判法Aを履修登録したので被告人は中川孝博のことは知っていた。
二　被告人は父母にたった一人の大切な愛息子として大事に育てられ、高校教師の父親の影響もあり大変熱心な教育を受けていた。高校も都内有数の進学校に入り塾通いなどをしていたが、大学受験に失敗しこの大学に入ることは不本意であった。受験失敗を機に被告人はいままで模範的に生きてきたことが嫌になり頻繁に大学内の人のいる場所で気づかれないように他人の物を盗み、そのスリルを楽しんでいた。プライドの高かった被告人は自分を馬鹿にされることを何よりも嫌い、この大学では自分が一番だと自負していた。そのため、裁判法Aではチームに属さず、キャリアプランニングにも出席せず、知り合いはい

なかった。そしてこの授業で出たレポートを提出した被告人はその内容を教授に酷評され恨みを持っていた。教授に仕返しをしようと考えた被告人はどうせなら見物人のいる前で教授を出し抜いてやろうと考え、本件犯行におよんだものである。

三　本件窃盗事件の犯行状況

　被告人は平成24年10月19日、教授の講義を受けている時、男が教授と話をしているのをみてこれは絶好の機会だとおもい、被害者が話をしている隙をみて、教卓上の段ボールの上に置いてある四角い箱、すなわち、中川孝博所有に係る時価3万円相当の吟醸酒「芳」を盗んで逃走した。

以上

検面調書

本籍、住所、職業、生年月日　　省略

被疑者　宮里慶一

　上記のものに対する窃盗事件につき、平成24年10月30日、国学院大学において、本職は、あらかじめ目撃者に対し、自己の意思に反して供述する必要がない旨を告げて取り調べたところ、任意次の通り供述した。

　私は10月19日、国学院大学　渋谷キャンパス　1号館　2201教室にて、中川孝博教授の授業を受けていたところ、窃盗場面を目撃しました。

　まず、男の人が普通に前のドアから入ってきました。そして教卓の前で先生と話をしていました。内容は、まず、男の人が「この教室は〜（不明）の講義じゃないんですか？」と言いました。そしたら中川先生は「ちがうよ。」と言いました。そしたら男の人はそのまま「失礼しました。」と言って出ていきました。

　次に、最初の人とは別の男の人が前のドアから入ってきました。この人も普通に入ってきて、事前にメールで指示のあったプリントを取りに来たみたいで、先生に「配布物はどこですか？」という感じのことを教卓の奥で話していました。そして先生が、2人目の男の人と話している間にまた、別の男がどこから入って

きたのかはわからないけれど、通路の後ろのほうから出てきました。教卓の上には、段ボールが置いてあり、その上にワインボトルが入りそうな形の箱が置いてありました。黒字で漢字一文字書いてある箱でした。教室後方から現れたその男は、その箱を両手で持って出ていきました。

　この時の状況は、周りがざわざわしていて、みんな注目してみているような感じでした。また、目撃した時は眼鏡をかけていたので、視力は1.2くらいあり、はっきり見えていました。私の席の位置は前のドアに一番近いテーブルの真ん中の席なので箱を盗っていった男の顔もよく見えました。それに、後ろからきて物を盗っていくことは普通ではないことなので、まじまじとみていました。

　1人目の男の人の特徴は、中肉中背、年齢は20前後、服装は黒縁の眼鏡をかけていて、赤系のチェックのシャツを着ていて、イヤホンをしていて、リュックサックを背負っていました。髪型は、黒髪で少し長めでクセ毛っぽい感じでした。

　2人目の男の人の特徴は、中肉中背、年齢は20前後、服装は、メガネをかけていなくて、明るめの青のデニムのジャケットを着ていました。色まではわかりませんが長ズボンを履いていたと思います。

　最後に入っていった男の人の特徴は、中肉中背より若干太っていて、身長は170cmくらい、年齢は20前後、目は一重でした。服装は、眼鏡はかけていなくて、黒系のポロシャツを着ていて、明るい色ではないショルダーバッグを身に着けていました。髪型は短めで、ほとんど坊主に近い感じでした。

目撃者　田中玲奈

　以上のとおり録取して読み聞かせたところ、誤りのないことを申し立て署名押印した。

前同日
東京地方検察庁
検察事務官　土方紗衣
取調官　大枡雄一郎

論告要旨

第一　事実関係

　まず訴因についてでありますが、被告人宮里慶一は、平成24年10月19日午後13時30分頃、東京都渋谷区東4-10-28国学院大学2号館の2201教室において、同大学教授である被害者中川孝博所有の時価3万円相当の吟醸酒を窃取したものです。

　被告人が犯行に及んだことについては、田中証人の証言により、十分証明されています。田中証人は事件当時、教室のドアに近い机の真ん中の席に座っており、視力もメガネをかけて1.2はあります。なので、犯人の顔を良く目撃することができたと思います。そのような田中証人が、被告人が犯人であると断言しているのです。よって、田中証人の証言は信憑性が高いものといえます。

　弁護人は、田中証人が、犯人の顔に関してあまり言葉で表現できなかったことを問題にしているようです。しかし、田中証言によると、犯人の顔は、目が一重で輪郭が丸いということでした。これを聞くと、犯人の顔はとてもありふれた、どこにでもいるような顔であることがわかります。なので、犯人の顔の特徴をこれ以上具体的に述べよと言われても非常に難しいと思います。ですから、犯人の顔についてあまり言葉で表現できなかったとしても、そのことが、田中証言の信用性を低下させるものとはいえません。

　また、被告人が、犯行時刻あたりに、犯行に及んでいなかったことを証明する人物やアリバイもないため、被告人が犯人ではないという証拠はないことも思い出してください。被告人は、自分が犯人ではないことを自ら証明する機会があったにもかかわらず、法廷では何も語らなかったのであります。自分のアリバイや無罪を主張できないということは、自分が犯行に及んだということを主張しているようなものなのであります。

第二　情状

　被告人は、被害者中川孝博が講義をしている教室にたくさんの学生がいたにもかかわらず、堂々と学生達の目の前で見せびらかすように犯行に及んでいます。被告人はまた、自分が馬鹿にされることを何よりも嫌っていて、自分のレポートを酷評されただけで教授に恨みをもっていたという人物です。本件裁判にお

いても、申し開きを一切しないなど、被告人の態度は著しく悪く、反省している様子など全くうかがえません。このような事実からは、被告人が、非常にプライドが高く、自己顕示欲も強く、自分勝手で自己中心的な人物であることがわかります。

そして、スリルを味わいたいという自分の気持ちを満たすために他人の物を盗むという行為は悪質極まりないということができます。また、被告人は普段から頻繁に盗みを働き、反省もせずに本件の犯行に及んだことから、今後も似たような犯罪を起こす可能性も否定できません。

このような多数の問題点に鑑みると、被告人の刑事責任は決して軽いものとは言えないでしょう。厳しい処罰が被告人にふさわしいのです。

第三　求刑

以上の諸般の事情を考慮し、相当法条を適用の上懲役5年に処すのが相当であると思料します。

弁論要旨

それでは被告人宮里慶一さんのために弁論致します。結論から申し上げるならば、宮里さんは時価3万円相当の吟醸酒が入った四角い箱を盗んだりしておりません。また、彼が吟醸酒の入った四角い箱を盗んだことを示す証拠も全くありません。以下その点について述べていきます。

本件において、被告人が犯人だということを証明する証拠として検察官が出してきたのは、証人、田中玲奈氏の証言だけであります。しかし、この田中証人の証言には、非常に曖昧な点が多く、信用できるものとは全くいえません。田中証人は、被告人が本件の犯人であるという証拠には到底なり得ないと考えるものであります。理由は5点あります。

第一に、犯行時刻についてであります。田中証人は犯行時刻を、1時半くらいと証言しておりました。しかし、犯行場所の教室には時計はなく、田中証人自身も時計を身につけておりませんでした。それなのに何故、田中証人は犯行時刻を1時半と証言したのでしょうか。

國學院大學渋谷キャンパスの3限の開始時刻は、12時50分です。田中証人が犯行時刻を1時半くらいと述べたのは、犯行が起こった時刻が授業開始40分後くらいであるという印象に基づくものでありました。田中証人は当時、時計を見ることができなかったので、"40分"という時間は田中証人の印象、つまり推測にすぎないのです。この推測は、甚だ曖昧な推測であります。

　要するに、田中証人が犯行時刻に関して述べたことというのは、一から十まで推測にすぎないのです。言うまでもなく、証人を信用するに値しないのであります。

　第二に、犯行場所についてであります。田中証人は、当初、犯行場所を國學院大學渋谷キャンパス1号館の2201教室と証言しておりました。しかし、國學院大學に通われている方なら、この可笑しな証言にお気付きになることでしょう。國學院大學渋谷キャンパスの1号館の教室番号は「1」から始まり、2号館の教室番号は「2」から始まるのです。犯行場所は2号館の2階の教室であったのですから、当然、2号館の2201教室です。國學院大學の学生であり、ましてや犯行場所に居合わせた田中証人であるならば、当然、棟を間違えるはずがないのでありますが、犯行場所である棟を間違えた田中証人は曖昧で不確かな証言が非常に多いと言えます。

　犯行場所の教室も正確に答えることのできない曖昧な証言をする田中証人は、最早、証人と言えるのでしょうか。

　第三です。証人は、犯行の経過をどの程度注意して観察していたのでしょうか。

　田中証人は、事件当時、教室の前のドアに一番近い机の真ん中に座っていたという、犯行の行われた場所から至近距離で犯行を目撃していたと言います。そして、犯行目撃当時に眼鏡を使用しており、視力が1.2はあるという状況でした。

　ここまでの話ですと、たいへん目撃状況は良好で、さぞかし細やかな点まで目撃したのではないかと思われます。

　ところが、田中証人が供述できた事実は一体どのくらいあったのでしょうか。犯人の特徴についてはどうでしょうか。吟醸酒が入った四角い箱が持ち去られるまでの一連の行動について、田中証人はしっかり見ていたと述べております。それでは、犯人の顔はどうだったのでしょうか。

　驚くべきことに、顔の特徴についての田中証言は、目が一重で輪郭が丸い男性であったとしか証言しておらず、それ以外の特徴は説明できていないのです。

このような特徴の人間はいくらでもいるのではないでしょうか。
　また、男性物の服装をした短髪の女性が犯人であるという可能性があるにも関わらず、犯人の服装が男性物という点や短髪であったというだけで、犯人を男性と決めつけるという、当てつけや思い込みで、田中証人は供述しているのです。
　犯人の身に着けていた物についてはどうだったでしょうか。田中証人は当初、犯人は暗い色のショルダーバッグを身に着けていたと証言しております。しかしながら、その供述の数分後には、犯人が身に着けていた物は、ショルダーバッグではなく、トートバッグであったと曖昧な証言をしているのであります。明らかにこの証言は矛盾しております。この事から、もう皆さんはお分かりでしょう。田中証人は、その場の雰囲気に合わせてころころ供述を変えているのです。このような証言が信頼するに足るものとはとても言えないのであります。
　第四に、盗品である吟醸酒が入った四角い箱についてであります。田中証人は、ワインボトルが入りそうな形の箱で、その箱には漢字が一文字書いてあったと証言しております。また、その箱は授業が始まる前から教卓の上に置いてあったとも供述しております。しかしながら、授業が始まる前から犯行時刻まで、絶えずその箱が視野の中に入っていたのにも関わらず、田中証人は、箱に書いてあった漢字一文字も覚えていないうえに、箱の色までも曖昧な供述をしているのです。教卓の上という明らかに目立つ分かり易いところに置いてあった箱を、証人の印象で40分も視野に入っていたにも関わらず、証人は、箱の特徴も正確に言えないのであります。絶えず視野に入っていた箱の特徴は正確に言えないのに、どうして一瞬にして行われた犯行の犯人の顔は宮里さんだと断言できるのでしょうか。このような証言で、本当に犯人が宮里さんだと断言することは到底できません。非常に不確かな証言であります。
　第五に、犯行当時の田中証人の状況についてであります。犯行当日、田中証人は、その前日のバレーボールサークルの練習で疲れているにも関わらず、あまり睡眠を取れなかったと供述しております。先述の反対尋問で述べました通り、寝ぼけているのと同じ状態であった田中証人は、犯行当時、非常に主観的視認条件が悪かったと言えるのであります。このような、疲労が溜まっていて、睡眠も碌に取っておらず、犯行当時、寝ぼけていた疑いのある田中証人は、曖昧で、不確かな、矛盾のある供述等が多かったのも頷くことができますし、こ

のような田中証人の証言は、信用・信頼できるというような言葉から、一切かけ離れた証言であるということが分かるのであります。

　このようなことから考えますと、やはり証人の証言を信用することは全くできず、被告人が犯人であることを示す証拠は全くないと考えます。被告人は無罪、この結論しかございません。裁判員の皆様には、この点をよくご勘案されますようお願い致します。

以上

■ディベートレジュメの例

ディベートレジュメ

13/01/17　きなこもち

1. テーマ
   ・死刑制度は維持すべきか？

2. わがグループの主張
   ・維持すべきでない。

3. 理由
   ① 死刑に犯罪抑止力はない。
   【詳細】
   　実際に死刑を廃止したヨーロッパ諸国において、死刑廃止後に殺人率が増加したという報告はない。アメリカでは、死刑のない州が13州（コロンビア自治区を含む）あるが、そのどの州においても死刑存置州より凶悪犯が多いという記録はない。むしろ、死刑のあるフロリダ州では殺人率が高い[1]。このように死刑制度を設けることによる抑止はほとんど意味をもたないものといえる。
   　また、生まれながらにして凶悪な性格を持っている者は、ほとんどいない[2]。重大な犯罪をおこす根本的な要因は、社会や周囲の環境にある。人を殺すような犯罪を犯す者は、あるときは激情犯であり、あるときは計画犯であるわけだが、いずれにしても死刑があるから殺人を止めようとするような冷静な判断が不可能な状況下で凶悪犯罪は発生する。その意味でも、いつの世も死刑の有無にかかわらず、残念ながら殺人はなくならない。

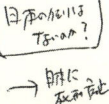

   ② 死刑は被害者の感情を納得させるものではない。
   【詳細】
   　名古屋保険金連続殺人事件の被害者の兄である原田正治さんは、被害者側から死刑廃止運動に奔走している。「被害者の家族としては加害者を殺して、それでおしまいではあまりにも安易すぎる。命の等価交換にすぎない。弟が加害者と同じ価値でしかないということであり、それは我慢できない。生きて犯した罪に悩み、苦しみ、身悶えながら償いをまっとうして欲しい[3]」と原田さんは述べている。死んで償うといっても、それは一瞬で終わる。加害者はいなくなってしまって終わりである。また、1つの殺人が死刑という不要なもう1つの殺人を犯した同害報復でしかない。残された遺族には事件の悲惨さだけが残り、絶えがたい苦しみに悩まされるだけで、結果として負の連鎖でしかない。

③ 死刑廃止は世界の潮流である。
【詳細】
　ヨーロッパでは、全域で死刑廃止の状態であり、韓国では死刑廃止法案が審議中である。一方日本はその流れに逆行し、国連から「死刑適用犯罪数が減っていないことの懸念」「死刑囚の非人道的な扱い[4]」などについての勧告を受けている。加えて、日本政府はこの勧告に対し具体的な措置をとっていないだけでなく、この勧告を受けた約3週間後に当時の三ヶ月法務大臣は1日で4名の死刑執行をした。明らかに国連規約委員会の勧告にたいする挑戦である[5]。わが国の国際的信義は失墜した。人の生命を大事にしない国家は健全であるとは言えず、政府はこの勧告を重大に受け止める必要がある。

---

[1] 菊田幸一『Q&A 死刑問題の基礎知識』(2004年、明石書店) 52-53 頁参照。
[2] 亀井静香『死刑廃止論』(2002年、花伝社) 16 頁参照。
[3] 菊田幸一『Q&A 死刑問題の基礎知識』(2004年、明石書店) 54 頁参照。
[4] 日本弁護士連合会編『死刑執行停止を求める』(2005年、日本評論社) 8 頁参照。
[5] 菊田幸一『死刑廃止に向けて―代替刑の提唱』(2005年、明石書店) 72-73 頁参照。

■小論文の例

死刑制度は維持すべきか

2013.1.24
中川デイズ

1. 死刑制度は、重罪を犯した人間が、死をもって人間に裁かれることである。今日、死刑存廃問題の議論は様々な場面でなされ、宗教、哲学及び社会感情が複雑に絡むテーマとして、死刑賛成派と死刑反対派、古代から現在に至るまで、様々な論点をめぐって対立してきた。そこで、死刑制度を維持すべきか、今一度考えてみる。以下、我が国においての死刑制度維持の存廃について検討する。

2. 我が国においての死刑制度の維持を認めない死刑に反対する(以下「死刑反対派」という。)考え方がある。今回は、死刑反対派の主張を三つ取り上げることにする。

(1)まず、死刑反対派の主張として、死刑に犯罪抑止力は無いということがある。アメリカでは、死刑のあるフロリダ州では殺人率が高い[1]というのである。また、生まれながらに凶悪な性格を持っている者は無く[2]、犯罪を起こす根本的な要因は、社会や周囲の環境にあり、いつの世も死刑の有無に関わらず、殺人は無くならないということである。

(2)次に、死刑反対派の主張として、死刑は被害者の感情を納得させるものではないということがある。名古屋保険金連続殺人の被害者の兄である原田正治氏は「被害者の家族として加害者を殺して、それでおしまいではあまりにも安易すぎる。命の等価交換にすぎない。(中略)生きて犯した罪の悩み、苦しみ、身悶えながら償いをまっとうして欲しい[3]」と述べている。結果として負の連鎖でしかないという主張である。

(3)最後に、死刑廃止は世界の潮流であるという主張である。死刑が既に廃止されている国や、死刑廃止案が審議中の国は多々ある。一方、我が国はその流れに逆行し、国連から「死刑囚の非人道的な扱い[4]」などについての勧告を受けている。政府は、この勧告を重大に受け止める必要があるというものである。

確かに、死刑反対派に立つと、3.(1)(2)(3)のようなメリットがある。

しかし、これらのメリットの為に死刑制度を廃止することが妥当なのかについて、より詳しく検討する必要がある。

3. まず、2.(1)について検討する。今回の論点は、我が国においての死刑制度維持についてであって、欧米諸国においてではない。また、欧米諸国と我が国では、明確な国民性の違い(銃規制等)があり、比較対照できるものでは無いのである。故に、欧米諸国のデータは、我が国における死刑制度維持において厳密に比較できるものではない。

次に、2.(2)についてである。仮に、死刑の代わりに無期懲役等の判決が下り、加害者が死刑囚ではなく一般受刑者であったなら、どうであっただろうか。驚くべきことに、一般受刑者は刑務所の中で、刑務所の外の人々と変わらない生活をしているのだ。三食の食事

があり、病棟があり、心身のケアを行う施設もあるのである[5]。このような刑務所内で過ごす受刑者は、生きて犯した罪の悩み、苦しみ、身悶えながら償いをまっとうしてすることは到底有り得ないことなのである。

最後に、2.(3)について検討する。我が国には、他の国々とは到底比較できない独特な地理や先述(2.(1)においての検討)のような国民性が存在する。また、死刑制度に関する平成21年12月の世論調査の結果、85.6%の国民が死刑存続を支持しているという結果もある[6]。このように、他の国々が死刑を廃止しているからといって、他国に同調されず、我が国独特の考えを重要視し、自主性をもって臨まなければならないのである。

以上の理由から、死刑反対派の主張を採用することは妥当でない。

4．そこで、我が国においての死刑制度の維持を認める死刑に賛成する(以下「死刑賛成派」という。)考え方を採用すべきである。今回は、死刑賛成派の主張を三つ取り上げることにする。

(1)まず、死刑賛成派の主張として、犯罪者の再犯防止が挙げられる。我が国では、犯罪者の出所後の再犯罪が問題となっており、平成23年度版犯罪白書によると、平成22年における一般刑法犯検挙人員に占める再入者の比率は43%、刑務所への入所受刑者人員に占める再入者の割合は56%であり、いずれも近年において上昇傾向が続いている。特に、平成15年以降殺人の再犯率は41%であり、非常に高い数値であると言える[7]。また、これには、お礼参り(刑事裁判等で、加害者へ不利となる証言をした人や、犯罪を通報した人に対して、刑期を終え出所後に、被告が自分に与えた損害を証言者等から取り返す行為)も含まれており、死刑制度はこのような、近年の高い再犯罪率を防止する役割を果たしているという主張がある。

(2)次に、死刑賛成派の主張として、刑務所施設等の負担金軽減がある。平成20年度版犯罪白書によると、受刑者は、その体質、健康、年齢、作業等を考慮して、必要な食事及び飲料(湯茶等)が支給されるほか、日常生活に必要な衣類、寝具、日用品等が貸与又は支給される。1日の食事は、成人受刑者1人当たり平均421.50円だった。これに服代、医療費等を合計し、受刑者1人当たりにかかる生活経費は1日当たり平均約1310円だという。年間約47万8000円となるのだ。また、刑務所内で作業に従事していた人は、約6万7500人(2007年)で、歳入額は約58億円だった。年間では1人当たり8万6000円となる。作業の収入は、我が国の収入となるが、作業に従事した受刑者には、釈放時に作業報奨金が支給され、1人1か月の平均作業報奨金計算高は、4098円だった。2008年、財務省は、再犯率が高い受刑者に対して、再犯防止策を講じて社会復帰を促すことで、治安の回復を図ることを狙いとした受刑者1人当たりの年間予算として、約248万円を計上していた。これら受刑者にかかる費用は全て税金で賄われており、その金額は決して少なくないのである[8]という主張である。

(3)最後に、被害者遺族の感情救済という主張がある。死刑反対派は、無期懲役にして、より長く生かして獄中の中で苦しみを与えることが、本当の意味での被害者が受けた無念

と均衡だというかもしれないが、死刑制度に関する平成 21 年 12 月の世論調査でも 85.6%の国民が死刑存続を支持しており、殺人を含んだ重罪は、死刑にすべきということが世論調査のとおり、国民全体の意見なのである。また、被害者遺族の犯人に対する報復防止にもつながる。無期懲役の場合、最短で 10 年で出所できてしまう場合があり、そこで当時の被害者遺族による新たな犯罪が起きてしまう恐れがある[9]が、死刑となれば、被害者の報復感情は起きえないことなのであるという主張である。

5.(1)これまでの検討をもとに、我が国においての死刑制度維持の存廃について結論を出したいと思う。確かに、死刑反対派は、2.(1)(2)(3)のような主張があるが、3.(1)(2)(3)の理由で主張を採用することは妥当でない。死刑賛成派は、4.(1)(2)(3)のような主張があり、これらの主張は、全て現実に目が向けられている。特に 4.(2)は、世界有数の負債国である我が国にとっては大きな負担になっている。さらに、今日、受刑者が増加し、刑務所施設の不足も問題視されているのである。我が国においての死刑制度維持の存廃を検討するにあたって、これらの現実から目を向けることは到底できない。

(2)以上から、我が国においての死刑制度維持の存廃を検討するにあたっては、現実から目を向けることは到底できない。したがって、死刑制度は維持すべきであるということが、私の結論である。

以上

---

[1] 菊田幸一『Q&A 死刑問題の基礎知識』(2004 年、明石書店) 52-53 頁参照。
[2] 亀井静香『死刑廃止論』(2002 年、花伝社) 16 頁参照。
[3] 菊田幸一『Q&A 死刑問題の基礎知識』(2004 年、明石書店) 54 頁参照。
[4] 日本弁護士連合会編『死刑執行停止を求める』(2005 年、日本評論社) 8 頁参照。
[5] 坂本敏夫『図説 知られざる刑務所のすべて』(2005 年、日本文芸社) 20 頁,22 頁参照。
[6] 死刑制度に関する内閣府(総理府)世論調査の結果
http://www.moj.go.jp/content/000053168.pdf
[7] 再犯防止に向けた総合政策 http://www.moj.go.jp/content/000100471.pdf
[8]「日本国内の確定死刑囚は 8 月現在 107 人」極刑執行刑場の公開で死刑廃止につながるか http://news.livedoor.com/article/detail/4990059/
[9] 藤井誠二『重罰化は悪いことなのか 罪と罰をめぐる対話』(2008 年、双風舎) 121 頁参照。

■中川デイズのチームふりかえり

◎基礎演習のチームを振り返って（2013.01.24　中川デイズ）

　我が中川デイズは五人のメンバーで構成されています。以下ではこの五人のメンバーについて評価した後、チーム全体はどうであったかについて評価していきたいと思います。まず評価基準ですが、チームの皆が一人に対し、(1) ミーティング参加態度（遅刻・欠席含む）、(2) 授業参加態度、(3) 課題貢献度、(4) チームにとって良い雰囲気作り、というのをA～C（Aの方が良い）の三段階で評価するという方法をとりました。では一人ずつ紹介します。

　YMについて、チームからの評価は全ての項目でほぼAでありました。YMは中川デイズのリーダーとしてチームのミーティングの日時を決めることや、チームにやるべきことをまとめて伝える事などをしました。また課題の面ではレジュメの作成・印刷などを率先してやりました。その結果、上記のような評価を得られたのだと思います。

　Mについて、チームからの評価はこちらも全ての項目でほぼAでありました。Mはいうなれば我がチームの表のエースであると思います。なぜならば法律に関してチームで誰よりも知識が深く、また誰よりもひたむきで、頼りがいのある人物だからです。Mなくして我が中川デイズはなかったといっても過言ではありません。課題に関してMはほぼ関わっており、またディベートなどでも率先して発言するなど基礎演習生のお手本でもあると思います。なぜかあだ名は『■■■■』。

　Sについて、チームからの評価は(1)、(2)、(3)がB、(4)がAでありました。Sはミーティングについては来られない日がたまにあり、また課題も今回の基礎演習ではあまり成果を挙げられることが出来ませんでした。しかしSは今回の基礎演習で、我がチームの書記、レジュメを印刷する役などその他雑務を幅広くこなし、さらにはチームの雰囲気を明るい方に持っていく等してチームに貢献したと思います。月曜は自主休講。

　Aについて、チームの評価は(1)、(3)がA、(2)、(4)がBという結果になりました。Aは自分から積極的に発言することや、雰囲気作りに関しては今回物足りなかった部分がありました。しかしレジュメ作成、情報収集等を積極的にこなし、まさに縁の下の力持ちとしてチームに十分貢献したと思います。紳士服が似合いそうな系男子。

　YNについて、チームの評価は(1)がC、(3)がB、(2)、(4)がAという結果になりました。YNは我がチームの裏のエースであると思います。確かにミーティングや授業は遅刻などが多く、少しいい加減なところもありますが、本気を出すとその文章構成力、情報収集力、発言力、などは素晴らしいものがあると思います。模擬裁判で被告人証言を圧倒的に批判したあの弁論要旨はほぼYNによる作成でした。よってYNも充分チームに貢献したといえると思います。本人の名言「YNは all or nothing だからな！」。

　最後に、我がチーム全体を他のチームと比べてみると、第一回のディベートなどでは事前の準備が足りず遅れをとったりすることがありました。しかしそこで落ち込まず、それを糧として、次に向けて努力できる素晴らしさが我がチームにはあると思います。

◎個人振り返り課題(2013.01.24　YM)

　自分はこの基礎演習に入る際に「聞く人に自分の意見を言うのではなく伝える」事と「効率の良い方法を常に考える」という二つの目標を設定しました。以下では自分が基礎演習でやったことを述べ、最後に自分の目標をどれだけ達成できたかについて述べていきたいと思います。まずチーム編成の時についてですが、自分がリーダーになるとは正直思わなかったです。ですがこれも良い機会だと思い、思い切ってやることにしました。なので以下では自分がチームリーダーとしてなにをしたかについて振り返ってみたいと思います。

　最初にチームで集まる時の曜日や時間などはほぼ自分から呼びかけました。自分のチームは全員が空いている時間がほぼ無く、昼休みにしか集まれなかったので、根気よく毎週前日に明日集まろうと呼びかけました。今思えばですが、これは前日にいきなり呼びかけるのではなく、もう2、3日早く呼びかければチームの皆も予定がはっきりして集まりに参加し易かったと思います。またこの時のチームの皆にただ集まろうと伝えるだけではなく、何のために集まるかや、なにをやってきて欲しい等の詳細な情報を伝えたほうが集まった時の話し合いがよりスムーズになったのかとも思いました。次に話し合いにおいてですが、自分は主にチームリーダーとして、最初に話し合いでの議題を皆に説明し、それから皆にどうするか意見を聞き、最後にどういうふうにするかまとめることをしました。チームの皆は僕の言葉に絶対に意見を返してきてくれるので、自分もとてもやりがいを感じることができました。これについてですが、集まりに参加できなかった人たちにも早めに今日何を話し合ったかについて伝えていれば、次からそのメンバーの人たちが集まりにスムーズに参加できたと思います。

　次に自分個人の授業参加態度や課題への取り組みについて振り返ってみたいと思います。自分は基礎演習には1回も遅れることなく、全て出席しました。これから社会人になる身として、まずこれを達成できて良かったと思います。しかし授業中は自分から積極的に発言したりすることにおいて、全く発言しない事が時々あったと思います。これが顕著に現れたのは、第1回目のディベートだと思いました。この時自分は全く発言できず、その結果チーム自体もその雰囲気になり惨敗という結果になりました。2回目のディベートでは相手チームに自分から積極的に発言し、審査員の方にも前より良い評価を貰えた事から自分の発言は聞く人に伝わったのだと感じました。そして課題への取り組みについてですが、出された課題は一通りすべて提出したのですが、その内容は微妙なとこが時々あり完璧に終えたとは言えない物もありました。次からは提出日ぎりぎりにやるのではなく余裕を持って少しずつやっていこうと思います。

　以上のことを踏まえて自分は最初に述べた目標のうち前者はある程度達成できたのではないかと思います。しかし後者は全然出来なかったので、これからは日常生活においてほんの少しだけでももっと効率の良い方法はないか考えることにします。

◎個人振り返り課題(2012.01.23　A)

　ミーティングに関しては、週2回程度集まって議論した。ミーティングそのものにはほとんど出席できたが、少し準備不足のまま参加してしまったこともあったのでその点ではチームに

迷惑をかけてしまったと感じる。基礎演習はチーム単位で動いているという意識が希薄であった。課題貢献度という点に関しては、自分がする時もあったが、授業を休んでしまった1回も含め他のメンバーに任せすぎてしまうこともあった。しかし、自分がこなした課題については、チームで動いているというプレッシャーもあってかサボらず自分なりにはよくできたと思う。授業中の態度は寝ることもなく適度な緊張感の中で受けられた。ただ、内容が難しいと感じるときもあり、自分の知識不足もまた痛感させられた。いつものように先生ではなく自分と同じ生徒が話しているのを聴く機会もあまりないのでとてもいい刺激が受けられたと思う。

　チームの雰囲気作りという点では、あまり自分から「こうしたいいんじゃないか」とか意見をいうことができなく、その点では、リーダーに任せて負担をかけすぎてしまったと思う。自分のチームは本当にみんな明るく逆に自分が助けられていたと思う。やはり、いつも課題の集まりをしようというのはリーダーであり、そういう点に関しても自分から集まろうくらいの気持ちが必要であったと思う。

　授業そのものは課題の大変さとはまた別に興味深いものであり、特に、模擬裁判をするまでの過程は本当に勉強になったと感じる。このことに関しては、同じ法学部の講義の授業とはまた違い、また理解もしやすく今後の授業の糧となる様々な知識を得られたと思う。

　またこの基礎演習全体として高い倍率をくぐりぬけてきただけあり、課題はみんな大変といいながらもやる気がすごく感じられた中で授業をできたことは幸せなことだと思う。チームとしては大学に入って初めてのチーム作業であり、前にも述べた通り、自分から多く意見をいうことはできなかったがチーム行動の難しさと共にディベートなどでの勝った時の達成感を得られて本当に感謝している。

　次にもしゼミに入るような機会があれば、自分から積極的に課題を遂行し、今回出た反省を踏まえ、活動していきたいと思う。

　半年間おつかれさまでした。ほんと大変でしたが楽しかったです。

◎基礎演習の振り返り　個人編(2012.1.24　S)
　私が、基礎演習をとった理由はドラマや映画の世界に興味があり、かつ、法律の座学だけでなく、実際に自分達で調べたり、発表したりするスキルを学べること、そして、なにより中川教授の人柄、人間性にほれたという不純な動機が大きいですが、基礎演習を振り返ると本当に得たものは大きく、多く、深いものとなりました。

　基礎演習の初めての授業では、どんな感じになるのだろうと、どきどきわくわくしていましたが、1カ月後には見事にその気持ちは、課題に追われ、薄れそうでした。しかし、授業自体が毎回楽しくて学ぶことが多く、その気持ちは最後の最後の授業まで基礎演習の時間は毎回楽しみでした。皆の意見を聞くのはよい経験で、少人数で中川教授や皆との距離が近く、本当にこの基礎演習をとれてよかったです。課題は毎回、ハードで難しく自分の知識だけでは調べきれないような課題ばかりで心が折れそうになりましたし、基礎演習だけでなく裁判法でもそうですが、チーム課題に取り組む際に、やるべきことを取り違えてしまったり、班員と比べて自分の調べる範囲が少なかったりと班員に迷惑をかけてしまったこともありました。しかしそう

いった事があったからこそ、班員のよいところを頑張って真似してみよう、人前での発表がみんなうまいので自分も人を説得させる話がしたい、知識を増やして課題をスムーズに取り組めるようになりたいと思いました。中川教授の授業の進め方やトーク術も、もちろんですが、この中川基礎演習のメンバーは、とても勉強熱心で、一生懸命で、向上心を持っていて、でもノリがよいという方々だったので、授業の雰囲気も非常によく、良い意味でとても刺激的でしたし、自分だけでなくメンバー同士で成長することができました。特に、印象に残っているのは、やはり模擬裁判です。今、改めて振り返ると短い期間での準備から実演まで本当に大変でした。準備でも様々な書類を何度もみんなで訂正、追加、見直しと毎授業の度話し合って、実演の練習も重ね、本番はどうなるかと思いました。実際、何百人もの前で話すのは初めてですごく緊張しました。途中、どこを読んでいるのかわからなくなりそうでしたが、無事、成功に終わり、本当に頑張った甲斐があったなと感じることが出来ました。やっぱり、何事においても準備や対策すること、きちんと調べたことは後々結果に表れるものなのだなとも感じました。基礎演習と裁判法とが連動している授業システムも勉強しやすかったです。木曜日、金曜日と続いていたし班員との話し合いもしやすかったです。

　この基礎演習で学んだ、発表のスキル、話を聞きとり書き取るスキル、コミュニケーションスキル、調べるスキル、などなどをこれからは、他の授業や授業以外でも様々な場において活用、応用できるようにさらにこれらのスキルを磨いていきたいです。基礎演習が今日で最後なのは本当に本当に本当に悲しくてさびしいです。この基礎演習だけでなく他でもたくさん絡んでください！よろしくお願いします！！中川教授の刑事訴訟法、ゼミはとるかとらないか非常に迷っております。そもそも成績が……引っかかる気が（笑）もしとらなくても仲良くしていただけたら嬉しいです。みなさんありがとうございました！！！これからもよろしくお願いします！

◎基礎演習をふりかえって（[日付不明]　M)

　私が基礎演習について振り返ってみると、まず、始まりとして浮かんでくるのはチームのメンバーとしての出会いからだろう。部活の大会の関係でチーム編成の授業に出席できなかった私は、後日チームミーティングでメンバーと初対面した。最初の印象は、どこか真面目で大人しそうに感じた。それからは、基礎演習のみならず裁判法Ａの課題についても、みんなでたくさんの意見を出し合い解決していった。

　また、その課題についてであるが、図書館の利用、ノートの取り方、検面調書などあるが、特に印象に残っている事は、模擬裁判についてであろう。反対尋問のシナリオについてチーム内でメインとして執筆することになったが、どうしても検面調書とプロトコルから証人の証言を崩すシナリオの流れが思い浮かばず、大変苦戦した。だが、ドラマ風に仕上げることを念頭に置いてみると、なぜかテレビ朝日系列の某人気ドラマが頭に浮かんでしまったが、そのおかげで食べ過ぎや女装という案が出てきて、なんとか一つのシナリオを書きあげることができた。そしてベースのシナリオに選ばれたときは、内心すごく嬉しかったのを覚えている。また、本番の模擬裁判では金４クラスに検察官役としてお邪魔させてもらい、なんとか成功することができ、自分たちが書いた通りになったという達成感からか、嬉しかったというより安心したと

いうのが率直な感想である。

　まだ記憶に新しいことであるが、ディベートについては、ご承知の通り、一回目は散々なものであった。特に私に関しては、進行の順番を何度も間違え、チームの皆にはかなり迷惑をかけてしまった。また、チーム全体としても準備不足という反省から、各々確固たる主張にするために準備をした。私は「犯罪者の再犯防止」について担当し、情報を収集した。1回目よりは良い主張を立論することができ、反論に対しても準備を怠らなかったおかげか何とか勝利することができた。だがまだまだ準備すべきことが多くあったと感じている。今後、このような機会があったら、この反省を参考にして、活用していきたい。

　最後にチームに対してであるが、基礎演習で課された課題（裁判法Aの課題についてもだが）は、私一人では怠けてしまっていたものばかりだっただろう。意見を出し合い、自分にはない切り口からの考え方で課題を完成させて、すごく勉強になったし、助けにもなり感謝している。私自身そんなチームに微力ながらも貢献できたことをうれしく思う。

◎基礎演習を振り返って（2012.1.24　YN）

　この基礎演習の目的は、情報の収集・加工・分析・提示・交換であったが、私はどの程度その目的に近づくことができただろう。

　当初は、仲の良い友人が履修するからと言って、私も履修希望を出してみた中川先生の基礎演習の授業。結局、その友人は選考から漏れてしまい、私は少々意気喪失気味であった。また、基礎演習の目的のもう一つに、安心感や居場所ができるような知的共同体を作り上げることがあったが、人見知りで協調性の無い私にとっては不安なことばかりであったのだ。

　しかし、約半年、基礎演習を履修して、思い返せば成長を感じることや、人見知りで協調性の無い私が、基礎演習の知的共同体の一員となっていたことに気付いたのである。

　まずは、情報収集について。文献による情報収集において、私は当初、大學の図書館は一度も行ったことがなく、図書館への入り方も文献の探し方も分からなかったし、K-aiserなど初めて聞く言葉であった。しかし、情報収集の授業後には、自ら図書館に行く機会が増え、文献の検索も人並みにできるようになったと思う。そして、私の中で一番驚愕したのが、大學の図書館で、様々な論文や判例そして新聞記事も探すことができるということである。図書館で本以外を検索することができると知っている一年生は少ないだろう。情報収集＝インターネットであった私には革新的なことであった。

　情報の加工について。情報の加工の方向性を見失ってしまうと、どんなに素晴らしい情報を集めてもその情報は活きない。情報の加工の基本である、何が求められているのか明確に意識する、求められているものに合うようにまとめるには、情報収集の趣旨やT.P.O.に正しく応じれば、情報の加工の方向性も正しく定められるという、常識的なことに気づくことができた。

　情報の分析について。これは、情報が飽和状態である現代において、最も重要な事柄ではないだろうか。むやみやたらに、メディアの情報を信じたり、逆に、全てを根拠無しに批判したり。今日では、誰もが経験のあることだろう。基礎演習の授業では、情報の検証において、仮説に

反する事実を探ることに重点をおいてきた。特に、反対尋問の作成においては、一見全てが正しいと思えるような検面調書やプロトコル表から、仮説に反する事実や矛盾点を見つけ出すことは難しかった。しかし、検面調書やプロトコル表という限られた比較的狭い範囲での情報なら、仮説に反する事実も見つけやすいのかもしれないが、膨大な情報が溢れかえる日常生活と比較してみると、困難を極めるだろう。とはいえ、授業で情報の分析を学んだからには、膨大な情報が溢れかえる現代社会の情報について、仮説を立て仮説に反する事実を探るのはきっと面白いことだろうと思えたのだった。
　情報の提示について。自分たちが作り上げた情報を相手に伝わりやすいように示すことは、練習を積み重ねてきたアスリートが試合に臨むのに等しいと思う。レジュメ等を発表する際、明瞭な発声で情報を提示することは、私は得意である。しかしながら、レジュメ等の台本やカンペが無い場合においては、話に脈絡性が無く、言葉は支離滅裂になってしまう。これは、ディベートにおいての反論等の場面で顕著に表れてしまったと思う。レジュメ等の台本やカンペが無くとも、正しく情報を相手に伝えることができるようになるということは、私のこれからの課題である。
　情報を交換することについて。情報を交換するということは、相手を知ることである。私は、日常会話でもよく「ちゃんと話聞いてた？」と注意されることがある。ディベートを行い、改めて気付かされたことは、相手の各々の意見に対して、こちらもきちんと各々全てに応えなければ失礼だということである。相手は、自分を知ってもらおうとしているのに、話を聞かないということは、相手の努力を無視しているのと等しいということを、改めて実感できた。
　最後に、全体を通して。課題は多く、授業外のミーティングもあり、とても苦しかった。課題をやってこなかったり、ミーティングに遅刻したりしたことも正直多々あった。しかしながら、社会に出たら、今よりもっと超え難い課題や、遅刻なんてもっての外な重要ミーティングに参加しなければならないこともあるだろう。基礎演習の授業によって、自分の未熟さや愚かさを知り、高校生から社会人になる間のモラトリアムの存在に、改めて感謝したし、人見知りな私にとって、大学生活で新たにたくさんの仲間ができたことも、とても嬉しかった。
　また、従来では、情報収集と加工のみでおおよそ作成していたプレゼン、論文等も、情報の収集、加工・分析・提示・交換、これら全てで一つであり、どれか一要素でも欠けたら成り立たないものだとも分かった。
　このように、授業内容を振り返り、全体を見ることによって、ぐしゃぐしゃになっていた本棚が整理されていくようであり、がむしゃらに課題をこなしてきて、支離滅裂だった理解の欠片が一つになる気がした。

第2編

実定法
初級科目の風景

第4章　裁判法Ａの教育目標

1．科目の属性

　法律系科目・カリキュラムで最も改革しなければならないと私が考えているのは、「普通の実定法科目」である。詳しくは下巻で論じたいが、改革のキーワードは3点ある。「スモール・ステップの徹底」、「形成的評価の徹底」、「学びの共同体の構築」、である。

　國學院大學の刑事訴訟法授業は、初級(2単位)→中級(4単位)→上級(2単位)の3つに分けられ、スモール・ステップ(簡単なところから難しいところまで段階的に進んでいく教育法)を徹底しようとしている。本編では、初級授業である「裁判法Ａ」科目の様子をご覧いただこう。

科目の属性	教育目標			
	知識・理解	思考・判断	関心・意欲	技能・表現
・1〜2年後期 ・1年次履修推奨 ・2単位 ・任意	・条文(見出し、項、柱書、号、段)の構造を説明できる。 ・基本的な法解釈の技法(文理・拡大・縮小・反対・類推)を説明できる。 ・書かれた法・生きた法・あるべき法を区別できる。 ・刑事法の学問領域全般と、それらがどの科目に対応しているかを一通り理解する。 ・刑事手続の重要部分につき、書かれた法・生きた法・あるべき法のいくつかを説明できる。	・1つの論点が問題になる紛争解決にあたり、「何が解決のポイントになるかを的確に発見し、大前提たる法規範を解釈によって具体化しつつ、法的三段論法により解決する」という法的思考の基本様式に沿った思考を、大量のヒントの助けを借りて、できるようになる。 ・法解釈にあたっては、自説と他説のメリットとデメリットを冷静に検討し、自説が妥当であることを説得的に論証できる。	・法律学に積極的関心と意欲を持つ。 ・刑事法学に積極的関心と意欲を持つ。 ・刑事訴訟法学に積極的関心と意欲を持つ。 ・授業に出席し続けられる。 ・授業に集中し続けられる。 ・単位制度の趣旨にみあった自習ができる……という目標を掲げたいが、さしあたり毎週90分程度自習できるようになる。 ・法律学の学習に関して自己効力感をある程度持つ。	・授業中に、必要なメモを正確に取ることができる。 ・大量のヒントの助けを借りて、法律文献を収集することができる。 ・法的意見表明の「基本型」に沿った論述ができる。 ・グループワークを継続して行うことにより、大学における居場所(学びの共同体)を確保する。

図表2-1　裁判法Ａの教育目標

本授業の教育目標は図表2-1に掲げたとおりである。以下敷衍する。まずは科目の属性についてである。
　裁判法Aは1年後期に配置されている。1年時から、実体法のみならず手続法の基礎もおさえておいたほうがよいという配慮から、刑事訴訟法の入門科目という位置付けで置かれている（同様の趣旨で、民事訴訟法入門である裁判法Bという科目も置かれている）。2年生にも開かれているが、1年生の登録が大半である。3年生以上の学年は登録することができない。つまり、いわゆる初年次教育用の授業として位置付けられている。
　もっともこの科目は、基礎演習と同様、いずれのコースの選択必修科目でもない。法律専門科目として、要卒単位の1つとしてカウントはされるが、それだけである。カリキュラム表を見るかぎり、またもや「とってもとらなくてもよい科目」なのである。したがって、単位をかせごうという学生の観点からは、履修動機となるものがほとんどない。早期に専門科目の必要単位をとりたい人が、1年生後期に開講されている憲法Ⅰ（通年科目）、民法・債権各論（半期集中科目）、基礎演習だけでは満足できず、選択必修でなくとも少しでも単位をとっておこう、という薄弱な誘因材料しかない。
　また、裁判法Aという入門科目を履修したか否かは、後に3年生以上の学生が履修できる「刑事訴訟法」という中級科目の履修の可否に影響しない。先修条件等はついていないのである。したがって、放っておくと、裁判法Aを履修した学生と履修していない学生が区別なく「刑事訴訟法」に参加することになり、後の「刑事訴訟法」の授業に悪影響を与えうる。これは、刑事訴訟法担当の教員からみると、カリキュラム上の欠陥のようにみえる。
　下巻で述べるように、このカリキュラム上の欠陥は、教員の事実上のコントロールによりフォローしている。問題は、単位を取得するという観点からの誘因度が低いことである。わざわざ訴訟法系の入門科目が置かれている以上、その趣旨に沿って、できるだけ多くの学生に参加してほしいところである。もっとも、このカリキュラム上の自由さ（コース等にしばられていないこと）は、この授業のコンセプトをかなり自由に構築できるということを意味する。
　それではどのような観点から構築すべきか。私は、國學院大學法学部法律専攻の初年次カリキュラムの欠陥（と私が考えているもの）をフォローする、セーフ

ティ・ネット科目として考えている。すなわち、法律系等の初年次科目として、①刑事訴訟法学へのイントロダクション科目ではあるけれども、それが同時に、②法律学全般への興味・関心を増大させ、基本的なアカデミック・スキルを修得させることにもなる科目、そのような科目にしようとしているのである。というのも、法学の世界にスムーズに入らせようということそのものを目的とした授業は（基礎演習を除けば）、カリキュラム上存在しない。1年生前期に開講されている科目は憲法Ⅰ（いわゆる統治機構の部分を扱う）および民法・総則しかない。もちろん担当教員は、法学を学んだことがない学生群であることを前提として、スムーズに法学の世界へ入ることができるよう工夫しているはずだが、いかんせん、憲法Ⅰとか民法・総則とかいう科目名である以上は、統治機構の領域や民法総則の領域は一通り教授しなければならない（さもないと、憲法Ⅱや民法の他科目に悪影響を与える）。そうなると、「4単位という限られた時間で一通りの知識を教授しなければならない」という圧力が働き、知識の教授に力点が置かれた授業になってしまいがちなのではないか、と推測している。

　しかし私は、学生にも常々言っていることだが、知識をひたすら教授されたところで十分に基礎的な力が身につくことはないと考えている。サッカーをしたい者が、サッカーについての本を読んだり、講義を聴いたりして、いきなり試合に出されたとしても、自由自在にサッカーボールを操れることなどまずできないのと同じである。法律学も同様であって、学生にさまざまな課題を投げかけ、学生の頭と手足を実際に動かし、不適切な動かし方をした場合には指導者が指導し、矯正するという環境がぜひとも必要だと考えている。

　裁判法Aのような、「とってもとらなくてもよい科目」では、このような試みが自由にできる。体系的な知識の教授には「刑事訴訟法」があるので、裁判法Aは体系的知識の教授という縛りから解放されている。他の先生方が担当される科目との関係を気にする必要もない（「刑事訴訟法」は私だけが担当している）。「刑事訴訟法を使った法学入門」という位置付けで、初年次科目としての機能を存分に果たすべく自由に構築することが可能なポジションにあるのである。自分自身の裁量で授業をデザインすることができる、教員にとってはとてもチャレンジングな科目であり、さまざまな実験ができるフィールドでもある。ターゲットとする学生は、「前期の憲法Ⅰや民法・総則を受講してはみたが、法学をどのような視点で、どのような方法で学べばよいのか結局よくわからず、民法・総則の単

位を取れなかったりよい成績をとれなかったりして、法学を学ぶ意欲を失いかけている学生」である。

2．教育目標①：知識・理解

　実定法学入門としてこの科目を位置付けた以上は、基本的な知識の修得を目標とすることなる。「条文（見出し、項、柱書、号、段）の構造を説明できる」、「基本的な法解釈の技法（文理・拡大・縮小・反対・類推）を説明できる」、「書かれた法（法律の規定やその趣旨）・生きた法（判例）・あるべき法（自分が正義と思われる法解釈）を区別できる」といった目標は、そのような観点から設けたものである。

　また、本授業は、刑事法入門としても位置付けられる。そこで、「刑事法の学問領域全般と、それらがどの科目に対応しているかを一通り理解する」という目標を置く。

　最後に、刑事訴訟法入門としてもともと位置付けられているわけだから、「刑事手続の重要部分につき、書かれた法・生きた法・あるべき法のいくつかを説明できる」という目標を置いた。刑事手続の重要部分として教授する知識を羅列することは煩雑なので差し控えるが、後掲の「これだけは！シート」（本書316～317頁）において列挙してある質問に対する解答がそれにあたるので、参照されたい。

3．教育目標②：思考・判断

　実定法学入門である以上、法的に紛争解決をするための基本的な思考パターンを身につけさせることが目標となる。しかし、入門授業なのであるから、複雑に入り組んだ生の事例を解きほぐして解決できるようなレベルなどを想定してはならない。そこで、「1つの論点が問題になる紛争解決にあたり、『何が解決のポイントになるかを的確に発見し、大前提たる法規範を解釈によって具体化しつつ、法的三段論法により解決する』という法的思考の基本様式に沿った思考を、大量のヒントの助けを借りて、できるようになる」という目標を掲げた。一つ一つの要素は法学の基本中の基本であり、実定法学入門科目の目標とすることに違和感をおぼえる人は少ないだろう。特色があるとすれば、「1つの論点」しか問題にならない事例を対象にすることを明確にし、「大量のヒント」を出すことを前提にしているということだろうか。

以上の基本的な法的思考パターンを修得するとともに、具体的な主張をするにあたり「自説と他説のメリットとデメリットを冷静に検討し、自説が妥当であることを説得的に論証できる」ようになることをも目標としなければならない。独りよがりにならず、自分とは異なる考えをも充分に吟味する姿勢——これは法学に限らず、学問全般に求められる基本的スキルである。学生に課題を出す時には、かならず他説の紹介と吟味をすべきことを徹底させることにより、他説を吟味しながら自説を確定させることを癖にさせてしまうことをもくろんでいる。

4．教育目標③：関心・意欲

　基礎演習と同様、法律学に関心・意欲を持たせることが、専門科目の初年次科目として重要である。そこで、「法律学に積極的関心と意欲を持つ」という目標を置いた。同様に、刑事法学入門でもあるから「刑事法学に積極的関心と意欲を持つ」、刑事訴訟法学入門でもあるから「刑事訴訟法学に積極的関心と意欲を持つ」という目標も掲げた。

　また、初年次において授業に出席する癖をつけられない学生は、昔ならばいざ知らず、現代においては、単位を落とし、留年・退学する学生予備軍として位置付けられる。授業において真剣に学び続けられることは、学習意欲を実際に持ったことの1つの目安となる。そこで、「授業に出席し続けられる」、「授業に集中し続けられる」という目標を掲げた。

　さらに、単位制度の実質化という要請に応え、「単位制度の趣旨にみあった自習ができる」という目標を掲げた。授業時間外でも学習し続けることができるということは、それだけの意欲を持ち続けることができたということを示すものと捉えているので、「意欲・関心」の項に入れた。

　ただし、高校生、大学1年生前期とそれほど授業外学習をしてこなかった学生（が多いと認識している）が急に毎週3〜4時間の自習をできるわけがない。いたずらに宿題を出しても、拒否反応を示されるだけである（履修登録者激減と、登録者のドロップアウトという形に終わってしまう危険性が高い）。そこで、本授業で私が出す課題や復習については、要領のよい人で90分で済ませられる程度におさえ、意欲まんまんの人にはさらに突っ込んだ検討や読書などに90分をあててもらうというデザインをする。

最後に、以上のように学習を続けることによって実際に実力がついたと実感でき、「法律学の学習に関して自己効力感を<u>ある程度</u>持つ」ようになるという目標をも掲げた。基礎演習の章においても述べたが、自己効力感、すなわち、自分はやればできるし、この程度は実際にやれるのだという実感を持てることは重要である。この自信がさらなる意欲を生む。経験に裏打ちされた、自分に対する信頼なしに、努力を継続することはできない。授業や課題を精妙にコントロールして、彼らが自信を持てるように授業をデザインしなければならない。

5．教育目標④：技能・表現

　基本的なアカデミック・スキルを修得させることを目的とする初年次科目群の多くは、ノートの取り方をその項目に挙げているだろう。このような基本的スキルをまずは身につけさせなくてはならない。そこで、「授業中に、必要なメモを正確に取ることができる」という目標を掲げた。

　アカデミック・スキルの重要ポイントとして、文献収集スキルを挙げる科目も多いだろう。前述のように、基礎演習だけにこの役割を与えるのは適切でない。そこで、「大量のヒントの助けを借りて、法律文献を収集することができる」という目標を掲げた。

　また、法律学特有の意見表明の「基本型」に沿った論述ができないと、法律学の土俵にのることはできない。そこで、「『基本型』に沿った論述ができるようになる」という目標を掲げた。この点は、「思考・判断」で述べた法的三段論法ができるようになるという目標とほぼ重なる。

　最後に、基礎演習と同様、初年次科目である以上は、大学における居場所（共に学ぶ仲間）を確保してあげねばならない。また、法律学固有のフィールドで考えてみても、異なる考えの他者と議論して一定の解決策に合意させることができてなんぼの世界なのであるから、他者とのコミュニケーション・スキルは、「学士力」や「社会人基礎力」などの概念を持ち出すまでもなく、重要である。そこで、「グループワークを継続して行うことにより、大学における居場所（学びの共同体）を確保する」という目標を掲げた。

第5章　授業実践記録

1．授業前のコントロール──シラバスは呼び込みチラシ！
(1) 簡易シラバス
　前述のように、本科目は単位をかせぐという観点からはあまりメリットのない科目である。そこで、シラバスをひと際工夫し、多くの学生を呼び込まねばならない。大学共通のフォーマットで作成しているシラバスを、本書では「簡易シラバス」と呼ぶ。私自身は、この簡易シラバスは「広告」だと考えている。

　12年度に作成した簡易シラバスは、本書282〜284頁に掲げておいた。お読みいただければすぐおわかりになると思うが、多くの学生に参加したいと思ってもらえるよう、基礎的な力が身に付くことを強調し、文体もできるだけブロークンに、かつフレンドリーに書いてみた。単位取得率やA以上の割合が高いことも示し、安心できるよう配慮した。真面目な教員からは怒りと侮蔑の言葉を頂戴しそうな文章であるが、ここまでしないと多数の学生を呼び込むことはできない。

(2) 事前のメール
　國學院大學のシステムでは、履修登録期間が始まると、登録者に対し教員のほうから一斉メールを送ることができるようになる。少人数科目であるため直接的なコミュニケーションをとりやすい基礎演習とは異なり、大人数科目である本授業では、メールを最大活用している。そこで、本章ではできるだけ送信したメールの内容を省略せずに紹介したい。

　さて、授業開始前からさっそくこのメールを活用する。まずは人数調整等を試みる。

　9月18日送信メールは、3限と4限、各クラスの登録人数に多大な不均衡が生じているので、3限に登録した学生が4限のクラスに移動できないか尋ねたものである。この要請に多くの学生が応えてくれた。

　9月21日送信メールは、それに感謝するとともに、そろそろ一杯になってき

たので、これ以上登録者が増えないよう抑制を図ったものである。後述のように、この授業は、大人数授業であるにもかかわらずチーム制をとり、授業内外でグループワークを行う。その関係で、残席がほとんどない状態は絶対に避けねばならない（例えば5人編成チームは3人掛け机を2つ使うことになり、結果として空席が1つできるのを甘受しなければならない。このように必然的に生じる空席の分を考慮すると、経験上50席ほどの空席が必要となる）。できるだけ多くの学生を呼び込みたいのは確かだが、授業方法を変更するわけにもいかないので、このような調整を図っているのである。

　9月25日送信メールは、第1回授業を間近に控え、授業をスムーズに運営するために一定の指示をすると同時に、テキスト購入に伴い例年混乱が生じることから、それを最小限にするためにアドヴァイスをしたものである。

　これらのメールから、彼らと顔合わせをする以前から（一方通行ではあるが）コミュニケーションを図り、「なんか、普通とはちょっと違うおもしろそうな先生だな」という印象を抱いてもらえればよいなと期待している。

【9月18日送信】

裁判法A担当の中川です。
現在履修登録中ですが、1つお願いがあります。裁判法Aは金曜の3限と4限に開講されます。どちらも同一内容です。現在確認したところ、3限クラスの登録人数と4限クラスの登録人数に2倍の差があります。4限のほうが3限の2分の1なのです。3限に登録しているみなさん、いかがでしょうか。4限に移動するというのは？　毎年3限のほうが多いのですけれども、ほとんど残席がないすし詰めの教室で、学生さんは苦しそうです。「教室が狭い」「教室が暑い」といったクレームが出るのはいつも3限クラスのみです。この環境の違いのせいか、成績も3限クラスのほうが毎年若干低いのです。
というわけで、ぜひご検討ください。

【9月21日送信】

裁判法Aの中川です。
現在金3クラスが第二次募集、金4クラスが一般登録に変更になっております。ちなみに現時点で金3クラスは164名、金4クラスは130名です（3限から4限に移った方々、協力感謝！）。
率直に言って、現時点の受講生数は、なかなかgoodです。しかしながら、特に金3クラスは、あと30名ほど増えると、椅子の数からいって、「すし詰め状態」になってしまいます。みなさん、すし詰めは嫌でしょう！？　ちなみに、大学のシステムは、椅子の数の分だけ学生を受け入れるものになっております。おそろしいことです。

そこで、みなさんの周囲で「裁判法Ａとろうかな、どうしよっかな」と迷っている人がいたら、みなさんの判断で、適切なアドバイスをしてあげてください。今私は奥歯に物が挟まったような言い方をしています。そう、教員の立場からは決して言えないがみなさんならできるアドバイスがあるわけですw そのあたりを阿吽の呼吸でくみ取っていただければ幸いです！
それでは、授業日が近づいてきたら、またメールします。

【9月25日送信】
裁判法Ａ＆刑事手続法概論担当の中川です。
これから半年間、よろしくお願いします。
さて、早速ですが、お知らせが２つあります。
１．第１回授業が今週にあります。シラバスにも書きましたが、この第１回授業は授業進行上とてつもなく重要です。絶対に遅刻・欠席せずに、参加してください。
　さしあたり第１回は、好きな席に座ってください。私は早めに教室にきて、教室の前のほうに配布物をいくつか置きますから、授業開始前にとってください。授業開始直前は混雑する可能性があるので、早めに取りに来てください。なお、第１回授業に必要なものは、テキスト（赤池一将＝中川孝博『刑事法入門（第２版）』）と六法です。
２．テキスト購入について３点アドバイスしておきましょう。
（１）テキストを買っても買わなくてもあまり変わらない授業があるようですが、この授業は違います。テキストなしには参加不可能です。ですから、必ず購入してください。
（２）大学生協で購入する場合について。生協はケチなので、少なめに入荷し、足りなくなったら追加発注するという形をとることが多いです。追加発注してから大学に届くまでに若干のタイムラグがあります。というわけで、早めに購入したほうが勝ちです。のんびりしていると、授業は進んでいるのになかなか買えないという困った事態が発生します。
（３）アマゾンなどで購入する場合について。テキストは「第２版」です。オレンジ色の本です。アマゾンではいまだに「第２版」と並んで、初版の本も売っていて、間違えやすいです。初版と第２版は、本の大きさも構成もがらりと変わっているので、くれぐれも間違わないように。「第２版」だよ！
以上

２．第１回授業（2012.9.28）——初回はツァイガルニック効果を狙う！
(1) 配付物
　❶学習の手引き１〜８頁（本書285〜298頁）
　❷テキスト（赤池一将＝中川孝博『刑事法入門（第２版）』）４〜７頁のコピー
　❸これだけは！シート１頁（本書316〜317頁）
　❹第１回アンケート回答用紙

(2) 授業の流れ①：イントロダクション

　元気よく挨拶し、本授業を中川は楽しみにしているし、学生さんに期待していることを伝える。その後、❶を使用して本授業の目標、講義の方法、使用テキスト、おすすめの学習方法、成績評価の方法、講義の進行予定、授業のフォローシステム等について、やや詳しく説明する。❶の特色は、以上の諸点をただ説明するだけでなく、昨年度受講生のメッセージを散りばめて紹介している点にある。昨年度授業の最終回に行ったアンケートの中で、来年度の受講生のためにメッセージを書くよう指示しておいた。その結果を、こちらで取捨選択することなく全て紹介してある。これらのメッセージを本年度の受講生が読むことにより、人工的なクチコミ流布を試みている。幸い、メッセージのほとんどは本授業をポジティブに紹介してくれている。充実していて、力もつくが、しっかり学ばなくてはならないという内容が主流である。これらのメッセージを読ませることにより、本年度受講生の意欲と心のレディネスを増進させようとしているのである。私は、「これらのメッセージからは、課題が大変と言っている割にはドロップアウトする者もほとんどおらず、明るい空気であることが伝わってくるだろう。これがこの授業の『空気』だ！」などと煽り、「前期に民法・総則を落として自信を失くしている者も多いと思うが、この授業でしっかり基礎を身につけることができるから、安心しろ！」などと述べて自信を失くしかけている学生さんたちをエンカレッジしている。

　本授業の運営上とりわけ重要なのは、❶8頁（本書294〜295頁）にある「第0回課題」である。チーム編成のための準備活動をするよう指示するものである。

　本授業は「チーム制」を導入し、協同学習を行う。強制はしないが、チームに属さないと「課題の添削を受ける権利」を与えないという条件を呈示して強くチーム所属へと誘う。また、チーム制を導入していなかった年度と本格的に導入した11年度とでは合格率やA以上取得率が顕著に違うこと（つまり、チーム制の学習効果が絶大であること）、昨年度のチーム所属率が97.0%、すなわちほとんどの人がチームに所属していたこと、チームに所属しなかった者の成績は、概して惨憺たるものであったことを熱く説明し、チーム所属へと強く誘う。

　学生の気質に応じて、チーム編成形態には2種類を設けている。第1に、「任意チーム」である。これは、既にある友人関係を利用して自主編成チームを作る

ものである。チームの人数は4〜6人という制限を設ける。11年度は3〜6人としていたが、チーム数が70チームとなり、添削等の負担がきつくなったため、12年度は4〜6名としてみた。チーム内の人数が増えるほど、集まって何かをする試みは大変になりがちである。4名以上としたのは1つの実験である。任意チームは、既にある友人関係の中から作られるものだが、この友人関係が勉強する仲間ではなかったとすると、うまくいかない可能性が出てくる。「チーム内には、前期で履修した憲法Ⅰや民法・総則にちゃんと出席し、かつ民法の単位を取得している人をメンバーに入れておくべき」とサジェスチョンする。

「ランダムチーム」は、新たな友人関係を作りたいと望むものがエントリーし、私がランダムにチームを編成するものである（原則6人編成）。

任意チームを決断した人は1週間以内にメンバーのリクルートをしなければならない。ランダムチームを決断した人は法学部資料室でその旨申請する。

以上がイントロダクションだが、これには40分ほどかかる。次の40分で授業の中身に入る。テキストをまだ購入できていない人がいることを予測して、❷を配付しておいた。テキストをまだ購入していない人はさしあたりこれを見て授業に参加する。甘いのかもしれないが、現に生協でのテキスト購入にトラブルが生じることもあるし、初回からついていけなくなっては意欲が低下するだろう。むしろ、テキストのコピーを配ってあげて、初回からついていけるように配慮し、かつ、実際にこのコピーを見て、このテキストを購入しなければ授業にはついていけないのだということを実感してもらい、確実に購入してもらうよう誘導するほうが効果的だと考えている。

また、❸の「これだけは！シート」にも注目してもらい、今回の授業で進んだところまで、設問に対して解答できるようにするよう指示しておく。このシートは、授業で教授した内容に関する質問を列挙したもので、最低限、これらの問いかけに正確に答えられるようでないと授業をしっかり聴いたとはいえないことをメッセージとして伝えるものである。11年度の中間試験以後に導入してみたところ学生に好評だったので、今回は冒頭から作って配付してみた。

(3) 授業の流れ②：事例クイズ

本日から5回にわたって、「刑事法の知識を使った法学入門」を行う。今回は、テキスト4頁冒頭から、6頁2行目までを取り扱う。

図表2-2　第1回目の問いかけに対し、○に挙手する学生たち

学生との双方向コミュニケーションを行う箇所は2つある。第1は、条文の読み方を簡単に教授する部分（テキスト4頁Ⅲ1）において、教授した知識を理解しているか確認するために、簡単なクイズを出す。例えば、「■法■条の柱書を読んでみてください」とか、「■法■条■項■号を読んでみてください」と問いかけ、何人かの学生に答えてもらい、正しく条文を読めるか確認するのである。この問いかけに正答できない学生は今のところ存在していない。今年度もそうであった。「さすが前期で勉強してきただけあって、ばっちりですな！」と褒め称えて、次に進む。

双方向コミュニケーションを行う第2の箇所は、テキスト5頁Ⅳ2の部分である。母親危篤の知らせを受けた学生A君が、病院に向かう途中で職務質問にあい、A君は質問途中でしびれを切らし、病院に向かおうとしたところ、警察官に肩に手をかけられて制止されたという事案である。この事案において警察官が肩に手をかけた行為はよいか悪いか（適法か違法かではない。条文はまだ見ない）を尋ねるものである。

ある事件における警察官の行動がよいか否かについて❹の後半に設けてある「作業シート」部分「①」に○か×かを書きこんでもらい、挙手を求める（図表2-2参照）[1]。素朴に考えるならば「よい」と答える人が多いであろう事件にしている。なお、この問題は、プロでも○×見解が分かれる点であり、絶対的な正解というものはなく、みなさんに対しても素朴な意見を聴いているだけなので、びくびくおどおどすることなく自分の意見を答えてほしい旨告知して安心させたうえで行う。

その後、「悪い」と答える方向に誘導する関連情報を小出しに提供し、計2回再考・挙手してもらう。すなわち、「②」では、肩に手をかけた行為が適法だとすると、A君はそれに従わねばならない。病院に行こうとして手を振り払うと、刑

1　第1編と同様、本編に掲載する写真は全て13年度のものである（12年度は写真撮影しなかったため）。

法95条1項（条文を見てもらう）の「公務員が職務を執行するに当たり、これに対して暴行……を加えた者」にあたる可能性がある。すなわちA君は、公務執行妨害罪で現行犯逮捕され、裁判にかけられ、刑務所に入れられ、その後も前科者として生きていかねばならないかもしれない。彼がやったことはそんなに悪いことなのだろうか？　彼を救おうと思うならば、警察官の行為が「違法」な職務であり、それに対抗することは正当防衛であるから犯罪ではないと構成するしかない。そのためには、肩に手をかける行為は「違法」としなければならない。こう説明して、あらためて、肩に手をかける行為が「よい」か「悪い」かを考えてもらい、挙手してもらうのである。大抵の場合、○の数は減り、×の数が増える。賢明な読者であればもうおわかりのように、最初に素朴に考えると○としやすい事例を与え、その後、受講生が知らない知識を提供していって、考え直してもらい、×が増えるように誘導していっているのである。

　ダメ押しで、さらに情報を追加する。もし肩に手をかけるのを○として、公務執行妨害罪もやむなしと考えると、今度は警察官はそれを悪用するかもしれない。実は本件の警察官は、偶然A君に出会って職務質問を開始したのではない。A君のアパートで先日殺人事件が発生し、この警察官はA君を被疑者と確信している（聞きこみに言った時、そわそわして脂汗をかき、眼がおどおどしていたのでそう確信した）。しかし彼が犯人だという証拠は何もない。そうであれば、何か理由をつけて警察署にしょっ引き、ぼこぼこにしてやれば自白してくれるだろう、すなわち証拠が作れるだろうと考えた。しかし証拠がないと逮捕できない。そこで、偶然道で出会った風をよそおい、職務質問を開始する。あとはのらりくらりと質問を引き延ばして、相手がいらいらするのを待てばよい。案の定、A君はいらいらしてその場を立ち去ろうとしたので、これ幸いと肩に手をかける。これを振り払ってくれれば、公務執行妨害罪で現行犯逮捕できるので、あとは警察署でじっくり殺人事件の取調べをすればよい。——これは「別件逮捕」と呼ばれる違法逮捕だが、肩に手をかけることを○とすると、このような違法逮捕をあえて行おうとする警察官は増えるのではないか。権限濫用を防ぐためには、そもそも肩に手をかけること自体が違法としなければならない。そうすれば、このような権限濫用行為ができなくなる。——このように説明して、もう一度、肩に手をかけることを○とするか×とするか、作業シート③に記入してもらい、挙手してもらう。○とする人はほとんどいなくなる。

さて、このように×という答が圧倒的になった時点で初めて、職務質問を規定する警察官職務執行法2条1項を読んでもらう。そこには「停止させ、質問することができる」と書いてある。この文言について一切注釈を加えることなく、「あなたの考えは別として、肩に手をかけた行為は、この法律には合っているか否か」を尋ねる。圧倒的多数が〇と答えるので、こう問いかける。「みなさんのほとんどは、肩に手をかけることは悪いことだと考えている。正義に反すると考えている。しかし、ほとんどの人は、肩に手をかける行為は法律には反していないと考えているようだ。今回の授業の最初に述べたように、法律は正義を実現するためにあるはずだ。しかし今、多くの人にとっては、法律は不正義を実現しているように見えている。困ったね。さて、どうしよう？……続きは次回！」。いいところで終わってしまう。いわゆるツァイガルニック効果（完了した出来事よりも未完了の出来事のほうが記憶に残ること）を狙っている。
　この後、作業シートを回収し、意見の推移について、正確な数をホームページ（HP）上に公表する。全回答をHPにアップし、他の参加者の考えをみられるようにする。12年度は図表2-3のようになった。

	①	②	③	④
〇	108	33	11	127
×	51	126	148	32

＊無効票（一部未記入、複数回答等）：4票

図表2-3　金3クラスの意見分布

　最後に❹のアンケート用紙に、本授業に参加した動機や抱負などを簡単に書いてもらって回収する。全てパソコンに入力し直し、HP上に公表し、自分以外の他の学生がどのような考えをもってこの授業に参加しているのか見てもらうのである。教員にとってこのデータは、本授業への誘導やレディネス誘導の試みがどの程度達成されたか、どの程度あたり、どの程度外れたかを検証する材料となる。12年度のアンケート回答（本書318頁。紙幅の都合上、金3クラスの全回答のうち学籍番号順に並べて1頁におさまるだけの分を掲載した）を見る限り、簡易シラバスや、先輩からの勧めを履修動機としている者が多い。簡易シラバスによるコントロールは相当程度効いているようである。元受講生たちが下級生たちに勧めてくれるというのは、本当にこの授業に満足したことを示すものとして喜ばしい。

(4) 授業外のタスク

前述のように第0回課題を出した。学生はチーム所属に向けて活動をすることになる。その他、後掲のメールにて、さまざまな準備をするよう指示する。

(5) 一斉メール

授業後に、一斉メールを何度か出した。第1回授業をしてみてフォローが必要と判断したことを書いてみたり、シャイな若者たちがチーム所属に躊躇するだろうことをみこして励ましてみたり、次回授業の準備を指示したりしている。アクティブ・ラーニング（AL）を本格的に導入していなかった時期と同じ量の知識を教授すると決めているのだが、授業時間はALの部分だけひっ迫することになる。授業をするための細かい指示は、授業当日に説明するのではなく、全部メールで済ませてしまうのである。

【9月28日送信】
裁判法A＆刑事手続法概論の中川です。
初回の授業、全クラス終了しました。おつかれさまでした。どのクラスもなかなかいい雰囲気で、昨年同様、ハッピーな授業を作っていけそうです。さて、さしあたり3つ追加説明です。
（1）この授業は基本的に1年生が受講することを想定しているので、少数派の2年生の人は居心地悪かったかもしれません。しかし、2年生を排除しているわけではありません。1年生と同じようにがんばってください。実際、2年生になって初めて受講して、初めて法律の学びに興味をもち、俄然勉強しだし、私のゼミ（3～4年生が履修する本格演習です）に所属し、リーダー的存在として生き生きと日々勉強している人も2人います。いいやつらです。みなさんもがんばって！
（2）法律の学びに自信や興味を失くしかけている人に対するメッセージを強く出した授業にしてみましたが、逆に、法律家になることを目標に、既に本格的に勉強をしている人たちもいるでしょう。こういう人たちにもこの授業は役に立ちます。昨年度の卒業生で、いわゆる上位ロー（司法試験合格率が高い法科大学院のこと）にばかばか合格した超優秀学生がいましたが、「この大学で自分にとって最も有意義だったのはこの入門授業だった。基本的な物の見方と、法的意見表明の技術を、1年の時にしっかり身につけられたので、後でブレたり迷ったりすることがなかった」と感謝してくれました。いいぞ、この授業は！　入門だからといって馬鹿にするなよ！
（3）これだけは！シート、ぜひトライしてください。……が、間違いが1個所ありました。下から2行目に「テキスト2頁1～4段落」とありますが、「テキスト2頁1～5段落」が正解です。さらに、間違いではありませんが、4の（6）は、今回あえて飛ばしました。次回にやるので、今回はみなくて結構です。
さて、みんなのアンケートをワープロに打ち直すか！　あ、でも久しぶりのぶっ通し授業で、

ちょっと疲れたな……化物語シリーズの最新刊を読破してからにしようかな。あれ、面白いね！それではよい週末を！

【10月2日発信】
裁判法A＆刑事手続法概論の中川です。
お知らせが4点あります（今週はいろいろと段取りがあるので、あと2回メールを出すと思います。うざくて申し訳ない！）。
１．（全受講生へ）
作業シートの集計結果と、アンケートの回答を記入したファイルをアップしました。自分以外の他の学生さんが何を考えているのか、いろいろと興味深いと思いますので、ぜひご覧ください。私のHPには、以下のリンクからアクセスしてください。そのページの左側にある「講義教室1203/2101」をクリックすると、本授業のページにたどり着きます。
http://www5f.biglobe.ne.jp/~nakagawa1015/0001main.htm
２．（全受講生へ）
その頁には、「学習の手引き1～8頁」というファイルもアップしておきました。第1回授業時に配付したものですが、5頁の進行予定に修正を加えたので、一応そこだけみておいてください。
３．（裁判法A受講生のみ）
次回の授業時にチームでゲームをするのですが、そのために、各自、紙を5～6枚持参してきてください。ルーズリーフで結構です。関連して、みなさんが受講している全授業で、網羅的メモ取りの修行に励んでおいてください。これ、とてつもなく重要。
４．（裁判法A受講生で、第1回授業に欠席した人のみ）
「第1回授業はとてつもなく重要なので、絶対に来るように」と以前のメールで書きました。それにもかかわらず第1回授業に欠席してしまった人（どのクラスも10%程度）は、第2回授業で行うことに全くついていけないでしょう。本授業に参加している友人・同僚がいるならば、いろいろと頼り、いろんなことにつき態度決定してください。友人・同僚がいない場合は、上記の学習の手引きをダウンロードして熟読してください。特にチーム制に関する6頁の説明は、10回は読み、意味を正確に把握したうえで、何らかの行動にすぐさま出たほうがよいでしょう。ちなみに、その頁に登場する「法学部資料室」は、若木タワー7階にあります。

【10月3日送信】
裁判法Aの中川です。今回は、ランダムチームに入ることを躊躇している人へ、後押しのメールです。
ランダムチームの申請締切は、明日、つまり10月4日木曜です。「学習の手引き」では16時締切となっていますが、私が名簿を回収するのは16時30分になりそうなので、16時30分に締切を延長します。
ランダムチームに入りたいけれど、ちょっと不安でどきどきしていて、なかなか申請にいけない人はいないかな？　さっき名簿をチラッと見てきたけれど、既に結構エントリーしていたよ。

大丈夫だ！
さらに、第1回アンケートには「女子が少なくて不安だ」と書いている人がいたが、現時点で女子学生もそれなりにいます。女子はチーム内に必ず複数いる組み合わせにするから、安心していいぞ！
というわけで、躊躇することなく、どしどしご応募ください。なお、締切厳守です。例えば、第2回授業の時になってあわてて私のところにきても、何もしてあげることはできません。そこはご了承ください。あと、エントリーしたけど、やっぱりやめたという人は、必ずもう一回法学部資料室にきて、○印を消してください。チーム編成上、支障が生じますので。
さて、今回はこれで終わり。今週金曜2限、つまり第2回授業直前に今週最後のメールをします。そのメールは、授業の円滑な進行を実現するという観点からむちゃむちゃ重要なことを記すものなので、昼休み中にしっかり読んでください。詳しくは言えないが、みんながそのメールを読み、そこに書かれてある指示に従ってくれないと、はやくも補講確定です！

【10月5日送信】
裁判法Aの中川です。予告していた、重要メールです。本メールを含めて、これから連続で4通出します。ですが、1人1人に必要なのは、そのうちの1通だけです。自分に必要なメール1通だけ読んでください。
さて、第1通めです。……　——中略——
＝＝＝＝＝＝＝
裁判法Aの中川です。第3通目です。このメールは、ランダムチーム申請者が読んでください。他の方は読まなくて結構です。
さて、ランダムチームの編成をこちらで行いました。黒板の前の教卓に、「ランダムチーム表＆仮座席表」というプリントを置いておきます。教室にきたら、これを1枚とってください。
このプリントの左側をまず見て下さい。丸囲み数字が1～9まであり（これがチーム番号です）、その中のどこかにみなさんの学籍番号と氏名が記載されています。自分がどのチームに入っているか、確認してください。
次に、プリントの右側を見て下さい。あなたの所属しているチームはどこに座ればよいのか、チーム番号を示すことによって示してあります。自分の所属するチーム番号の座席に座ってください。おそらく初めて会う人達ですから、最初のあいさつは重要です。同僚になる人と思われる人がいたり来たりしたならば、きちっとあいさつ、自己紹介しましょう。
みなさんは、できる限り早く教室にきて、来た人からすぐさまあいさつと自己紹介をして、直ちにメアド交換を開始してください。この作業を授業開始までに済ませておかないと、少々出遅れることになります。とにかく、早く来てください。
ちなみに、金3クラスの場合、12時30分に私は来てプリントを置きます。金4クラスは、金3クラスの授業終了直後です。
なお、配付したプリントは、個人情報保護の観点から、授業途中で回収します。ですから、自分が所属するチームのメンバーの名前を自分のノートに写すなどしておいてください。この点、

ご了承ください。
それでは、新たな出会いをお楽しみに！
＝＝＝＝＝＝＝
裁判法Aの中川です。4通目です。今回最後のメールです。
さて、お待たせしました。このメールは、自主編成チームを結成した方々が読んでください。他の方は、読まなくて結構です。
みなさんは、チームで固まって着席してください。その際、いくつか従っていただきたいことがあるので、以下に指示します。
第1に、どのエリアであれ、前から5番目の席より後ろ（日本語があいまいですが、5番目の席は座っていいんですよ）に座ってください。前の4列は、ランダムチームが座るので、空けてください。
第2に、どのエリアであれ、後ろの2列には座らないでください。そこにはチーム非所属者が座ります。
第3に、5人または6人編成のチームは、3人がけの机に座ってください。前と後ろに分かれて、2つの机に固まって座ってください。だ〜っと横1列になったり、2人ずつ3つの机を使ったりしないでください。効率良くみんなが座るために、どのエリアであれ、
・前から5番目の列の机と6番目の列の机のペア
・前から7番目の列の机と8番目の列の机のペア
・前から9番目の列の机と10番目の列の机のペア
のいずれかを使用してください。この列の組み合わせを無視して座られると、使えない机が多数でてきて、あとで全部座りなおしになってしまいます。正確に列を数えてください。
第4に、4人編成のチームは、2人がけの机に座ってください。前と後ろに分かれて、2つの机に固まって座ってください。だ〜っと横1列になったり、3つの机を使ったりしないでください。使用する机のペアは、上に「第3」のところで書いたとおり、5-6番目、7-8番目、9-10番目、です。正確に列を数えてください。
第5に、これまでの指示通りに座ってもらった場合、座席が足りなくなる可能性があります。なるべく早く来て、場所取りしてください。他のメンバーが遅れてきたら、「こっちこっち！」と大きい声を出して導いてあげてください。もし座れなくなったら、後ろで固まって立って待っていてください。授業開始後に私が調整します。
第6に、自己紹介やメアド交換をしていないメンバーがいたら、授業開始前までに済ませておいてください。
以上です。いやあ、文字で説明すると面倒ですなあ。それでは教室で！

3．第2回授業（2012.10.4）──チーム編成！
(1) 配付物
　❶学習の手引き9〜10頁（本書299〜302頁）
　❷これだけは！シート2頁

❸ルポの例
❹通し番号を付けた白紙の紙

(2) 授業の流れ①：チーム編成

　今回の授業前半では、チーム編成に関して作業を行った。事前の一斉メールで指示しておいた、当日いきなり申請者がまず1人来る。ほぼ同時に、自主編成チームを作ろうとしたのだが3人しか集まらなくて困っているチームが相談にきたので、この1人を加入させる。その後2人いきなり申請者が来た。他に申請者はいなかったので、例外的に2人でチーム編成させる（結局このうち1人がすぐに休学となったので、本チームは解散となり、残った1人が他チームに編入することになる）。
　ランダムチームは前の列、自主編成チームは後の列に座っている。指示通り座っているか確認し、適宜修正指示。指示に従っていないチームはほとんどない。優秀である。その間に、初対面のランダムチームは自己紹介とメアド交換を済ませてもらう（図表2-4参照）。
　指示通りに着席し、混乱が生じなかったことを讃え、本日の作業に移る。まず、各チームから1人、教卓に来てもらい、❹を渡す。これにより、チーム数を把握する。2012年は60チーム（11年度は71チームであったから11チーム減。12年度当初は61チームであったが、後に1チームが解散となった）結成、チーム所属率96.0%となった。自主編成チームは43チーム、ランダムチームは17チームである。
　その後、①各自話し合ってチーム名を決定し、②❹を使ってメンバー表を作成し、③まだの場合は連絡手段を確保し、④❹の裏に、希望座席エリアの申請を行う。次回授業以後、本授業は座席固定制となるのである。以上の作業を10分間で行ってもらう。作業終了後、❹を回収する。
　チーム編成手続の最後は、チームに関する運営ルールの告知である。大人数授業では、1つ1つのチームの運営状況を細やかに把握しアドヴァイスをすることができない。チームが崩れていくのを阻止するため、細かいルールを設定した。❶の9頁全てと10頁の

図表2-4　自己紹介をしている風景

「２」(本書299〜301頁)を、補足説明を加えながら読みあげる。

　協同学習を実り多きものにするため、教員からは特に２つのルールを強調する。第１に、授業欠席が４回に達したものは自動的にチームから除名というものである。第２に、チーム課題未提出が３回に達したチームは自動的に解散というものである。なお、本授業の成績評価は期末試験のみでなされる。協同学習に対し具体的なアメを一切ほどこさないところがチャレンジングかもしれない。これでも出席率は非常に上がる。チーム制を敷いていなかった09年度の出席率は平均67.0%であったのに対し、この12年度は平均87.7%となった。なお、11年度とは異なり、期限後は課題の提出を一切受け付けないことにする。

(3) 授業の流れ②：情報収集・分析の重要性に気付かせるAL

　以上の手続に約40分使う。残りの50分でレクチャーを行う。前回の作業シート①〜④の推移を復習がてら紹介しつつ、いくつかの教訓を引き出す。

　第１に、データ収集の重要性である(テキスト５頁最後の行)。最初素朴に考えた結論が、ちょっとした情報を加えられただけで、ころっと180度変わるということをほとんどの人が体験した。また、結論が変わらなかった人も、当初素朴に考えていた時とは比べ物にならないくらいさまざまな考察・検討を、短時間の間に行った(自身の結論を正当化するための論証が複雑になった)に違いない。社会問題は複雑であり、ちょっとした知識の差で結論が変わり、かつ、結論が変わることによって誰かの人生が180度変わることがある。進んで情報を収集しよう。この授業も情報を得る重要な場所だ。欠席せず集中して授業に参加し続けよう。

　第２に、データ分析の重要性である(テキスト６頁１〜２行目)。最初の問いかけで○と答えた人は、肩に手をかけるくらいのことは認めないと職務質問を全うできないと考えたのであろう。このように、当該処分を認めるべき「必要性」を考えることがまず重要である。しかし、それだけでは足りない。その処分を認めたとしたらどのような弊害が生じるかを考えねばならない。これを「許容性」と呼ぶ。２回目の問いかけや３回目の問いかけで○から×に転じた人は、弊害の問題に気付き、かつ、必要性と許容性を天秤にかけて、許容できないという方向に秤が傾いたのであろう。×にしなかった人も、天秤にかけたうえでなお必要性のほうが高いと判断したのであろう。このように、必要性と許容性をどちらも考えて、どちらがより重要かを考えるという発想はとても重要である(法学

の世界でいう「比較衡量」である)。みなさんは私に誘導されるとこれができる。しかし誘導されないとできない場合がある。特に実社会では、自らの主張に賛成してもらうために、都合のよい点ばかり論じて、都合の悪い点は隠す場合が多い。その時、「必要性と許容性を共に考える」という思考枠組ができていれば、主張者の誘導にのらず、冷静に隠されている情報はないかを探そうとする姿勢を身につけることができる。がんばろう。

　以上のように、実際に彼らが頭の中で行ったことを抽出して、思考スキーマを意識的に身につけることの重要さに気付かせようとしているのである。

　以上が、テキスト4頁で述べた「情報収集の技術」「情報分析の技術」の必要性を実感させるALであった。次に、「法的意見表明の技術」の必要性を実感させるALに移行する。

(4) 授業の流れ③：法的意見表明にあこがれを抱かせるAL・その1

　まず、法的三段論法と法解釈論の基礎についてレクチャーをする。その際には、法的三段論法といっても特別なことをやっているわけではなく、みなさんが前回の作業で直感的（授業ではこの言葉は使用しないが、ヒューリスティックにと言ってもよい）に行っていることを意識化して説明しただけであり、人に容易に誘導されないためには、直感で行っていることを意識化しておく必要があることについて注意喚起する。また、法の世界ではよいとか悪いとかいくら主張しても、「あなたの意見はごもっともですが、法にはそう書いてありませんからな」とぶった切られることがあるので、そうされないためには、よいと思うならば「適法（法律にもそう書いてある）」、悪いと思うならば「違法（法律に反している）」と主張できなければならない、そのための法解釈であることも注意喚起する。

　そのうえで、警察官職務執行法2条1項の「停止させて」につき、2つの解釈を紹介し、みなさんのお好みに合わせてどちらかを選べと指示する。あとは、どちらの解釈が正しいかを説得的に論証できるかである。先ほど教示した「必要性」と「許容性」（わかりにくければ「メリット」と「デメリット」と置き換えてもよい）の論証を十分に行う必要がある。そのやり方を教えることは次回に回し、今回は、法的意見表明の実際を見せることにする。

　第1に、今回とは別の問題につき、先輩が何も見ずに40分で作成した答案を見せる（テキスト7頁）。確実に勉強すれば、このような意見表明がすらすらでき

るようになるし、現に先輩たちはできているので、みなさんもまずはあこがれてくれと伝える。また、以前よりも中川の教育スキルは向上しているので、みなさんは本授業終了時点で、3年生の答案に肉薄するレベルまで到達することができていると述べ、安心感とやる気を抱かせる。

　第2もあったのだが、時間切れとなり、次回に回すことにする。

(5) 授業外のタスク

　最後に、授業外のタスクを説明する（❶の10頁（本書301〜302頁）の「3．第0.5回課題」参照）。いずれの課題も、メモ取りなどの基本的スタディ・スキルをそろえておく（「これだけは！シート」を解くことによって自ら検証させ、できる人から学ばせる）ことを主たる目的としている。このうち、③については、ゲームそのものを次回に後回しにしたので、見ないように指示する。

　④は、課題の予告である。この課題は12年度限りのものである。2012年は國學院大學法学部創立50周年にあたり、裁判員裁判をテーマとするシンポジウムが企画されていた。これに半強制的にでも参加させようと考えていたのである。ただ参加させるだけでは面白くないので、これを機会にメモ取り技術をさらに向上させるべく、ルポを作成するという課題を課す。サンプルとして、卒業生がNPOである裁判員ネットにインターンシップに行き、あるシンポジウムを紹介する記事を裁判員ネットのブログに投稿していたので、それをコピーして渡した（❸）。私がお手本として見せるもののほとんどは、プロの立派なものではなく、先輩達の成果物である。自分に近い者の成果を見せて、あこがれを持たせ、かつ、具体的目標を設定しやすくしようと考えているのである。

(6) 一斉メール

　裁判員シンポに関する説明を付加するものと、次回授業の進行をつつがなくさせるための指示メールを出した。後者のみ掲載しておく。

【10月12日送信】
裁判法Aの中川です。いつもなら2限の頃に出すメールなのですが、シンポの準備等もあり忙しいため、本日は朝イチに出します。
さて、今年の授業は、昨年度に比較して、既に30分ぶん遅れています。この遅れを取り戻すべ

く、今回は思いっきりスムーズに進めたい！　よろしくご協力お願いします。
というわけで、以下の点にご留意ください。
（1）配布物が3点あります。早めに教室にきて、いつも置いている場所から取ってください。
（2）その配布物の中に、「座席表」があります。この座席表を見て、自分が所属しているチームがどこに座るべきなのかを確認し、座ってください。
（3）授業しょっぱなに、「これだけは！シート」1〜2頁とテキスト8頁の宿題1の答え合わせをします。今回は、テキトーに選んだ以下のチーム（チーム番号とチーム名を記しています）に答えてもらいます。以下のチームのAさんは、授業開始直前に、教室前に来て、（問いに即答できる準備をして）立ってください。
◎金3
03：YAMATO　08：K　13：ふらいでーず　16：ケンタローズ　20：チームランダム3
24：中川家　28：Q　33：いちご＋M子
◎金4
01：チーム関東　04：てこてこ　08：8班　12：かなたま　14：バーナビー
16：中里組　20：K　25：たこあやこ
（4）前回できなかったゲームをその後にします。ルーズリーフで結構ですから、紙を各自5枚程度用意しておいてください。そして、1つの机に必ず複数名が座ってください。1人で座ることがないようにチーム内で調整すること（特に欠席者がいる時がやっかい）。
以上です。それでは後で！

4．第3回授業(2012.10.12)──チーム制本格始動！

(1) 配付物

❶座席表(本書319頁)

❷これだけは！シート3頁

❸第1回課題シート(本書321〜322頁)

(2) 授業の流れ①：ALその1

　前回の申請をもとに❶の座席表を作成し、配布。事前に流したメールの指示に従い、この座席表に基づき学生は着席している。以後固定座席とする。座席エリアの希望はほぼかなえられたはずであることを伝え、今後がんばっていこうと鼓舞する。

　まずは、これだけは！シートとテキスト8頁の短答問題の答え合わせを行う。事前に流したメールで指定したチームの代表に前に来てもらい、一列に並んでもらったうえで、私の解説を挟みつつ、順番に答えを聞いていく（図表2-5参照）。

いわゆるfishbowl方式[2]の変形といってもよい。事前にチームを指定するのは、確実かつ迅速に答えてもらうために、事前の心のレディネスを整えておいてもらうためである。レディネスなしにいきなりあてても、ただうつむいて沈黙を守るという学生が出てこないとは限らない。そのようなことがないようにしているのである。ただし、早い時期に指定してしまうと、指定されなかったチームが怠けて作業をしない可能性が高まるので、チームを指定するメールは授業開始直前に出す。

図表2-5　チーム代表が答えている風景

　他のチームは、答えを聞きながら、自分たちのチームの誤った点等を修正していく。ほとんどのチームが正確に答えられたので、チーム作業は概してうまくいっていると評価する。みなさんよくできたと褒め称え、全員の拍手をもって報いて席に帰ってもらう。正解に達しなかった者の多いチームがあれば、自分たちのメモ取り等を吟味するよう示唆する。

(3) 授業の流れ②：ALその2

　次に、前回行う予定だった「聴きとりゲーム」を行う。肩に手をかける行為の適法性につき、私が法的意見表明をやってみせる。警察官の行動は問題と感じているのに適法とせざるをえない、悔しいと考えた大多数の人のために、教員自ら、現在の条文を踏まえてもなお警察官の行動を違法と主張する「法的意見表明」をする。これから鍛えていく法的意見表明の「お手本」を示すわけだ。専門技術を用いた主張を行って、みなさんの悔しさを晴らしてあげると同時に、このような専門技術を身につけようという意欲を喚起しようとしているのである。ついでに、ノートのとり方というスタディ・スキルについてヒントを与えるべく、かつ、チームのアイス・ブレーキングを果たすべく、「聴きとりゲーム」なるものを敢行する。もっとも、前回に行うことができなかったので、アイス・ブレーキングの役割を十分に果たすことはできないが。

2　fishbowl方式については、エリザベス・バークレーほか『協同学習の技法』（ナカニシヤ出版、2009年）119〜122頁参照。

図表2-6　1人が耳をふさぎ、1人が書き取っている風景

図表2-7　書き取ったほうが耳をふさいでいたほうに教える風景

　どの机も、3人か2人で着席している。この単位でペアリングし、私が法的意見表明を行うのを聴きとり、紙にメモを書きなぐるのである。ただし、聴きとってメモをするのは常に1人である。他の1人または2人は、目と耳を閉じ、中川の話を聞かない。区切りのよいところで私が中断するので、その際にメモを書いた人は、耳を閉じていた人に、今教員がどのようなことをしゃべったかを説明するのである。メモをする人は順次交代していく。その後、授業外にミーティングを行い、みんなのメモをつなぎ合わせて、1つのまとまった意見表明としてつながっているかをチェックするのである（これは今回の授業外課題の1つとなる）。これは11年度に始めたものだが、なかなかみなさん楽しそうに行っており、アイス・ブレーキングとしてはよい手法と考えている（図表2-6、2-7参照）。

　あとでメモをつなぎ合わせやすいように、見出しだけは前もって板書しておく（次回に配付する「学習の手引き」11頁[本書303頁]にある表の左列「見出し」の部分）。最初は短いスパンで切り、だんだん長くしていく。具体的には、0→1・2・3→4・5→6・7・8の途中→8の途中・9・10である。

　実際に私が語るのは、同表の「チェック事項」という列の部分である。表をそのまま読み上げるのではなく、残された時間や、学生の顔を見ながら、情報を付け加えたりする。

(3) 授業の流れ③：私語の注意

　次のフェーズに移ろうとするところで、教室内のがやがやが止まらなくなる。もともとアイス・ブレーキングの意味も兼ねたゲームだったので、ある種の興奮

状態にあるのも無理からぬところではある。第1回授業以後、はじめて、「はい、静かに!」といってもおしゃべりが止まらない状態となった。ここで一発シメなければ、私語は許されるというメタ・メッセージを発してしまうことになり、今後の授業運営に困難を抱えることになる[3]。そこで「静かにしろといっているのがわからないのか、この馬鹿どもが!」と一喝し、シーンとなったところで、「そう、その調子だ。この授業は一瞬たりとも余裕のある時間はなく、かつ、人とおしゃべりしながら話を聴いて理解できるような事項も一切ない。私語なんか絶対にするな。チームの人も、横の人がしゃべりかけてきたら、応ずるんではなくて、『し〜っ』と言ってやるんだ。いいね。二度と一喝させるな。今回はみんなも多少興奮したと思うので、こんな事態になったと思うのだが、今後は大丈夫だと信じている」と伝えたうえで、次のフェーズに移る。以後の授業で私語は一切起こらなくなる。

(4) 授業の流れ④:ALその3

新しい内容に入る。テキスト12頁から。学生さんがこれまでの作業の中で素朴に行ってきたのが「文理解釈」と呼ばれるもので、それでは正義が実現しないと考える場合に目的論的解釈を行うと説明(テキスト12頁Ⅱ1)したうえで、拡大解釈、縮小解釈、反対解釈、類推解釈を実際にできるようにゲームをする。テキストを閉じてもらい、テキスト12頁Ⅱ2に掲載されている「小学校教員と悪ガキ3人トリオ」の法的コミュニケーション・ゲームをチーム単位で検討してもらう。

事案は、遠足における秩序維持のため、「食べ物の持参を禁じる。持参した場合、その物を没収する」というルールを作った小学校教師とそれに反抗する生徒の物語にした。学生の生活世界に入っていきやすい事案にしてみたのである。

第1ゲームは、生徒がジュースを持ってきたので没収しようとしたのだが、生徒は「これは飲み物やからあんたは没収できひんはずや」と抗弁した事案である。教師の立場から、先ほどのルールで生徒に対抗しなければならない。3分提供し、チームでベスト解答を考えてもらう(図表2-8参照)。その後、いくつかのチームを指名して、答えてもらう。ルール中の「食べ物」を、飲み物も含めるような解

---

[3] 初等・中等教育を念頭に置いたものではあるが、学級づくりはスタートが肝心であることを強調するものとして、例えば、諸富祥彦『教師の資質——できる教師とダメ教師は何が違うのか?』(朝日新書、2013年)125〜130頁参照。

釈（例えば、「食べ物とは、食用に供する一切の物をいう」といった感じ）ができれば正解である。この問題は、ほとんどのチームが正解を出す。このような解釈を「拡大解釈」と呼んでいることを教授する。

　第2ゲームは、反抗的な生徒が、昼食時にわざと「先生、みんなが持ってきている弁当は『食べ物』ですやろ。さあ先生、ウチらに弁当を食べさせたらあかんやろ、どうか没収してください！

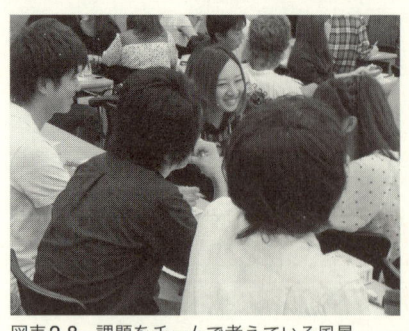

図表2-8　課題をチームで考えている風景

まあホンマに没収したら親にチクるけどね。ウチの親はいわゆるモンペアやから覚悟してや！」などと述べて挑発したという事案である。これも教員の立場に立ってもらって、対抗してもらう。これも3分検討してもらい、その後答えてもらう。

　例えば、「食べ物とは、三食に供する物以外の食用物をいう」などと、昼飯を本ルールの「食べ物」から除外できるような解釈ができれば正解である。そのうえで、このような解釈を縮小解釈と呼ぶ旨教授する。

　第1ゲームと比較すると、手間取るチームが若干でてくる。また、こちらの意図とは異なる解答も出やすい。例えば11年度には、「本ルールにいう食べ物とは、私が食べ物とみなした物をいう」という解答が出た。確かに対抗できそうだが、これは教員に完全自由裁量権を与えたものであるから、法で権限を縛るものにはなっていないということを指摘したりして、軌道修正させる。こちらが想定していない解答が出た時に、それを面白がりつつ、学生が納得するようなコメントを瞬時に返して軌道修正させることができなければならない。年によってはなかなかチャレンジングなシチュエーションとなる。

　ここまでは必ず行う。残り時間が足りなくなった場合には、反対解釈へと誘導するさせる第3ゲームは端折り、「これは簡単だからチームで検討しなくてもよいよね」と軽く述べたうえで教科書を開かせ（答えが既に載っている）、反対解釈を説明する。類推解釈へと誘導する第4ゲームはまず行わない。できないからだ。「これはわかんないよね。いきなり説明するね」と述べたうえで類推解釈を説明する。この手法（に限らず目的論的解釈全体）が果たして解釈といえるのかという

疑問もぶつけ、私なりの説明を試みる（テキスト13頁真ん中「目的論的解釈は屁理屈にすぎないか？」の部分）。すなわち、目的論的解釈が屁理屈だとしても、曲がりなりにも法にのっとって判断したという形式を保てること、そして屁理屈を用いたほうが文理解釈によるよりも正義にかなった結論が出てくるというメリットがあるから目的論的解釈は正当とされているのだ。私は料理学校の先生のようなものだ。私はみなさんに包丁の使い方を教えようとしている。君たちは、鍛えた腕でおいしい料理を作り、多くの人を幸せにすることもできる。しかし、その同じ腕で、人を鮮やかに殺害することもできる。法律は諸刃の剣だ。みなさんはぜひ多くの人を幸せにするためにスキルを使ってほしい、と。

　そして、前期に民法・総則を受講した人は、民法94条でおそらく類推解釈の説明を受けたはずだが、その時は「ふ～ん」と思っただけで、類推解釈なんて変じゃないのか、という問題意識は持たなかっただろう。そして、今回の事例でもすぐに類推解釈をしようという発想は出てこなかっただろう。単に教授された知識をそのままつめこんでいるだけではダメで、道具として使いこなすようにならなければならない。この授業で鍛えていこうぜ、とあらためて鼓舞する。このように書いていると、鼓舞してばかりいることが自分でもわかる。

(5) 授業外タスク

　個人の課題は1つある。テキストの自習パート（テキスト9～11頁）を読むことである。これから法学を学ぼうとする者たちに対するメッセージがこめられている。参考文献もここで紹介する（テキスト192頁）。

　チーム課題は4つある。第1に、前述の聴きとりゲームのまとめ。第2に、前回と同様、これだけは！シートとテキスト17頁の短答問題（宿題1の部分）をやること。第3に、今回の法解釈ゲームの応用で、別の事例で拡大解釈、縮小解釈、反対解釈を行ってみる第1回チーム課題（❸）、第4に、前回予告しておいた裁判員シンポジウムのルポ課題である。

　第1回チーム課題は、目的論的解釈を確実に理解するため、さらに別の事例につき、拡大解釈、縮小解釈、反対解釈をしてみるもの。メンバーの1人が、シートの左側に素案を作り、他のメンバーがシートの右側に修正意見等を記していく。チーム運営に偏りが生じないよう、ある程度細かく役割分担を指示する（本書321頁「作業の手順」参照）。提出締切は授業の6日後。教員は、素案だけでなく

修正意見も加味して添削し、採点する。素案に問題個所があっても、修正意見により問題が解消されていれば減点しないということである。点数の結果はHPに公表する（本書320頁参照）。他のチームの点数も見られるので、自分が所属しているチームの成績がどのあたりのポジションにいるのかを把握できる。なお、チーム課題シートの扱いについては、今後も同様である。例外的扱いをする場合は、その都度記す。

(6) 一斉メール

10月14日送信メールは、裁判員シンポジウムが行われ[4]、パネリストのみなさんが学生を褒めていたので、さっそくメールでその旨伝え、鼓舞したものである。

10月17日送信メールは、第1回課題シートの書き方に関する注意喚起である。中身だけでなく形式も重要で、指示通りの形にするよう注意する。以前はこれほど書式にうるさくなかったのだが、ソーシャル・スキルを向上させるため、11年度から口うるさい教員になると決断した。

10月18日送信メールは、成績一覧を見るよう指示するものである。すぐ見ることができるよう、HPへのリンクを貼っている。

10月19日送信メールは、第4回授業当日に出したものである。授業運営に必要な指示を送っている。

【10月14日送信】
中川です。
後期に担当している全授業の受講生にメールしています。
裁判員シンポに参加された方はお疲れ様でした。ルポ課題が出ている授業の学生さんは、引き続き、がんばってください。
一つ、みなさんに関係することをお話ししましょう。シンポの後の懇親会で、多少言葉を変えつつ、パネリストの全員と四宮さんが、以下のようなことを述べていらっしゃいましたので、みなさんの励みになるかと思い、お伝えします。

國學院の学生は素晴らしい。非常に熱心に聞く人が多く、質問も相次いで出た。今後の社会を担っていく若い人々がこのように真摯な態度で学問に打ち込んでいるのを見るのは、本当に新鮮な体験だった。

4　シンポジウムの内容については、「〈資料〉國學院大學法学部五〇周年記念シンポジウム『裁判員制度の現状と課題』」國學院法學50巻4号(2013年)219頁を参照。

特に、たくさん寄せられたアンケートの中で、1年生が書いたと思われるもの(年齢で判断)の中に、「現時点の自分ではよくわからない個所も多かったが、それでも実務の世界に触れてたいへん興味をひかれた。本日話された内容についていけるよう、今後がんばって勉強していきたい」といった趣旨のものが多かった(もちろん、ただ単に「全然わからなかった」とだけ書いている人もいますがw)ことに感銘を受けておられました。

実際、学問をする際に最も重要な姿勢がこのアンケート回答に示されていると思います。つまり、
　わからない　→　わかるように話さないパネリストが悪い
ではなく、
　わからない　→　わかるようになりたい！　がんばって勉強したい！　土俵の中に入りたい！
というあこがれの姿勢です。お客さん意識のままでは学問はできないんですよね。最低限与えられたものを面白いとかつまらないとかいって論評しているだけでは。

というわけでした。
ちなみに、3～4年生が書いたものと思われるアンケートに、「わからなかった」回答はほとんど皆無でしたね。さすが！
それでは！

【10月17日送信】
裁判法A＆刑事手続法概論の中川です。
第1回課題が提出され始めていますが、さっそく困ったちゃん答案が出てきているので、注意喚起します。
学習の手引き9頁28～30行目に書いてあるように、授業中にした指示に従っていないものは未提出扱いにします。
さて、私はどのような指示をしたか？
そう、「チーム名」の個所には、金3(52)チームSLAYERのように、曜日、時限、チーム番号、チーム名を書けと指示したはず。なのに、さっそく指示を守っていないチームがいる！　具体的には「裁判法ーと」だ！　ボックスに入れたままにしておくから、大至急回収し、正しく書き直せ！　そうしたら、未提出扱いは避けてやる！！　以後、このようなメールは出さないので、他のチームも注意してください。
なお、授業中には指示していなかったが、チームミーティングに欠席した人がいなかった場合には、「欠席者」の欄に「なし」と書いておいてください。このように書いてくれないと、怠慢で書いていないのか、本当に欠席者がいなかったのか、わからないので、ご協力お願いします。
「なんか細々とうるさいやつ」と思われたかもしれないが、構わん。みなさんのソーシャル・スキルを向上させねばならない(実際、高学年の授業でこのような凡ミスはない。みんな大人になっているのだ)。細々とした指示にはちゃんと意味があるのだ。今回の場合、他の授業と合わせると毎回

100通を超える添削を効率的に行うために、提出されたファイルを迅速に整理するのに必要だから、上記のような指示をしたのだ。

指示を守れないチームは、「いいじゃん、指示を守らなくても。あんたがちょっと苦労すればいいんだよ。なんでウチらが苦労しなけりゃならんの！？」と考えているものとみなす。そういうチームには徹底して敬意を払わないから、覚悟しろよ。

それでは！

【10月18日送信】

裁判法Aの中川です。

第1回チーム課題、おつかれさまでした。もう採点を済ませてしまいました。

成績一覧をHPにアップしたので、自分たちの成績を、他チームの成績と比較しながら、確認してください。

HPは↓のリンクからどうぞ。「講義教室1203／2101」です。

http://www5f.biglobe.ne.jp/~nakagawa1015/0001main.htm

なお、成績一覧表中に「未」とあるのは、未提出を意味します。「再→」とあるのは、提出されているが、指示に従っていない（2チームあるが、いずれもチーム番号を記していない）ので未提出扱いです。全く提出していないチームと区別するために「再」と記してあります。

「再→」のチームは、研究室前のボックスに答案を入れておくので、明日の12時までに来て答案を修正すれば（つまりチーム番号を書き加えれば）「再→（本来の成績）」という形に書きなおします。修正しなければ、「再→未」と書きます。つまり、完全未提出と同じ扱いになります。

「未」についても、明日の12時までに研究室前ボックスに提出すれば、「未→（成績）」という形に書きなおします。つまり、未提出扱いを解除します。

最初でつまずくと、後まで尾を引くから、めげずにチャレンジするんだよ！

たまには優しい中川より

【10月19日送信】

裁判法Aの中川です。本日の授業もやること目白押しです。今日は進行を絶対に遅らせられない事情があります。以下の指示を守ってスムーズな授業運営にご協力ください。6つあります。いずれも授業開始前にすべきことです。

1．既に座席は固定になっております。前回配布した座席表通りに座ってください。

2．配布物が2枚あります。教室の前方左右両側に置いておきますから、席に近いところからとってください。

3．チームで一番早く教室に来た人は、すぐに教卓に来て、チーム番号とチーム名を言ってください。第1回課題の答案を返却します。

4．前回行った聞き取りゲームの結果をコピーしてチーム内で配布しておいてください。

5．今回も、紙が何枚か必要になると思います。ルーズリーフで結構です。ご用意ください。

6．授業開始1分前に、以下のチームのＣさんは、これだけはシートやテキスト掲載の宿題に即答する準備を整えて、黒板の前に立ってください。
（1）金3クラス
01　LOVE裁判法　07　北アルプス連峰　17　かしわもち　22　藤岡JAPAN　31　ディーン栗原
（2）金4クラス
02　ブラッキーズ　07　ボアシュン　10　GPA　18　チーム5班　23　たまブラーザ
以上です。それでは教室で！

5．第4回授業(2012.10.19)──取調ベシミュレーション！

(1) 配付物
　❶第1回課題シートの返却(本書321～322頁に例を掲載した)
　❷第1回課題の講評(本書323～324頁)
　❸学習の手引き11～12頁(本書302～306頁)
　❹第2回課題シート(本書325～327頁)　＊授業途中で配付

(2) 授業の流れ①：課題の答え合わせ
　裁判員シンポジウムについて改めて触れ、学生を褒め称えた後、ルポ課題をがんばるよう直接口頭で指示する。
　さて、まずは、これだけは！シートとテキスト中の短答問題の答え合わせである。第3回授業の時と同様、授業直前のメールで指定したチームのＣさんに前に来て並んでもらい、私の解説を交えながら答え合わせをしていく。ほとんどが一発で正解。拍手をもって称え、席に戻ってもらう。

(3) 授業の流れ②：第1回課題シートの返却と講評
　次に第1回課題の講評を行う。10月19日送信メールで示したように、授業開始前には第1回課題シートの返却を終えている。直ちに講評を開始する。ちなみに、第1回課題の提出率は100％（母数を60チームとして計算）であった。なかなか真面目である。
　基本的なことは❷に書いてある。記載した内容を補足しながら説明する。意欲喚起という点で重要なのは、添削時のコメントやこの講評シートの表現等がぶっきらぼうだが、これは私の時間がないためであって、怒っているわけでも

ないし、みなさんをへこまそうとしているわけでもないことを述べておくこと。実際、教員には時間がないし、これまでの経験上、丁寧にコメントを記載したらその分力がつくというわけでもない。これまでの試行錯誤の結果、チーム制をとっている場合、添削は事細かに書きこまなくても問題ないと考えている。例えば、日本語に問題があったならば、何がどう問題なのかを指摘する必要はなく、当該個所に「日」と書くだけでよい。あとはチームミーティングによって何が問題だったのか、どう書きなおせばよいのかを考えてもらえばよい。これだけでも結構学生の書く力は伸びていくものだ。学生に委ねるべきところは委ね、何でも全て教員が抱え込まない――これが、かつて毎週200通以上の添削を続けた結果、ヘルニアになったり、原稿を落としたりしてうつ病になりかけた私自身の経験をふまえた、バーンアウトを防ぐ方法の1つだと考えている[5]。

　講評を終えた後、Aをとったチームに立ってもらい、拍手をもって全員で讃える(図表2-9参照)。

(4) 授業の流れ③：聞き取りゲームの答え合わせ

　その後、聞き取りゲームの採点を行ってもらう。学習の手引き11頁（本書302〜304頁）のチェック表に従い、どこまでメモできているかを5分で自己採点してもらう。その後、0-10点、11-15点、16-18点、19-20点のカテゴリーごとに各チーム代表に挙手してもらい、各カテゴリーに何チームあるかをカウントして板書し、自分のチームが全体の中でどの程度のポジションにいるのかを知ってもら

---

[5] ある論者が「レポートひとつひとつに根気よくコメントを返す、教える側のその苦労は測り知れません。その苦労をしても、『効果はある程度か』と思うと、やりきれない気持ちも出てきます」(対談「新しい『大学像』を鍛える――現実に立脚しつつ、理想を追求するために」広田照幸ほか編『シリーズ大学7 対話の向こうの大学像』[岩波書店、2014年]277頁[濱中淳子発言])と述べているように、教員が全て抱え込もうとすると、効果も十分にあがらないし、バーンアウトしやすい。これは私もかつて経験したことである。そうではなく、本授業のように、大半を学生同士の学び合いに委ねてしまうという発想をとると、状況はがらりと変わる。協同学習の本質をわかりやすく述べたものを紹介しよう。「何十人もの子どもの学びを、一人の教師がすべて担い切るのはなかなか困難な話です。……教師が教室の全ての子供たちの実りある学びを一人で保障するのは、実は容易なことではないのです。他方、質の高い『学び合い』をうまくコーディネートすることができたなら、一人ひとりの子どもたちのより実りある学びを保障する可能性が高まることが知られています。先生の授業を聞くよりも、友達から教えてもらった方が理解が深まる、という経験を、多くの人はきっとしたことがあるでしょう。……他方、友達に"教える"ことを通して、より理解が深まったという経験も多くの人が持っていることでしょう。……『学び合い』はこのように、教師一人の授業力に頼りすぎるのではなく、多様な子どもたちの力を持ち寄ることで、全員の実りある学びを達成することを目指す授業のあり方なのです」(苫野一徳『教育の力』[講談社現代新書、2014年]107〜108頁)。

う。記録しなかったので正確には思いだせないが、ほとんどは16-18点のカテゴリーにいた。とてもみなさん優秀であると称えて、この調子でメモ取りに励むよう鼓舞する。同時に、チームメイトに多く助けられた人は、メモのとり方などを試行錯誤するよう指示する。また、一般的に有効な学習方略についても要約紹介しておいた(学習の手引き[本書304～306頁])。

図表2-9　優秀チームが起立し、皆で称える

(5) 授業の流れ④：犯罪の発生と、模擬取調べ

そのあと、テキストに基づくレクチャーに入るが、実は今回はレクチャーを進めるつもりはない。このレクチャーをしている間に、学生風の人間数人が乱入し、私とけんかしている間に、教卓に置いてあった日本酒の箱(実は教卓前にずっと置いておいた)を窃取して逃走するという窃盗事件を起こすのである。犯人グループは私のゼミ生である。事前にシナリオを考え、打ち合わせどおりに演技している。学生たちに予告はしていない。学生たちは、いきなり事件が発生し、あっけにとられるというわけである(図表2-10参照)[6]。

ここで私が、作業の手順を示した❹の第2回課題シート(本書325～327頁)を配付し、簡単にこれから行う作業の説明をする。要するに、チーム内で取調官役と事務官役と目撃者役に分かれ、事件の目撃者の模擬取調べをせよという課題である。本授業では、実際に刑事裁判の関係者になったつもりでシミュレーションを試みる課題をいくつか用意しているが、その第一弾というわけである。事前の一斉メールで紙を大量に持ってくるよう指示しておいたので、突然のことで困るということはない。

取調べが一応終了したチームには代表者に教卓前に来てもらい、真犯人の写真とダミーの写真を組み合わせた写真面割帳を貸与し、写真面割も体験してもらう。いきなり取調べをしろといわれても、そう手なれた突っ込んだ取調べは

6　前述のように写真は13年度のものであるため、写真に写っている被害物件は異なる。

図表2-10　教員に詰め寄る犯人たち　　図表2-11　各チームが取調べをしている風景

できないのが通常なので、制限時間は30分で十分である。これらの作業は例年、とても楽しそうに行われている(図表2-11参照)。

　なお、最近はツイッターなどのSNSが普及し、簡単に情報が流れるので、他のクラスのためにも、「取調べなう」などと絶対にネタばれをしてはならないこと、写真面割帳の作成にあたっては色んな人に協力してもらっているので、彼らの個人情報を保護するためにも、面割帳を写真にとって「本当に犯人っぽい顔w」などとコメントを書いてツイッターに流すなどの行為は絶対にしてはならない。そのようなことが行われた場合には来年度以降この体験を中止せざるを得ず、後輩たちに迷惑をかけることになる旨を強く伝える。幸い、面割帳が写真に撮られて流されたりした例はなさそうである。面割帳には番号をふっておき、授業最後に確実に回収する。

(6) 授業外タスク

　第2回課題を実行することである。今回の取調べの結果を「調書」という形にまとめるという課題である。一人称の物語形式にまとめるということが肝心で、その他の書式はさほど重要ではない。テキスト79頁に過去の先輩が作成したサンプルが示してあるから、見よう見まねで書いてみるよう指示する。この課題は捜査機関の仕事を疑似体験させるという意味合いと、情報を的確に要約してまとめるというスタディ・スキルのアップを図るという意味合いをこめている。

　なお、この課題は、捜査機関のお仕事をイメージできればそれでよいので、出せばAであり、添削・返却・講評はしない。要約がどの程度的確にできているかもチェックしたいのだが、各チームの目撃者役がどの程度目撃していたか、

取調官がどのような質問をしてどの程度情報を引き出したか、事務官役がどの程度正確にメモを取ったかといった、私には未知のさまざまな条件に左右されるので、調書だけをみても判断できない。残念ながら要約スキルのチェックは見送っている。今回の課題の提出率は96.7％（58通）であった。

(7) 一斉メール
　今回は、次回授業直前の指示メール以外に特に送信していない。

６．第5回授業(2012.10.26)──法的意見表明の型を修得しよう！
(1) 配付物
　❶法的意見表明の型シート(本書330～331頁)
　❷第3回課題シート(本書328～329頁)

(2) 授業の流れ①：レクチャー
　ALのしかけをさまざま施そうとすると、教員のほうの授業時間外作業も多くなる。他の用事が多かったりする週では、授業の準備が間に合わないかもしれない危険と闘わねばならない。今回は、提出された第2回課題に目を通す時間がなく、これだけは！シートの続きを作成する時間もなくなってしまった。これらの事実を率直に伝え、謝罪する。
　前回の犯罪事件のようなハプニングはもうこの授業では起こさないから、安心して授業に集中してよい旨伝え（ここで笑いが起きた）、レクチャーに入る。前回も若干のレクチャーをしたのだが、事件発生により教授した知識など吹っ飛んでいるだろうから、もう一度前回教授した部分からやり直す。テキスト13頁Ⅲからである。目的論的解釈が自分でもできるようになり、かつ、類推解釈というものにうさんくさいものを感じさせたところで、罪刑法定主義を説明する。処罰のモレをなくするためには類推解釈は必要（必要性）だが、類推解釈を許容すると条文を見ただけでは処罰の範囲がわからなくなるので、市民の活動に委縮効果が生じる(許容性)という説明をし、実際の歴史においては、類推解釈を正面から認める法律を作っているのは全体主義社会であることが多いという話をする。例としてナチス刑法の翻訳を読ませる。ゲルマン民族の民族感情に従って処罰に値する行為をした者は、条文がなくとも類推適用して処罰するぞとはっ

きり宣言をしている条文は、学生にとってかなりインパクトを与えるものになる。

ついでに、ほとんどが1年生なので、社会科学一般につながる教訓話もする。すなわち、ナチスというのはいうまでもなく極右ということになるが、左のソビエトの刑法でも類推解釈は認められていた。何かの主張に対し、それは右だとか左だとか単純にレッテルを貼って分析した気になる若者は多いが、右とか左とかいう概念自体単純でないし、2つにすっぱり割り切れるほど世の中はそう単純でもない。単純な分析は弊害を生む。法学や政治学を学んでいく際には、単純な割り切りに気をつけろ、と。

テキストには、罪刑法定主義から派生するさまざまな原則を列挙してある（14頁真ん中）が、今年度は授業の進行が遅れているので、類推解釈の禁止しか指摘しなかった。残りは刑法総論の授業でしっかり学んでもらうことにしよう。

この時点で、自習パート（テキスト18～20頁）を自習するよう指示する。また、参考文献（テキスト192～193頁「第2講」の箇所に掲載した本）も紹介し、法律の世界における思考方法は、一般的な論理的思考や複眼的思考と特別異なるものではないことを伝え、さまざまな本を読んでみることを推奨する。特に法律家を目指している人は、適性試験対策という意味でも、参考文献一覧に掲げられている鈴木美佐子氏の著作[7]を今からこつこつ勉強しておくとよい（直前に試験対策しても後の祭りになる）とアドヴァイスしておく。

これまでのレクチャー内容から帰納して、法律を学ぶためには、「書かれた法」と「生きた法」と「あるべき法」を頭の中で区別して検討しなければならないことを伝える。ここは私が非常に重要と考えている部分である。

第1に、条文に書いてあること（書かれた法）を暗記するだけが法学だという入学前のイメージはもう粉々に粉砕されたはずだ。とはいえ、出発点として条文にどのように書かれてあるか、そしてなぜそのような条文ができたのかについての知識を得ることは非常に重要である。第2に、その条文はさまざまな解釈がなされうるはずだ。しかし実際に裁判の世界で権力を持っている裁判所は、さまざまな解釈の中から1つを選びとる[8]。これが「生きた法」だ。第3に、その「生きた法」

7　鈴木美佐子『論理的思考の技法Ⅰ』（法学書院、2004年）、同『論理的思考の技法Ⅱ』（法学書院、2008年）。

8　選び取った解釈を明示しない場合もある（事例判例）が、これについては第12回授業まで説明しない。判例に実際に触れていない段階でいろいろ説明しても学習効果はほとんどないと考えるからである。

が正義といえるかを検討しなければならない。最高裁がある解釈をしたからといって、そのこと自体がその解釈の優秀さを示すわけではない。それでは権威主義だ。我々は、最高裁の解釈が妥当と考えるならばそれを理論的に正当化し、妥当でないと考えるならば理論的にそれを批判し、「あるべき法」は何か、対案を示さなければならない。このような検討の参考に使うのが学説である。このように我々は、法律にどのように規定されているか、その規定はどのように運用されているのか、その運用は果たして妥当なのかどうかを検討し続け、現在の社会における法運用とそのあり方について自分なりの考え方を持ち、自分なりの社会正義感覚を鍛えていって、自分の理想の実現に近づけるべく、社会に飛び出していくのである。遊んでいるヒマはない。さあ、勉強しよう！――このようにメッセージを伝えるのである。

(3) 授業の流れ②：法的意見表明の型の修得

　法学入門部門の最後を飾るのは、法的意見表明の型の修得である。ここは異論があるところかもしれないが、私は、文章の書き方について、ひとまずは学生を「型にはめる」ことが重要だと考えている。とにかく自分なりに考えて、自分なりに表現してみなさい、という指導はしない。古くから言われる「守破離」を引用するまでもなく、まずは型から出発しないと、学生はいつまでも確かな手ごたえを感じることができない。また、意見表明というものは他者に理解してもらってなんぼのものであるから、ひとまずは他者が理解できる、これまで培われてきた伝統的な型に沿った意見表明ができるようにならなければならないと考えている。自分なりに考え、表現しても、他者に伝わらなければそれは自己満足にすぎず、コミュニケーション能力は育たない[9]。

9　そもそも法学部業界には、「普通の法律科目」で法的意見表明の基本を適切に指導していないという問題が古くからある。ある論者は、「最低限度の『文章作法』も教えず、『参考答案』という見本・手本を示すこともなく、それでいながら『最近の学生は文章の書き方がなっていない』などと嘆くというのは、いかがなものでしょうか。地図も与えずにおきながら、迷子になって目的地にたどり着けない子どもを叱りつけているように、わたしには見えます」と、法律的な文章の書き方を伝統的な法学部カリキュラムが教えてこなかったことを痛烈に批判している（杉山博亮『論文答案作成教室――法律的文章を書くコツ[第3版]』[法学書院、2011年] 263頁）。論者の批判はもっともだと私も考えてきた。基本を丁寧に教えない（正確には、基本ができるようになる授業をしていない）弊害は、法曹養成制度にも影を落としているように思える。例えば「平成23年新司法試験の採点実感等に関する意見（刑事系科目第2問）」（http://www.moj.go.jp/content/000094771.pdf）には、相当数の答案が「不正確な抽象的法解釈を断片的に記述しているかのような答案や、問題文からの具体的事実の抽出、当てはめが不十分な答案にとどまっており、関係条文からの解釈論を論述・展開

私が本授業、そして次のステップである刑事訴訟法[中級]で提供する型は、「問題提起→法解釈（他説紹介→他説のメリットを指摘しつつ、デメリットを挙げて批判→自説紹介→自説のメリットを指摘し、指摘されているデメリットを紹介し、反論する）→あてはめ・結論」一本に絞っている。この型は、何が問題なのかを的確に他者に指摘できるようになることを意識させ、どう解釈すべきなのかについて、独善に陥ることなく、異なる意見を吟味したうえで自説を提示することを必ず行わせるという点で、法学部生そして大学生として必要な力を養成することに最も適していると考えている。

　この「型」を、他人に貸した自分の車を自分が取り返したことは窃盗にあたるかという事例に対する解答をみるという形で教授する。この型をしっかり身につけさせるためには例示がどうしても必要である。ただ、テキストに掲載した説明では、それを咀嚼して自己のものとすることができない学生が多かったため、11年度からよりガチガチの型を作ってそれに従って書くよう指導することにした。このガチガチのマニュアルが、❶(本書330～331頁)である。この❶には、これまでの添削の経験上、初心者が誤りやすい点がいくつかあり、同じ過ちを犯さないように、先回りしてアドヴァイスする部分も多数含まれている。「事例ごとに異なる解釈をするな」とか、「論証は一般的にせよ」とかである。

　テキスト14～16頁と、❶を行ったり来たりしながら型を教授していく。この型の意味がわからないと後々まで悪影響を与えるため、教材を4つ用意している。

　第1に、前述の窃盗事案に関する答案例である。テキストに掲載している答案例は、2002年、大阪経済法科大学勤務中に当時の1年生に即席で書いてもらった答案だが、❶の型からみるとかなり粗いものになっている。そこで、答案例中の一定部分が、❶に示してある型のどこにあたるのか（そして型のどこが抜けているのか）等を具体的に示し、線を引かせて意識させる。

　第2に、聞き取りゲームの採点の際に示したチェック表である。これは型通りに論を進めていくものになっている。これを再度よく検討するように指示する。

　第3に、テキスト7頁に示した、過去の先輩が書いた、任意処分と強制処分の

することなく、問題文中の事実をただ書き写しているかのような解答もあり、法律試験答案の体をなしていないものも見受けられた」という。大学教育を終え、さらに勉学に励んできた、24歳以上の成人の相当数が、このような、本来大学1年生の時にくらうべき説教をくらっているのである。この事態は、法学部や法科大学院の教育力の低さをよく示すものといえよう。法科大学院生たちが不憫でならない。

差に関する事例問題に対する答案例である。前回の授業で、「訓練すれば3年生になるとこんな答案がすらすら書ける。あこがれてほしい」と伝えたものだが、ここでは「実はこの答案にも穴がある。❶にしたがって分析し、答案例のどこが型のどこにあたるかをチームで検討し、何が抜けているのかを指摘できるようにしておくように」と指示する。

　第4に、第3回課題シート(本書328〜329頁)である。第1回課題の時に予告しておいた、A君とBさんの物語が開始される。論点としては、刑法各論で必ず扱われる「傷害」の解釈である。必要最低限のヒントを示したうえで、チームで答案を作ってくるよう指示する。過去の学生の失敗例をふまえ、相当細かくガイドをつけている。このガイドは、当該事案だけを見てアドホックに論証するという、素朴なスキーマからいち早く脱却させることを強く意識している。

(4) 授業外タスク

　今回は課題が非常に多い。第1に、テキスト自習パート (18〜20頁) の読書である。これのみ、個人課題となる。第2に、テキスト7頁の答案例の分析である。第3に、第3回課題の実行である。第4に、裁判員シンポジウムのルポの提出である。第5に、予習課題として、草加事件最高裁判決中、捜査経過を示した部分をテキストに掲載している (35〜40頁) が、これを読み、事実関係を整理した表(テキスト41〜42頁)の穴を埋める課題である。これは珍しく予習課題となる。次週が連休なので2週間空くため、課題を増やしてみた。第4の課題については、事件が強姦殺人事件であり、読むだけで気持ち悪くなる人が出てくることが予想されるので、事前に以下のようにアドヴァイスしておく。「強姦殺人事件の判決をこれまで読んだ人などほとんどいないだろう。判決では事実を正確に記す必要があるため、人によっては異様にリアルに感じられ、事件に対する悲しみを超えて、嘔吐感をおぼえるなどの生理的変調をきたすかもしれない。私も学生時代、死刑にすべきか否かが争われた事件の判決を初めて読んだ時、吐き気をおぼえた。しかし、刑事法を学ぼうという以上、陰惨な事件を扱うことは避けられない。どうか、心に一定の壁を作って読むという訓練をしてほしい」。

(5) 一斉メール

　10月26日送信メールは、授業で言い足りなかったことの補遺である。

10月27日送信メールは、チーム除名または解散の危険性があることを警告するメールである。少し厳かな雰囲気を出すために、である調にしている。
　11月6日送信メールは、裁判員シンポジウムのルポの優劣を競うコンテストを予告したものである（このメールを出す直前に、コンテスト実行を思いついた）。
　11月7日送信メールは、第2回課題の成績に関するHP更新を知らせるものである。
　11月9日送信メールは、第3回課題の成績に関するHP更新を知らせるとともに、当日の授業までに実行してほしい事項を列挙したものである。

【10月26日送信】
裁判法Aの中川です。
今回は課題が多いが、前向きな気持ち（「よし、この課題で自分は一皮むけるぜ！」とか）で取り組めば、意外に早く終わるかもしれないよ。がんばってな！
さて、今回の授業でフォローすべきことがあります。最後までお読みください。
（1）金3クラスへ
テキスト16頁の真ん中に「「全ての占有説」……による1年生の答案」があります。その2行目、「しかし、不法に占有されている……」の個所に、「マル3」と書けと指示したと思います（変な書き方だが、この一斉メールでは丸囲み数字は文字化けしてしまうのでご了承願います）。これは間違いで(4)でした。すみません。訂正してください。
（2）金4クラスへ
第3回課題シートの最後の日本語チェックの部分は読み上げるのを省略しましたが、ソーシャル・スキルとして本当に大事なことなので、気を使ってください。
あと1つ。第3回課題の回答はシート裏に書ききれないかもしれません。そのような場合は、紙を継ぎ足して、左上ホッチキス綴じにして提出してください。
あるいは、最初から課題シートの紙を使わず、ワープロで打って印刷するという手もあります。その際は、みんなが書きこめるように、余白を十分に空けて作成してください。そして、チーム名等を書いた第3回課題シートと合わせて（←ここ重要）左上ホッチキス綴じし、提出してください。
（3）どちらのクラスにも
第3回課題に取り組む場合、最初から順番に書こうとすると、なかなか大変かもしれません。これは一般的な文書作成スキルの一つなのですが、最初からきちんと順番に書こうとするのではなく、ワープロを使い、よく書けないところは飛ばし、書けるところからどんどん入力していき、後でカット＆ペーストでつなげて、見直して、つながりが悪いところをさらに直していくという手法があります。このような書き方をしたことがない人は、ぜひ試してみてください。裁判員シンポ課題でも同じようにしたらよいかも。とにかく思いつくことを、順番を考えずに

ばしばし入力していき、それを見直して、順序を並び変えたり、けずったり、つけくわえたり、試行錯誤しながらまとめていったらどうですかね？
たぶん、以上です。
それでは！

【10月27日送信】
裁判法Ａ＆刑事手続法概論の中川である。
１．チーム除名の警告
以下の３名は、欠席回数が３回に達している（第３回授業からカウント）。あと１回の欠席によりチーム除名となるので、警告する。
──中略──
２．チーム解散の警告
以下の１チームは、チーム課題未提出が２回に達している。あと１回の未提出によりチーム解散となるので、警告する。
金３クラス　アイライナーズ

【11月6日送信】
裁判法Ａ、刑事手続法概論、刑事訴訟法の中川です。裁判員シンポ・ルポに関してお知らせ３点です。
１．刑事訴訟法金１クラスのみ、事情により、締切を遅らせておりましたが、その締切が迫ってきました。７日水曜23:59です。がんばってください。
２．その他のクラスですが、ほとんどのチームがエントリーしてくれました。まだきっちり確認しきれていませんが、おそらく……
・刑事手続法概論　　→８チーム中８チーム提出
・裁判法Ａ金３クラス　→34チーム中27チーム提出
・裁判法Ａ金４クラス　→27チーム中24チーム提出
・刑事訴訟法木３クラス　→５チーム中５チーム提出
となっております。
３．この課題は、実は、これで終わりではありませんｗ。提出された全レポートをみなさんに見てもらって、最優秀作品を選定するという「コンテスト」をやりたいと思います。最優秀作品に選ばれたチームには、私から何かプレゼントするとともに、その作品をHPにアップします。なんでこんなことをするかというと、特に就活に関連して、「企業の人事担当の立場に身を置く」ことを体験してもらいたいからです。大量のエントリーシートを読んで、「それほど大差ない（失礼！）ものから、いかに選び出すか」という視点を体験してほしい。そうすると、「のんべんだらりと学生生活を送って、イマイチ成長しないまま就活に突入し、ハウツー本をみながらみんなと同じようなエントリーシート等を書くのでは土俵にのれない」ということが実感できるでしょう。

詳しくは、今週の授業で！
それでは！

【11月7日送信】
裁判法Ａの中川です。遅くなりましたが、第２回課題(調書作成)の結果をアップしました。例によって、↓からどうぞ。
http://www5f.biglobe.ne.jp/~nakagawa1015/0001main.htm
補足しますと、
「Ａ？」という記号は、朱入れがないので、目撃者が後でチェックしたのか否かが不明なものを意味します。
「再→」という記号は、書式に何らかの問題があるので再提出を命じているものです。この記号がついたチームは、今週金曜の授業が始まる前に教卓前に来て、その場で速やかに訂正してください。教卓前に来ず、訂正しなかった場合は、未提出扱いになるので、気を付けるように。
さしあたり以上です。今週は、みなさんに指示することが多く、しかも、メールを出すのが五月雨式になってしまうかもしれない。みにくくて恐縮です。でもそうせざるをえないので、最初に謝っときます。

【11月9日送信】
裁判法Ａの中川です。結局、五月雨式にメールを送ることもなく、今回のメール１回で全てを書きこむことになりました。５点あります。
１．第３回課題の結果をアップしました。自分のチームの評価を確認してください。例によって、↓からどうぞ。
http://www5f.biglobe.ne.jp/~nakagawa1015/0001main.htm
答案返却しますので、授業開始前にとりにきてください。
なお、「再→」のチームは、その場で修正してもらいますから、準備してください。特に、今回からは、「チーム欠席者」が空欄の場合も「再→」扱いにしましたから、よろしく。あと、第２回課題の「再→」修正もよろしく。
２．第２回課題で「Ａ？」がついたチームは、再提出したり、「本当に目撃者に確認してもらったんだ！ 修正点がなかったから朱入れが無いんだ！」と言いに来たりする必要はありません。念のため付言しました。
３．今日は配り物がたくさんあります。早めに教室に来てください。
４．今日は、裁判法Ａの全授業中、最も多数の条文を見る回です。しかも、読み方が難しい条文がそれなりに含まれています。さらに、これらの条文をきっちり押さえているかが、第４回課題に強く影響します。というわけで六法は必須です。……今ごろ言っても遅いかな？
５．テキスト７頁の答えと41～42頁の表の穴埋めを述べてもらうチーム（原則としてＤさんお願いします）は以下のとおりです。
・金３クラス　ハラムーランド(主)　金曜日のお昼(待機)

・金4クラス　KRT（主）　A3B3（待機）
今日はほんまに時間が足りないので、いつもと違って、多数のチームにあてるのではなく、1つのチームに全部答えてもらいます。（主）のチームに答えてもらう予定ですが、（主）のチームが宿題をやっていなかったり、全員逃亡したりした場合wは、（待機）チームに交代してもらいます。よろしく！
以上です。それでは後で！

7．第6回授業（2012.11.09）──ふりかえってから次のステップへ！

(1) 配付物
　❶第3回課題シートの返却
　❷第3回課題の講評（本書333〜335頁）
　❸第3回課題答案例2通（本書332頁。紙幅の都合上1通のみ掲載）
　❹これだけは！シート4〜5頁
　❺第4回課題シート（本書336〜338頁）

(2) 授業の流れ①；第3回課題のふりかえり
　一斉メールで指示したとおり、授業前に答案の返却（❶）は終えている。第3回課題の答案提出率は、書式不備等で未提出扱いになったものも含め、とにかく提出したもの全てをカウントすると、98.3%（59通）だった。未提出のチームは1つだけということになる。
　それでは授業開始。例によってAを取得したチームに立ってもらい、全員の拍手でもって称える。第3回は、ほとんどの学生にとって、生まれて初めて法的意見表明文章を作り上げるものであった。したがって、さまざまな点でミスが目立ち、かつ、これらのミスを早いうちに改善しないと、後々まで尾を引く。そこで講評をかなり丁寧に行う。講評ペーパー（❷）とAをとったチームの答案例2つ（❸）を用い、相互を行ったり来たりしながら、各チームのミスを指摘していく。ペーパーに基づいて一般的説明を行い、答案例に基づいて具体的イメージを喚起する。
　答案例を配付する目的はいくつかある。第1に、一般的抽象的説明だけでは腑に落ちないことも多いと思われるので、具体例を示すことによってイメージを喚起させようとしている。第2に、特にできのよくないチームに対し、できのよいチームはここまで到達しているのだということを示して奮発してもらおうと

している。教員自身が答案例を書いて渡すのではなく、学生自身の答案を配付するのはそのためである。第3に、シート右側のコメント欄をうまく活用しているチームのものを配付し、チーム作業をどのように運営すればよいのかよくわかっていないチームに対し、こうすればよいのだというヒントを提供する。第4に、紹介した2つの解釈それぞれの答案を配付することによって、どの説に立つかによって点数が上がったり下がったりするものではないということを、実例をもって示すのである。法学部の世界では、「教員の支持する学説に従わねば単位をもらえないのではないか」などと考えて、自分の頭で考えることなく、あるいは、自分が正しいと考える説をあえてひっこめて、教員の支持する学説を採用したふりをする「迎合答案」を書こうとする学生がいる。そのような不安を除去するために答案を2例配付するのである。

なお、答案の中には「判例の採用している学説は、判例が採用しているわけだから、法的に安定する」などと権威主義的なことを書くチームが少しあったので、このような権威主義的な論証はしてはならない旨あわてて教授する。判例をどのように論述の中で用いるかは、いずれ説明するので、現時点では判例について言及するのは止めにしておくよう伝える。

(3) 授業の流れ②：復習→短答問題の答え合わせ

　一斉メールで指名したチームに、テキスト7頁の短答問題を答えてもらう。今回は短答問題1つしかないので、メインと待機の2チームしか指定しなかった。特に指定しなくともよかったかもしれない。

　ここで法学入門の部門は完了にしたかったのだが、前回これだけは！シートを配付できなかったので、このシートに基づく前回の復習が次回に残されることになった。いささか格好が悪い。

(4) 授業の流れ③：レクチャー

　ようやく法学入門の部門を終え、本格的に刑事訴訟法の世界に入っていく。冒頭で、刑事手続のステージは捜査→起訴→公判→判決→上訴→再審に大別できること、そして、本学の刑事訴訟法関連授業は、最初から順番に知識を教授していくのではなく、各ステージの最重要知識を一通りおさえ（本授業）、上級の授業にいくに従い、知識の隙間を埋めていくというカリキュラムであることを簡

単に説明する。今回と次回の2回で捜査に触れる。

　まずは、捜査のステージで検討する二大テーマを紹介する（テキスト25頁Ⅰ）。第1に、捜査の必要があることはあらためてレクチャーするまでもない。問題は、許容性である。最上位規範である憲法が、捜査機関の権限濫用防止のためにいくつかの原則を置いているので、それらの意義を一通り理解しておこうというものである。第2に、これは法技術的なテーマだが、上位規範である憲法や条約と下位規範である法律とが衝突しているようにみえる時の法的意見表明方法を学ぼうということである。

　次に、第1テーマのレクチャーに移る（テキスト25～26頁Ⅱ1）。重要な点は2つある。第1に、捜査で行うことは、証拠の収集と被疑者（マスコミ用語である容疑者という言葉は法律上存在しないことに注意喚起させる）の身体拘束の2つであることである。特に身体拘束については、取調べのためと思っている人も多いが、法令上は取調べのために身体拘束を認める明文規定はないこと（逃亡防止と罪証隠滅防止目的しか規定されていないこと）を、六法で確認する。学生の有する素朴概念（日常経験を通じて自然発生的に獲得される概念）との不一致は、取調べ目的が認められていないことの他に、被疑者が犯人であるという前提のもと再犯防止のために認められているという点もあるのだが、テキストにも書けなかったし、授業でも補足説明を忘れてしまう。これが尾を引いて、中間試験や期末試験の短答問題の正答率の低下、そして、中間試験における論証部分の点数低下につながっていく。12年度も言及するのを忘れてしまった。

　第2に、捜査機関の権限濫用を防止するための制度である。捜査比例原則、強制処分法定主義、令状主義、物証中心主義の4つの定義と根拠条文と趣旨を簡単に説明し、問答無用に記憶するよう指示する[10]。

(5) 授業の流れ④：穴埋めシートの答え合わせ＆事件と知識の結び付け

　もっとも、抽象的な説明ではこれらの道具概念を使いこなすことはできない。上級授業で鍛えることになるのだが、ここでは草加事件というえん罪事件の捜査過程を取り上げ、本件の捜査過程に問題がなかったかという問いかけをし、問題がある・なしを判断する指標としてこれらの原則を使用してみる、という体

10　本当は、第4回課題との関係で捜査と拘禁の分離原則も紹介したいのだが、日本国憲法に明文規定がないし、憲法上の位置付けが学会で確定しているわけでもないので、ここでは断念している。

験をさせてみる。この体験をうまく活かせば、捜査に関する詳しい知識がなくとも、さまざまな事件報道に接した時に、「事件の内容そのもの」だけでなく、「事件の捜査のプロセス」に眼を向け、素人レベルを一歩超えた分析ができるようになるのではないかと期待している。もっともこの点は検証していない。最終授業アンケートなどに「報道される事件に対してみる眼が変わった」などと書いている学生があるとほっとする程度である。

　まずは宿題であった、「草加事件捜査経過表」(テキスト41〜42頁)の穴埋めの答え合わせである。まずはテキスト26〜27頁の「注目ポイント」に注意を向けさせ、一通り学んだ「物証中心主義」、「強制処分法定主義」、「令状主義」等がこの事件で守られていたかという点に注意を向けながら答え合わせをしていこうと指示する。

　その後、この表を使って捜査の経過を教員が簡単に説明しつつ、穴があいている箇所にきたら学生に尋ね、答え合わせをしていく。毎年、ほぼ100％の正答率である。よく検討してきたと称え、さきほどの「注目ポイント」との関連で考えさせる。授業進行に時間的余裕があれば、授業時間内チームミーティングの場とし、5分ほどで検討してもらい、代表者に答えてもらうという方法が考えられるが、残念ながら時間は余っていない。次善の策で、私が説明していく。

　その後、今回の作業ではわからない点に触れる。すなわち、長期の身体拘束の間被疑者たちはどこに拘束されていたかという点である。家庭裁判所に送致される前の20日間程度、ほぼ全期間、警察署付属の留置施設にいたことを説明し、このような実務のあり方が正義といえるか否かを検討していこうと誘う。

(6) 授業の流れ⑤：代用刑事施設問題の検討

　テキストでは、令状主義との関連で緊急逮捕の問題を検討した後に代用刑事施設の問題に移るのだが、緊急逮捕の論点については中間試験における論述課題にすることが決定している(毎年同じ問題を出し、経年比較を通じて、本年度の学生の特徴をあぶりだす目的がある)。中間試験の前に論述問題を解く経験をもう1回経験したほうがよいとこの授業の歴史の中で判断し、かつ中間試験までに問題を出そうとすると代用刑事施設の論点しかないので、テキストの順序を入れ替えたのである。

　以上の理由により、途中を飛ばしてテキスト28〜30頁Ⅳの部分に移る。前

回の授業で教授したように、書かれた法→生きた法→あるべき法の順序で検討していくことを明言し、前回に得た道具概念を活かして授業に臨めるよう支援する。

まずは書かれた法である。代用刑事施設に関連する規定は多数あり、かつ読みにくい。第4回課題の論点へと導くためには、法令の読み方に関する基本的な約束事を同時に理解していかねばならない。法令の読み方に関する基本は第1回授業で教授したが、ここで一気に複雑さを極めることになる。しっかり教授しなければならず、かつ、理解したか否かをチェックしなければならない。

第1に、捜査と拘禁の分離原則が示されている上位規範である自由権規約9条3項の規定を出してもらう。9条3項は、刑事手続に関するさまざまな権利が一気に詰め込まれており、そのうちどこを問題にしているのか混乱する学生が毎年出てきていた。これを防ぐために、裁判官の「面前に連れていかれる」という部分だけにマーカーを引かせて他の部分はみないようにする（他の部分が何を規定しているのか説明する時間はないので、ただ「一見関連しているように見えていても、実際はそうではないので、他の部分は見るな！とだけ指示する）。そして、そのような規定がある趣旨を簡単に説明する。

第2に、この規定に対し、下位規範の刑事訴訟法は身体拘束に関してどのような「書かれた法」を置いているかを見てもらう。問題領域は2点ある。逮捕されてから裁判官の下に連れていかれるまでどれだけの時間をかけてもよいかを規定している部分と、裁判官の下に連れていかれた後どこに身体拘束されるのかという部分である。前者については書かれた法の説明を全て省略し、最大72時間であるという結論のみを伝え、72時間という捜査機関の手持ち時間は拷問防止という自由権規約の趣旨に合致するほど短いものといえるかという問いかけをする。詳しくは上級授業で検討しようと気を持たせ、後者の説明に移る。

後者の「書かれた法」の説明を初心者に行うことは大変である。ざっと大変な点を列挙すると、①捜査段階における身体拘束には2種類あり、逮捕がなされた後に勾留（拘留ではないので注意）が行われること、②法207条1項本文が準用規定であり、60条以下を準用せよという意味であること、③準用する場合は、当該文脈に照らして、「被告人」と書いてあるところを「被疑者」、「裁判長」と書いてあるところを「裁判官」などと、言葉を読み替えねばならないこと、④準用先の規定は、勾留という処分だけでなく勾引という処分と一緒に規定していたりするの

で、勾留に関する部分だけを拾い、勾引の部分は無視しなければならないこと、⑤刑事施設という言葉が出てくるが、刑事施設とは何かは刑事訴訟法には定義がなく、刑事収容施設及び被収容者等の処遇に関する法律（被収容者法）という他の法律をみなければならないこと、⑥被収容者法を見てもよくわからないと思うが、刑事施設は法務省管轄の施設で、捜査機関とは独立した部署が管轄していること、⑦被収容者法には「留置施設」という言葉が出てくるが、これは警察すなわち捜査機関が管轄する、警察署付属の施設であることなどである。

　これらのうち、②については「なぜそう読めるのか理解できない人も多いと思うが、これを詳しく説明していると時間が瞬く間に過ぎてしまい、かつ、それでもわからない人が多い（裁判官、裁判所、裁判長の区別が理解できないため）と思われる。そこで説明はあきらめ、問答無用で憶えておけとだけ言っておこう。詳しくは、みなさんが知識をもっとつけた中級授業で説明することにする」とだけ述べて、とりあえず記憶してもらう。③④については、無視すべき箇所を全部マーカーで消してもらい、実際に読み替えて発音し、メモってもらう。

　一気にこれらを理解することは、初心者には大変だが、「これまでの授業進行をみてきた限り、みなさんはがんばり屋さんで優秀だから、大丈夫だ。必死についてきてほしい。これらの条文が読めるようになれば、たいていの条文は読めるようになるから」と鼓舞して、教授する。

　残念ながら、これらの書かれた法の理解が正確かどうかを問う第4回課題の結果をみると、理解できていない答案が例年多かった。かつ、12年度は時間が足りず、口頭説明自体も中途半端に終わってしまった。そこで、口頭説明するだけでなく、補足シートを授業後に配付し、十分に復習できるように配慮した。

　このように説明して、拷問防止のために早期に捜査機関の手元から被疑者を放せというのが自由権規約の趣旨だったし、刑事訴訟法も、捜査機関とは独立した「刑事施設」にしか勾留を認めていないようなのだが、被収容者法が、刑事施設に代えて留置施設に収容することを認めている。憲法や国際法の授業で詳しく検討すると思うが、条約と法律とでは条約のほうが上だというのが一般的理解である。この一般的理解に従えば、被収容者法の規定は条約に反していて無効ということになりそうだが、どうか。解釈によっては無効にならないかもしれない。興味深いことに、「生きた法」たる最高裁判例は現在までのところ出ていない。しかし、実務の世界では、代用刑事施設に収容するほうが通常となっ

ている。このような「生きた法」は正義に反するだろうか。さあ、検討してみよう！
……ということで、第4回課題シートに注目させる。テキストはあるべき法に関する説明がややごたごたしているので、答案に書きやすいよう順序を整理したシートのほうを使って、「あるべき法」に関する説明を加えると同時に、何をどのように書けばよいのかを指示する。例によって、これまで添削してきた経験上、学生が誤りやすい点を先回りして指導しているので、この課題シートは年々文字情報が多くなる傾向にある。さらに、ほとんど板書をしない私にしては珍しく、2つの対立する説のありようを示すマトリックスを板書し、理解を助けている。

(7) 授業外タスク
　これだけは！シートの実行と、第4回課題の実行である。第4回課題の提出率と成績が際立って低い年が多い。今年度はかなり手厚く支援したつもりだが、さて、提出率と成績は向上するだろうか。

(8) 一斉送信メール
　11月10日送信メールは、今週に送るメールの数が膨大になりそうだったので、うざいと思われないように予告編を打ったものである。
　11月11日送信メール①は、代用刑事施設問題に関する補足シートをアップしたことの告知である（掲載省略）。
　11月11日送信メール②は、チーム内の作業分担等についてこれまで私が指定していたのを今後はチームに任せる旨告知するものである。チームによって人数が違うし、既に4回指示したためにそれなりにコツをつかんでいるだろうから、今後は学生の自治に委ねようとしたのである。
　11月12日送信メール①は、チーム課題の成績一覧表更新告知と、第4回課題実行の励ましをしたものである。
　11月12日送信メール②は、例によって、警告と除名告知である。
　11月13日送信メール①②は、チーム運営に絶望を感じている人がいるかもしれないので、他チームに移るチャンスを提供し、その方法を指示するものである。少人数クラスではないので個々のチーム運営の実情を直接観察することができない分、不満を感じている者の環境変化のチャンスを担保しようとしているのである。このようなチャンスを提供すること自体は、第2回授業時に配付した学

習の手引き9頁(本書299頁)に予告しておいた。その時が来たのである。
　11月16日送信メールは、第7回授業当日の授業直前に出したもので、第4回課題の成績告知と、授業開始までの段取り指示である。

【11月10日送信】
裁判法Aの中川です。
今日の進行は最悪でした。段取り力ガタ落ちです。全て私の不徳の致すところです。すみません。
これでは、第4回課題に万全の状態で取り組んでもらえないではないか！
というわけで、今日、明日、明後日のうちに、一斉メールを何回か出すので、うざいと怒らないでください。今回は予告編です。以下のようなメール等を出します。
1．ケースマのフォルダに、第4回課題を解くための基礎知識を改めて説明した文章を入れ、メールでフォルダ内の文章を読んでから課題を解くよう告知
2．これだけは！シートの答え合わせという宿題を告知し忘れたので、それに関するメール
3．出席を整理した後、警告または除名宣告メール
4．学習の手引きの9頁22～24行目に書いたことに関連して、現在のチームから離脱したい人に、離脱の手続について書いたメール
5．裁判員ルポ・コンテストに関するメール
6．答案を取りにこなかったチームの扱いに関するメール
7．HPを更新した後、その旨のお知らせメール
たぶん、これだけです。それでは、とりあえず家に帰りますので、しばらくお待ちください。

【11月11日送信②】
1．お知らせ
裁判法Aの中川です。
今回のメールは、これだけは！シートの宿題に関するものと、答案を取りにこなかったチームの取り扱い関するものです。
1．これだけは！シート答え合わせの宿題について
これだけは！シート4～5頁、具体的には、通し番号10～13を、即答できるように検討しておいてください。
前回とは異なり、いつものように、それなりに多数のチームから1名出てきてもらって、回答してもらう形になります。
これまでは「今回はAさん」といった形で、回答人物を指定してきましたが、これまでDさんまで回り、かつ、今後は4人チーム、5人チーム、6人チームそれぞれ人数が違ってくるので、一律にアルファベットで指定できません。そこで、今後は、「チーム名だけは金曜2限ころのメールで指定するが、黒板前に来て回答する人物の選出は各チームにお任せする」という形に変更します。チームの実情に合わせて柔軟に決めていただければと思いますが、とにかくこの授業は

毎回時間がいっぱいいっぱいなので、回答人物に選ばれた人が全ての質問に即答できるようチーム内の準備をお願いします。頼むから、「お前、全く復習してないおろか者だから、ペナルティーとして、黒板前に行って恥をかいてこい！」なんて選出の仕方はしないでくれ！
２．答案を取りにこなかったチームの取り扱いについて
チーム課題は、ただ解いて出すだけでは十分な学習効果を得ることができません。返却答案をみてしっかりふりかえることが必要不可欠です（だから、返却後の答案をチーム全員にコピーして配れと指示しているのです）。したがって、答案を取りにこないチームは、十分に課題に取り組んだとはいえないのです。そして、個人的感情としても、せっかく睡眠時間を削って添削しているのに、この添削結果を無視するチームに対してはどうしても「無駄」というか、「この人たちのために私の睡眠時間を削る必要などないよね」と思ってしまいます。
というわけで、答案を取りにこなかったチームは、再提出の指示に従わないチームに準じて、未提出扱いとさせていただきます。HPの成績一覧表には、例えば「A→未」と表示されることになります。
以上です。
立て続けにメールを出しましたが、今度はたぶん１日くらいタイムラグがあります。

【11月12日送信①】
裁判法Aの中川です。
第2回課題＆第3回課題の結果（修正済み）をアップしました。例によって、↓からどうぞ。大丈夫だとは思うが、もし間違っている個所があれば、授業時に指摘してください。
http://www5f.biglobe.ne.jp/~nakagawa1015/0001main.htm
第4回課題は進んでいるかな？　一見大変そうだが、ケースマフォルダの文書をじっくり読んでくれれば、それほど大変でもないと思うので、まずは読んでやってくれい！

【11月12日送信②】
裁判法A＆刑事手続法概論の中川である。
１．以下の３名は、第3回授業以降の欠席回数が4回に達したので、現在所属しているチームから除名する。今後授業に出席する場合、チーム非所属者エリアに着席すること。
　——中略——
２．以下の３名は、第3回授業以降の欠席回数が3回に達したので、警告する。
　——中略——

【11月13日送信①】
裁判法Aの中川です。
今回は、「現在のチームから離脱したい人」へのメールです。文字数が多いので、今回は「その１」です。すぐ続けて「その２」を出します。
チームの中には、「チーム・ミーティングを開いてもいつも３人しか来ない」とか、「チーム課題

を最初から最後までやってくるのは自分1人しかいない」といった感じで、黒いエネルギーが充満しつつあるチームもあるかもしれません。黒いエネルギーが充満している状態だと、チーム作業は喜びではなく苦痛に転化します。それではあまりにかわいそう。

というわけで、「もう現在の状況に耐えられない」という人は、「その2」のメールに記されている手続を踏んでチームを離脱してください。

昨年度の例を紹介しましょう。まず、チーム離脱したケースの紹介です。Aさんは、他メンバーが全く課題をやってこず、全て自分に押し付けて、授業もピ逃げ(教室に設置されているカードリーダに学生証をかざすと出席した旨の記録がなされる。学生証をかざし、読み取った合図である「ピッ」という音を確認したら直ちに教室から退出し、授業に参加しないことを学生は「ピ逃げ」と呼んでいる)を繰り返し、配付資料等を全て自分に保管させるという状態に悩んでいました。これではまずいと説得を試みたが、逆切れされ、「お前は現役生だろ。俺達は一浪しているから年上だ。生意気だぞ」と言われ、これ以上はムリと判断しました。年上の人達のほうが人格未発達なわけです。このケースでは、離脱した人は他のチームで幸せになり、かつ、離脱された人たちも、心をいれかえて以後は真面目に取り組むようになったので、互いに幸せになりました。

もう1つ紹介しましょう。これは、離脱しなかった例です。Bさんのチームは、自分以外の人は授業に全く集中せず、毎回の課題も、そもそも何をやったら良いのかを全く理解しておらず、授業の内容から課題の内容まで、全部説明してあげなければならず、かつ、これだけ説明しても、課題をやってくるのは自分1人だけだったそうです。離脱したらと誘ったのだが、現メンバーたちとの人間関係にひびが入るのも嫌だということで、結局離脱しませんでした。しかし、メンバーが課題をやってくることはなく、1人孤独に課題を提出し続けなければならない虚しさに耐えきれず、そのがんばってきた1人だけが欠席するようになり、期末試験も不受験となりました……この人については、本人が嫌だといっても強引に離脱させるべきだったかどうか、今でも悩んでいます。

参考になったかな？

【11月13日送信②】

裁判法Aの中川です。「その2」です。

よく考えてみて、チームを離脱したいと考えた人は、以下の指示に沿って手続を踏んでください。

1. チーム内に頑張っている人（チーム課題とその他宿題を個人で全てやってきている人を指します。以下同じ）が3人以上いる場合は、チーム離脱してほしくありません。その3人以上で引き続きがんばってください。困ったちゃんが少数いたとしても、「君は君の道を行けばよい。ウチラはウチラの道を行く」と宣言して、事実上切り離せばよい（チーム作業の分担を初めからしない等）のです。中学生ではないのだから、人格非難攻撃などを加えたりしてはいけません。互いに目指すところが違うのだから、実質別れようぜと宣言するだけです。

2. 頑張っている人が3人未満の場合、頑張っている人の離脱を認めます。ただし、チームメンバーに「私は離脱する」とあらかじめ明確に宣言しておいてください。これは必須です。この点を曖昧にしておくと、後でいろいろもつれます。この場合も、進む道が違うので別れると宣言するだけ

です。
3．A4用紙1枚に、「チーム移籍願」というタイトルを付け、学籍番号、氏名、所属クラス（金3 or金4）、チーム番号、チーム名を記し、現在のチームから離脱したいと感じる理由を丁寧に述べてください。
4．チームミーティングの前に自分1人で作成した第1、第3、第4回課題シートが残っているはずです。それらを束ね、3の「チーム移籍願」を一番上にして、左上をホッチキスで止めてください。シートが一部残っていない場合には、なぜ残っていないのか、理由を記した紙も添付してください。
5．4で作成した束を、今週金曜午前11時までに研究室前ボックスに入れてください。締切厳守。
6．その後の手続
(1)移籍願を出した場合は、原則チーム離脱を認めます。本人の意思が一番重要だから。
(2)移籍願提出者の合計が3人以上の場合、提出者のみで新チームを結成します。3人未満の場合、他チーム（4～5人メンバーのチームで、全課題提出しているチーム）に編入を試みます。いずれの場合も、今週金曜の授業はいつもの席に座らず、授業開始前に教卓に来てください。
(3)チーム離脱者が出たチームは、どんなに人数が少なくなったとしても、とりあえず存続します。

【11月16日送信】
まだ授業の準備が終わっていない裁判法Aの中川です。
ようやく、第4回課題の採点結果をアップしました。なんかな、すげーぞ。
例によって、↓からどうぞ。
http://www5f.biglobe.ne.jp/~nakagawa1015/0001main.htm
授業開始前に返却するから、必ず取りに来てよ！ あと、チーム離脱者も前に来てよ！
次回は中間試験です。今日の授業は、そのガイダンスを含みます。今日休む人は……知～らないっと！
それじゃ、教室で！ 問題は、俺が間に合うか、だ……

8．第7回授業（2012.11.16）――授業時間外学習は順調！
(1) 配付物
　❶第4回課題シートの返却
　❷第4回課題の講評（本書341～344頁）
　❸第4回課題答案例（本書339～340頁）
　❹中間試験ガイダンス（本書345～346頁）
　❺模擬裁判アクターのお誘い

(2) 授業の流れ①：チーム離脱希望者の相談
　まずは授業開始前に第4回課題シートの返却を行う。12年度の第4回課題提

出率は98.3％（59通）だった。この提出率の高さと高成績チームの多さは、私の授業の中では画期的である（❷の講評参照）。

　なぜこのようなよい状況になったのかについては、とりあえず、事前のしかけが効を奏したのだと捉えておく。他に、いつもとは異なり、間に休みを挟んだので2週間の余裕があったことも念頭に置いておく。現段階で、要因を特定する必要はない。来年度も同じしかけを施して、うまくいかない場合にあらためて今年度と来年度の違いをみながら要因を遡及的に特定していけばよいと考えている。

　授業開始前に、チーム離脱希望者を他チームに所属替えさせる試みをする。金曜3限クラスでは、2人によるチーム（第2回授業参照）の1人が休学したため、チームが存続不可能になってしまった。残された1人を他チームにかけあって所属させた。金曜4限クラスでは、他のメンバーのやる気のなさに辟易した2人が離脱を希望したため、これまた他のチームにかけあって所属替えを行った。いずれのチームも快く新規参入者を歓迎してくれたため、スムーズに手続は済んだ。

(3) 授業の流れ②：第4回課題のふりかえり

　授業開始。まずは第10回授業に実行を予定している模擬裁判のエキストラ・アクターになる人がいないか呼びかける。中川基礎演習生が演じるのだが、人手が足りないためである。配付した❺には応募用紙がついているので、希望者はあとで応募用紙を提出するようお願いする。中川担当の基礎演習に落選した人は、中川基礎演の実際を見てみたいだろうから、優先させる。

　次に、第4回課題のふりかえりを行う。いつものとおり、Aをとったチームに立ってもらって全員の拍手でもって称える。第3回の時と同様、❷の講評ペーパー（本書341〜344頁）と、❸の、Aをとったチームの答案例2つ（紙幅の制約があるので1つだけ掲載する。本書339〜340頁）を用い、気を付けるべき点を指摘する。提出率が例年に比して高かったこと、高成績群が多いことを最後に指摘し、あらためて学生諸君のがんばりを称える。

(4) 授業の流れ③：中間試験ガイダンス

　次に、成績評価に直接影響しないが、これまで提供してきた知識を、期末試

験と同じ形式で解く「お試し中間試験」を来週行うことを告知し、❹（本書345～346頁）を用いてガイダンスをする。期末試験と同一形式なので、期末試験対策という点でも有益であるし、これまでの学習方法が適切か否かを図る絶好の機会ともなる、といったことを述べて受験するよう誘う。また、このお試し中間試験はチーム非所属者にとっては唯一の添削機会となることを強調し、テスト受験に誘う。

　なお、この試験は、授業の効果がどの程度あるかを測定するために毎年同一問題にしていることを知らせ、授業効果測定を誤らせないために過去問を入手したりしないよう注意喚起する。それでも入手する人はいるかもしれないが、この中間試験は成績評価に算入しないため、成績評価の公正さには影響しない。

　❹では、短答問題の過去問を掲載して、どのような問題が出るのかイメージできるようにしている。試みに正解と思う選択肢について挙手してもらったところ、大ざっぱな視認で8割は正解であった。今年度の短答問題の正答率は高くなるかもしれないという予測が立つ。その通り伝え、期待していると宣告する。

　また、❹では論述問題を事前公開している。論述問題の主目的は法的意見表明の型を身につけているかにある。十分に事前に検討してきて、これぞ完璧というものを答案で示してほしい。そのような「完璧と思っている答案」でないと、自分の意見表明力がどの程度ついているのか試すことはできないのでもったいないという話もしておく。「十分事前勉強しなかったら、低い点数でも仕方がない。勉強したらもっとできたはずだ」などといった逃げ道（いわゆる、セルフ・ハンディキャップ[11]のこと）を用意せず、期末試験と同様万全の準備をして臨むように伝える。

　なお、この論述課題は、今回の授業のレクチャーで教授する知識を使う問題である。中間試験ガイダンスをレクチャーの先に行う理由は、直後のレクチャーを集中して受けさせようという気になることを期待してのことである。

(5) 授業の流れ④：これだけは！シートの答え合わせ

　次に、これだけは！シートの答え合わせに移る。11月16日送信メールでおわかりのように、今週もどたばたしていて授業の準備が十分に行えなかった。端

11　セルフ・ハンディキャップについては、市川伸一『勉強法の科学——心理学から学習を探る』（岩波書店、2013年）93-96頁参照。

的にいうと、直前に、当てるチームを指定することを忘れてしまったのである。そこで今回は、教員が1人で全て解説することにした。教育効果上あまりよろしくないこととなってしまった。

(6) 授業の流れ⑤：緊急逮捕の合憲性の検討

　レクチャーに移る。前回飛ばした、テキスト27～28頁（Ⅲの部分）を教授する。前回の代用刑事施設問題に関するレクチャーの時と同様、「書かれた法」→「生きた法」→「あるべき法」の順序でレクチャーする。すなわち、「書かれた法」としては、憲法33条の条文確認→本条が令状主義を採用している趣旨は誤認逮捕の防止にあることの教授→本条が自ら例外を認めているのは誤認逮捕の危険性が低い場合であることの教授→下位規範である刑訴法には逮捕について3類型があることを教授、という順序でオーソドックスに進める。その後、このうち令状が発付された後に逮捕する通常逮捕と、犯罪が眼の前で行われた時に令状なしで逮捕する現行犯逮捕については憲法との齟齬は生じない（準現行犯については教授しない。中級授業に回す）が、逮捕した後に令状発付を求める緊急逮捕については憲法との齟齬が生じているのではないかという問いかけをする。

　「生きた法」については、代用刑事施設の場合と異なり、判例があるので紹介する。テキストに紹介している判例を、下線を引かせながら音読し、緊急逮捕の規定は憲法33条に違反しないという結論ははっきり示されているが、その実質的理由は実は何も述べられていないことに注意喚起する（テキストでは、実質的理由が述べられていると解釈できる可能性についても言及されているが、判例をじっくり読みこむ判例解釈の詳細に踏み込むことは時期尚早と考え、当該部分は取り消し線を引いて見ないよう指示する）。

　そこで、「あるべき法」の検討に移る。このあたりもテキストの書き方は少々ごちゃごちゃしているので、前回の授業と同様にマトリックスを板書し、口頭で説明していく。例によって、対立する見解を1つずつ紹介するにとどめる。特に合憲の結論をもたらす見解については、学生にも理解しやすいものを選んだ。

(7) 授業外タスク

　学習した知識を総復習し、かつ、論述問題の答案を事前に作成してみることにより、中間試験の準備をすることである。自習パートの勉強も忘れないよう

指示する。

(8) 一斉送信メール

11月17日送信メールは、警告＆チーム除名を告知したものである。

11月18日送信メールは、昨年度以前の答案採点をふまえ、より突っ込んで勉強しようとする人が陥りやすい罠にはまらないよう注意を促したものである。

11月25日送信メールは、警告＆チーム除名を告知したものである。木曜4限クラスが対象である。

11月28日送信メールは、模擬裁判のエキストラ・アクター応募締切のリマインダである（掲載省略）。結局12年度は1名の募集しかなかった。中間試験準備期間と重なったのがよくなかったのかもしれない。もっとも、この学生さんは中川基礎演習に落っこちた人だったので、当初の目的は達成されたようだが……。

【11月17日送信】

裁判法A＆刑事手続法概論の中川である。

1．以下の3名は、第3回授業以降の欠席回数が4回に達したので、現在所属しているチームから除名する。今後授業に出席する場合、チーム非所属者エリアに着席すること。

――中略――

2．以下の3名は、第3回授業以降の欠席回数が3回に達したので、警告する。

――中略――

3．以下のチームは、私が設定したルールとは別の、外在的事情により維持が困難になったため、解散とする。強制解散させられたと誤解されると困る人もいるだろうから、いちおう告知しておく。

・金3クラス　アイライナーズ

【11月18日送信】

裁判法Aの中川です。

中間テストの論述課題の準備をそろそろ始めている今日この頃だと信じていますが、一つ注意があります。

今回の問題でみなさんに要求しているのは、「令状による逮捕」の解釈です。ここを間違えないでください。

なぜこんなことを言うかというと、学説の中には、憲法33条の他の部分を解釈して、緊急逮捕を合憲と結論するものも結構あるので、混乱する人が出てくるのを恐れているからです。例えば、「緊急逮捕は、広い意味で現行犯逮捕にあたる。したがって、本来令状は必要ないのであるから、逮捕着手前に令状が発付されていなくてもよい（要するに、「現行犯逮捕」を拡大解釈せよといってい

るわけ)」とか、「緊急逮捕は、令状による逮捕でもなく、現行犯逮捕でもないが、裁判官による事前審査が不要という点では現行犯逮捕に似ているのでＯＫ（要するに「現行犯逮捕」の部分を類推適用すべきだといっているわけ)」など。

これらの解釈に賛成する人もいるかと思いますが、今回はその援用を禁止します。中身だけでなく、法的意見表明の型ができているかもチェックの対象としている関係上、授業中に紹介した２つの解釈のいずれかを自説としてください。また、そうしないと、設問に答えたことになりませんし（緊急逮捕は合憲か、とかいったアバウトな設問だったら、もっと自由に答えられるわけだが、今回の設問は「令状による逮捕」といえるか、という狭い聞き方だからね）。

それでは！

【11月25日送信】

裁判法Ａ＆刑事手続法概論の中川である。

例によって、「今週の除名者発表＆警告」である。その他、お知らせもある。

１．今回新たに生じたチーム除名者はない。

２．以下の１名は、第３回授業以降の欠席回数が３回に達したので、警告する。

──中略──

３．念のため付言しておくが、今週の出欠は、中間テストの答案を授業時間に提出したか否かで判断する。中間テストは最終成績評価と直接の関係はないとはいえ、通常の授業と同じく、チーム除名のための欠席カウント対象にはなるので注意されたい。以前のメールに書いたように、欠席者が後日答案を提出できる余地は残してあるが、後日提出したからといって出席扱いになるわけではないので、これまた注意されたい。

なお、中間テストにつき、HPのチーム成績一覧表における、色塗りの対象は、一の位を切り上げてチーム内受験率80％以上、および、チーム内平均点80点以上となる。

９．第8回授業（2012.11.30）──中間テスト！

(1) 配付物

❶中間試験問題用紙（本書347～349頁）

❷中間試験解答用紙

❸学習の手引き13-14頁（試験終了後に配付。本書306～309頁）

(2) 授業の流れ①：試験準備最後の仕上げ

最初の20分で、チームまたは個人で中間テスト最後の準備を行ってもらう。これまでの経験上、教員が前に座っていると、質問にくるのはごくわずかだが、机間移動すると質問が増える。12年度は、効率よく問題用紙や解答用紙を配付

するために、列ごとに枚数を数えて用紙を用意するなどの準備をしていたので机間移動ができなかった。

(3) 授業の流れ②：中間試験の実施

　國學院大學の期末試験時間は60分と決まっているので、それに合わせて60分のテストにしている。

　おおよそ10分ごとに机間移動し、進行具合や出来具合を視認する。みなさんよく書いていらっしゃる。論述問題を解くことを放棄し、白紙のまま眠りこけている学生が目立っていた時代を思い出し、感慨にふける。短答問題の正答率も比較的よさそうだ。途中、短答問題の答え合わせが今回のチーム課題の1つになるから、問題用紙（回収しない）に自分が出した答えを書き写しておくよう指示する。

　試験実施中に、❸の学習の手引き（本書306〜309頁）を列ごとに枚数を整えておく。また、次回授業までのタスクを板書しておく。

　答案用紙の回収は、列ごとに後ろから順送りにしてもらう。苦労をねぎらった後、すばやく学習の手引きを配付し、この手引きと板書をもとに、授業外タスクを指示する。

(4) 授業外タスク

　今回は4つある。第1に、中間試験短答問題の答え合わせを個人＆チームで行うことである。学習の手引きをみながらチェックし、単に正解したか否かだけでなく、なぜ間違ったのか、なぜそれが正解なのか、正確に説明できなければならない。チームで検討してみて、誰も正確に説明できないものがあったらメモしておき、次回授業で質問するように、という課題である。

　第2に、裁判員シンポジウムのルポ・コンテストである。審査の手順を示している時間はなかったので、❸学習の手引き14頁7（本書307〜309頁）をよく読むよう指示する。締切は1月11日。

　第3に、めずらしく予習課題である。以前、テキストに掲載されている草加事件の最高裁判決を読んだが、実はテキストに掲載されているのは判決の全文ではなかったことを伝え、あらためて判決書全部を図書館や法学部資料室で入手するよう指示する。判決書の検索と入手方法についてはテキスト31〜32頁、お

よび学習の手引き14頁8(本書309頁)に記載しておいた。法律系の基礎演習に属していない学生にとっては、おそらくこれが初めての判決書検索＆入手の機会となる。限られた機会ではあるが、図書館等に行って資料を検索するスキルに触れてもらうことを意図している。

　第4に、入手した判決書の証拠評価に関する部分を読み、高裁判決と最高裁判決の証拠評価の違いをまとめた表(テキスト56-59頁)の穴埋めをするよう指示する。このような作業を絡ませることによって、実際に判決書をきっちり読む学生を増やすことを意図している。次回は、捜査機関等が収集した証拠が裁判所に提出され、その証拠を吟味し、有罪か無罪かを裁判官や裁判員が決断しなければならないというステージに移行することを伝え、裁判員になるかもしれないみなさんにとっても他人事ではないので、まずは裁判官がどのような事実認定を行っているかを知ろうぜと、具体的目的設定および意欲喚起に努める。

　以前に行った、捜査経過表の穴埋め課題は、判決書を最初から順序よく読んでいけば穴を埋められたのだが、今回の表は、判決書の叙述順序に対応していないので、あっちを読んだりこっちを読んだりしなければならず、テキストからの情報の拾い方がやや高度である。その旨指摘して、がんばるよう鼓舞する。

　その他、法科大学院に合格した本学4年生に勉強方法等を語ってもらう会＆懇親会のお知らせをし、法曹志望者が孤立化せず、縦のつながりが得られる機会を設けた。

(5) 一斉メール

　12月1日送信メールは、授業中に言及できなかったことの補遺である。
　12月12日送信メールは、中間試験の結果を一部告知するものである。
　12月14日送信メールは、次回授業当日、授業開始直前に、授業運営の観点から一定の指示を送ったものである。

> 【12月1日送信】
> 裁判法Aの中川です。
> 中間テストはおつかれさまでした。
> 　1．授業時に言い忘れましたが、12月7日の授業は休講になります。大学行政関連の仕事があって、そちらを優先させろという命令が上からくだったのです。嫌だが、仕方がない。許してくれ。というわけで、君らにとっては7日の授業時間帯は自主学習に丸々使えることになるから、有

効活用してみたらどうかな。宿題のルポコンテストの審査をそこで一気に仕上げてしまうとか（これ、本当にさっさとやっちゃったほうが良いよ。続々課題が登場するから、溜めてしまうと、冬休みは恐怖そのものになっちゃうよ！　他の授業でも、冬休みに課題を出す先生は結構多いしね！）、草加事件関連宿題をその時間帯にやってしまうとか。2201教室はたぶん使えると思うので、利用したい人は、利用してください。
２．中間テストに欠席したが、チームの同僚から問題用紙と解答用紙を受け取った人は、12月6日木曜16時までに、中川研究室前のBOXに答案を投函してください。採点だけはします。
３．なお、短答だけは採点が終了しました。平均点は昨年度より上昇しましたね。ちょびっとだけど。平均点よりも点数分布のほうが興味深くてね、……いや、こういうことは学生さんには言わないほうが良いか。

【12月12日送信】
裁判法Aの中川です。
おはようございます（このメールを書いているのは前日23:30だが、ケースマのシステム上、きっと7:30ごろに届くでしょう）。
お待たせしました。中間テストのチーム別成績一覧をアップしました。例によって、↓よりどうぞ。
http://www5f.biglobe.ne.jp/~nakagawa1015/0001main.htm
＊出席率は、一の位を切り上げた数字です（こうすると、チーム構成員総数の違いにより不公平が生じなくなります）。80％以上に色塗りしています。
＊平均点は、小数点以下第2位を四捨五入した数字です。事前告知では、80点以上を色塗りの対象にするとしていましたが、間違えていました。60.0点以上が色塗りの対象です。
＊出席率80％以上で、かつ、平均点が80.0以上のチームには緑色で色塗りしています。すごいな〜。
さて、みなさんのチームはいかがでしたでしょうか？
他チームと比較して、自分のチームの相対的位置を把握しておかれると、もしかしたら、何かの足しになるかもしれません。

【12月14日送信】
裁判法Aの中川です。
今日も段取りが大変だわい。
さて、いくつかお願いがあります。
(1) 配付物が4つあります。いつものように教室前方両脇に置いておきますから、早めに取って下さい。
(2) 中間試験の答案を返却します。数人の学生さんにその場で手伝ってもらいます。黒板の前に数人の学生さんが立っていますから、自分の学籍番号が含まれているところに行って、学籍番号と氏名を伝え、答案を受け取ってください。……説明がわかりにくいかな？　現場に行けばわかります。
(3) 草加事件判決ゲット課題＆シート穴埋めはやりましたかね？　やっていない場合、今日の

授業に全くついていけない……かどうかはわからないが、かなりの程度置いてけぼりにされてしまうので、覚悟してください。
（4）今日から少し授業のレベルを上げるぜぃ！　スピードも少し早くなるから、がんばってついてこいよ！
それでは後で！

10. 中間試験の結果と分析

(1) 概観

　中間試験の受験率は86.1％。平均点63.3点であった。これが期末試験だったとしたら合格率63.3％である。チーム制を敷いていなかった09年度の数値は、受験率65.1％、平均点43.6点、仮定合格率15.7％（この年の値が現時点の最低値）だから、隔世の感がある。また、経年比較でみると短答問題、論述問題共に、平均点は最高点をマークした（以上のデータについては本書351〜352頁参照）。なかなか良好である。

(2) 短答問題について

　12年度において強化に努めたのは授業で教授した知識の正確な理解と記憶の促進である（これだけは！シートを最初から導入したことが一番の試みである）ので、授業で教授した知識の理解を問う短答問題Ⅰの得点分布に注目してみる。

　授業運営システムを毎年変えているので、単純にデータだけを比較することにはあまり意味がないが、あえて比較してみよう。以下、図表2-12、2-13を参照しながら読んでほしい。

　第1に、低得点層の割合が低下した。0点から15点を低得点層と捉えると、チーム制をとっていなかった08年度と09年度では40％を超えていた。チーム制を導入した10年度で初めて30％台に低下したが、一の位で四捨五入すると、10年度、11年度ともに40％であった。この「40％の壁」を初めて突破したのが12年度である。しかも30.9％であるから、ほぼ10ポイント低下したことになる。

　第2に、25点以上を高得点層と捉えると、08年度と09年度においては、この層は20％台にとどまっていた。チーム制を導入した10年度に至り「30％の壁」を突破するに至るが、依然として30％台前半にとどまっていた。12年度は37.0％となり、30％台後半に上昇した。とりわけ、30点満点の比率が11年度と比較して8.8％(2.4倍)上昇したことは素晴らしい。

	08年度	09年度	10年度	11年度	12年度
受験率	75.5%	65.1%	71.6%	88.5%	86.1%
チーム制	なし	なし	任意	半強制	半強制
0、5、10点	18.7%	14.8%	10.0%	14.9%	10.4%
15点	24.2%	27.3%	29.2%	24.9%	20.5%
20点	28.6%	29.6%	28.8%	29.4%	32.0%
25点	20.9%	21.3%	25.1%	24.5%	21.9%
30点	7.7%	6.9%	6.8%	6.3%	15.1%

図表2-12　中間試験短答問題Iの得点分布①

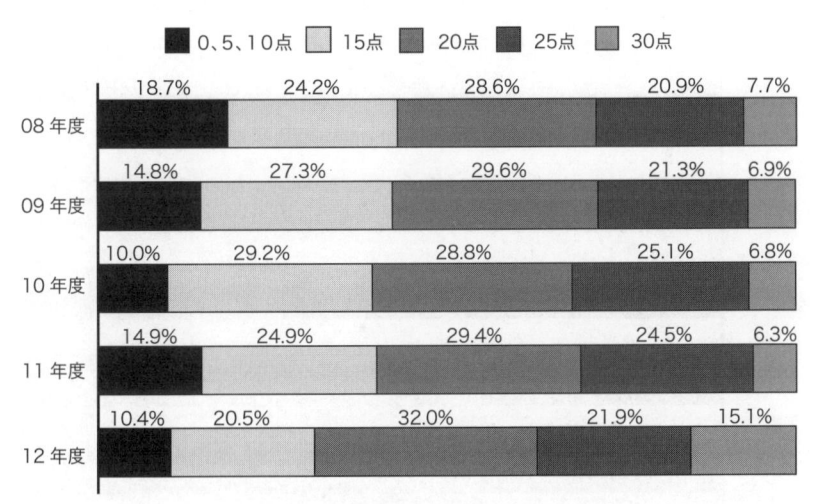

図表2-13　中間試験短答問題Iの得点分布②

　以上の変化は、チーム制を導入したことに加え、これだけは！シートに基づくALを最初から導入したことによるものであろう。さしあたり満足できるデータだと評価しておく。

　なお、自習パートの理解を問う短答問題は、得点の分布状況に例年さしたる変化がない。授業時は全く触れない箇所なので、全ては自習に委ねられている部分である。もう少し教員の側から自習を統制すべきか。

(3) 論述問題IIIについて

　それでは、法的意見表明の力を問う論述問題はどうか。図表2-14、2-15を参

		08年度	09年度	10年度	11年度	12年度
A+	45〜50点	0.5%	0.5%	6.8%	9.3%	12.2%
A	40〜44点	3.8%	3.2%	16.4%	29.4%	15.5%
B	35〜39点	2.2%	2.3%	9.1%	19.3%	19.1%
C	30〜34点	6.6%	3.7%	4.1%	7.4%	18.7%
D	20〜29点	14.3%	11.6%	4.6%	9.7%	16.5%
	10〜19点	26.9%	31.0%	26.9%	10.0%	9.7%
	0〜9点	45.6%	47.7%	32.0%	14.9%	8.3%

図表2-14　中間試験論述問題Ⅲの得点分布①

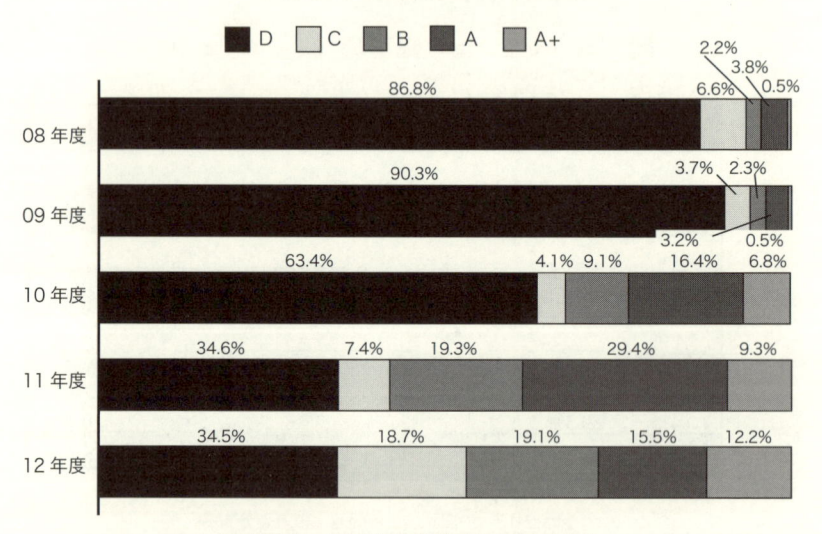

図表2-15　中間試験論述問題Ⅲの得点分布②

照しながらお読みいただきたい。

　チーム制を導入していなかった08年度と09年度は、90％程度が低得点層すなわち29点未満という体たらくであった。これに対し、現在のような形でのチーム制を導入した11年度においては、低得点層は30％台にまで低下した。12年度における最低得点層の比率は11年度のそれとほとんど変わらない。しかしながら、最低得点層をさらに3分してみると、なすすべもない最下層（0〜9点）のポイントが6.6ポイント低下し、ぎりぎりのレベルあと一歩のところまで達している最上層（20〜29点）のポイントが6.8ポイント上昇している。このデータから、最下層の学生について、合格レベルには至っていないという意味で、満足のい

く状況とまではいえないものの、11年度よりも力をつけてきている層が増えていることは確かである。

　上位層はどうだろうか。45点以上の最高得点層（A+）の比率が若干上昇したが、40〜44点の高得点層（A）が13.9ポイントも低下し、低特定層（B）がほぼ同じ量の11.3ポイント上昇している。

　法的意見表明力についても、ミクロレベルで課題に改善を加え、実際チーム課題の成績は総じて11年度よりも高かったにもかかわらず、この結果であり、いささかショックである。

　採点してみた感覚では、形式面でうっかり屋さんが多いのが、上位層低下の主原因である。例えば、自分が採用する説を正確に書けないと2点減点され、あてはめも連動して2点減点され、結論も連動して2点減点される。計6点である。説を正確に書いていれば40点（すなわちA）がとれていたとしても、この減点により34点（すなわちC）に一気に転落してしまう。

　このようなうっかり屋さんが多くなったのは、私にも原因があると思われる。前回の授業で緊急逮捕の問題につきレクチャーしたのだが、11年度は時間に余裕があったので、各説に立つと、あてはめはどのような表現になるかなどを丁寧に教授することができた。それに対し12年度は、時間に余裕がなかったので、基本的事項をマトリックス状にしたものをさっと板書して簡単に解説するだけであった。

　以上から、成績上位層の比率は低下したものの、最下位層もそれなりに力をつけているし、今回多かったC答案の学生たちも、形式面で気を付ければ、簡単に10点以上一気に点数をアップさせることができる人がほとんどであると考察した。

　学生に対しては、短答問題をがんばったことを褒め称え、論述問題については、細かいデータを示してぐちったり叱ったりすることはせず、あと少し気を付ければ一気に点数が上がる旨を伝え、ただひたすら鼓舞することに決めた。

11. 第9回授業(2012.12.14)――ふりかえりは重要だ！

(1) 配付物
　　❶中間試験の答案返却
　　❷中間試験論述問題の答案例2通（本書350頁。紙幅の都合上1通のみ掲載）

第5章　授業実践記録　｜　217

❸2012年度中間試験データ(本書351〜352頁)
❹学習の手引き15〜16頁(本書310〜312頁)
❺第6回課題シート(本書353〜355頁)
❻とりあえず便利な法的意見表明の型：補遺(本書356〜357頁)

(2) 授業の流れ①：中間試験のふりかえり

　まずは答案返却を行う。大量の答案を迅速に返却するために、以下のような方法をとっている。第1に、黒板の領域を5つに分け、学籍番号をもとに受け取り場所を指定する。第2に、クラスの前のほうに座っている学生に声をかけ、5つのエリアに1人ずつ配置し、答案を渡す。第3に、学生全員に呼びかけ、取りにいかせる。その他の資料は、いつものように教室前の左右端に置き、答案と同時並行で取りにいかせる。

　全員に配付し終えたところで授業を開始する。まずは❸のデータを見てもらい、自分が相対的にどのあたりの位置にいるのか確認してもらう。平均点をみる限り、12年度の平均点が過去最高であることを知らせ、称える。チーム制のもとで授業に参加し自習を続けることは大変だったと思うが、チーム制のなかった時代と比較してみなさい、身に付く実力が09年度と比べると全く異なることがわかるでしょう。今後も楽しくがんばってください。――このように具体的なデータでもって彼らの実力がついていること、苦労は報われることを伝え、自己効力感を増進させるとともに、今後の勉学意欲を喚起するのである。と同時に、全員が80点以上というわけでもないので、特に点数が伸び悩んだ人は、これから行うアドヴァイスをよく聞くようにと伝え、注意喚起する。

　まずは短答問題の検討である。10年度までは問題を全て教員が解説していたが、時間がやたらかかるので11年度にはあらかじめ答えと簡単なガイドを書いたものを配付し(第8回授業の配付物❸「学習の手引き」13頁[本書306〜307頁参照])、あらかじめチームで正誤と理由を検討し、残った疑問点を質問してもらうシステムに変更した。このようなシステムにしても期末試験の短答問題の平均点は下がらなかったので、12年度も同じシステムを採用したのである。質問のあるチームは、代表が挙手するよう指示する(このように指示することによって、個々人が緊張して挙手に躊躇するのを避けようとしている)が、確か質問は出なかったように記憶している。質問が出ないという理由は状況に照らして判断しなければな

らない。今回の場合、平均点もよかったし、問題も教材を見直せば必ず正答できるはずなので、チームでの検討がうまくいったのだと解釈し、論述問題に対するコメントに移る。

　論述問題については、前述の「学習の手引き」13頁と、今回配付した❷の答案例（本書350頁）を用いて、やや詳しく解説する。第1に、点数の見方である。返却された答案の右側に、赤字で数字が8つ縦に並んでおり、その下に下線が引いてあって最後に9つめの数字が書かれてある。最後の数字は合計点である。8つの数字は、学習の手引きにある表の8つの行に対応した点数である。どのポイントの点数が低かったかをチェックすることによって、自分の答案のウィーク・ポイントを確かめることができるようになっている。赤字でコメントを一枚一枚書きこむことなど到底できないので、このようにチェック・ポイントを可視化し、何が問題なのかを判断しやすいようにしているのである。

　学習の手引きにあるチェックポイントが何を意味しているのか、抽象的な表現ではわかりにくいという人がいると思うので、❷の答案例を読みあげながら、チェックポイントと答案例の記載を結び付けていく。例えば、「まずは第1ポイントの問題提起①ね。緊急逮捕の説明ができているかをみています。最初の答案例を見てください。冒頭の1行目で「刑事訴訟法210条」と適切に条文を挙げていますね……」といった感じで行う。この説明の過程で、点数が引かれた答案は、どのように書いていたかについても適宜説明し、添削の代わりとする。

　次に、チームの中間試験の平均点が80点以上であったチームをいつものように立たせて、全員の拍手をもって称える。

　最後に、期末試験の論述問題も原則として同様の方法で採点することを再確認する。そして、点数が引かれた人のほとんどは、法的意見表明の型が十分に身についていないところにあり、細かい点の一つ一つを身に付ければ一気に点数が上がるので、今回ちょっと悪かったくらいでへこまず、がんばるように鼓舞する。過去の先輩たちの中にも、これまでしっかり学習してこなかったが、中間試験をきっかけにしっかり学習するようになる人が多く、結果として期末試験はずっと高成績になることを伝える。11年度の中間試験の平均点は12年度よりも低かったが、11年度の期末は合格率97.9％、A以上が61.4％、平均点80.1点であったことを教え、今回悪かった人も適切にがんばればよくなることはこれまでの歴史上明らかであるから、がんばるように、重ねて鼓舞する。や

はり精神論を抽象的にぶつのではなく、データを示して鼓舞すると、説得力がある。「よし、やるぞ！」と考えている学生が多いことは、顔を見ればわかる。

(3) 授業の流れ②：第5回課題の説明

あらためてやる気になってもらったところで、これまでの学習をふりかえる第5回課題の説明をする。時間がないので、本日配付の❹学習の手引き15～16頁（本書310～312頁）に詳しく手順を示しておいた。何をどう書けばよいのか途方に暮れることがないよう、11年度の受講生が書いたものもサンプルとしてつけておいた。

この課題は本来個人課題であって、チーム課題ではないのだが、なるべく多くの人がこの課題を実行するよう、チームメンバーの提出率でもって今回の課題のチーム成績をつけると宣言し、ピア・プレッシャーに期待することにする。もっとも、何度も繰り返し述べているように、成績評価は期末試験1つで決めるのであるから、単位がもらえない恐怖を与えることはできないが。強制的なふりかえりにあまり意味はないと考えているので、これ以上のプレッシャーは与えない。

授業時間に余裕があれば、ここで授業を終え、フレッシュな気分で次回から新しい領域に進むのがよいのかもしれない。が、とりわけ12年度は時間が圧迫し、そうも言っていられない。新しい領域へと進むことにする。

(4) 授業の流れ③：レクチャーその1

捜査を一応終えたので、次のステージは公訴提起ということになるのだが、起訴の部分は、捜査の領域と公判の領域の結節点であり、捜査や公判の領域で何をどう考えるかによって、起訴のあり方をどうすべきかという考え方も変わるという関係にある。したがって、公判をまだ勉強しておらず、刑事手続に関する知識がほとんどない中で起訴の学習をすることには多大な困難が伴う。テキストには、学習がかなり進んだ段階で、いわゆる公訴権濫用論に少しだけ触れた箇所がある（テキスト160頁Ⅲ2の部分）。しかし、現在の授業デザインでは、テキスト98頁の部分に至ったところで授業は終了する。そこで、公訴提起の部分は難しいので本授業では省略し、中級授業や上級授業で取り扱う旨伝える。

もっとも、順序よく次のステージ、すなわち公判に進むわけではない。まず

は公判の最終段階である事実認定（その後の上訴段階も絡ませながら）を先行させる。捜査で収集した証拠に基づき事実認定がなされるという意味で捜査とダイレクトにつながるし、事実認定を実際に体験してから、実際に公判廷にどのような形で証拠が出てくるのかを検討したほうが学生の頭に入りやすいと考えているからである。

　今回の範囲はテキスト47～49頁である。まずはⅠの「はじめに」を、補足説明を加えながら読み上げ、今回の授業の目的を明らかにする。これまでさまざまな法的意見表明課題を実行してきて、法解釈については争いがあるということを実感してきたわけだが、実は法規範にあてはめるべき「事実」は、しっかり固まっているわけではない。証拠により事実認定をするのだが、人によって有罪と判断するか、無罪と判断するかは異なりうる。そこで今回は、証拠評価に関する法規範を、もう手慣れたはずの、書かれた法→生きた法→あるべき法の順序で検討し、どのような証拠評価が妥当かどうか、みなさんで検討してみよう。検討結果は第6回課題で示すべし！……といった具合である。

　草加事件の事実認定に関する穴埋め課題をやってきているはずなので、同じ証拠に基づいて180度違う事実認定を裁判官が行ったことは学生さんは知っている。まずはテキスト47頁Ⅱ1で、草加事件は7回裁判が行われており、裁判所によって「有罪」となったり「無罪」となったりと変転したこと、しかも、「有罪」と考えた裁判所も、認定した事実は、強姦既遂と認定したり、未遂と認定したりして微妙に異なっていることを俯瞰する。なぜ裁判所によってこれほど違いが出てくるのか。事実認定のルールはどないなってんのやろか？　という疑問を学生に喚起させる。草加事件は1980年代に発生した事件なので、学生が生まれた年よりも古いものだが、このえん罪事件がなぜ起きたかという誤判原因を探ってみると、現代ではそれらの原因が克服されたというわけではなく、現在もなお問題は続いていることを伝え、歴史に学ぶことの重要性を強調して納得してもらう。この事件に代わる素材がなかなか用意できないという本音の部分もあるのだが、それは言わない。

(5) 授業の流れ④：穴埋め課題の答え合わせ

　第5～6回授業における、捜査経過の穴埋め答え合わせの時と同様、まずは視点を与える。高裁と最高裁とでは同じ証拠なのに事実認定が全く異なることは

第5章　授業実践記録 ｜ 221

既に宿題によって知っている。ここでは、何がどう異なるのかを意識化させることである。そのために、①叙述の順序、すなわちどの証拠を先に検討しているか、②高裁が無視している証拠と最高裁が無視している証拠がそれぞれ別にある。それは何か、③①と②の結果はなぜ生じるのか？　という3つの視点を提供する（テキスト48頁Ⅱ2の部分）。そのうえで、私が補足説明を加えながらテキスト56～59頁の表の穴埋めをしていく。

多数のチームに分散して答えさせるべきなのだが、もはや時間がない。仕方がないので、答えてくれるチームは挙手してくれるように指示し、真っ先に手の挙がったチームに全て答えてもらうことにする。このチーム代表は全ての穴を正確に埋めていた。素晴らしい。

穴埋めが終了した時点で、先ほどの視点に戻る。①については、高裁が自白の信用性検討から出発しているのに対し、最高裁は物証からどこまでの事実が認定できるかを先に検討していること、②については、高裁が自白内容と矛盾する物証の検討を一部叙述していない（≒無視している）のに対し、最高裁は自白の内容が実感性を伴ったリアルなものであることについて言及していない（≒無視している）ことを指摘する。本当はこれらの解答も、チームで検討する時間を設けて学生の解答を聞きながら導き出したいところだが、もはや時間がないので、教員が述べてしまう。③の、なぜこのような差が生じるのかという点については、「証拠評価の仕方に関する考え方が異なるからだ」と述べ、それでは証拠評価の仕方に関してどのような法規範があるのか検討していこうと次のレクチャーにつなげる。

(6) 授業の流れ⑤：レクチャーその2

証拠評価に関する書かれた法は刑事訴訟法318条「証拠の証明力は、裁判官の自由な判断に委ねる」という条文しかないことをまず六法で確認させ、愕然としてもらう。ここで「自由」の意味が、好き勝手に証拠評価をしてよいというものではなく、歴史的意味があることを伝え、法定証拠主義からの離脱を宣言しているだけで、合理的な証拠評価でなければならないことは当然であることを教授する。このような解釈を「歴史解釈」と呼ぶことを伝えてもよいのだが、目的論的解釈とは異なる体系である解釈方法を伝えても混乱が生じることをおそれ、この入門授業では、この解釈方法に名称を与えない（その他、論理解釈やもちろん

解釈などもそうである)。中級授業に移った時に、「ああ、あの時にやった解釈は『歴史解釈』というものだったのだなあ」と思いだしてもらえばよい。

　ここからは、これまでやってきたものと同じスキーマを学生に発動させて授業を進める。第1に、それでは合理的な証拠評価とは何かという問題提起をする。第2に、生きた法である判例は、確固たるものがないことを伝え、実務の世界では大別して2つの考え方が対立していることを紹介する。学生自身がどちらがより好ましいかを検討して「あるべき法」を決断するということになる。

　テキストでは2つの考え方それぞれを代表する裁判例を引用しているが、引用されている文章がどのような文脈で書かれたのかはイメージしにくいので、適宜解説を加える。特に、分析的・客観的証拠評価方法の代表例である鹿児島夫婦殺し事件については詳細な補足説明を口頭で加える。例えば、「自白内容が不自然・不合理で常識上にわかに首肯し難い点が多い」という文章がテキストに引用されているが、その具体例として、現場の状況からは、夫がまもなく帰ってくることを妻が知っている(死体が発見された現場は、畑仕事から夫が帰ってくるのを予期して夕飯の準備をしている途中の状況になっている)はずなのに、自白では、被告人が妻を誘い、妻が同意して、セックスをするために布団に入ったということになっている。夫がまもなく帰宅することを予期して夕飯の準備をしながら、同時に浮気をしようというのである。このような例を口頭で補足する。

　このように生きた法の実例を示した後、あるべき法の検討をしてもらうために、必要性と許容性に関する簡単な素材を提供する。必要性に関しては、物証が豊富にないと自白や目撃者供述の信用性を判断することができないということになると、物証の乏しい事件はそれだけで無罪にしなければならないが、それで被害者をはじめとする国民は納得するだろうかという問いかけをする。許容性については、調書を虚心に読めば真実か否かがわかるというが、本当にわかるのかという問いかけをする。第2回課題で学生は既に調書を作成しているので、調書が一人称形式の物語文であり、取調べの過程そのものを記したものではないことを知っている。それを前提に、どんなにリアルに調書が書かれていたとしても、それは現場検証の結果によって取調官が想像して全部書くことは可能かもしれない。そして取調官が描いたストーリーに合わせて全て被告人を誘導することもできるかもしれないという話をする。そして、鹿児島夫婦殺し事件の自白調書をテキストに一部引用しておいた(テキスト49頁Ⅲ3の部分)の

で、それを用い、一見非常にリアルに見えるが、この自白を誘導によって引き出すことは全て可能だという話をし、取調官と被疑者の対話を教員が演じてみる。例えば、調書には「Aの頭部を2、3回殴りました」と書いてあるが、死体の鑑定をして頭部に傷が3つあることを取調官は知っているので、犯人ではない被疑者に対し、以下のような問答によってこの自白を引き出すことは可能である。

　　取調官「で、どこを殴ったんだ？」
　　被疑者「う〜ん、（一生懸命想像して）頬ですかね。」
　　取調官「お前は女の顔を殴るのか、馬鹿。嘘をつくな、嘘を。」
　　被疑者「う〜ん、（顔ではないとすると）頭、ですかね。」
　　取調官「そうだよ。で、何回殴ったんだ？」
　　被疑者「う〜ん、（一生懸命想像して）10回、ですかね。」
　　取調官「相手は女だぞ。そんなに殴らないと倒れないのか？」
　　被疑者「じゃあ、5回ですかね。」
　　取調官「あん？　女を倒すのに5回も殴るほどお前はひ弱なのか？」
　　被疑者「じゃあ、1回ですかね。」
　　取調官「お前、殺しのプロじゃないだろ、1回で決められるほど甘くはないわな。」
　　被疑者「じゃあ、2、3回ですかね。」
　　取調官「そうだよ、やっと思い出しか、馬鹿。」

　このような問答を通して、調書には「Aの頭部を2、3回殴りました」と書かれることになったのかもしれない。自白をとるためになぜ23日間拘束しなければならないかわかってきただろう。ただ「私がやりました」と自白させるだけではないんだ。一つ一つ誘導して、自白を得ていかねばならないから時間がかかっているのかもしれないんだ……このような補足説明を加えるのである。このような小芝居は、取調べの現場に行くことのできない学生たちにとってイメージを喚起するために効果的であると考えている。

　以上、最低限度の基本情報を提示したうえで、配付物❺の第6回課題シート（本書353〜355頁）に注目させ、自分たちの検討結果をこの論述課題で示すべしと鼓舞する。多くの学生が法的意見表明の型に慣れている状況なので、今まで教授

してこなかった「判例紹介の方法」を配付物❻のシート（本書356〜357頁）を使って簡単に説明する。この判例紹介の方法をマスターすれば、本授業において修得すべき法的意見表明の型は全て身につけたことになると告げ、今週は（も）課題は多いが、がんばるよう鼓舞する。本当は第5回課題を終えた後に、第6回課題をやらせたほうがよいのだが、時間がないのでやむをえない。

(7) 授業外タスク

　第1に、中間試験論文問題のふりかえりである。これは各自に委ね、私はチェックしない。私に余裕がないだけであり、本当はすぐに書き直させて再提出させたほうがよいと思う（かなり後になって第7回課題として書きなおさせることになるが、これはチーム課題である）。第2に、第5回課題である。第3に、第6回課題である。なお、今回のレクチャーで復習すべきことは第6回課題で全てチェックできるので、これだけは！シートは必要ないと判断し、配付しなかった。

(8) 一斉メール

　12月14日送信メールは、授業で伝えるのを忘れた事項を補足するものである。
　12月19日送信メールは、次回授業の進行に関して事前に指示を出し、かつ、今後提出が求められる課題の一覧を示し（半分はまだ課題の説明もしていないので、予告となる）、スケジュールを立てさせようと意図したものである。
　12月21日に送信した2つのメールは、警告、除名、解散を告知したものである。授業終了まであと1カ月というところで、とうとう強制解散チームが1つ出てしまった。残念である。

> 【12月14日】
> 裁判法Ａ＆刑事手続法概論の中川です。
> 追加説明です。
> 　１．全クラスへ
> 第6回課題は、実は、次回の授業の予行演習になります。次回の授業は模擬裁判です。みなさんには、実際に教室で模擬裁判を見て、冬休みの間に裁判官になったつもりで有罪・無罪の判決書を書くという仕事がまっているのです。これがまた面白いんだな！　お楽しみに！
> 　２．金3クラスへ
> 本来表彰されるべきチームとして残されていたのは、村八分でしたな！　この場で表彰します。

おめでとう！　パチパチパチ！！
3．金4クラスへ
80％以上受験＆平均点80点以上のチームは、例によって立ってもらって栄誉をたたえることにしていたのだが、すっかり忘れていたよ！　この場で表彰します。八班です。おめでとう！　パチパチパチ！！　金3クラスの人には言ったんだが、裁判法Aでチーム制を導入して以来、ここまでできたチームは初めてなんだよ。しかも今年は全クラス合わせて一気に4チームが達成！　すごいね、今年は。ま、本当はね、普通にがんばればどのチームも達成できたはずだと信じているんだけどね。そこまでがんばろうという気にさせることができないオレの授業力不足を今年も痛感しているわけです。

【12月19日送信】
裁判法Ａ＆刑事手続法概論の中川です。
重要なお知らせとお願いです。
1．今週の授業は模擬裁判です。ちょっとでも段取りが悪いとたちまち時間超過というスリリングな展開になりそうです。そこで、授業を円滑に進めるために3点お願いがあります。
（1）いつものように授業中に配付物を配付する時間がありません。「学習の手引き17〜18頁」をケースマのフォルダに入れておいたので、各自印刷して授業に持ってきてください。2頁しかありませんが、模擬裁判の進行や判決書強制課題のことが書いてある、超重要文書です。よろしく！
（2）第6回課題の返却は1月初回の授業時に行います。これは返却の時間がないというだけでなく、第7回課題へのスムーズな接続という点でも1月初回が望ましいのです。ご了解ください。
（3）教室全エリアにつき、前から1列目には座らないでください。模擬法廷作りに机を使うためです。
このため、木4クラスについてはいつもの固定座席を解除します。2列目以降に、他チームと混合でツメツメに座ってください。金3・4クラスについては席に余裕があるので、「いつもの座席の1列後ろ」に全員が座っていき、後ろのほうで少し調整すれば、ほぼチームごとに座れると思います。間違えないように！
2．冬休みを有効に活用するために、冬休み以降に私が出す全課題（私に提出しなければならないもののみ）一覧を挙げておきます。スケジュールを立てるのに役立ててください。ここに挙げるものしかもう出さない（たぶん）から安心しなっ！……え？　これでも多すぎるって！？
（1）裁判員シンポ・ルポ選考用紙の提出
　　　　＊チームで1通。代表者がケースマ送信。締切は1月11日金曜23:59。
（2）判決書レポートの提出
　　　　＊個人単位で作成、提出。ケースマ送信。締切は1月20日日曜23:59。
　　　　＊詳しくは今週の授業で説明。
（3）第7回課題の提出
　　　　＊チームで1束。第3回課題、第4回課題、中間試験の答案の書きなおし。
　　　　　研究室前BOXに提出。

　　　　締切は１月16日水曜15:00(木４クラス)
　　　　or17日木曜16:00(金３・４クラス)。
　　　　詳しくは１月初回授業で説明。
以上です。裁判員ルポ選考の課題を既に送信しているチームがちらほらある（これらチームは冬休み以降がだいぶん楽になるのでは？）が、大半はまだ未提出だ。がんばれよっ！

【12月21日送信①】
裁判法Ａの中川である。おはよう。
模擬裁判のことなどを考えていたら、「今週の警告＆除名告知」を忘れていたような気がする。あわてて行おう。
１．以下の１名は、欠席回数が４回に達したのでチームから除名する。今後はチーム非所属者の席に座ること。
　──中略──
２．以下の４名は、新たに欠席回数が３回に達したので警告する。あと１回でチームから除名されるので注意されたい。
　──中略──

【12月21日送信②】
裁判法Ａ＆刑事手続法概論の中川である。
今回は、チーム解散告知と警告である。
１．以下の１チームは、チーム課題未提出が３回に達したため、強制解散とする。今後、課題提出権はない。今の座席に座り続けるか、チーム非所属者用の席に移動するかは当方の関知するところではない。
・金３　チーム番号５　豊かな穣
＊もっとも、今回は第５回課題と第６回課題の締切が同時期だったため、未提出２回に達した時点で警告を出すことができなかった。手続的に問題だと思う場合は、本日の授業終了直後に中川に抗議せよ。抗議がなかった場合、強制解散命令を受け入れたものとみなす。
２．以下の１チームは、チーム課題未提出が２回に達したので、警告する。あと１回未提出でチーム強制解散となるので注意されたい。
・金４　チーム番号22　熊出没注意

12. 第10回授業(2012.12.21)──模擬裁判！
(1) 配付物
　❶学習の手引き17～18頁(本書312～315頁)←事前にアップ＆DL(ダウンロード)

(2) 授業の流れ：模擬裁判の上演

第５章　授業実践記録　｜　227

今回は、第4回授業中に発生した事件に基づき、中川基礎演習生が作成してきたシナリオ（本書115～138頁参照）をもとに、模擬裁判を上演する。これにより、刑事公判の流れを正確にイメージできるようにする。自ら目撃者になり、かつ、取調べをして調書を作成するといった経験を持っている学生たちにとって、「あの事件」の裁判は強い関心を持つはずである。
　12月19日送信メールで指示したように、学生はいつもとは異なる席に座っている。私と中川基礎演習生は、昼休みに来て、模擬裁判用に机の配置を変え、最後の打ち合わせを行う。
　直前にハプニングが生じた。この教室では同時にマイクが3本しか使えないことを当日知ったのである。しかしマイクは弁護人、検察官、裁判官、証言台に立つ被告人や証人の4本が必要である。基礎演習生が準備をしている間にシナリオにもう一度眼を通し、どのマイクがどのステージで空くかをチェックし、マイクの交替・移動のプランを練る。マイクの交替・移動は私が黒子となって行うことにする。
　授業開始のベルが鳴る。まずは❶の学習の手引き17頁（本書312～314頁）を参照してもらい、模擬裁判の目的を明らかにし、配役を紹介する。学生には、模擬裁判終了後に今回の事件について判決書を書く課題が与えられることを予告し、自分が裁判官になったつもりで参加するよう指示する。事前に課題を予告することによって、真剣に裁判に参加させようという趣旨である。また、廷吏が起立と言ったら起立するように指示し、参加意識を高める。
　次に、学習の手引き18頁（本書314～315頁）に注意を向けさせる。ここには模擬裁判の進行順序が示してある。これを手許において、今どの部分が演じられているかをチェックしながらみるように指示する。刑事公判がどのような順序で進んでいくかについて、具体的イメージと用語を頭にしこませる趣旨である。もっとも、手続的な争い部分を理解することはおそらくできないので、そこはわからなくてもよい、証言が信用できるか否かに集中せよと伝える。
　お膳立てが整ったところで模擬裁判の上演を開始する。基礎演習生のみなさんはとてもがんばり、かつ、他の学生もちゃんと起立したりして、なかなかよい空気の中で上演は終了する（図表2-16参照）。がんばった基礎演習生に全員の拍手をもって称える。
　模擬裁判終了後、判決書課題など2つの課題を説明して授業を終える。

図表2-16　模擬裁判の風景（反対尋問中）

(3) 授業外タスク

裁判官になったつもりで判決書を書く課題である。これはチーム課題ではなく個人課題である。この課題が唯一成績評価に直接影響しうる。5000字という量のレポートを書くという経験がなく怯む学生たちに何とか課題を遂行させたいという思いから、期末試験が50点代だった場合に、提出された判決書の内容によっては60点にかさ上げするという「下駄はかせ」の意味がこのレポートにある旨伝えるのである。

このレポートは、アカデミック・スキルの修得という点で重要な意味がある。第1に、調書の内容、証言の内容、検察官や弁護人の主張等を引用するという点である。正確に引用するということは重要なアカデミック・スキルである。しかし、大量の学生に対し、文献などを調べさせ、出典注を付けるという作業を行わせるのは、現実的に困難である（課題が1つである場合、図書館にある資料の取り合いが始まってしまう。課題が複数である場合、こちらのチェックが大変、等）。この点、判決書という課題は、他者の主張等を引用して論じるというスキルに集中させることができるので効率的である。引用を繰り返せば、5000字などあっという間に埋まるので、今後長い量のレポートやゼミ論文についても安心して取り組むことができるという効果も狙っている。

第2に、法的意見表明の型を、自由に書くべきレポートに対しても応用（転移）することを期待している。とりわけ、意見の異なる側の主張も無駄なくもれなく（MECE）紹介し、それに理解を示しつつも反論を加えるということを行ってほしいわけである。何をどのような順序で論じるべきか厳格に指示する課題で学んだ型を、何も指示しないフリーなレポートにも応用できれば、真の意味で型が身についたといえよう。そこで、この判決書課題については、これまでの課題と異なり、書き方についてほとんど指示を出さない。「判決書の書き方は実際の裁判官もOJTで学んでいる。みなさんもお手本（HPに、今回の事件と同様、物証がほとんどなく、証人1人の証言の信用性が争点となった事件の有罪判決と無罪判

決をそれぞれダウンロードできるようにしてある）をみて、見よう見まねで書いてごらん。注意すべき点はただ2つ。適切に引用し、紹介することと、当事者の主張を丁寧に検討し、検討した過程を詳細に記すことである。テキトーな文章で済ませると、現実の世界では直ちに上訴され、ろくでもない判決書を書いたということであなたの判決は破棄され、判例集に掲載されて未来永劫悪い例として紹介され続けることになる。上訴されないように両当事者を納得させるような判決書、上訴されても破棄されないような説得力ある判決書を心掛けるべし！」——私の指示はこれだけである。

　この課題の他、判決書を書いたり今後の授業で用いるために模擬裁判のシナリオをダウンロードすることや、以前に出していた裁判員シンポジウムのルポコンテスト審査結果を教員に送信するタスクが課されている。第5回ふりかえり課題で提出されたレポートを全てHPにアップするのでそれを読むタスクもある。自分の学習方法改善やチーム運営の方法を改善するために、他の人のエッセイを参考にできるようにした（他人のふりみて我がふり直せ、である）のである。全てのタスクを真面目にやろうとすると、なかなかハードな冬休みとなる。

(4) 一斉メール

　12月21日送信メールは、模擬裁判のシナリオ等をHPにアップしたことを告知するものである。

　12月26日送信メール①は、第5回課題の提出レポート全文をHPにアップしたことを告知するものである。学生のレポートはK-SMAPY（國學院大學におけるインターネット学生支援システムの通称）を通じてwordファイルで届けられている。これらを中間試験の上位得点者から順に並べ、一定の点数をとった者がどのような学習方略をとっているかを検証しやすいように編集する。個人が特定できるような部分は隠す。機械的作業ではあるが、少々時間のかかる作業であった。

　なお、第5回課題シートの提出率は77.4％だった。2011年度は89.5％だったので、かなり低下したことになる。提出率が低下した原因は2つ考えられる。第1に、第6回課題と重なったために時間的余裕がなくなったことである。第2に、昨年度の学生が書いた例を示したのが、かえって委縮効果を生じさせた可能性がある。提出されたレポートを読んだ限り、いかにも取ってつけたような、嫌々書いたようなものはほとんどない。取ってつけたようなレポートが多かった11

年度と比較して、全体として質が上がっている。逆にいえば、学習の手引きで悪い例として出したようなものしか書けない見込みの学生は、書く気がなくなってしまったのではないか（または、書いたが恥ずかしくて出せなかったのではないか）と想像している。

　12月26日送信メール②は、毎度のことながら、除名告知または警告を行ったものである。

　1月6日送信メールは、第6回課題のチーム成績を告知し、判決書課題にチャレンジするよう再度鼓舞したものである。

　なお、第6回課題シートの答案提出率は96.7%だった。チーム課題の提出率は、相変わらず良好である。

　1月8日送信メールは、次回授業をつつがなく行うために一定の指示を送ったものである。

【12月21日送信】
裁判法Ａ＆刑事手続法概論の中川です。
授業中にお知らせした、
・台本1
・台本2
・有罪判決の例
・無罪判決の例
をアップしました。↓からどうぞ。
http://www5f.biglobe.ne.jp/~nakagawa1015/0001main.htm
こちらの不手際で、これらのリンク自体は本日朝から貼ってありました。しかし、このリンクは過去の台本にリンクされているものでした。本日16時40分以前にダウンロードしてしまった人がいたら、それは昨年度のものなので、破棄してください。これからダウンロードする人も、念のため、更新ボタンを押すなどしてください。印刷等する前に、今年のものか否か（台本1、台本2、各ファイルの冒頭に記してある年月日をみればわかります）を確認してくださいね。
それでは良いお年を！
さて、明日・明後日は、学者と実務家があつまる研究会の主催だ！
以上

【12月26日送信①】
裁判法Ａ＆刑事手続法概論の中川です。
第5回課題（学習のふりかえり課題）をアップしたので、例によって↓からご覧ください。

テストの点数ごとにファイル分割しています。
http://www5f.biglobe.ne.jp/~nakagawa1015/0001main.htm
いやあ、これは宝の山ですなあ。
さまざまな学習のヒントがあちこちにちりばめられていますね。
以前に紹介した「脳の作用に逆らわない効果的学習法」（手引き12頁）を一種の「法」として、みなさんの学習法を「（良いor悪い）あてはめ」として読んでみると、おもしろいかも。
今年のメールはこれでおしまいです。それではよいお年を。
さて、ゼミ生たちのゼミ論文を添削するか！全部で20万字くらいあるが……なんのその！
以上

【12月26日送信②】
裁判法Ａ＆刑事手続法概論の中川です。
すまん、もうひとつあった。
このメールで年末を締めくくりたくなかったが、仕方がない。出します。
1．以下の3名は、欠席回数が4回に達したので、チームから除名する。今後はチーム非所属者の席に座ること。
　──中略──
＊このうち■については、こちらのミスにより、3回に達した時点での警告を忘れていた。警告なしにいきなり除名するのは正義に反すると考える場合は、次回授業時に中川に抗議されたい。抗議がなかった場合、この除名措置を受け容れたものとみなす。
2．以下の2名は、新たに欠席回数が3回に達したので、警告する。あと1回でチーム除名となるので気をつけられたい。
　──中略──
3．参考までに、クラス別平均出席率と除名者数を紹介しておこう（初回授業から12月21日授業までの集計）
◎金3クラス　　出席率　86.9％　　　除名者数　5名
◎金4クラス　　出席率　89.4％　　　除名者数　4名
◎木3クラス　　出席率　83.7％　　　除名者数　2名
以上

【1月6日送信】
裁判法Ａ＆刑事手続法概論の中川です。
あけましておめでとうございます。お知らせ3点。
1．第6回課題の採点結果をアップしました。例によって↓からどうぞ。
http://www5f.biglobe.ne.jp/~nakagawa1015/0001main.htm
再提出扱いのチームには採点結果を表示しないのが常でしたが、今回は、授業まで日もあることですし、なんだか忘れてしまいそうなので、表示しておきました。授業冒頭時に受け取りに

来なかったならば未提出扱いになりますのでご注意を。
２．裁判員シンポ・ルポ選考用紙の提出の締切が迫ってまいりました。チームで１通。代表者がケースマ送信。締切は１月11日金曜23:59、です。大変でしょうが、めんどうだという思いは脇に置いておいて、この課題によって自分が得るべきものを意識して取り組むと、一気にできるでしょう。チームメンバー間の連絡を怠りなく！　どうしても課題を遂行できないメンバーにはお休みいただいて、できるメンバーだけでさっさとやってしまってください。
３．ちなみに、どれだけいるかわかりませんが、２年生の11月後半に始まるゼミ募集（法律専攻のみ）に関連して、現段階で中川ゼミに入ることを少しでも考えている人は、チーム課題、個人課題を問わず、全ての課題を出してくださいね。選考はもう既に始まっているのだと考えてもらって結構です。ちなみに、今年度の選考では、（２年生は）９名が応募し、９名とも全課題遂行者でした。もちろん判決書課題もね。大したもんですな！　いつもはこういう情報は後出しにして、事前には告知していなかったのですが、くじけそうな人の励みに少しはなるかと思って、少し情報開示してみました。
授業直前にまた、指示メールを出します。それでは！
以上

【１月８日送信】
裁判法Ａ＆刑事手続法概論の中川です。
今週の授業に関して、指示メールです。
１．授業開始前に第６回課題の返却を行います。速やかにチームの１人が教卓に来て答案を受け取ってください。
２．配布物がたくさんあります。たぶん４つになります。人数が多い金３、４クラスは、いつものように分散して置いておきますから、授業開始前に取ってください。
３．絶対忘れずに持参してほしいものが２つあります。
(1) 以前配付した、「とりあえず便利な法的意見表明の型：補遺」というタイトルの用紙です。中間テストの成績分布表の裏に印刷してあったものです。第７回課題（最終課題！）の説明に必要なので、持ってきてください。
(2) 模擬裁判の「台本１」の3、15、16頁です。授業後半のレクチャー時に使います。予習禁止の本授業ですが、不安な人は以下の部分と条文を読んでから授業に参加してください。
　・台本１　　3頁84〜92行目　　　→対応して刑事訴訟法299条
　・台本１　　15〜16頁538〜566行目
４．え？　台本をまだダウンロードしていない？　嘘やろ！？　↓から急いでどうぞ。
http://www5f.biglobe.ne.jp/~nakagawa1015/0001main.htm
それでは教室で！
以上

13. 第11回授業(2013.01.11)──ALなしでも大丈夫！？

(1) 配付物
- ❶第6回課題答案返却
- ❷第6回課題の講評（本書360〜361頁）
- ❸第6回課題の答案例（本書358〜359頁）
- ❹第7回課題シート（本書362〜364頁）
- ❺これだけは！シート6頁

(2) 授業の流れ①：第6回課題のふりかえり

　いつもの通り、授業開始前に❶の答案を返却し終えている。提出率の高さと高成績チームの多さを褒め称える。いつもの通り、❷の講評ペーパー（本書360〜361頁）と❸の答案例（本書358〜359頁）を用い、気を付けるべき点についてコメントする。最後に、「この授業の参加を開始した9月の頃と現在の自分を比べてみよう。たった3カ月しか経っていないが、ずいぶんとみなさん成長したし、自分自身も成長したことを実感しているのではないか。ぜひがんばって力をつけた自分をほめてあげよう」とほほ笑む。このセリフを吐いた時の、学生たちのちょっと誇らしげな、少しはにかんだ表情をみるのが教員の醍醐味である。

(3) 授業の流れ②：第7回課題の指示

　次に、❹の課題シート（本書362〜364頁）を用いて第7回課題の説明をする。法的意見表明の型について新たに修得すべき知識や技能はない、全て学生に伝授したと伝える。第7回課題は、これまでの課題（第3回、第4回、中間試験の論述課題）の書き直しである。これらの課題遂行時には判例の紹介文を入れるよう指示していなかったので、第6回課題で行ったように判例の紹介文を入れて完成させるというのが第1の目的である。しかもこの3つの課題に登場する判例はそれぞれ特色を持っている（第3回ではある解釈を判例が明示しているのに対し、第4回では判例が全く出ていない。中間試験論述課題では、判例はあるものの結論を述べているだけで解釈を提示していない）。前回配付した「とりあえず便利な法的意見表明の型：補遺」を見て、それぞれの判例の特色に応じてしかるべき場所にしかるべき文章を入れるよう指示する。

　第7回課題の第2の目的は、チーム内の学生のレベルのばらつきを最小化する

ことにある。今までさまざまな理由で課題を十分にやらなかったり、思うように力がついていない学生もいるだろう。そのような学生に答案を書かせて、みんなで問題点を直してやるのだ。これがチーム内で法的意見表明力を鍛える最後のチャンスであることを伝え、がんばるよう鼓舞する。

今回の課題シートには、学生が答案を書きこむ欄がない。今までの添削で多くの者がミスをした点を再度列挙しているだけである。書式は基本的に自由である旨を伝える。

(3) 授業の流れ③：レクチャー

ようやくレクチャーに入る。今回のレクチャーから授業時間内 AL の要素をほとんどなくしていく。中間試験の成績が概してよく、第6回課題の成績も概してよいという現状に鑑みると、もはや初心者のように AL によるガイドが必要な状況ではない。また、今後彼らが参加するさまざまな専門科目では、教授される知識量が増え、one-way 講義型の授業が多くなる。学習意欲があり勉強の仕方もわかってきた学生たちに対し、いつまでも初心者を相手にするような授業方法にとどまっていてはならない。一般的なレクチャー方法をとることにする。そして、1回の授業で扱うイシューを1つから2つ以上に増やす。学生にも「みなさんは十分力をつけてきたのだから、授業のレベルを今後上げていく。授業参加は少なくなっていって、私が口頭で提供する知識量が増えていくが、がんばってついてきてほしい。今回と次回の授業についてこれるようであれば、刑事訴訟法の授業もばっちりついていける可能性が高い。ぜひ高みを目指してほしい」と鼓舞する。

なお、中間試験以後がんばると決意した人にエールを送る趣旨で、期末試験の短答問題は今回以後のレクチャーで教授した内容が中心となる、ということを例年述べて、さらに鼓舞するのだが、12年度は時間がおしていてあせっていたので、言うのを忘れてしまった。

今回のテーマは、第6回課題で扱った分析的・客観的証拠評価方法を実現するための制度についてである。取調べの様子を DVD 録画して、調書という要約文書だけで判断せざるをえない状況を無くしていくという「取調べの可視化」というトピックと、実は客観的証拠が豊富にあるのに検察官がそれを法廷に出さない場合があるので、検察官が嫌でもそれらの証拠を出さざるをえないように

するという「(検察官手持ちの)証拠開示」というトピックである。いずれのトピックについても、これまでと同様、書かれた法→生きた法→あるべき法の順序で教授するが、取調べの可視化についてはそもそも法律の規定がないので、立法論に変換する。すなわち、「生きた法」は現実の実務の動きと現在なされている議論の紹介になり、「あるべき法」は対立する立法論の紹介となる。証拠開示については、法律の規定はあるものの、それで十分かという問題設定をし、細かな条文の解釈論には入らず(刑事訴訟法で行う)、さらなる法改正が必要かどうかという観点から「あるべき法」を論じる。その意味では、どちらのトピックも応用問題である。

　AL的要素はほとんどないので詳しい紹介は省く。1点付記しておくと、証拠開示の判例を扱うところで、「請求」と「申出」という概念の違いを強調して説明する。日常世界では、こちらが相手に働きかければ相手が何らかのリアクションをしてくれるのは普通のことである。これに対し訴訟法の世界では、働きかければ相手はそれに応じなければならない義務が生じる「請求」と、無視されても甘受しなければならない、恩恵を願うだけの「申出」の区別がある。日常の既有世界とは異なる世界なので、「どうですみなさん、何をお願いされてもそもそも無視してよいという状況が制度的に認められている場合があるんですよ。これが冷たい法の世界です。みなさんも何らかの法的アクションを起こそうとしても、門前払いをくわされる場合が法的にありうるので、よく調べ、準備してからアクションを起こすように」などと言って注意喚起して記憶させる。

(4) 授業外タスク
　第7回課題がメインである。裁判員シンポジウム・ルポの審査結果を報告していないチームは、今回の授業日の深夜23:59が提出締切なので急がねばならない。また、今回配付した❺のこれだけは！シートの実行も必要である。判決書課題を終えていない人はそれも行わねばならない。後述のように、めずらしく予習課題もある。

(5) 一斉メール
　1月13日送信メールは、締め切られたルポ選考の結果を知らせるものである。
　1月14日送信メール①は、授業時間中に必ずしも詳細に説明できなかった(時

間がなかったのである)、自習しなければならない事項を、あらためて解説するものである。

1月14日送信メール②は、除名告知である。

1月14日送信メール③は、ルポ・コンテストの上位チームに対し記念品を贈るのだが、それに関する手続を告知したものである。

1月17日送信メールは、裁判法Bという授業でレポート課題が出たとの情報を入手し、それに追われて判決書課題をあきらめる人が大量に出てくる危険性を感じたので、あきらめるなと鼓舞しようとしたものである。裁判法Bの担当教員と相談して、裁判法A・B両方とも受講している学生はたいへんなので、こちらで裁判法Bの課題に対するアドヴァイスをこっそり行い、どちらの授業の課題も遂行できるようにした。このおかげでさらに授業時間は圧迫されることになる。

1月18日送信メールは、次回授業当日に指示を出したものである。第7回課題の成績告知もしている。

【1月13日送信】
裁判法A、刑事手続法概論、刑事訴訟法の中川です。
裁判員シンポ・ルポの選考結果が出たので、お知らせします。
1．HPに、上位3チームを公表しておきました。例によって↓からどうぞ。
　　上級生部門→「講義教室2101……」
　　下級生部門→「講義教室1203……」にあります。
http://www5f.biglobe.ne.jp/~nakagawa1015/0001main.htm
2．選考の詳細については、ケースマの「裁判員シンポ・ルポ選考結果」というフォルダの中に「ルポ選考結果一覧表」というファイルを入れておいたので、そちらをご覧ください。なお、刑訴法先取り履修生はこのフォルダにアクセスできないので、チームメンバーがDLして転送してあげてください。
3．一つお詫びがあります。下級生部門第1位のルポ(ルポ番号23)について、みなさんにDLしてもらったルポ一覧には、このルポの最後の節が表示されていませんでした。みなさんには原稿の途中までを読んで審査してもらったことになります。どうもすみません。というわけで、以下の一節をつけ足してください。
＊＊＊＊＊＊＊＊＊＊＊＊＊＊＊＊＊＊＊＊＊＊＊＊＊＊＊＊
メイン執筆者の感想
――中略――
＊＊＊＊＊＊＊＊＊＊＊＊＊＊＊＊＊＊＊＊＊＊＊＊＊＊＊＊

【1月14日送信①】
裁判法Ａ＆刑事手続法概論の中川です。
自習課題のお知らせです。
１．「これだけは！シート」6頁を使って復習し、知識を確実なものにしておいてください。
　　木4クラスは6頁全て
　　金3、4クラスは6頁(6)まで、です。
２．今週の授業でメインとなるのは、「第5講　刑事公判における被告人の主体性」です。
(1) 64〜65頁の「本件公判の手続的チェックポイント」は、授業ではスルーします。もうみなさんは模擬裁判を見たので。ただ、あちこちに出ている条文をチェックし、「公判というものは、テキトーに進んでいるのではなく、えらく細かい条文がたくさんあって、それに従って進んでいるのだなあ」ということを実感しておいてもらうと良いと思います。一つ一つの条文を正確・詳細に理解しなくても結構です。
(2) テキスト66頁の2(1)「不告不理の原則」に関して、刑訴法256条3項に目を通しつつ、お手元の模擬裁判台本2の1頁「起訴状」を読み、そのあと台本1の1頁29行目〜2頁57行目を読んで、争点となるものをイメージできるようにしておいてください。
(3) テキスト67頁冒頭の(2)「証人審問権」に関して、刑訴法320条1項と321条1項2号に目を通しつつ、台本2の3頁「検面調書」と台本1の13頁462行目〜15頁536行目を読んで、何が問題となっているのかを漠然とでも考えておいてください。
(4) テキスト67頁(4)「黙秘権」に関して、憲法38条1項と刑訴法311条に目を通しつつ、台本1の16頁569行目〜18頁614行目と、台本2の4頁「論告要旨」の「第一　事実関係」の節の最後の段落「また、被告人が、……」を読んで、何が問題となっているのかを漠然とでも考えておいてください(判決書課題に取り組んでいる際に既に考えたかもしれませんが)。
３．さあ、今週の授業は、知識量という点では本授業のクライマックスです。条文がいっぱい出てくるし、トピックも最多なので、万全の準備でもって臨んでください！　あ、授業そのものは次週まであります(少年法の基礎をやります)からよろしく！

【1月14日送信②】
裁判法Ａ＆刑事手続法概論の中川である。
１．以下の2名は、欠席回数が4回に達したので、チームから除名する。今後はチーム非所属者の席に座ること。
　　――中略――
２．以下の4名は、新たに欠席回数が3回に達したので、警告する。あと1回でチーム除名となるので気をつけられたい。
　　――中略――
＊たまに「ピーはしなかったが、授業には絶対来ていた！」と後から主張する者がいるが、第3回授業時に告知したように、ピーしなかった場合の回復措置は、その授業当日、授業終了直後

に本人が直接申し出た場合のみに行われる。人の指示を無視しておいて、後から救済せよという道理は通らないので、そのような主張はしないように。なお、これは金3、4クラスの話である。視認で出欠確認が行われている木4クラスは無視してよい。

【1月14日送信③】
裁判法A、刑事手続法概論、刑事訴訟法の中川です。
前2者の受講生には何度もメールを送りつけていますが、すみません。
さて、先日発表した、ルポ選考についてですが、チーム名を公表した上位チームについては、今週の授業で、本か論文でも贈呈して讃えたいと思います。本を贈呈するのは、以前に提出されたルポの「メイン執筆者氏名」のみです。チーム全員にではありませんのでご容赦願います。
もし、懸賞対象となる上位チームの中で、「このルポは多数の人の協議によって作成されたものであって、メイン執筆者だけで書いたわけではないのだ」という場合は、今週水曜15時までに、私のボックスに、「チーム名、実質的執筆者一覧」を書いたノートの切れ端を入れておいてください。そこに示された人数分の本を用意します。あ、シンポ欠席者は対象外ですよ。
なお、下級生部門に「特別賞」というのを設けました。3位との差が僅差だったので急遽設けたものです。このチームも懸賞対象になりますから、念のため。

【1月17日】
裁判法Aの中川です。
本日は第7回課題の締切日です。判決書課題の締切も近づいています。
大変ですが、がんばってください。
なお、某先生の裁判法Bで、何やら凄そうにみえるレポート課題が出たようですが、ビビってしまって、こちらの裁判法Aの上記2課題をあきらめようとしている人はいますかね。
よし、俺が今週の授業中にこっそり裁判法Bレポート対策を伝授してやろうではないか！　君らはとりあえず、友人ネットワークを駆使して、裁判法Bで配付されたレジュメ（実際は本？）をきっちりそろえて集めておけばよい。だから、こっちの判決書課題はあきらめるな！　その後にBのレポートにとりかかっても間に合うぞ！　俺を信じろ！！

【1月18日送信】
裁判法Aの中川です。
　cc: 刑事手続法概論
今回はあまり書くことがないが、まあ一応。
1. 今日の配付物は2つです。いつものように取ってください。
2. 第7回課題の成績をアップしました。全課題提出チームには星印をつけて讃えておきます。ご覧ください。
http://www5f.biglobe.ne.jp/~nakagawa1015/0001main.htm
昨年度と比べると、全課題提出チーム率（皆勤率）が減りました（下表参照）。う〜む、悲しい。

> 11年度　木3クラス皆勤チーム100%
> 　　　　金3・4クラス皆勤チーム68.6%
> 12年度　木3クラス皆勤チーム37.5%
> 　　　　金3・4クラス皆勤チーム64.4%

14. 第12回授業(2013.01.18)——法的意見表明はもう大丈夫！

(1) 配付物
　❶第7回課題の答案返却
　❷第7回課題の答案例
　❸これだけは！シート7頁

(2) 授業の流れ①：第7回課題のふりかえり

　例によって授業開始前に❶の答案返却を済ませる。3通の答案を同時に提出する必要があるが、12年度における全答案提出チームの率は79.7%（第7回以前に強制解散となったチームを除き、母数を59として、47チーム）である。これまでの課題の場合と比べて提出率は下がったが、11年度は71.4%（70チーム中50チーム）であったので、8.3ポイントの上昇ではある。11年度は締切を延長したので、延長前の締切に提出したチームのみカウントすると、11年度は64.2%（70チーム中45チーム）となるので、15.5ポイント上昇と評価できる。

　また、1月18日送信メールにも記したが、チーム課題全てを提出しきったチームの率は64.4%（59チーム中38チーム）である。11年度が68.6%（70チーム中48チーム）なので、4.2ポイント低下ということになる。11年度は、全課題につき締切後の提出も認めていたので、締切後に1回でも出したチームを除くと、11年度は61.4%（70チーム中43チーム）となり、3.0ポイント上昇ということになる。12年度は裁判員シンポジウムのルポ選考結果というイレギュラーな課題もカウントしているので、11年度よりも負担は高かった。絶対的には満足できる数字ではないが、相対的にはよくがんばったといえよう。

　以上のようなデータ評価は教員の頭の中に止めておき、授業では、学生のがんばりを褒め称える。今回はほとんどのチームがよくできていたので、特に新たにコメントすべきこともなく、講評も作成しなかった。第7回課題の3答案いずれもAだったチームやこれまでの全課題を提出したチームを例によって立た

せ、全員の拍手でもって称えようと考えていたが、あまりにチーム数が多く、時間を圧迫するので、陳謝したうえで、ただ拍手してもらうだけに止める。

(3) 授業の流れ②：ルポ・コンテスト受賞式

ルポ・コンテストについては、既に票の集まったチーム名をHP上に告知済みである。これらのチームに対し、記念品（研究室に積んであった冊子）を贈呈して拍手で称える。全員に対し、「ルポの選考は大変だったと思うが、これだけの大量のレポートを、教員と同じように一気に比較して評価することは有益な経験となったのではないだろうか。私からみて、一部のいかにもやる気のないレポートを除き、他はそれほど差があるようにもみえないのだが、それでも票は特定のチームに集中する。なぜこれらのチームのレポートに集中するのか、じっくり分析すると、みなさんの今後の学習生活や就職活動に有益かもしれない」とアドヴァイスしておく。

(4) 授業の流れ③：これだけは！シートの答え合わせ

12年度はほとんど全ての回において時間がひっ迫した。今回もそうである。もう最初からチームを事前に指定することもあきらめ、今回は教員がコメントをまじえながら全ての答えを口頭で提示することにした。視認する限り、必死にメモをとる学生がそれなりにいたところをみると、この課題をやってきていない学生が増えているようだ。大量の課題のせいで、直接評価が加えられたり、発表しなければならないプレッシャーのかからない課題は優先順位が低くなるということだろうか。

(5) 授業の流れ④：レクチャー

やっと本題に入る。今回のレクチャーが、次の段階である「刑事訴訟法」の授業に最も近い形式である（授業時間内ALがなく、1回の講義で3つ以上のトピックが扱われる）ことを伝え、たいへんだががんばるように鼓舞する。今回の授業についてこれたら、「刑事訴訟法」の授業も完全についていけると鼓舞して、ALのない講義だけの授業である今回のレクチャーでも集中力を維持できるよう期待する。

今回のテーマは、第1審の公判である（テキスト64～68頁）。公判の流れにつ

第5章　授業実践記録　| 241

いては、既に模擬裁判を見たので、詳しい説明は省略する。ただし、次回の授業の仕込みとして、テキストに掲げられている膨大な量の条文をさらっとでも見ておくよう指示する。

　本題であるトピックは3点である。3点に共通するテーマは「公正さfairness」であることを伝え、現在の生きた法のもとでは、検察官と被告人は対等といえるか、fairといえるかどうか考えてみてくれとまず伝える。そのうえで、訴因特定、証人審問権、（証拠開示請求権の問題もテキストに挙げてあるが、前回レクチャーしたので、同じテーマの問題でもあることだけ指摘して省略）、黙秘権の3つについて、書かれた法→生きた法→あるべき法の順に教授する[12]。それぞれのトピックに関する論点を埋め込んだ模擬裁判シナリオにしてあり、一斉メールにより事前に指示したので、学生諸君はシナリオを読んでいるはずである。日常生活とは異なる空間での話なので、このように具体例を読ませてイメージしやすくしている。残念ながら、レクチャーは時間切れのため途中で中断せざるをえなくなった。

(6) 番外編：裁判法Ｂのレポート対策
　一斉メールで予告したように、残る20分間で、裁判法Ｂという民事訴訟法入門科目を履修している者のみ残し、裁判法Ｂで出されたレポート課題につき、一定のアドヴァイスをする。ある秘策を伝授した時の学生たちの顔の輝きが印象的である。「これだけ具体的で即効性のあるアドヴァイスをしたんだから、さっさと仕上げて、ウチらの判決書課題も絶対にやれよ！」と鼓舞する。

(7) 授業外タスク
　❸これだけ！シートの実行と、まだ完成していない者は判決書課題の完成、である。

(8) 一斉メール
　1月18日送信メールは、裁判法Ｂ受講生のためのアドヴァイスに対する補遺である。
　1月19日送信メールは、判決書課題をあきらめようとしている学生は多いだ

---

[12] なお、訴因特定のところで、はじめて「事例判例」の説明を行っている。

ろうと予想したので、最後の励ましを行ったものである。

1月21日送信メールは、判決書課題の結果を告知するとともに、期末試験ガイダンス・ペーパーをアップしたので事前にDLしておくよう指示したものである。

なお、判決書の提出率は62.5％であった。11年度は72.4％であったから9.9ポイント低下した。もっとも、11年度は締切延長措置を施している。裁判員シンポジウム・ルポ・コンテストもなかった。また、他の授業のレポート課題に追われるということもなかったようであるから、単純比較はできない。もっとも、09年度や10年度は50％を切っていたので、その時代よりは明らかにマシである。

1月22日送信メールは、授業アンケートの準備をお願いしたものである。

1月25日送信メールは、最終授業当日の段取りの指示をしたものである。

【1月18日送信】
裁判法Ａの中川です。
本日、教室に残った人たちだけに、メッセージです。他の人達は、このメールを無視してください。
＊＊＊＊＊＊＊＊＊＊＊＊＊＊＊
一つ言い忘れたことがありました。
──中略──

【1月19日送信】
裁判法Ａ＆刑事手続法概論の中川です。

判決書課題の締切は明日20日23:59です。最後の励ましです。がんばってください！
多くの人にとって5000字の課題は初めてだと思います。人によっては、とてつもなく多いと感じる量かもしれません。しかし、新書や文庫本では、5000字だと10頁もいきません。そして世の中には大量の本が出ています。つまり、社会人レベルでは、「それくらい書けて当たり前。ていうか、少なすぎ」のレベルでしかないのです。このレベルに到達するためには、私の授業に限らず、さまざまな「書く機会」を利用して、「自分にも書けたぞ！」という達成感を味わい、自己効力感を高め、長い文章を書くことに対する心理的抵抗を減らしていくしかないのです。ぜひ今回の課題を遂行することによって「自分の中の壁」を突破し、ブレークスルーを果たしてほしいと思います。

課題をあきらめ、「こんなムズイこと、自分にはできねぇよ！　無茶ブリするなよ、このクソ教師め！」とか、「勉強なんかしてるヒマはないんだよ！　お前は俺に単位をくれさえすればいいんだよ。成績評価に関係ない課題なんか出すんじゃねえよ！　豚め！」などと私を罵って終わり

にするか、

課題をなんとか遂行し、「内容は良いものになったかどうか自信はないが、とにかく5000字書けたな！　やればできるものなんだなあ、自分！」などと自尊感情を高めるか。

一人でも多くの人が、後者の道を選択しますように。
先日、ある高校に出張して、「大学体験授業」をやったのだが、高校生諸君にみなさんのチーム課題答案を見せたところ、「やばい。自分は今2年生だが、2年しか違わない人たちが、こんなにすごい文章を書いている！　勉強については現在中だるみ状態だったが、気持ちを入れ替え、大学に入ってから落ちこぼれないように、高校の勉強がんばります！」という反応が返ってきたぞ。みなさんの文章力は、既に、高校生のあこがれの対象になっており、勉学意欲をかきたてる力を持っているのです。素晴らしいですね。判決書課題で、もう一皮むけようぜ！
それでは、健闘を祈る！
以上

【1月21日送信】
裁判法Ａ＆刑事手続法概論の中川です。
おはようございます（このメールを書いているのは午前2時だが、ケースマのシステム上、送信は7時30分くらいになっているでしょう）。
1．判決書課題結果について
（1）判決書課題を遂行した人は、おつかれさまでした。結果をHPにアップしておきました。無罪判決が多数となりました。
http://www5f.biglobe.ne.jp/~nakagawa1015/0001main.htm
（2）提出率の平均は60.1％です。昨年度は72.4％だったので、今年度は12.3ポイント低下、ということになります。個別にみると、木4クラスの31.0ポイント低下（昨年度72.9％→今年度41.9％）というデータが、何といいますか、破壊的といえましょうか。……まあ、コメントを加えるのはよしましょう。淡々と数字を示すだけにとどめておきます。
（3）ファイルを開けなかったものが2通あります。以下の2名は、このままだと提出無効扱いになりますが、今週金曜16時までに、プリントアウトしたものを私に提出すれば、有効扱いにします。研究室前の箱に投函するか、授業時に手渡すか、いずれでも結構です。
────中略────
2．期末試験ガイダンスについて
ケースマ上に「期末試験ガイダンス」というフォルダを作り、その中に「期末試験ガイダンス＆2年生以降の刑事法科目」というPDFファイルを入れておきました。各自、ダウンロードし、期末試験の準備に役立ててください。
今週に行われる最終授業で補足説明をしますから、このファイルは印刷して持参してください。
以上

【1月22日送信】
裁判法Ａ＆刑事手続法概論の中川です。
おはようございます。
さて、お知らせ大きく２つ。
１．除名＆警告の告知について
チーム課題が全て終了した（でも試験直前まで協力しあえよ！）ので、除名や警告の告知も終了します。ただし、最後まで出欠は取り続けます。みなさんのデータは、様々な形で分析・利用されますので、ご了承ください。
２．授業アンケートについて
（１）最終授業時に、２つのアンケートを行います。
（２）まず、全学実施の授業アンケートです。Ｑ１０「この授業について、授業時間外に週平均でどのくらい勉強しましたか。」について、事前に、できるだけ正確にカウントしておいてください。この授業の場合、個人の復習、個人課題の実行、チーム課題の実行、チームでの打ち合わせ等、さまざまな作業があったので、何か特定のものをカウントし忘れないようにご注意を！
（３）私が個人的に実施しているアンケートもあります。以下の３項目からなります。全て記述式です。
　　１　この講義を振り返ってください。
　　２　その他、感想等があればどうぞ。
　　３　来年度受講生へのメッセージを！
できるだけ詳細に書いてほしいと思います。事前に考えておいてください。
ちなみに、来年度は、法律専攻につき、金３クラスのみになります。したがって、席の絶対数が少ないので、事前抽選で落とされる人が出る可能性があります。意欲まんまんの人が、抽選によって落とされないようにするために、私は、シラバスをちょっと脅すような文面に変更し、かつ、みなさんの「来年度受講生へのメッセージ」を記したファイルを、シラバスにリンクをはって、申込前に見れるようにし、先輩たちのメッセージにびびってもらおうと思っています。こうすることによって、この授業の履修を申し込む人の絶対数を減らし、抽選が行われる事態をなくそうと考えているわけです。以上の点を頭の片隅において、メッセージを考えてくれれば幸いです。
なお、この独自アンケートは、第１回アンケートの時と同じように、学籍番号と氏名は消して、本文を私のほうで打ち直し、ＨＰ上に公表しますから、そのつもりで。第１回の時に何を書いたか思い出しながら（忘れた人は、ＨＰ上の第１回アンケート回答一覧ファイルを見れば、思い出せるでしょう）、ふりかえってみるとよいと思います。
以上

【1月25日送信】
裁判法Ａの中川です。おはよう。

今日は最終授業です。例年より、テキスト1頁分遅れています。試験に出る範囲分は絶対に終わらせねばならず、かつ、あせって端折った説明をしてみなさんに理解してもらえなかったら意味がないので丁寧にやらねばならず、ダブル・バインドで緊張しています。
さて、本日の配付物は3つです。いつものようにお取りください。試験ガイダンスは、ケースマにアップしているから、あらためて印刷・配付はしませんよ。ちゃんと印刷して持ってきてね。
さあ、がんばろう！
以下、余談を。授業時に語ろうと思っていたのだが、時間がないので、ここに書いて済ませてしまいます。
3歳になる娘が、最近保育園で「スマイル・プリキュア」に目覚めてしまい、家でもこのアニメを私と一緒に見なければなりません。嫌々見ていたのですが、今週日曜の回はすごかったな。詳しく書く余裕はないが、敵の攻撃によって絶望しかけていた主人公たちが、「希望をうしなってはいけない。自分たちの未来は自分たちの手で作っていくのだ。希望を失いかけた時に救ってくれるのは、友達との絆」みたいな声に導かれて、復活を遂げるのだ。
これはまさに、本学法学部法律専攻に所属しており、裁判法Aを受講しているみなさんへの、熱いメッセージじゃないか！　法律専攻の入試のキャッチフレーズは、「自分で創る、自分の未来」だ！　裁判法Aでくじけそうな時に支えてくれるのはチームメイトだ！　いや、このアニメはあなどれないね。
というわけで、何を言いたかったかというと、テスト頑張れよということです。「自分で創る、自分の未来」であって、「自分で壊す、自分の未来」にならないように！
以上

15．第13回授業（2013.01.25）──期末試験がんばって！

(1) 配付物

❶期末試験ガイダンス（本書365〜366頁）←事前にDL

❷補助レジュメ（本書367頁）

❸2年生以降の刑事法科目一覧表←事前にDL

❹全学統一書式授業アンケート

❺本授業独自の第2回アンケート

(2) 授業の流れ①：期末試験ガイダンス

　いよいよ最終授業である。まずは期末試験のガイダンスを行う。事前にダウンロードして一読しておくよう指示した❶のペーパー（本書365〜366頁）を用い、補足説明を行う。短答問題は中間試験以後を中心にすることの告知を忘れていたが、ここでやっと告知する。また、ペーパーには期末試験の準備をサポート

すべく、期末試験の過去問（論述問題の部分のみ）を記載してあるので、実際解いてみよ、しかも40分以内に手際よく解けるよう準備せよと指示しておく。なお、論述課題は、第3回課題と同様、刑法各論の領域から出すことにする。これは3つの観点からそうしている。

　第1に、論述課題でチェックしたいのは法的意見表明の型を身につけたか否かである。刑事訴訟法上の論点にしなければならない必然性はない。また、純粋に法的意見表明の型を身につけたかをチェックするためには、今までどの学生も検討していない論点を出して書かせるほうがよい。

　第2に、専門職専攻はともかく、法律専攻では公式には刑事訴訟法の授業は3年生にならないと履修できない。2年生では刑法総論や刑法各論を履修できるシステムとなっている。そうであれば、2年次の刑事法科目にスムーズに移行できるように刑法の問題を出したほうが学生のためによい。

　第3に、これまで扱った刑事訴訟法上の論点は、ほとんどチーム課題で出してしまった。残された論点のうち、取調べの可視化と証拠開示は立法論であり、これまで鍛えてきた法的意見表明のパターンを逸脱する部分がある。他に、訴因の特定、伝聞法則、黙秘権の論点を教授したが、いずれもさわりの部分しか教授しておらず、教授した知識のみからでは本格的な論述答案を書くことができない。また、金曜3限クラス、4限クラス、木曜4限クラスと3クラス分の問題を作成しなければならないので、その意味でも論点が少なすぎる（予想がついてしまう）。それでは授業中に教授しなかった論点を出せばよいかというと、刑法の問題よりも刑事訴訟法の問題のほうが、予備知識がより必要となるので出しにくい。

　さて、ここでのガイダンスの最大の目的は、期末試験に向けてがんばろうという意欲を最大限引き出すことである。❶のペーパーと口頭による補足説明によって、どのような問題が出るのか、どのような採点がなされるのかといった形式面での不安を除去する。そして、以下のようなことを述べて、鼓舞するのである。「みなさんはこれまで非常にがんばってきた。みなさんご記憶のように、これまでのチーム課題等は、それ自体は成績評価に算入されない。実力をつけ、期末試験でその力を遺憾なく発揮してもらうために課題を遂行してきたのである。そしてほとんどの学生さんは、私からみれば実力は既についている。チーム制をとっていなかった時代は、『試験が不安だ』という声が多かったが、おそ

らく今目の前にいるみなさんのほとんどは、少なくとも単位を落とすかもしれないといった不安を強く持っている人はほとんどいないだろう。がんばってほしい。とはいえ、人間の記憶はすぐ薄れてしまうものであるし、いきなり知識を提供されて直ちに論述問題を解かねばならないという新しい要素もある。本番までに、刑事訴訟法に関する知識をしっかり復習してより正確な記憶に努めること。そして、過去問を実際に解いてみて、限られた時間でいかに新しい問題を処理するかのシミュレーションをしておくべきである。私の目標は、全員受験、全員合格、全員A以上である。今までこの目標を達成できたことはないが、私はこの目標を無謀なものとは考えていない。みなさんはできるはずなのである。抽象的な夢ではない。これまでみなさんががんばってきた様子をずっと観察してきた私が、確かなデータをもとに言っているのである。ぜひがんばってほしい」。

このように、学生を直接脅すようなネガティブ・コメントは一切出さず、ただひたすら彼らを鼓舞している。

(3) 授業の流れ②：これだけは！シートの答え合わせ・その１

次に、前回の教授範囲についてこれだけは！シートの答え合わせを行う。前回と同様、時間が切迫しているので、教員が答えを言うだけに止める。

(4) 授業の流れ③：レクチャー

前回にやり残した部分（黙秘権の部分）を済ませ、少年法のレクチャーを行う。授業時間を14回確保できるのであれば、少年法の部分を記したテキスト89～95頁の全てを教授できるのだが、もはやそれは不可能である。そこで、かなり端折ったヴァージョンに変更する。古くなった草加事件を教材として使用し続けているのは、少年審判における生きた法を検討する具体例として再びこの事件を登場させることによって、捜査、事実認定、少年審判と一貫して検討できる（ので、授業で前に学んだ知識を想起させやすく、かつ、新しい知識を教授する際に既有知識とのリンクをさせやすい）からなのだが、この意図は果たされなくなってしまった。

まず、刑事公判と少年審判それぞれの進め方に関する書かれた法の違いを簡単に説明する89頁の部分を教授する。ここでも、刑事公判の進め方に関して大量の規定があったことを思い出させ、その対比のうえで少年法にはほとんど規

定がないことを説明し、「なぜこんなに違うのか？」と問いかけるなど、学生の既有知識との結び付きが自然にでき、かつ、注意を向けようという気になるような工夫をしている。

　その後、子どもの権利に関する規範論の説明や、それが書かれた法や生きた法の中で実現されているかといった検討の部分は全て省略し、❷の補足レジュメを用いて、刑法的アプローチと少年法的アプローチの違いを、比喩を用いて説明した後、先ほど発した、「刑事公判と少年審判とではなぜこんなに違うのか？」という問いに返り、直前に提供した知識を使って解説するという構成にする。

　この補足レジュメは、一橋大学で行っていた少年法の第1回授業においてガイダンスのために使用しているものをアレンジしたものである。「少年法は甘いか」という問いが不良設定問題であることを意識させ、基本的な対立軸として問題を犯した者に対する対処に関する発想の違いがあることを伝える。

　伝えるのは、消極的一般予防、積極的一般予防、特別予防といった概念なのだが、イメージをしっかり持ってもらうため、学生にとっての日常場面を用いた比喩を用いる。すなわち、授業で私語をする学生に対する教員のアプローチとして、私語する学生を追放すること（隔離による特別予防）、私語する学生を追放することによって他の学生を威嚇すること（消極的一般予防）、私語する学生のカウンセリングをし、学生自身が発見した真の問題点を克服するために環境調整によって支援すること（教育による特別予防）を挙げ、隔離という手段は「厳しい」ように見えるかもしれないが、その学生は真に反省をしないかもしれず、他の授業では私語をするかもしれない（そういう意味で、「甘い」）。他方、教育という手段は「甘い」ように見えるかもしれないが、自分が抱えている真の問題点を自ら気付き、かつ、これまでの交友関係等を断ち切ったりするのはそうとう「厳しい」という話をする。何をもって「甘い」とするかは、どのような観点に立つかによって変わりうるので、もっと厳密に概念や判断基準を明確にしなければならないということである。話はここまでで、少年法に対する興味をかきたてたあと、このような難問はそう簡単には解けないので、刑法や刑事訴訟法をしっかり勉強してから挑戦するようにアドヴァイスする。

(5) 授業の流れ④：これだけは！シートの答え合わせ・その2

　本日教授した分のこれだけは！シートの答え合わせをする。これも教員が行う。

(6) 授業の流れ⑤：2年生以降の刑事法科目の説明

　入門授業を終えた後、刑事法科目を系統的に履修させるための説明を毎年行っている。法律専攻のカリキュラムは、刑事法科目が多数のカテゴリー（科目のまとまり）に分散させられているので、初学者には何が刑事法科目で、どのような順序でとっていけばよいのかわかりにくいので、わかりやすく示した❸のペーパーを配付し、説明するのである。

　残念ながら、12年度はこの説明のための時間が残されておらず、あとで一斉メールにて補足説明をするに止めた。

(7) 授業の流れ⑥：授業アンケート

　最後に、2種類の授業アンケートを実施する。1つは全学で実施されている匿名マークシート方式のものである。もう1つは本授業で独自に実施しているもので、「この授業で何を得たのか」、「授業に対する感想」、「来年度受講生へのメッセージ」を自由記述にて書いてもらうものである。こちらは実名記入である。前者にも自由記述欄があるが、学生には「匿名でないと書けないことというものがあるならば全学アンケートに書くように」と指示する。後者のアンケートについては、第1回アンケートと同様、全てPCに入力し直して、HP上に公開すると伝える。回答の全てを紹介すると頁数が増えてしまうので、金曜3限クラスの全回答のうち、学籍番号上に並べた最初の1頁分のみ掲載しておいた（本書375頁）。

　なお、通常であれば、何をどのように書いてほしいのか、一切私から誘導することはないのだが、12年度は、「来年度受講生へのメッセージ」のみ、次のように誘導した。「13年度は仕事の都合で1クラスしか開講できないが、1クラスで300人以上となると、効果的な授業にならない危険性が高い。そこで、登録者を減らしたい。みなさんのメッセージを授業登録前に公開するので、嘘はつかなくて結構だが、もしみなさんが厳しいとか大変とか面倒くさい等、ネガティブに感じた部分があるのであれば、ぜひ、そこを思いっきり強調するような文体にしてほしい。それを見て後輩たちはびびって登録しなくなるだろうから」。

　実際に彼らが書いたメッセージ群には、残念ながらと言ってよいかどうかわからないが、ネガティブな表現があまり示されていなかった。「最も法学部らしい授業」と評しているものが目立っていたが、それが興味深くというか、皮肉め

いてこちらの心に届く。おそらく本書を読んでいる法学部教員の大半は、「全然法学部らしくない授業」とこの授業を捉えていることだろうから。

(8) 授業時間外タスク
　期末試験の準備である。

(9) 一斉メール
　1月25日送信メールは、2年生以降の刑事法科目に補足説明を加えたものである(掲載省略)。

16．期末試験実施後——アフター
(1) フィードバック
　授業を総括し、学生へのフィードバックをしておかねばならない。採点が終了し、大学全体のシステムにおいて公式に成績が開示された後に、前述の「最終アンケート全回答」(金曜3限クラスの回答の一部につき、本書375頁)、「期末試験の成績データ」、「試験の講評」、「教員による授業総括」(次章の「学習成果の検証」を簡略化したもの)をHPにアップする。
　試験の講評ペーパーには、「勝手に先取り履修」のお誘いも掲載しておく。法律専攻のカリキュラムでは、1年生が本授業に参加して刑事訴訟法をさらに学ぼうと考えたとしても、3年生にならないと中級授業は履修登録できない。鉄は熱いうちに打て、ということで、教員公認のもぐり履修を、2年生になる人に向けて勧めるのである。大学全体としては認められていないシステムであるし、キャップ制と抵触するシステムかもしれないので、いずれ批判されるかもしれない。私としては、これは学生の自主学習にすぎず、学生は大学の授業しか勉強してはならないというわけではないのだから問題ないだろうと考えている。

(2) 一斉メール
　3月5日送信メールは、フィードバックのための各種ファイルをHPに掲載したことを告知するものである。
　3月25日メールは、先取り履修を考えている人のための補遺説明をし、さらに、履修した1年生のうち全体として成績が思わしくなかった者に対して、余計なお

世話かもしれないが、叱咤激励したものである。

【3月5日送信】
裁判法Ａ＆刑事手続法概論の中川です。お久しぶりです。
昨日、成績発表があったと思います。良かったにせよ、悪かったにせよ、みなさん、この１年をきっちりふりかえって、来年度に活かしてください。
さて、ホームページの今年度向けの最終更新をしました。裁判法Ａ＆刑事手続法概論のページに、以下のものを加えました。
・最終アンケート全回答
・期末試験の成績データ
・期末試験に関して中川コメント＆先取り履修のお誘い
・中川自身の授業総括
・来年度に刑法をとる人のために、予習用教材として、テキスト『刑事法入門』の第10〜12講の録音ファイル（wmaファイル）
ぜひ、ご参考にどうぞ！
http://www5f.biglobe.ne.jp/~nakagawa1015/0001main.htm
約１週間後に最後のメールを出します。もっぱら、先取り履修を考えている人向けです。
大半の学生さんとは、（私の授業を今後とらなければ）これでお別れですね。お名残りおしいですなあ。

【3月25日送信】
裁判法Ａの中川です。最後のメールです。２点あります。
（１）刑事訴訟法の先取り履修を考えている人へ
次年度のシラバスがアップされました。刑訴法のシラバスをよく読んでください。そして、シラバス中にも書いてありますが、私のHPに、履修する前に読むべきファイルを２つアップしておきました。決断と準備と環境整備（勉強時間の確保）をお忘れなく！
（２）全員へ
所定の単位数をとれない人は履修相談対象者となるのですが、これに指定された人の今年度１年生の数が、現行カリキュラム史上最悪（つまり最も人数が多い）となっております。私なぞ、裁判法Ａだけをみているとみんながんばっているなぁとしか思えないのですが、全体的には、どうもそんな感じのようです。あまり単位がとれなかった人に、心からのエールを送りましょう。以下の文章を10回復唱せよ！

・２年生は「明暗がはっきり分かれる１年間」だから気をつけろよ！　ここで復活できなかったら、４年卒業はまず無理と思え！
・何が何でも、大学に行く時間や一定の勉強時間を確保しなければならない！
・２年生配当の法律系科目は、通年４単位が多く、しかも、基本的に期末試験一発評価が多いから、

日々こつこつ勉強する習慣をつけておかないと、落とすぞ！　授業に出席もせず、ノートも取らず、予習復習もせずにいて、期末試験直前にあわてて勉強しようとしても、まったくわからず、後のまつりになりやすいぞ！

・1年生配当の授業は、なにせ1年生だから、知識量をかなり抑えた授業がほとんど（裁判法Aもまたしかり）だが、2年生からはそうはいかないぞ！　裁判法Aの短答問題で30点以上（HP上に答を掲載しているぞ。もうチェックしているよな！？）とれなかった人は、知識の習得方法に関して何らかの問題があるから、自分の学習方法をしっかり見直しておいたほうがいいぞ！

それでは、健闘を祈る！

第6章 学習成果の検証

1．12年度授業参加者の学習成果

(1) 検証の方法

本授業の目標は第1章2に記した。これら目標はどの程度達成されただろうか。学習の成果を図る方法は、図表2-17のとおりである。以下、若干敷衍する。

前述のように、私は教育目標を「知識・理解」、「思考・判断」、「関心・意欲」、「技能・表現」の4領域に分けて定めている（國學院大學全体の、シラバスを書く際の方針）。このうち、学生が本授業で必要な知識を正確に理解し記憶した否かは、期末試験において出題する短答問題の出来具合をみて判断する。

	知識・理解	思考・判断	関心・意欲	技能・表現
検証方法	・教授した全範囲から出題する多肢選択式問題（三択問題）を期間内試験で10問出題し、その正答率によって検証する。	・ヒントを多数つけた事例問題（論点等）1つを期間内試験で出題し、その正答率によって検証する。	・出席率、課題提出率、期末試験受験率、自習時間、関心・意欲に関する学生の意識により検証する。自習時間および関心・意欲に関する学生の意識については、授業アンケートを分析することにより検証する。	・メモ力については、期間内試験の成績から間接的に推認する。 ・文献収集力については、授業内の文献収集課題の達成度により評価する。 ・法的意見表明の「基本型」に沿った論述ができているかについては、「思考・判断」と同じ。 ・グループワークについては、チーム課題提出率、チーム除名者の数、解散チーム数、授業アンケート結果により検証する。
成績評価の対象と比率	期間内試験短答問題50％（知識と思考はどちらも平等に重要であるためこの比率にしている）	期間内試験論述問題50％（知識と思考はどちらも平等に重要であるためこの比率にしている）	―	・期末試験論述問題50％（「思考・判断」と同じもの）
サンクション等	―	―	・欠席4回でチーム除名 ・チーム課題3回未提出でチーム解散	・欠席4回でチーム除名 ・チーム課題3回未提出でチーム解散

図表2-17　検証の対象および方法

短答問題は教授した知識全てを対象として10問出題する。もっとも、中間試験以前に教授した内容はほとんど出さず、中間試験以後に教授した内容をメインとする。この授業は初年次科目であり、本授業に参加して学習方略をメタ認知し、方略の改善を図ることを期待している。改善を図るよう強く促したのが中間試験、およびその直後に行った第5回課題（自己学習のふりかえり課題）であった。中間試験以後に教授した内容をメインとすることで、学生の学習方略改善効果を検証することができる。

　期末試験では、私がテキスト中の講義パート部分、すなわち授業中に教授した内容から出題するものを6問、テキスト中の自習パート部分、すなわち完全に自習に委ねられる領域から出題するものを4問出す。いずれも、刑事訴訟法を理論的にみるために不可欠な基本的概念、および、その概念をパラフレーズした判例の結論または理由づけを問うものである。

　出題方法は多肢選択問題とする。今後学生さんたちがさまざまな機会で受けることになる資格試験等では、多肢選択問題が多用される。大学受験の時にもセンター試験などで用いられていたわけだが、このような問題方式に対する感度を鈍磨させないように、この授業でもこの方式を採用している。

　また、選択肢は3つにしている。期末試験は資格試験ではないし、過度な暗記を強いるようなものであってもならないと考えている。選択肢を見たらすぐ知識がよみがえってくるような、簡単な問題で十分である。経験上、選択肢を4つ以上にすると、難易度がぐんと上がるし、出題ミスをするリスクも高まってしまう。

　同じく難易度を下げるという趣旨で、1つの問題で問う知識は1つとすることを徹底させる。また、授業で得た知識そのものを問う問題ばかりとし、授業で得た知識を使って、授業で触れなかった問題を解かせるような応用問題は出さない。1問5点で、100点中50点をこの短答問題に割り振る。

　このような簡単な問題で学習成果を正しく測れるのか、選択肢が3つだとテキトーに答えても正答となる確率が高いのではないか、といった疑問の声が出てきそうではある。が、残念ながらというべきか、この方式で多数の学生がこれまで高得点を出してきたというわけでもない。むしろかなり正規分布に近い成績分布をこれまで示してきた。また、授業方法を変えることによって、短答問題の成績分布もダイレクトに変化してきている。学習成果を正しく反映しない高得点を生み出してしまっている、とは感じられない。というわけで、期末

試験の出題方式として特に問題はないと考えてきている。

　次に、思考・判断を図るために、論述問題を1つ出している。メインとなるのは、教授した法的意見表明の方法に従って、事例問題を解決できるかである。教授した法的思考方法に沿って検討できるかをみる。したがって、そこで問題となる論点の知識については、授業で教授していないものにし、試験問題中に比較的詳細な説明を付ける（本書370頁参照）。論点は、2年次開講科目となる刑法の準備を兼ねて、刑法各論のものにする。

　論述問題の採点基準は図表2-18のとおりである。ルービック風に、必要なポイントごとに区切り、各ポイント毎に点数を配分する。「問題提起」、「法解釈」、「あてはめ・結論」の部分で50点満点となるよう設計しているが、加算または減点ポイントとして「判例紹介」、「内容上の誤り／新規性」を若干カウントさせている。

　参考のために、いくつかの答案と、私がつけた点数を、サンプルとして掲載した（本書371〜374頁参照）。この評価方法に間主観性があるかは、読者による検証を待つしかない。

問題提起		「他人」の解釈が問題になることを指摘できていれば10点。
法解釈	自説紹介	正確に紹介できていれば5点。
	他説紹介	正確に紹介できていれば5点。
	必要性の論証	標準7点。最大10点。
	許容性の論証	標準7点。最大10点。
あてはめ・結論		正確にあてはめ・結論できていれば10点。
判例紹介		正確に判例が紹介されていれば1点。誤った紹介をしていれば-1点。触れていなければ0点。
内容上の誤り／新規性		論証の中に、明白な内容上の誤りがあれば、1箇所ごとに1点減点。特に現段階で誤りのない新しい論証を付け加えていれば、1箇所ごとに1点追加。

図表2-18　論述課題の採点基準

　「関心・意欲」については、授業アンケート等から間接的に評価する。関心・意欲を点数で評価して成績に算入することは、私にはできない。関心・意欲を持つよう単位認定権限をもって強制することは、思想・良心の自由に反することだと考えている。しかし、関心・意欲をもって学習してもらうこと自体を授業の目標とすべきことは確かである。したがって、授業改善のために検証の対象にはする。

　「技能・表現」については、「思考・判断」と重なる部分が多い。特に、法的意見

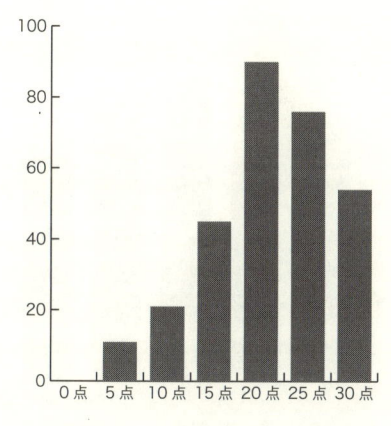

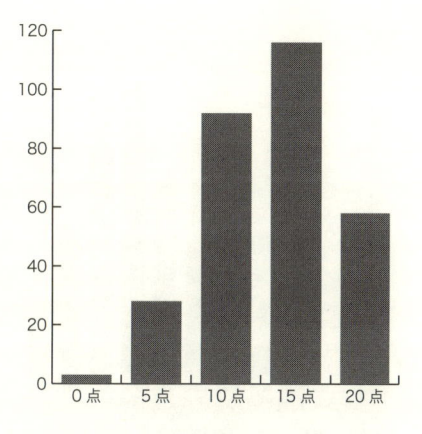

図表2-19　期末試験問題Ⅰの成績分布　　図表2-20　期末試験問題Ⅱの成績分布

表明の型を習得したかについては、「思考・判断」と完全に重なり、期末試験の論述問題でチェックすることになる。その他については成績評価の直接の対象にはしておらず、「関心・意欲」と同様、授業改善のための自己検証項目にとどまる。

それでは各項目ごとに検証していこう。

(2) 知識・理解

期末試験の問題のサンプルは本書368〜370頁に記した。短答問題の平均点は34.4点（50点満点／68.8%）で、ピークは35点〜40点にあり、中心よりもやや高いところにピークがある（図表2-19、2-20、2-21参照）。目安としては45点以上がA＋（きわめて優秀）、40点がA（優秀）、35点がB（標準）、30点がC（可）、25点以下がD（不可）と捉えているが（成績は論述課題の点数と総合して評価するので、あくまで目安にすぎない）、この評価ごとに直すと図表2-22のようになり、A＋からDまで多少の凸凹はあるがおおむね均等に並んでいる状態となった。

全体として知識・理解の定着度は標準であるといってよいと思う。「可」以上の学生が79.5%おり、特に問題はないと考えてもよいのかもしれないが、私としては、しかるべく準備をしていれば全員がAまたはA＋がとれるはずの難易度に設定しているつもりなので、それにもかかわらずAとA＋を合わせて全体の39.4%にしか到達していないことは、以前知識の定着度に問題がある学生が多いことを示している。

第6章　学習成果の検証 | 257

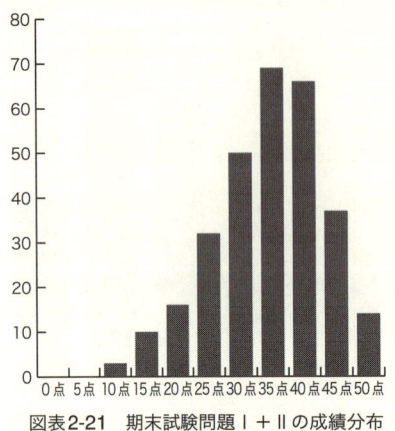

図表2-21　期末試験問題Ⅰ＋Ⅱの成績分布（得点別）　　図表2-22　期末試験問題Ⅰ＋Ⅱの成績分布（評価別）

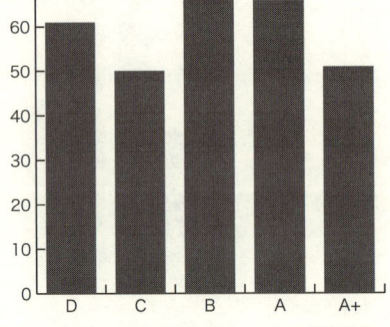

　なお、中間試験実施後に、短答問題Ⅰの得点分布（351〜352頁参照）について検討しておいたので、中間試験を受験した者が期末試験の短答問題Ⅰでどの程度得点したのかを検証しておこう。図表2-23に示したとおりである。残念ながら、最下層の割合にほとんど変化はない。しかしながら、15点までの低得点層は24.7%で6.2ポイント減少し、25点以上の高得点層は44.9%で7.9ポイント上昇している。最下層以外はおおむねがんばったと評価できよう。

	中間Ⅰ	期末Ⅰ
0、5、10点	10.4%	10.7%
15点	20.5%	14.0%
20点	32.0%	30.5%
25点	21.9%	26.5%
30点	15.1%	18.4%

図表2-23　中間試験受験者における期末試験短答問題Ⅰの得点分布

(3) 思考・判断

　期末試験の論述問題の平均点は44.4点（50点満点／88.8％）である。得点分布をみると、図表2-24に示したようにピークは40点代にあり、そこに集中している。また、45点以上をA＋、40〜44点をA、35〜39点をB、30〜34点をC、0〜29点をDと捉えると、図表2-25に示したように、圧倒的多数がA＋評価を

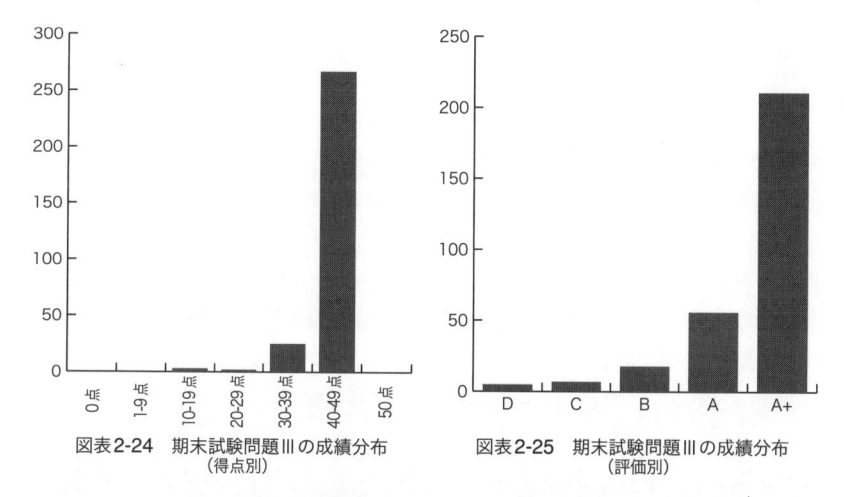

図表2-24　期末試験問題Ⅲの成績分布
（得点別）

図表2-25　期末試験問題Ⅲの成績分布
（評価別）

得ている。全体として思考・判断の力の定着度は極めて良好である。中間試験との差は検証するまでもないので省略する。

(4) 関心・意欲

　以下の10点より、法学、刑事訴訟法学に対する関心・意欲を喚起し、自己効力感を高めている者も多いが、課題は少なからず存在すると考えている。

　第1に、出席率の平均は87.9%であり、良好である。

　第2に、受験率は92.0%であり、極めて多くの学生が、期末試験受験にまでたどりついた。

　第3に、欠席が4回に達しチーム除名となった者は15名（4.6%）であり、数としては少ない。

　第4に、添削を行うチーム課題の提出率は92.0%という高い数値を示した。チーム課題を3回提出しなければチーム強制解散というサンクションを設けたことがこの高い数値の一因と考えられるが、成績評価は期末試験の結果のみで評価されるのであって、チームが解散になったり、チーム課題をさぼったからといって、それらが直接的に成績評価に影響するものではないことに鑑みると、チームとしての課題遂行意欲は相当存在したと考えてよい。

　第5に、チーム課題以外の、個人単位で提出する課題の提出率は、中間試験後のふりかえり課題が77.4%、判決書作成課題が62.5%であり、これらの数値

第6章　学習成果の検証　| 259

は高いとはいえない。ピア・プレッシャーがないとやる気が起きなくなる（または課題遂行途中で挫折する）者が相当数存在していることになる。

　第6に、授業アンケート（以下、アンケート結果については図表2-26、2-27、2-28参照。回答率は78.6%）によると、自習時間（Q 10）の平均は2.37（全体平均1.87）で、④（3時間以上）12.6%、③（2時間以上3時間未満）30.4%、②（1時間以上2時間未満）38.6%、①（1時間未満）18.4%である。全体平均より高い数値ではあるが、2時間に満たない者が57%存在しており、単位制度の趣旨からは問題が残る。とはいえ、私が設定した、教員の統制をきかせた90分を確保している者は相当数いると解釈することは可能である。

　第7に、授業アンケートによると、意欲的に取り組みましたかという設問（Q 3）に対する平均は3.34（全体平均2.85）であり、④44.4%、③45.2%、②9.9%、①0.4%となっている。Q10で自習時間を④と回答した者（すなわち、単位制度の趣旨をみたす自習時間を確保している者）が12.6%にすぎないにもかかわらず、本質問ではポジティブ回答（④+③）が89.6%であるというギャップが存在することは興味深い。「普段は積極的に勉強しようとはしないが、本授業では、結構がんばったと自己評価している」学生群が多いと推認できる。したがって、学生本人をベースとしてみるならば、他の科目よりは勉強したと褒めてあげられる学生は多いが、客観的に要請されている基準には依然到達していない者が多いということができる。

　第8に、授業のテーマへの関心が高まりましたかという設問（Q 8）に対する平均は3.46（全体平均3.18）であり、④52.8%、③40.9%、②6.0%、①0.4%となっている。ポジティブ回答が93.7%であり、良好である。

　第9に、知識や能力が増大したと思うかという設問（Q 12）に対する平均は3.54（全体平均3.18）であり、④58.2%、③38.3%、②3.0%、①0.5%となっている。ポジティブ解答は96.5%にのぼる。自己効力感が増していることが示唆される。

　なお、アンケート結果を因子分析してみた（図表2-29参照）[13]。結果については、0.35以上のものが関係ありとみなして解釈してみた[14]。第1因子については、素

13　因子分析に使用したソフトは、静岡大学の山田文康研究室で開発されたものを使用した。http://www.ia.inf.shizuoka.ac.jp/~fyamada/software.htm

14　山地弘起編『授業評価活用ハンドブック』（玉川大学出版部、2007年）127頁［中村知靖執筆］は、0.385といった程度ならば関連性があると解釈しても構わないと述べている。

朴で恐縮だが、要するに「この授業を気にいっている」と解釈できよう。第2因子については、「レディネスがしっかりできている、学習意欲にあふれる学生を満足させることができた」と解釈できよう。第3因子は特に意味がない。以上から、日頃の学習一般に必ずしも熱心でない者もこの授業にそれなりに意欲と関心を持たせ、かつ、学習意欲を強く持つ者に対しても、いわゆる「浮きこぼれ」状態に陥ることなくがんばっていることが示唆される。本授業の理念や方法に警鐘を与える解釈はできなかった。

設問文	回答率（％）					
Q1 この授業にどの程度出席しましたか。	すべて出席した（100%）	ほとんど出席した（80%以上）	3分の2程度出席した（60%以上）	半分くらい出席した（50%以上）	3分の1程度出席した（30%以上）	ほとんど出席しなかった（30%未満）
	63.7%	32.3%	3.6%	0.4%	0.0%	0.0%

設問文	④かなりそう思う	③そう思う	②あまりそう思わない	①思わない	平均点	全体平均点
Q2 シラバスをよく読んでこの授業を履修しましたか。	57.5%	40.1%	1.6%	0.8%	3.54	3.29
Q3 予習・復習をするなど授業に意欲的に取り組みましたか。	44.4%	45.2%	9.9%	0.4%	3.34	2.85
Q4 教員の話や指示は明確で聞き取りやすかったですか。	63.7%	32.3%	3.6%	0.4%	3.59	3.28
Q5 板書や教材は理解の助けになりましたか。	56.3%	40.1%	3.2%	0.4%	3.52	3.29
Q6 教員は意欲的に授業を進めていましたか。	74.2%	25.4%			3.73	3.46
Q7 この授業を理解できましたか。	44.8%	49.2%	5.6%	0.4%	3.38	3.07
Q8 授業のテーマへの関心が高まりましたか。	52.8%	40.9%	6.0%	0.4%	3.46	3.18
Q9 この授業を理解できましたか。授業を履修して良かったですか。	55.6%	38.1%	4.8%	1.6%	3.48	3.26
Q10 この授業について、授業時間外に週平均でどのくらい勉強しましたか。④3時間以上 ③2時間以上3時間未満 ②1時間以上2時間未満 ①1時間未満	12.6%	30.4%	38.6%	18.4%	2.37	1.87
Q11 授業の内容はシラバスに沿っていましたか。	46.1%	50.0%	3.9%	0.0%	3.42	3.27
Q12 この授業を受けて、知識や能力が増大したと思いますか。	58.2%	38.3%	3.0%	0.5%	3.54	3.18

図表2-26　12年度アンケート集計結果①

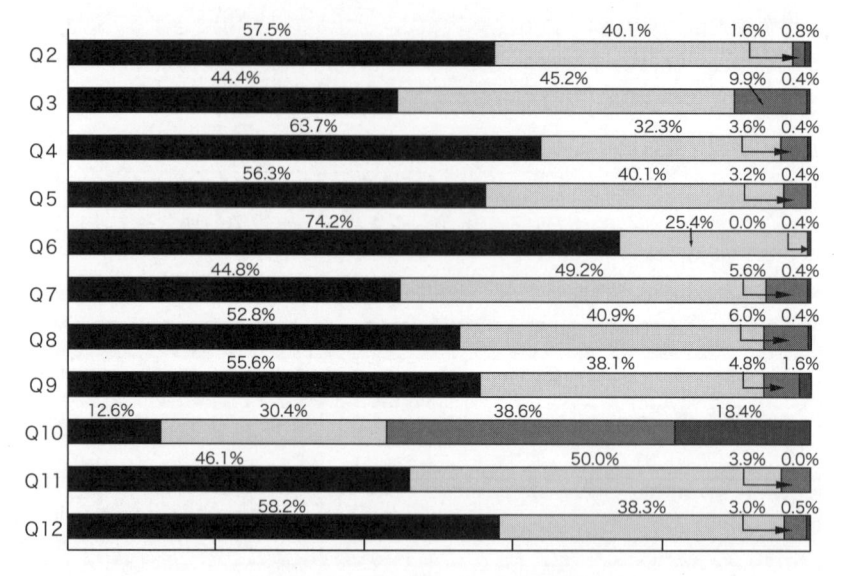

図表2-27　12年度アンケート集計結果②

Q2	57.5%	40.1%	1.6%	0.8%
Q3	44.4%	45.2%	9.9%	0.4%
Q4	63.7%	32.3%	3.6%	0.4%
Q5	56.3%	40.1%	3.2%	0.4%
Q6	74.2%	25.4%	0.0%	0.4%
Q7	44.8%	49.2%	5.6%	0.4%
Q8	52.8%	40.9%	6.0%	0.4%
Q9	55.6%	38.1%	4.8%	1.6%
Q10	12.6%	30.4%	38.6%	18.4%
Q11	46.1%	50.0%	3.9%	0.0%
Q12	58.2%	38.3%	3.0%	0.5%

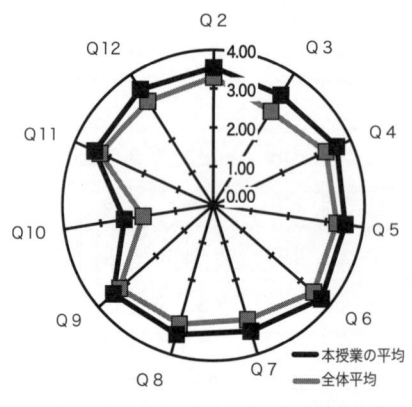

図表2-28　12年度アンケート集計結果③

第10に、独自にとった最終アンケートにおいても、達成感を味わったなど、ポジティブな学生が多い（本書375頁参照。紙幅の都合により、金3クラスの冒頭1頁のみ掲載した）。

(5) 技能・表現

第1に、メモ力について検証する。これだけは！シートに対する授業内での確認作業では概ねよく応答していたので、これだけは！シートの確認作業をチーム内でしっかり行っていた者についてはそれほど問題がないと推測している。また期末試験の結果、知識・理解の定着度が標準であり、やや上方にピークがあるが正規分布に近い分布状況であったことから、メモ力

変数名		第1因子	第2因子	第3因子
Q1	この授業にどの程度出席しましたか。	-0.020	-0.031	0.165
Q2	シラバスをよく読んでこの授業を履修しましたか。	0.233	0.405	0.014
Q3	予習・復習をするなど授業に意欲的に取り組みましたか。	0.354	0.521	0.468
Q4	教員の話や指示は明確で聞き取りやすかったですか。	0.828	0.323	-0.097
Q5	板書や教材は理解の助けになりましたか。	0.708	0.310	-0.003
Q6	教員は意欲的に授業を進めていましたか。	0.819	0.286	-0.139
Q7	この授業を理解できましたか。	0.705	0.488	0.359
Q8	授業のテーマへの関心が高まりましたか。	0.575	0.755	0.071
Q9	この授業を履修して良かったですか。	0.538	0.790	-0.068
Q10	この授業について、授業時間外に週平均でどのくらい勉強しましたか。	0.095	0.429	-0.125
Q11	授業の内容はシラバスに沿っていましたか。	0.606	0.170	0.036
Q12	この授業を受けて、知識や能力が増大したと思いますか。	0.698	0.388	0.104
	説明力	4.018	2.513	0.442

図表2-29　12年度アンケートの因子分析結果（バリマックス回転／共通性の推定：SMC）

についてもこれと類似する状況であると推測する。

　第2に、文献収集力については、判決書入手の課題の達成度確認を忘れていたため、十分に検証できない。もっとも、國學院大學法学部資料室の職員の話を聞くかぎり、多くのチームが資料検索に訪れていたようであるので、少なくとも図書館や資料室へのアクセス、そして主要法学文献検索ツールを試しに使用してみたというレベルには多くの者が達していると推測する。

　第3に、法的意見表明の「基本型」に沿った論述ができているかについては、期末試験の論述問題の平均点が44.4点（50点満点／88.8％）で、ピークは40点代にあるところから、法的意見表明の「型」の修得度は極めて良好と評価できる。

　第4に、グループワークについてはどうか。添削を行うチーム課題の提出率が92.0％であったこと、チーム除名者の割合が4.6％にすぎないこと、強制解散となったチームは1つにすぎないこと、独自にとった授業アンケートによると（本書375頁参照）、チーム制のおかげで授業に積極的に参加でき、理解も進んだとの記述が極めて多数であったところから、学びの共同体をうまく（または、なんとか）構築できたところが多いと評価できる。もっとも、普段の様子を観察する限

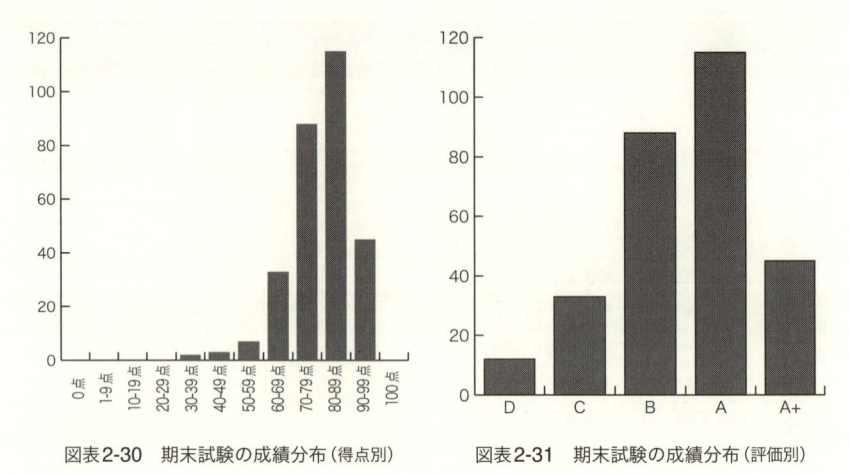

図表2-30　期末試験の成績分布（得点別）　　図表2-31　期末試験の成績分布（評価別）

りにおいては、チーム作業に対する貢献度が低い学生はそれなりにいる。

(6) 総合

　前述のように、期末試験の受験率は92.0％という高い数値を示している。期末試験の合計点の平均点は78.8点（100点満点／78.8％：素点で計算）で、ピークは80点台にある（図表2-30参照）。成績の内訳は、A＋（90点以上）15.2％、A（80～89点）38.7％、B（70～79点）29.6％、C（60～69点）12.5％、D（59点以下）4.0％となった（図表2-31参照）。合格率は96.0％である。試験結果をみる限り、目標達成度は良好である。

２．PDCAの軌跡

(1) はじめに

　國學院大學に赴任して08年度に本授業を開始して以来、本授業の教育目標自体を変更はしていない（グループワークのみ、10年度に付け加えた）。また、成績評価の方法や基準を含む学習成果の検証方法にも変更は加えていない。したがって、目標達成度をより高くするために、授業をふりかえり、授業の方法に関してさまざまな面で改善を重ねるというプロセスがPDCAとなる（授業方法や環境の主要な変更点については図表2-32参照）。以下、特に意を尽くしてきた諸点をふりかえる。

	08年度	09年度	10年度	11年度	12年度	13年度
開講日時	金4限	水1限	金3、4限	金3、4限	金3、4限	金3限
クラス規模	241	332	306 (177+129)	304 (204+100)	323 (177+146)	172
チーム制	なし	なし	あり 自主編成 or ランダム編成 3〜6人 サンクションなし	あり 自主編成 or ランダム編成 3〜6人 サンクションあり	あり 自主編成 or ランダム編成 4〜6人 サンクションあり	あり ランダム編成のみ 4〜6人 サンクションあり
ランダム編成の方法	―	―	クラスをばらばらに	クラスをばらばらに 女性2人以上	クラスをばらばらに 女性2人以上	クラスをばらばらに 女性2人以上 民法総則成績上位者を必ず含める 裁判法B受講生を固める
添削課題	任意・個人	任意・個人	任意・チーム	半強制・チーム	半強制・チーム	半強制・チーム
一斉メール	なし	なし	なし	あり	あり	あり
これだけは！シート	なし	なし	なし	中間試験後に導入	最初から導入	最初から導入＆チーム毎に提出

図表2-32 授業方法・授業環境の主要な変更点一覧

　はじめに前置きしておきたいことがある。ある授業デザインや具体的教育方法が有効か否かを測定するためには、その方法をとるかとらないか以外の条件を統制し、比較できるようにすることが望ましい。しかしながら、日々の授業は、純粋な実験のために行っているのではない。ある方法を実践中に、さらなる方法を加えるとよいのではないかと思いつけば、やはりそれは実践してみるべきなのであって、条件統制のために今年度はある方法を差し控え、来年度から実行するというわけにはいかないのである。したがって、ある教育方法等が妥当か否かを、当該方法のみを取り出して検証することは非常に困難である。全ての方法等が何らかの形で関連し合っているとの前提を一般的に置くしかないが、ある特定のテーマについては、ある一定の方法が強く影響している、と推測することが許されるだろうと判断できる場合はある。それは厳密に科学的な推論

に基づくものとはいえず、多分に直感に基づくものと言わざるをえない。そのような直感的推論が妥当か否かは、教員集団の検証による吟味を経て間主観性ありとされるか否かにかかっている。そのような吟味をしていただくために、客観的データと主観的推測を可能な限り記してみたい。

なお、本書の刊行準備をしている間に13年度の授業が終わってしまったので、これから出てくる図表には13年度のデータも含めているが、この年度はかなり外部的条件が異なるので、さしあたり無視して読み進めていただきたい。13年度については、最後にまとめて記すことにする。

(2) 出席率を高める

	08年度	09年度	10年度	11年度	12年度	13年度
授業回数	13	13	14	13	13	13
平均出席回数	10.3回	8.6回	10.7回	11.3回	11.4回	11.6回
出席率	79.2%	66.2%	76.4%	86.9%	87.7%	89.4%

図表2-33　出席状況の推移

最近の学生は授業によく出席するようになったと言われていることも多いが、本授業については、さほど高いとは言い難い状況であった。特に09年度は平均出席率が66.2%と突出して低くなった（図表2-33参照）。この年の成績は突出して低かった（本書278頁図表2-42参照）のだが、出席率の低さと相関関係にあると考えて間違いない。そこで、まずは出席率を上げることに意を砕いてきた。一定程度出席しない者には単位を与えないという鞭の方策もあるだろう（私もこの授業以外の全ての授業において一定数の出席を成績評価のための必要条件としている）。逆に、一定程度出席した者には一定の点数をあげるという飴の方策もあるだろう[15]。しかしこの授業において私は、出席の有無を成績評価にダイレクトに結び付ける方策はとりたくなかった。それは、本授業が初年次開講授業であり、必ずしも法律を学ぶ意欲に満ち溢れているというわけではない学生群に対しても、法学は面白いものだと関心を向けさせたいからである。つまり、授業の内容そのものに関心を向けさせることによって出席へと誘うべきであって、単に単位を

15　ただし、そのような方策が大学設置基準に違反していないか、疑問なしとしない。

取得するためだけに嫌々授業に参加するという事態を極力なくしたいのである。

09年度の出席率が突出して低くなった要因として私が考えた仮説は、①1限だったので朝が苦手な人が欠席がちになった、②登録者人数が300人を超え、共同体意識（教員とのつながり、および学生とのつながり）が希薄になった、というものである。そこで10年度には、朝1限を避けて、開講時限を3、4限とし、学生が遅刻しにくい時間帯とした。そして300人以上のマス授業になるのを回避し、2クラス同時開講にして学生を分散させた[16]。また、初めてチーム制を導入し、共同体意識を高めるデザインにしてみた。その結果、09年度と比べて出席率は76.4％に上昇したものの、79.2％であった08年度と比較して際立ってよくなったと評価できる数字には至らなかった。

そこで11年度には、抵抗感もあったが、チーム制にサンクションをつけ、威嚇によって学生を半強制的に出席させるシステムを導入した。サンクションの中身は、4回欠席した時点でチーム除名というものである。成績評価にダイレクトに結び付くようなサンクションにはしないようにデザインしたが、このような「鞭」を導入することにより生じうる弊害（学生の過度の委縮効果）は最小限にしなければならない。そこで導入したのが、「一斉メールシステム」である。これでしつこいくらいに学生を励まし続けることにより、威嚇的な背景を持たせつつも、あくまで自分の主体的決断でがんばろうと思えるような環境にするようデザインしたのである[17]。

さて、11年度以降は、出席率が80％代後半をキープしている（図表2-33参照）。以上のような方法が奏功したと評価している。第5回課題や最終アンケートの結果(375頁)をみるかぎり、特別な弊害は生じさせておらず、適度のピア・プレッシャーが出席へと誘っている。

なお、図表2-34に示したように、チーム所属者のみをみると出席率は90％を超えているのだが、チーム制を拒否した非所属者や、途中で授業に来なかったチーム被除名者は、出席率が極端に低い。これらの者を少しでも減少させるべく、次年度授業の第1回において、このデータを出し、チームに所属するよう説得し、

---

16 その結果、コマ負担のノルマを超えることになった。
17 罰・強制性の勢力を背景にした指導を教育的に活用する際に気を付けるべきポイントを説明したものとして、河村茂雄『教師のためのソーシャル・スキル――子どもとの人間関係を深める技術』(誠信書房、2002年)83〜87頁参照。

かつ、チーム除名にならないよう覚悟を決めさせようと考えている。このようにして正のスパイラルが生じることを期待しているのである。

	チーム所属者		チーム非所属者
	全体	チーム被除名者	
平均出席回数	11.7回	5.3回	3.2回
平均出席率	90.3%	41.0%	24.3%

図表2-34　チーム所属の形態毎にみた出席回数・出席率（12年度のデータ）

(3) ノートを網羅的に取らせる

　よく言われるように、高校までの授業と大学の授業は、進め方という点でかなり異なることが多いので、このギャップを、スタディ・スキルの基本を習得するという方法で解消させなければならない。初年次教育において一般的に重要とされるテーマである。

　まずはノートの取り方である。1年生の中には、教員が板書したものを写すことがノートを取ることだと考えている者が多い。また、教師が述べたことの中から大事だと思う点を要約してノートに書けばよいと考えている者も多い。しかし、そのような方略は失敗することが多い。教員はあまり板書しないし、初学者が講義を聴きながら大事な点を適切にピックアップすることは難しいからである。

　少なくとも私の授業では、私が口頭で情報提供することは全て大事なことである。授業の内容と関係のない雑談などは、時間にしておそらく90分中の2分もないのではないだろうか。したがって私は、少なくとも本授業においては、「大事だと思う点を要約」なぞしてほしくない。専門知識のない、したがって専門領域と自己の有する既有知識とをどのように結び付ければよいのか曖昧模糊としている学生が、ある情報が大事か否かを判断できるはずがない。

　したがって、私は、少なくともこの授業では、教師が口頭で提供する情報は全て書き取るべきだと考えてきた。実際、そのような指導をする者は多い。大学受験生のために書かれたもの[18]、大学初年次教育用教科書として出版された

18　和田秀樹『和田式 書きなぐりノート術』（学研教育出版、2005年）24～31頁参照。

もの[19]、法学者が法学部生のために書いたもの[20]、大学の授業のあり方について書かれたもの[21]など、さまざまな本の中で同種の指導・指摘がなされている。本授業が予習禁止にしているのは、授業において教員の口頭による情報の提供に集中させようとしているため、という部分もある。

　私の場合、「少なくとも現段階ではすべて書きとれ」と述べるだけで、これ以上の指導はしない。基礎演習と同様、ノートテーカーの資料を配付したほうがよいかもしれないとは思うが、それは早く書くコツを教えるためにすぎない。それ以上のマニュアル（ノートの左側にメモし、右側は空けておくといった類の、ノートの使い方の指導）は不要である。むしろ、教えてはいけないと思う。授業の形態によって書き方は異なってくるだろうし、TPOに応じて各自工夫すべき事柄だと考えている。

　10年度まではこのように口頭で指導するだけだったが、短答問題の正答率が必ずしも高くないことから、ノートを適切にとっていない者が多いと推測した。そこで11年度からは、第1に、脳科学者が平易に書いた本を要約紹介し、効率よく記憶するという点からも網羅的ノート取りは有効と考えられることを示唆した（本書304～306頁参照）。第2に、チームのアイス・ブレーキングも兼ねて、聴き取りゲームを授業中に実行して実際に網羅的ノート取りを経験させてみた（本書175～177頁参照）。第3に、これだけは！シート（ノートすべき重要事項を疑問文の形で尋ねるもの。網羅的にノートをとらないと全てに答えられない）を配付し、チーム内で確認させ、口頭発表させて確認することで、網羅的にノートを取らざるをえないような環境、そしてどうしたらノートを上手く取れるかをチームメイトに相談しやすい環境を用意してみた。

　11年度は、これだけは！シートのシステムを思いついたのが中間試験以後だったが、12年度には最初から配付し、課題に組み込んだ。その結果といってよいと思うが、中間試験の短答問題の成績が総じて上昇した（本書214～217頁参照）。図表2-35に示したように、期末試験の短答問題も総じて上昇した。

　しかし、論述問題の成績の伸びと比べるとまだまだである。期末試験の短答

19　藤田哲也編著『大学基礎講座［改増版］』（北大路書房、2006年）46～47頁参照。
20　弥永真生『法律学習マニュアル［第3版］』（有斐閣、2009年）74頁、米倉明『民法の聴きどころ』（成文堂、2003年）19～20頁参照。
21　宇佐美寛『大学の授業［新訂版］』（東信堂、2012年）36～41頁参照。

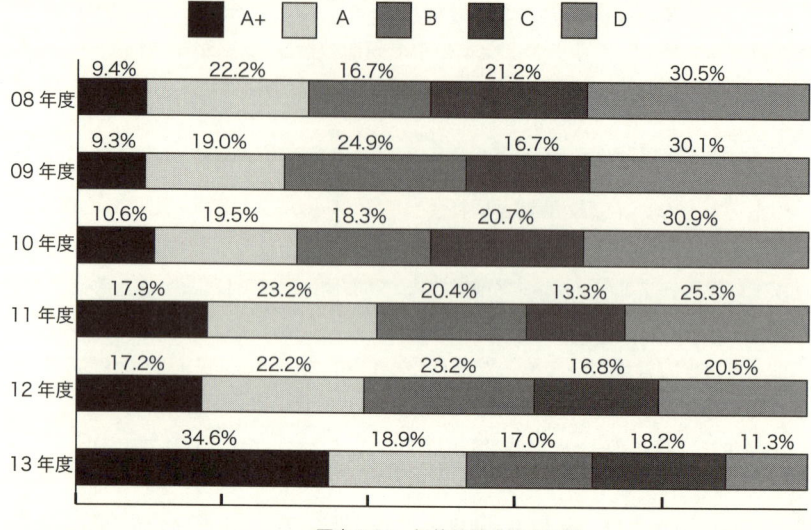

	A+	A	B	C	D
08年度	9.4%	22.2%	16.7%	21.2%	30.5%
09年度	9.3%	19.0%	24.9%	16.7%	30.1%
10年度	10.6%	19.5%	18.3%	20.7%	30.9%
11年度	17.9%	23.2%	20.4%	13.3%	25.3%
12年度	17.2%	22.2%	23.2%	16.8%	20.5%
13年度	34.6%	18.9%	17.0%	18.2%	11.3%

図表2-35　短答問題成績の推移

問題で50点満点をとった学生の1人に話を聞くと、本授業の期末試験の短答問題は、他の1年次配当法律系科目の同型問題よりもはるかに簡単で、「問題を見た瞬間に正解が脳裏に浮かび上がる」らしい。受講生全員にこのような域に達してほしいと思う。裁判法Ａでは教授する知識量が少ないので、学習方略が中途半端でもそれなりの「地頭」があれば点数が取れてしまうかもしれないが、本格的な法律専門科目では知識量が一気に多くなるため、「地頭」だけでは対処できなくなる。知識量を一定量におさえている本授業で、ノートの取り方を含めた学習方略の基礎を築いてほしいと思う（学習方略を本格的に鍛えるのは、私の授業では、知識量が一気に増える「刑事訴訟法」においてである）。

(4) 課題提出率を高め、得点を高める

　ほぼ毎回課題を出して、ある程度自習時間に対する統制を図り、学生を鍛えているわけだが、少なくとも現在の段階では、法律学系の授業でここまで課題を出し続ける授業は少数派であろう。確実にこれらの課題をこなせば、力がついたことを学生自身が実感でき、自己効力感の健全な発展に資することになる。しかしこの課題遂行に困難を感じた場合、途中で投げ出してしまうことも考え

られる。いかに確実に、意欲をもって課題を遂行し続けられるような環境を用意するか。そして、学習性無力感に陥らせず達成感を持たせるか。

最初に考えたのがチーム制である。図表2-36に示したとおり、チーム制を導入していなかった08、09年度の課題提出率は、最大で20.3％であり、お話にならないレベルであった。チーム制を導入した10年度からは、（個人単位とチーム単位とではカウントの方法が異なるが）提出率は飛躍的に向上した。

	08年度		09年度		10年度		11年度		12年度		13年度	
	提出率	Aの率	提出率	Aの率	提出率	Aの率	提出率	Aの率	提出率	Aの率	提出率	Aの率
第1回課題	−	−	−	−	89.5	13.7	95.7	58.2	100.0	83.3	100.0	91.2
第3回課題	20.3	51.0	16.0	30.2	89.5	33.3	98.6	56.5	95.0	50.9	100.0	76.5
第4回課題	12.0	55.2	10.2	44.1	80.7	43.5	94.3	47.0	98.3	57.6	100.0	82.4
第6回課題	17.4	71.4	10.2	58.8	68.4	74.4	88.6	72.6	96.7	70.7	97.1	87.9
第7回課題	−	−	−	−	40.4	65.2	72.9	43.1	71.7	69.8	82.4	78.6

図表2-36　チーム課題の提出率とAを取得したチームの率

＊「A」には、A、A−を含む。
＊第7回は、3通とも提出で提出とカウント。3通ともAでAとカウント。
＊08年度と09年度はチーム制ではなく、個人単位で提出＆母数は履修者数。

なお、12年度までにおいては、提出させるチーム課題はもっぱら論述力を鍛えるためのものである。提出率の上昇に伴い、中間試験や期末試験における論述問題の点数は飛躍的に上昇した（図表2-37参照）。

次に、学生が余計なところで躓いて挫けないようにするため、教材を工夫してきた。法学の知識とスキーマを十分に備えていないことから、予想外の誤りをしてきたり、変なところで悩んだりする学生が出てくる。「何を指示されているかわからない」とか、「教員の指示を誤解したまま課題に取り組み、うまくできないので無用に悩んでしまう」といったことが、法学に初めて触れる学生には生じやすいといえる。これらの葛藤は、課題に取り組むモティベーションを低下させる要素である。できるだけ変なところで悩まないように、教材を工夫す

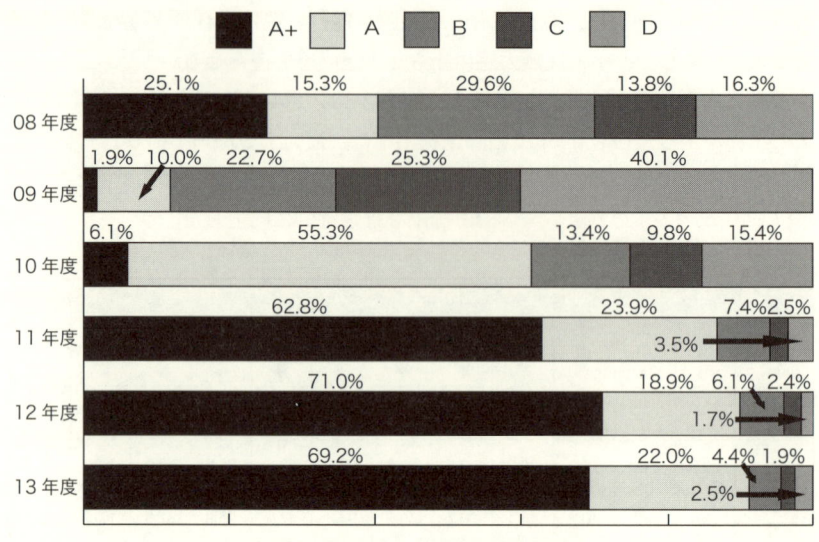

	A+	A	B	C	D
08年度	25.1%	15.3%	29.6%	13.8%	16.3%
09年度	1.9%	10.0% / 22.7%	25.3%	40.1%	
10年度	6.1%	55.3%	13.4%	9.8%	15.4%
11年度	62.8%		23.9%	3.5%	7.4% / 2.5%
12年度	71.0%		18.9%	1.7%	6.1% / 2.4%
13年度	69.2%		22.0%	2.5%	4.4% / 1.9%

図表2-37　論述問題成績の推移

る必要がある。

　もっとも、すっかり法学の世界に慣れてしまっている私には、初学者の気持ちになりきることができない。そこで、試行錯誤を繰り返すことになる。

　一例を挙げよう。図表2-38は、課題シート1（本書321〜322頁）の「アドヴァイス」欄を年度ごとにどう変えたかを一覧表に示したものである。その年の答案がどのような点で混乱し、間違えているか、その傾向を分析したうえで、表現を見直し、次年度に、学生に混乱を与える記載を削ったり、逆に、学生が一定の混乱を来さないように記載を付け加えたりしている。微細な変更にすぎないが、このチーム課題でAをとるチームの数は、13.7%→58.2%→83.3%と劇的に変化している。このような成績の変化に微細な「アドヴァイス」の変更が寄与していると考えられる。第1回シートでつまずくと、自己効力感やモティベーションに悪影響をもたらし、技能的にも基礎中の基礎なので、その後も引きずりつづけてしまう。こちらの指示でよけいな混乱を生じさせないように気を使わねばならないのである。

　その他、Aの率がぐっと低下する危険性の高い第4回課題対策として、取り組みやすいように補足ペーパーを配付するなどの工夫も試みている。

	10年度	11年度	12年度	13年度
小問1	①「このルールにいう遅刻とは……を意味する」という形式にする。 ②①の「……」中に「遅刻」という言葉を使用してはならない（∵同語反復）。 ③あなたの解釈は、C君を撃退するものになっていなくてはならず、かつ、撃退すべきでない事例まで撃退してしまってはならない。	①「このルールにいう遅刻とは……を意味する」という形式にする。 ②①の「……」中に「遅刻」という言葉を使用してはならない（∵同語反復）。 ③あなたの解釈は、C君を撃退するものになっていなくてはならず、かつ、撃退すべきでない事例まで撃退してしまってはならない。	①「このルールにいう遅刻とは……を意味する」という形式にする。 ②①の「……」中に「遅刻」という言葉を使用してはならない（∵同語反復）。 ③解釈を記した文と、あてはめ・結論を記した文は、分けて書くように。一文にしないで！	①「このルールにいう遅刻とは……を意味する」という形式にする。 ②①の「……」中に「遅刻」という言葉を使用してはならない（∵同語反復）。 ③解釈を記した文と、あてはめ・結論を記した文は、分けて書くように。一文にしないで！
小問2	－	この問題の答えも「このルールにいう遅刻とは……を意味する」という形式になる。	①この答えも「このルールにいう遅刻とは……を意味する」という形式になる。 ②①の「……」中に「遅刻」という言葉を使用してはならない（∵同語反復）。 ③解釈を記した文と、あてはめ・結論を記した文は、分けて書くように。一文にしないで！	①さしあたり、1つめの問いに対する答えはすっぱり忘れて取り組んでくれ。 ②この答えも「このルールにいう遅刻とは……を意味する」という形式になる。 ③②の「……」中に「遅刻」という言葉を使用してはならない（∵同語反復） ④解釈を記した文と、あてはめ・結論を記した文は、分けて書くように。一文にしないで！
小問3	－	反対解釈の表現形式に忠実に！	①反対解釈の表現形式に忠実に！ 例年、正確に書けないチームが意外に多いので、気をつける！ 反対解釈の定義に忠実に、真似て書けばよいのだ。 ②解釈を記した文と、あてはめ・結論を記した文は、分けて書くように。一文にしないで！	①反対解釈の表現形式に忠実に！ 例年、正確に書けないチームが意外に多いので、気をつける！ 反対解釈の定義に忠実に、真似て書けばよいのだ。 ②解釈を記した文と、あてはめ・結論を記した文は、分けて書くように。一文にしないで！

図表2-38　課題シート1の「アドヴァイス」欄の変遷

こういった教材の微修正は、学生が間違えてくる答案等の客観的データがないと効率的に行うことができない。また修正の検証もデータがないと十分にできない。その意味で、データ化と数値目標のゆるやかな設定は、少なくとも私には非常に効果的である。単なるその場その場の印象論では具体的な改善に結び付きにくいのである。

(5) 受験率を高める

	08年度	09年度	10年度	11年度	12年度	13年度
登録者	241	332	306	304	323	172
受験者	203	269	246	285	297	159
受験率	84.2%	81.0%	80.4%	93.8%	92.0%	92.4%
R(棄権)率	15.8%	19.0%	19.6%	6.3%	8.0%	7.6%

図表2-39　受験率の推移

受験率（図表2-39参照）は、チーム制を導入していなかった08、09年度、そしてチーム制を導入した10年度の3年間、80%代にとどまっていた。これに対し、サンクション制度によってチーム制を強化した11、12年度に至ると、受験率は90%代に上昇している。上昇の原因はおそらく、チーム制に伴うサンクションの効果であろう。すなわち、チーム除名やチーム解散をおそれて授業に出席し、かつ、チーム課題をこなし続けた結果、学習量が上がり、自己効力感が上昇した結果、期末試験にチャレンジする意欲が増したのだと解釈している。

反面、図表2-40に示したように、チームを除名されたり、チーム所属を初めから拒否したりした者の受験率は突出して低くなる。このデータを用いて学生を説得し、次年度にはチーム所属100%になるように、そして除名される者が0名になるように強く誘うことにしている。

	チーム非所属者	チーム被除名者	チーム所属者(被除名者を除く)
受験者数／総数	5人／13人	4人／15人	288人／295人
受験率	38.5%	26.7%	97.6%

図表2-40　12年度の受験率詳細

(6) 自習時間を増やす

単位制度の趣旨に適合するように、いかに学生に自習させるか、そして、いかに単位制度の趣旨を逸脱するほどの自習をさせないか。前述のように、本授

業において、教員の統制による時間枠は週平均90分程度である。授業で出される課題や授業の復習、チーム・ミーティングなどを含む。単位制度の趣旨をみたすためには、全体で平均3〜4時間の自習をする必要があるが、残された90分程度の時間は、課題をさらに突っ込んで検討したり、紹介した本の読書等にあててもらうことを期待している。もちろん、課題遂行にかかる時間は人によってかなり異なりうるので、幅を持たせるという意味合いもある。

　チーム制を導入する以前の08、09年度においては、自習時間のアンケートをとっていない。しかし、期末試験の不出来具合からみて、自習時間が圧倒的に少ないことは想像がついた。10年度からは授業アンケートに自習時間を問う独自質問を加えた。12年度から、法学部授業に関するアンケート用紙に同じ質問が正式に掲載されることになった。これによって、法学部の平均値を知ることができるようになった。

　アンケートの質問は、「この授業について、授業時間外に週平均でどのくらい勉強しましたか」である。4択のマークシート回答方式で、④が「3時間以上」、③が「2時間以上3時間未満」、②が「1時間以上2時間未満」、①が「1時間未満」である。

　この質問に対する回答の平均をみてみよう（図表2-41）。10年度からクラスを2つに分割していて、アンケートもクラスごとにとっている。國學院大學では、アンケート管轄の部署に頼めば生データをもらえるので、クラス2つをまとめて計算することも可能である（前節まではそのようにしてきた）。しかしここでは、11年度金曜3限クラスの数値が一部異常を示しており（選択肢④の選択率が40.5%と高すぎる数値を示している）、回答の際に何らかのエラーが発生したと考えられる。このデータを算入させないようにするため、ここでは10〜12年度いずれについても金曜4限クラスの回答のみをみてみることにしよう。

　自習時間の平均をみると、10年度が1.93、11年度が2.41、12年度が2.50である。なお、12年度の法学部平均は1.87である。各年度の回答のより詳しい内訳は、図表2-41に示したとおりである。

　10年度のグラフをみればわかるように、チームを作っただけでは、自習時間が急に増えるということはないようである。これでも12年度の法学部平均よりはマシだが、目標を満たすような状況とは到底いえない。

　11年度には、チーム課題を3回提出しなかったチームは強制解散にするとい

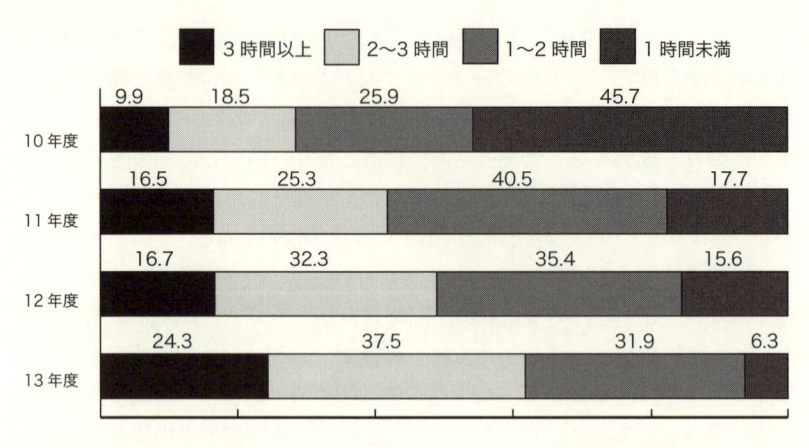

	3時間以上	2〜3時間	1〜2時間	1時間未満
10年度	9.9	18.5	25.9	45.7
11年度	16.5	25.3	40.5	17.7
12年度	16.7	32.3	35.4	15.6
13年度	24.3	37.5	31.9	6.3

図表2-41　自習時間を問うアンケートに対する回答の変遷

う制度にしてみた。その結果といってよいと思うが、自習時間は相当増えた。特に、「1時間未満」という、ほとんど勉強しない者の数が10％台に低下したのは喜ばしい。しかも、10年度の回答率は64.3％にすぎないので、全学生にアンケートをとると①や②の比率がより高くなっているはずであるから、のびは相当にあったと評してよい（ちなみに、11年度の回答率は81.0％、12年度は82.2％である）。

12年度は、授業の最初から「これだけは！シート」を導入し、チームによる回答を求めた。そして、裁判員裁判シンポジウム・ルポ関連のエクストラ課題を追加した。したがって、自習時間がもう少し高い方向にシフトするかと予想していた。しかしながら、高い方向にシフトしていることは確かだが、それほど劇的な伸びを示しているわけではない。

ただし12年度は、回答者120人のアンケートにおいて無効回答数が24もある（10年度の無効回答数は2、11年度も2）。12年度には、できるだけ正確に時間を計算するように一斉メールで事前に要請した（本書245頁参照）。正確に計算できなかったので回答しなかった者が多かったのだろう。彼らがほとんど自習していないのであれば①をつければよいのだから、正確に計算できないで悩んだということは、②③④のいずれをつけるかで悩んだという可能性が高い。仮にこの24名が②③④のいずれかをつけていたと仮定して算入すると、母数が変わり、①と回答した者の率は12.5％に低下する。

いずれにせよ、最低90分の時間を確保している者が多数派を占める現状は、一応目標達成度が高いと評してよいのだろう。
　繰り返しになるが、高校までにさほど自習してこなかった学生が、急に1科目あたり3時間自習せよといわれて大量の課題を出されたとしても、ドロップアウトする者やフリーライダーになろうとする者が増える危険性が高いと考えている。実際、最終アンケートの回答をみると、課題の多さに触れている者が大変多い（本書375頁参照）。幸い、課題が多かったがそれらをあきらめずにこなすことによって達成感もわいたと考える人が多いようなので、大量ドロップアウトの危険は現在の課題量では大きくない。
　結論的には、単位制度の趣旨を満たす学生が少ないという批判を甘受しつつ、1年生のマスプロ授業では、現在の國學院大學法学部生の現実を前提にすると、現在のような自習時間状況がほぼ限界ではないかと感じている。私の興味関心は、課題を増やすことにはなく、これまでと同量の課題を、フリーライダーを出すことなく全員がきっちり行うことが確実になるよう、いかに環境・制度を改善するか、にある。

(7) 結果として成績の上昇

　以上のような努力の結果といってよいと思うが、D評価すなわち不合格となった者の割合は著しく減少し、A以上の成績上位層の割合が高くなってきている（図表2-42、2-43参照）[22]。この最大の要因は、論述問題を学生さんたちが解けるようになってきたことにあることは一目瞭然である。やはり論述力は、実際に書かせないと上昇しない。
　なお、12年度には、チームの最小人数を3人から4人に変更したり（チームの

22　11年度は、Ⅰ+Ⅱの平均点が金曜3限36.6点に対し金曜4限28.3点と8.3ポイントのの差が開いた。チーム課題の成績状況や中間試験の平均点等は金曜4限のほうが高かったので、金曜4限の試験問題のほうが難易度が高かった可能性が高い。そこで、厳しい目で問題文をチェックし、多義的に解釈できる設問等については複数正解にするなどして採点し直し、Ⅰ+Ⅱの平均点差を0.1ポイントまで縮めた。したがって、合格率や成績も素点に比べて相当上方修正されている。

　しかし、私には4限の試験問題のほうが難しいという実感がない。もしかしたら、金曜3限クラスが危機感をもって直前に試験勉強を大量に行ったのに対し、金曜4限クラスは甘くみてあまり準備しなかったのかもしれない（うさぎとかめ状態）。単位認定については「疑わしきは受講生の利益に」で処理したが、授業改善という観点からは、そのような処理の結果を用いる必然性がない。実際、毎年の問題について難易度にばらつきはあるかもしれないが、その調整はできないのである。そこで、修正前の素点をデータに用いる。

	08年度			09年度			10年度			11年度			12年度			13年度		
	人		%	人		%	人		%	人		%	人		%	人		%
D	23	—	11.3	69	—	25.7	37	—	15.0	13	—	4.6	12	—	4.0	5	—	3.1
C	53	22	36.9	87	34	45.0	54	16	28.5	47	7	18.9	33	4	12.5	10	3	8.2
B	49	—	24.1	53	—	19.7	77	—	31.3	71	—	24.9	88	—	29.6	38	—	23.9
A	42	—	20.7	26	—	9.7	54	—	22.0	108	—	37.9	115	—	38.7	59	—	37.1
A+	14	—	6.9	0	—	0.0	8	—	3.3	39	—	13.7	45	—	15.2	44	—	27.7
	203		100.0	269		100.0	230		100.0	285		100.0	297		100.0	159		100.0

図表2-42　成績の推移

※各年度の2列目は、期末試験の点数が50〜59点であったが、判決書課題の内容と総合して最終成績を60点とした者の数を示す。

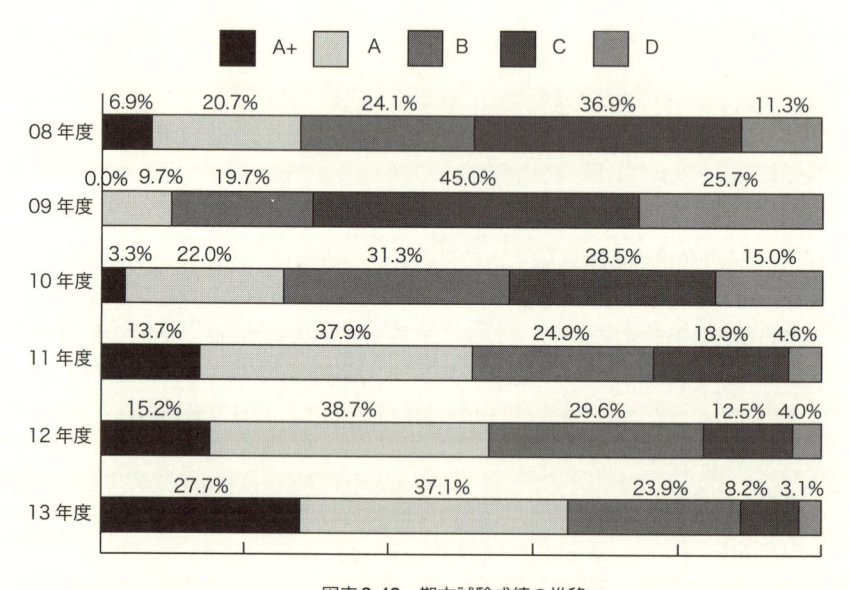

図表2-43　期末試験成績の推移

　団結力が下がる危険性があった）、時間の関係で教員の口頭説明を減らしたりするといったリスク・ファクターが存在していた。それでもなお11年度よりも成績が向上したのは喜ばしい。教員が丁寧にわかりやすく説明することに意を用いることは——重要ではあるが——学力を向上させる唯一の要因ではないのである。

(8) 救済者の激減

　期末試験が50点代だった者のうち、判決書課題を出した者については、その量と内容によっては60点（C）に昇格させる。チーム制を導入していなかった08、09年度は10％代をキープしていた（図表2-44参照。なお、判決書課題の提出率については図表2-45参照）。しかしこの救済策対象者は、チーム制を導入した10年度に一桁に減少し、さまざまなサンクションを導入した11年度以降は1％代に落ち着いている。もうこのような「下駄はかせ」策の必要性はなくなったといえよう。

	08年度	09年度	10年度	11年度	12年度	13年度
人	22	34	16	4	4	3
受験者中の割合	10.8%	12.6%	6.5%	1.4%	1.3%	1.9%

図表2-44　判決書課題による救済率の推移

	08年度	09年度	10年度	11年度	12年度	13年度
提出数	140	149	151	220	202	61
提出率（提出数／履修登録者数）	58.1%	44.9%	49.3%	72.4%	62.5%	64.5%

図表2-45　判決書課題提出率の推移

(9) 補遺：2013年度の教育成果

　13年度においては、私が学内の激職に就く関係で、コマ数を減らさなくてはならなくなった。もともと裁判法Aはノルマを超過して2クラス開講にしていたのだが、1クラスに戻さざるをえない。しかし、激職を全うしながら、このアクティブ・ラーニング授業を、300人1クラスで行うことは不可能と判断した。そこで、受講生を減らそうとしてみた。「とってもとらなくてもよい科目」ゆえ、自由気ままが許されるのはありがたい。

　まず、シラバスの書き方を変え、学生が敬遠する確率を高めてみた。すなわち、①楽しそうな雰囲気をかもしだす文章を全面カットした。②課題がたくさん出ることを明記した。③昨年度受講生からのメッセージにリンクを貼り、事前に読めるようにした。

　また、授業開始直前に一斉メールを送り、あらためて、課題が多く出ること、チーム制をとることを強調するとともに、簡易シラバスや昨年度受講生メッセー

ジにリンクを貼り、すぐアクセスできるようにした。

　その結果、受講生は172名となった。私としては120〜130名程度に減らしたかったのだが、そこまでの減少には至らなかった。あてがわれた教室のキャパシティの関係で、自主編成チームをつくらせて多様なチーム人数形態に対処することは無理と判断し、ランダム編成一本にした。

　そのかわり、ランダム編成チームが崩壊に至らないように、事前のアンケートで民法総則の成績を尋ね、民法総則で好成績を出したものを必ずチームに入れるようにした。また、難関の裁判法B同時受講生は固めてチームにし、一緒に乗り切れるようにした。

　さらに、これだけは！シートをチーム毎に毎回提出させ、確実に復習をするよう促進した。

　以上が13年度の主要変更点である。その結果、出席率、課題提出率、学生の自習時間、課題の成績、期末試験の成績、いずれも上昇した。短答問題に対する正答率が高くなったことは「これだけは！シート」提出義務を課したことの効果が大きいと考えられるが、全体としては、受講生の人数が絞り込まれ、本授業のレディネスができている者の割合が高くなったことが、各種値が上昇した最大の要因であろう。

　私としては、法学に対する学習意欲が欠けている者たちの多くを事前に排除してしまったことに対する心の痛みを感じつつ、これだけ事前に脅しても、受講生半減にまで至らず、多くの学生が集ったことに感動している。先輩たちの口コミなどを通じて、本授業に対するブランド（しんどいが力がつく、といった感じだろうか）が固まっているのだろう。なかなかよい勉強になった。

第2編
資料

■簡易シラバス

◎授業のテーマ
　日本の刑事手続【初級】

◎授業の内容
　今後の本格的な法律の学びにスムーズに移行するための橋渡し的入門授業です。まずは法学入門的な所から始めます。本題である刑事手続に関しては、主要トピックのみを扱います。この授業により、基本的知識と骨太な視点を確実に身につけてください。

　【法律専攻の方へ】この授業は1年生のうちに履修することを強くお勧めします。2年生の方は、既に法学入門段階を終えているわけですから、他の科目を優先させるとよいでしょう。ただし、カテゴリー3の科目である「刑事訴訟法」を将来履修したいと考えている人は、必ず本講を履修しておいてください（そうしないと「刑事訴訟法」の授業に参加することがすこぶる困難になります。詳しくは「刑事訴訟法」のシラバス参照）。

◎到達目標

知識・理解	刑事手続の主要トピックを説明できる。
思考・判断	刑事手続の各ステージで大きく問題となっていることにつき、様々な角度（特に「必要性」と「許容性」）から検討できる。
関心・意欲	刑事事件が他人事ではないことに気づく。
技能・表現	法的意見表明の「型」を修得し、今後の様々な法学分野の学修に自信を持って進んでいく力をつける。 継続的にチームで課題に取り組むことにより、コミュニケーションに関するスキルを発展させる。

◎授業計画

第1回	第1講：法学を学ぶ視点と目標（前編） ＊「講」は下記指定教科書の章に対応しています。以下同じ。
第2回	第1講：法学を学ぶ視点と目標（中編）
第3回	第1講：法学を学ぶ視点と目標（後編）
第4回	第2講：法的意見表明の技術（前編）
第5回	第2講：法的意見表明の技術（後編）
第6回	第3講：適正な捜査（前編）

第7回	第3講：適正な捜査（後編）
第8回	お試し中間テスト　＊授業時間内に実施します。
第9回	中間テストの講評 第4講：適正な事実認定（前編）
第10回	第4講：適正な事実認定（中編）
第11回	第5講：刑事公判における被告人の主体性（前編） ＊第4講の途中ですが、第5講前編をさしはさみます。中身は模擬裁判です。
第12回	第4講：適正な事実認定（後編）
第13回	第5講：刑事公判における被告人の主体性（後編）
第14回	第6講：少年審判における少年の主体性 まとめ
第15回	予備日

◎受講に関するアドバイス

　第1～3回授業はとてつもなく重要です。この授業の進行方法などを説明し、グループ組織を作ったりします。絶対に欠席・遅刻しないようにしてください（第1～3回授業に欠席した人へのフォローはないものと考えてください）。

　もしかしたら、ここまで読んで、「なんか厳しそうだな～」と思った人がいるかもしれませんが、授業そのものはやりがい満載だと思いますよ。教員のほうもこの授業が楽しくてしょうがありません。「1年前期に法律学に触れてみて、難しいとか、何をどうして勉強したらよいのかわからないとか、論述の仕方がわからないとか、いろいろ悩みを持っている諸君、この授業にぜひ来たまえ！

　諸君が諸君自身の力で悩みを解消できるようサポートしてしんぜよう！！多くの先輩が、この授業に参加して、法学が面白いと思えるようになり、勉強の仕方もわかり、自信をつけていったんだぜ！　君らもぜひ来いや！」などと若木タワーの前で演説したいくらいです。

　本講に参加した過去の学生さんたちがみなさんにさまざまなメッセージを残してくれていますから、第1回授業時に紹介しましょう。

◎成績評価の方法・基準

評価方法	割合	評価基準
期間内試験	100%	基本的概念の理解を問う短答問題10問（50点）と、法的意見表明の型を身に付けたか否かを検証する論述問題1問（50点）で評価します。

注意事項	・期末試験で評価します。なお、授業期間中に中間試験も行いますが、これは期末試験がどのような形式で出るかを知ってもらうためのもので、成績評価には算入されません。 ・参考に、昨年度の履修状況を紹介しておきましょう。 （1）法律専攻クラス（金曜3、4限） 304名が登録。期末試験の受験率は93.8％。期末試験の合格率は97.9％。A以上だった人の割合は61.4％です。おお？　この授業は、いわゆる「楽勝科目」なのか？　……いやいや、学生さんががんばったんですよ。ほんとに。 （2）専門職クラス（木曜4限） 義務履修科目なので、4期生の48名全員が登録。期末試験の受験率は97.9％。期末試験の合格率も97.9％。A以上だった人の割合は68.1％です。おお？　この授業は、いわゆる「楽勝科目」なのか？　……いやいや、学生さんががんばったんですよ。ほんとに（しつこい？）。

◎教科書・参考文献等

★教科書

赤池一将＝中川孝博『刑事法入門［第2版］』（2011年・法律文化社）。
＊授業で使います。

★参考文献コメント

上記指定教科書に参考文献紹介のコーナーがあるので、それを参照してください。

★参考になるウェブページ

・私のホームページにこの授業に関する情報をアップしていきます。上述のように、「講義教室1203/2101」が本授業のコーナーです。
　http://www5f.biglobe.ne.jp/~nakagawa1015/0001main.htm
・授業の内容を要約して講義したファイル等がここから聴けます。
　http://www.hou-bun.co.jp/01main/ISBN4-589-02881-6/index.html

◎オフィスアワー

　質問等がある学生には、個別にアポをとってもらい、その都度日時を設定します。

■2012年度 裁判法Ａ／刑事手続法概論　学習の手引き

2012.9.27/28　中川 孝博

◎目標
　今後履修する刑事法科目にスムーズに進めるよう、基礎的な①知識、②ものの見方、③技術を身につける。

■2011年度受講生からのメッセージ
◎授業の楽しさや、内容、課題の多さなど、色々なサプライズをかましてくるので、おたのしみに！！
◎参加形式なので眠くならない。取って絶対イイと思える授業です！！
◎楽しいから頑張ってください。
◎ファンタスティック！！
◎丁寧に計画された授業です。意外と親切なので、努力すればいい経験になります。
◎半年間とても楽しかったです。授業のかたちがとてもよくて、集中できるし、なにより法律を学んでいると実感できました。
◎受けたほうがいいよ。勉強のやり方がわかる。
◎この授業は本当に力がつくので、絶対に受講した方がいいです。
◎しっかりとやればためになるし面白い授業だと思いますよ！
◎この講義を受講したあなたは、強い武器と装備が授けられるだろう。
◎中川の授業受けて、やっと法学部生になれた気がするわ！
◎課題が多くて大変ですが、とても自分のためになる授業でした。頑張ってください！！
◎法律を勉強したいと思うならとるべき。しかし、単位目的のためなら絶対にやめたほうがよい！！
◎課題の量が多くて大変だったが、やってできるようになっていくことが自分自身でわかった。先生も面白いから、法律の授業では一番良い授業！！　3限にこの授業はとらないほうがいいです。寝ちゃうから。
◎この講義を受けたのは正解。貧弱知識しかなかったオレでも十分に楽しめた。
◎課題は大変ですが、楽しい授業です。受けて損がない科目だと思います。「法学を学んでる！」と実感できます。
◎チームワークが良くなるよ！
◎学生も参加できる素晴らしい講義です。國學院にも、もっとこういう講義があれば良いと思いました。
◎自分が将来のために何をしたらいいかのきっかけが、この講義には沢山あるのでがんばって見つけてね。
◎この授業は一度でいろいろなことを学べる！！　法学部っぽいことしたいならとった方がいい。
◎先生の教え方がとても上手く、課題は大変だけれど楽しかったです。
◎課題が多くて大変だが、法学部らしい授業だと思うよ！

◎法学部に入ったならとるべき！！
◎そこそこおもしろいので、そこそこがんばってください。
◎法学部で初めて法学部生らしいことをしたと思う（課題のディベートなど）。
◎自分で勉強する習慣をつけられます。
◎最初は大変だけど楽しいよ。
◎初めて法学を学ぶのだから、入門は大切にした方がよいと思う。
◎授業登録しなきゃ損するよ！
◎ま……余裕っしょ。
◎自分の考え方が全く変わる！
◎課題などは難しいが、一年で取った方がいい。
◎難しいイメージの授業かもしれませんが、他の授業とは違って、楽しさがあります。
◎この講義を聞くと他の授業がいかにちっぽけか実感できます。とても面白いですよ！
◎これはみなさんのためになる授業です。めげず、腐らず、頑張りましょう。優しい（？）先生が待ってるよ(^_^)
◎この授業は学力を上げるためにも非常に良いと思うので取るべき！！
◎授業についていければ、大変ためになる授業です。
◎自分から進んで勉強できるよ！
◎ロックを愛する者よ、中川先生を信じてやってみろ！（エラソーにすみません）
◎中川先生の授業は課題が多いけれど、1月末にはきっと力になります。
◎日々、復習しなければいけないから、大変だけど、力はつきます！！
◎毎回の課題が大変だったけど、とってよかったと思います。
◎とてもためになる授業だと思います。
◎楽しく集中できる授業です！
◎大変だけど、その方がやりがいがあるってもんでしょ？　ていうか、この授業をとらないなんて、国大法学部生として、半分は損しますよ！
◎情報量が多いし、課題も多くて、大変だなと思うけれど、損することがないので、大変でもやる気があるなら是非履修してみてください。
◎たった半年だけど、真面目にやるだけで大分違います！　とても充実感あるので、ぜひ頑張ってください！
◎やればできる、やらなきゃできない。それが裁判法Ａ。
◎この授業はとるべきだと思います。
◎授業は面白いし、力はつく。
◎ユーモアのある、ためになる授業です。ぜひ受講しましょう。
◎とても面白く、わかりやすいので、ぜひ履修！
◎先生は面白いのでぜひ頑張ってください！
◎課題は大変だが、やりがいのある授業です。
◎たま〜に下品な言葉が飛び出てくる授業ですが、非常にためになる授業でした！　オススメです

よ！
◎絶対履修したほうがいいです。
◎ハラハラの授業ですw
◎課題がハードと聞いていたが、実際そんなにつらくはありません。
◎課題は大変だけど、授業は楽しい！
◎とっても大変だけど、やりがいのある授業NO.1！
◎むずい！ 出来ないものではない！
◎この授業とったほうがいいですよ！
◎難しいイメージあると思うけど、やればできるよ！ みんながんばれ！
◎この授業をとると、法学部生になったことを実感できます。授業を受ける前と受けた後の自分は全く違う！ 最初は不安だったけど、成長していく自分を感じることができて、とても有意義です。
◎受講して損はなかった。
◎楽しく参加できる授業なので安心できる。
◎受講して後悔することは絶対にない。
◎すごくおもしろい先生です。授業も自分の力となると思います。
◎おれにもできたから君にもできるはず！
◎課題の量が他の授業よりすごい多いけど、絶対やれば自分のためにもなるし、知識もまちがいなくつきます！！ 毎回出席して頑張ってください。
◎法学部生として、らしい授業ですよ。
◎裁判法Ａ！？ 中川履修するしかないっしょ。
◎やる気があるならどうぞ。
◎自分に出来ると思わなかった課題も、時間はかかってもやることはできて、良かったと最後に思える授業だと思います。
◎すごく凝った授業です。民法より絶対面白い！
◎楽しいからとった方がいいよ。
◎やったほうがいいよ！
◎とても役に立つので履修した方が良いと思う＼(^o^)／
◎内容とテストは難しいが、刑訴法を学びたい人には良いと思う。人口密度が高く、室内が暑いために、眠くなるので注意。
◎課題は大変だけどやりがいがあり、授業も充実しているので楽しいです！！
◎非常に大変。時間と意欲があれば履修してもよし。
◎課題がほぼ毎回でて、きついですが、とって絶対損はないと思います。法律とか法学の授業に興味がもてない、つまらなさそうと思っているなら確実にとってみるべきです。法学部生にとってためになる授業だと思います。
◎法的な考え方の基礎を身につけたい人にはすごくおすすめ！
◎ためになる授業だと思います。
◎本当にタメになるから真面目に授業に参加したら良いと思う。宿題をやらないと付いていけなく

なります。
◎課題が多すぎて嫌になるよ！　でも授業は楽しいから頑張れ！！
◎毎回課題は出るし、内容も難しいけど、ちゃんと勉強すれば大丈夫！！
◎週刊少年ジャンプの世界があなたを待っている！　……とは言い切れませんが、そう、全てはあなた次第……結局何も言えない。
◎難しい！
◎授業内容はかなり面白いものなんですが……。もし、まだ変更できるのであれば変更することをお勧めします。
◎とても大変！
◎課題大変……。
◎大変です。
◎大変だった。
◎今まで受けた授業で最も過酷でした……。
◎課題が多い！
◎課題とか鬼。ギャグつまんない。
◎授業は大変です。

◎講義の方法
・テキスト中の講義パートに掲載のレジュメに沿って講義を進める。テキストと六法は必ず持参。
・講義をきくだけでは力はあまりつかない。そこで、ほぼ毎回、何らかの課題を出す。

◎テキスト
・赤池一将＝中川孝博（玄守道＝斎藤司補訂）『刑事法入門（第2版）』（2011年、法律文化社）

■**2011年度受講生からのメッセージ**
◎六法しっかり！
◎教科書は最初に買い忘れない方が良い。売ってないぞ、生協で。
◎プリントはしっかりとっておいてください。本当にしっかりとっておいてください。

◎学習方法
・講義を受ける。予習はしなくてもよい。ていうか、授業効果の点から、予習し

ないでほしい。
　　＊授業中に教員がしゃべったことは、残さずノートにとるべし（第2回授業時にみなさんの実力を試す）。
　　＊話すスピードに手がついていくのは困難なので、様々な略語を自分で考え駆使するとよい。
・講義内容を復習した後、テキストを読み、考え、課題に取り組む。
　　＊まず、講義パートを復習する。
　　　必要ならば、後述の私のHPからリンクをたどり、講義録音を聴く。
　　　膨大なノートの内容を整理して、テキストの余白に書きこむ。
　　　毎回「これだけは！シート」を配る。このシートに記されている全質問に正確に答える。
　　＊次に、指定されたチーム任意課題を解く。わからなければ講義パートに戻る。
　　＊チームで集まり、「これだけは！シート」と課題のチェック。
　　＊そして、テキストの自習パートを読み、考える。
　　＊最後に、テキスト192頁以下を参考に、関連文献を読み、教養を深める。
　　＊大学設置基準という省令は、90分の講義につき3時間の自習を学生に求め、かつ、そのような学生を前提に講義をデザインするよう教員に求めている。つまり、勉強の中心は自習にある。

■**2011年度受講生からのメッセージ**
◎とりあえず出席してね。
◎講義はしっかりと出たほうがいいです。すごく勉強になります。
◎授業は休まない方がいいと思うよ〜
◎憲法に2回しか出席してない自分が、毎週出席した。
◎役に立つんで、毎回出ると良いと思います。
◎やればやるだけ自分の力になる講義です。ただし、それは自己判断です。ちなみに、講義を1回休むと人によってはついていくのが大変になります（私がそうでした）。なので、できれば全出席することをオススメします。
◎1回でも休むとついていけなくなるので、休まない方がいいかと(>_<)　あと、課題も毎回きちんとやってると、テストの時楽だと思います＼(^o^)／
◎授業がすごく楽しいです。最初は難しいと思うことでも、少しずつ理解できるようになるので、毎回授業に出るべきだと思います。

◎毎回しっかり授業に出て課題に取り組めば問題ないです。この授業だけは出ましょう。
◎一番前の席に座ろう。
◎受けるからには、しっかりと毎回毎回集中して、授業を受けて下さい！
◎ちゃんと理解しないとついていけなくなる！
◎中川先生のしゃべることを聞き逃すと絶対に後悔します。だまされたと思って全て聞き取ってください。
◎ノートをしっかりとらないとテストはかなりきついと思います。
◎板書はノートやルーズリーフよりも教科書の余白部分に書き、レジュメはテーマ毎にホチキスでとめると良いです。
◎復習は本当に大事！！！
◎任意課題はやっとくべきです！！
◎毎回出る課題は大変だけれども絶対にやるべきだと思います！
◎課題やったほうがいい！
◎授業をしっかり聞いて、復習してください！
◎授業をちゃんと受けて課題をちゃんとやったほうがいい！！
◎課題はけっこう面倒くさいけど、A判定もらったときはうれしいよ！！
◎チーム課題はきちんと参加した方がよい。意見表明の型は早い段階で修得するのが吉。
◎課題を毎回しっかりこなせば、自然と授業で学習したことが身に付きます。
◎課題頑張れ。
◎毎回の提出課題、大変と思うけど、頑張ってください。
◎課題が多いね！！ がんばってください。
◎課題を出す時は余裕をもって！！
◎課題はしっかりやろう。　何があってもポジティブに行った方がいい。キツイ分達成感ある。メールはしっかり読んでおこう。
◎課題は辛いけど、自分のために自分でやろう。
◎課題をやった方が後々良いかもしれない。楽しいが眠気に勝てばgood.
◎課題がキツイですが、それと同じくらい面白いです。授業には出席した方がいいです。
◎課題が多いけど、やれば力はつきます。あと、夏も冬も教室が暑いです。
◎課題は大変ですが、力がつくので頑張ってください。
◎課題が難しくて大変だと思うけれど頑張って毎回提出していってください。きっと力がついていくと思います！
◎課題は辛いけど、為になるから頑張って！
◎課題のやり忘れには気をつけなはれや！！
◎レポートは出したほうがイイよ。
◎毎回の授業で指示されたことをその都度こなし、自分のものにしたほうがいいと思います。
◎毎回の課題はなかなか大変だけどがんばって！　法学部にせっかく入ったのだから、この授業で徹底的に学んでください。

◎課題もしっかりやるべき！
◎宿題は文章を書くのが苦手な人にとっては価値があると思う。
◎課題は大変ですが、こなしていけば力がつきます。
◎毎回の課題は最初はつらいけど、やっていくうちに慣れてきて、最終的にはちゃんと実力になるから、頑張ってください。
◎課題はしっかりやろう。きっとためになる。
◎毎回の課題は大変だけど、絶対やるべき！！　中間テストのときに痛感する！！
◎毎回の課題をちゃんとやれば、自然に力がつくと思います。
◎課題にしっかり取り組んで、授業にも集中して、頑張ってください。
◎課題大変だけど、出来たときの達成感がハンパないです。
◎課題はしっかりやれば絶対自分のためになるよ。
◎課題がんばれ。
◎課題は大変だけど、必ず自分の力になるから頑張れ！
◎課題がめんどくさいかもしれないけど、やるべき！！
◎課題はちゃんとやった方がいい。毎回毎回。
◎課題が終わらなくてブルーになったこともあるけど、なんだかんだいって課題はいつか完成する！(^O^)／
◎法学の勉強は自習で何とかなる。
◎宿題はつらいかもしれないけど、毎回こなせば必ず大きな力になります！
◎任意課題を不完全にでもなんとなくにでもやっていれば、年明けには成長が実感できます。中川先生は見た目に反して真面目で優しいところがあると思います。
◎課題が多くて大変だと思いますが、がんばってください。
◎法的意見表明がスラスラ書けるようになるとすごく気持ちいい！！　ただ……そう感じるまでが苦痛・苦痛・苦痛の連続です。とにかく頑張って！！
◎勉強の方法を身につけるにはとてもいい授業だと思うので、課題をきちっとやるといいと思う。
◎課題をこなせば、テストはある程度できると思う。
◎最初は課題ができなくても次第にできるようになります。勉強すれば比較的とれやすいかと思うので頑張ってください。
◎法的意見表明は早めにマスターしろ！　窓際族最高♡

◎成績評価
・原則、学年末テストで評価。択一式問題(50点)＋論述式問題(50点)。
　　＊入門講義なので、そんなに難しい問題は出さない。講義に出席してよく復習してテスト前にもう一度整理しておけば60点はとれる問題にする。
　　＊80点以上をめざす人は、講義でしゃべった内容だけでなく、テキストも

すみずみまで読み、考えておく必要がある。
・学年末テストが50-59点となった者については、判決書レポート(詳細は後日!)の内容を考慮し、加点することがある。この場合、成績の最高点は60点とする。
・お試しテストとして中間テストを行う。成績評価には関係ないけれど、受けたほうがいいよ。

> ■2011年度受講生からのメッセージ
> ◎中間試験は絶対に出た方が良い。
> ◎中間テストはしっかり受けよう。
> ◎私はつい中間テストをサボってしまいましたが、ものすごーく後悔しています! 言い切れます。受けなきゃ絶対後悔します!! 自信がなくても勉強してなくても受けるだけ受けるべきです。実力なんて元々ないんだからショックは受けません。大丈夫、たぶん。

◎講義の進行予定(目安)
若木祭に伴う休講措置が発表されたため、修正(10/1)
・第Ⅰ部　法学入門　　　9/27 or 28
　　　　　　　　　　　　10/4 or 10/5　　＊チーム作業の基礎を行う。
　　　　　　　　　　　　10/11 or 12　　＊ここで座席固定。授業本格始動。
　　　　　　　　　　　　10/25(10/18は大学業務で休講) or 19
・第Ⅱ部　刑事訴訟法学の基礎
　適正な捜査　　　　　　11/08 or 10/26、11/15 or 09、11/22 or 11/16
・おためし中間試験　　　11/29 or 30 (11/23は国民の休日で休講のはず)
　適正な事実認定①　　　12/06 or 14 (12/7は大学業務で休講)
　刑事公判における被告人の主体性①　　12/13 or 12/21
　適正な事実認定②　　　12/20 or 1/11
　刑事公判における被告人の主体性②　　1/10 or 1/18
　少年審判における少年の主体性　　　　1/17 or 25
　予備日　　　　　　　　1/24 (刑事手続法概論のみ)

> ■2011年度受講生からのメッセージ
> ◎最初ドッキリかと思った。
> ◎授業の途中で■■■■■くるよ！　気をつけて。
> ◎■■■■■には気を付けたほうがいいよ！

◎授業■に■■■■■が■■■■■かもしれないので、頑張って戦ってください。
◎■■■あるから気をつけなはれよ。

◎授業のフォロー
・ケースマを通じて、かなり頻繁にお知らせメールを出す。
・担当教員のwebページ中に「講義教室1203/2101」というコーナーを設けた。活用してください。
・webページへのアクセス
　　＊簡単なアクセス法：検索エンジンGoogleで「音楽と刑事法の研究所」と入力してサーチ

■ **2011年度受講生からのメッセージ**
◎メールがやたらと届くので、サイレントマナーに設定しておくことをオススメします。バイブだとうるさい。中川教授はにわかアニオタです。
◎課題を4年次までとっておいた方が良いと思います。始めの頃の課題を見ると、いろいろともだえる事ができます。
◎頑張って生き残ってください。生存戦略！！
◎課題が終わってからアニメを見ろ！
◎最初からガンバレ！
◎怠いけど、頑張れ。
◎根気強く頑張ろう。
◎入門授業とはいえ、油断せずしっかりと取り組んでください。
◎君たち、「ブタ」と「人間」は紙一重だぞ。
◎がんばれ。
◎がんば
◎難しいけどガンバ！
◎自分に自信がつくと思います。とにかく、頑張りなさい。
◎頑張れ！
◎がんばってください。
◎授業をとっても逃げる人間は沢山いるけど、頑張ってください。
◎先生と友達、自分自身を信頼すること！！
◎お前たち、「ブタ」になるなよ！！
◎テストがんばってください。
◎生きろ！
◎なんか先生て、ラーメン毎日たべそうなイメージ。
◎先生のウケねらいは正直キツい！　無理にでも笑ってあげて！

資料 | 293

◎授業前、お手洗いが混む(女子)。
◎できれは基礎演習と一緒にとってください。法律の知識が飛躍的にUPします。
◎ Don't think feel.
◎ perfect body
◎後輩にすすめてみます！
◎小島よしおは一発屋芸人ではありません。

◎第0回任意課題(裁判法Aのみ)

・強制はしませんが、半年間ともに学ぶチーム（最小4人、最大6人）を作ってください。
・強制はしませんが、はっきり言って、チーム所属が原則です。非所属者は不利益の波状攻撃が襲ってきますので、覚悟してください（ていうか、私に後から文句を言わないでください）！

　　＊チーム所属者のメリット・デメリット
　　　①一人で学ぶよりも、楽しく、しっかり、勉強できて、試験も高得点になる可能性大だが、人間関係が煩わしい時があるかも（しかし、そのような経験を重ねることも重要！）。
　　＊民法や憲法にちゃんと出席し、かつ民法の単位を取得している人をメンバーに入れておくべき！
　　　②チーム任意課題(全7回予定)の提出権＆添削権が得られる。
　　＊チーム非所属者のメリット・デメリット
　　　①自分のペースで学べるが、相談＆議論相手がいないと寂しいかも。
　　　②任意課題の提出＆添削権なし。

・チーム編成の方法は以下のとおり（中川基礎演に所属の人は別枠で→基礎演授業時に説明）
　　①今ある人的ネットワークを強化したい人：チームを作っておき、10月5日の授業時に集まって着席。
　　②新しい出会いに期待する人：10月4日木曜16:00までに法学部資料室受付にてエントリー。
　　　中川がランダムにチームを作って10月5日の授業時冒頭に発表。
　　＊この日に、今後のチーム作業に必要な基礎的作業を1時間ほど行う。必ず出席のこと。

③10月12日の授業時冒頭に座席表を配布。以後座席固定。

■**2011年度受講生からのメッセージ**
◎この授業では、授業テーマと同時に、大学生としての授業への取り組み方を学べます。知り合いでない人とグループを組み、授業外で集まって資料を収集して課題を行ったり、5000字（驚）もの文章を書いたりと、大学生として避けては通れない課題をこの授業では先生のサポートを受けて取り組むので、まだ心機一転で慣れていない一年生でも安心して受けれます。課題の量は少々多いですが、グループで分担して行うので気が楽ですし、この授業を機に大学内の友人ができ、初めの頃に想像した以上に多くのことを学び、得ました！　なので、最後まであきらめずに頑張ってください！！
◎チームに絶対入った方が良い。
◎チーム所属しておくと分からないときに情報が補えるからおススメです。
◎1年生なら大学の授業だなって実感します。グループ制だと友人を裏切れず、サボリが少なくなります。
◎チーム課題は大変だけど役に立つので、必ずチームに所属しましょう。
◎チームは大切だと思うよ！でも、チームで協力できれば、自分にもチームにもよい結果となると思うから、チームで頑張った方がいいと思う。
◎で？　チームだからって、みんなが頼りになると思うなよ。裁判法は片方にした方がいい。
　　■■先生のBは死にます。
◎チームに入ろう！
◎初回の授業を受けて先生のノリや考えについていけないな、と思う人も正直ある程度いらっしゃると思います。ですが、もう登録した以上、単位はとるしかありません。そんな中できちんと点数を取るためには絶対にチームに所属した方が良いと思います。話し相手として、ストレスのはけ口として、チームメンバーはとても重要です。でないと、心労で胃がハチの巣状になります。なんとかたえぬいてがんばってください。
◎グループには所属してディベートなどをしながら楽しく受講すると、良い思い出になりますよ！
◎かなり眠いけれど、毎回課題をやったほうがいい！　あとチームには絶対入ったほうがいい！！
◎渚のテストマスターに気をつけろ！　……ウチのチームには居た。チームは組んだほうがいい。そして仲良くした方がいい！
◎チームに所属して、課題はしっかりやること。
◎最初は慣れるまで大変かもしれませんが、法学部に入った以上、法律を学んだと胸をはって言えるようになる最初の一歩になるでしょう。チームで頑張れば意外と頑張れます！
◎最初は授業が難しかったり、課題が困難だと思うかもしれないけど、やっていけば必ず自分の力になります！　法律を学んでいくなら、この授業はおすすめです。できたらチームを組んで、一緒にやっていくと良いと思います。

◎しっかり受けてたら、今と半年後ではぜんぜん学力違うよ！　一回一回を大切に！　チームには入った方がいいよー♡
◎課題は本当に大変だけど、取って損はしないと思います。チームには所属した方がいいです。
◎ぼっちはきついぞ〜〜
◎グループを組んで、そしてサボるな！！　以上！！
◎チームには入るべきだと思います。あと、中川教授の基礎演もとるべき！（中川注：もう無理です）
◎チームには入って、課題をしっかりこなしたほうが良い。
◎チームに所属していてよかったです。友達も増えたし、みんなで話し合ったり。ぜひ、裁判法Aは楽しく受けてください。
◎チームに所属すると良いことあるゾ！！
◎チームは必ず編成するべし！！　有志とともに受講してください。判決書の作成は計画的に！
◎とりあえずチームには絶対入って！！
◎チームに所属して、全力でやれ。
◎チームに入ったほうがいい。
◎チームは学業を最優先する真面目な人と組むべき。
◎寝たりサボったりするのはやめた方がいい。絶対に今後の法学部生活にためになる。チームに所属するなら課題を人任せにしない方がいい。自分だけは能力が上がらず、テスト前に後悔する。
◎チーム名はとても大事！　チームメイトにいるやる気のないやつは除名せよ！
◎チームを組んだ方がいいと思います。
◎コミュ障でもグループには属した方が良い。マジで。
◎ケンカはするなよ。
◎チーム課題は人まかせにしない方がいい。
◎課題が多いことをウリにしてるけど、実際復習に近く、チーム課題なので時間さえ合えば問題ない。チーム課題サボるやつは（中川注：このあと5文字記され、上から取り消し線が引いてある）
◎メンバーを大切にしましょう。良い友人関係をつくることができる。
◎チーム万歳！！　中川先生は、厳しいけど、ほぼ毎日（中川注：「毎週」の間違いだと思われる）メールきて、準備はできるぞ！！　やりきれば自信になる。
◎チーム課題は毎回こなすが吉。
◎サボり癖がある人も、チームを組めば休まなくなるかも！
◎かなり大変で、正直めんどくさいです。でもその分力はつくと思います。チームを組んで頑張ってください！
◎チームにとりあえず入った方がいいと思います。チームこその授業だと思います。めんどくさいからって欠席せず、がんばれば、きっと身に付くと思います。色々と頑張ってください。
◎グループを作ることで緊張感や責任感が出るので、グループで取り組んだ方が良いと思う。

◎チームの仲間に任せてばかりだと力はつかないよ。
◎グループでの課題をしっかりすれば、かなり力がつくと思います。
◎チームメンバーに迷惑かけないためにも、体調管理はしっかりと！！！
◎法的意見表明の書き方はすごく役立つので、チームのみんなと頑張って！
◎チーム課題をまじめにやれば大丈夫！
◎毎回の課題は人任せにしないほうがいい。
◎課題はしっかりこなせば確実に力がつきます。絶対に人任せにするのはよくない！
◎チームに入っていないと意味がないので、必ず入ること。おもしろいので後悔しないはず。
◎チーム課題はサボるとちゃんとやった人から不信感を抱かれます。
◎絶対にチームに入るべし！　1人じゃ課題をこなすのが大変で、厳しいし、皆でやれば楽しくできる！
◎きちんと授業に出て、チームの人たちと一緒に頑張ってください。
◎チームには入った方が良い。ぼっちでこの授業の単位はとれないぞ！！
◎チーム課題は回を追うごとに難しくなります。なので、法的意見表明の書式はちゃんとおぼえないと、私のように苦しむことになりますよ〜！
◎課題が毎回あってキツイ……。チームには絶対所属した方が良い。でも色々と楽しい事もある。
◎チーム課題はきついけど、きちんとやっておかないと、中間試験で悩むことになります。頑張って！
◎チームのメンバーに迷惑をかけない行動をとってください！
◎チーム課題で分担された仕事はきちんとやった方がいいです。仕事にかたよりが出てくるとそのうちチーム内に不和が……。
◎チーム課題はみんなでやろう。仲良くなるチャンス。
◎チームには所属しましょう！　クラスの子と仲良くなれるし、お互いを高められます♪
◎課題はキツいし、色々型破りで度肝を抜かれると思いますが、得られるものは多いです！
　最高に充実した授業だと思うので、是非あきらめず頑張って下さい！　あと、チーム課題はチーム全員でちゃんとやりましょう。本当に。
◎グループ作業頑張れー！
◎チームメンバーは厳選しろ！
◎チーム組んでやることだけやれば大丈夫だと思いますよ。
◎字が汚いと、グループ学習が少し恥ずかしいです。
◎課題は多いし、大変だけど、グループに属していれば乗り切れる！
◎チームは所属しない方がよいよ！！
◎チーム非所属でしたが、別に先生が言う程苦しいもんじゃないから安心していいですよ。先生ザマァｗ
◎グループは友達同士の方が頼れるからおススメです。
◎裁Aは履修してよかった。先生も良い先生だった。勉強したな、という自己満足を得られます。課題をちゃんとやってくれる人、集まりやすい近い友人とチームを組むと一番いいです。

◎チームは、友達同士で組まないほうが良い。課題がなーなーになります。
◎人にもよると思いますが……私はこの授業を受けて楽しかったです。チームを組むなら、今まであまり話したことない人と組むと面白いかもしれません。
◎見た目は中国の富裕層だけど、教授の経歴がすごすぎる！　チームはランダムで！
◎チームはできれば勉強ができる友人と作った方が良い。でなければランダムに参加せよ！
◎グループ課題をすると、色々な人の考えを知ることができて良いです。ランダムでもすぐに仲良くなれました。
◎ランダムチームはやる気ある人が多いからしっかり学びたいならおすすめ。
◎友達がもともといる人は、その友達の新しい一面を見れる。友達がもともといない人は、勇気をちょっと出してがんばれ。

＊以下、次回に続く！（この「手引き」は、授業が進むにつれて、ゆるゆると頁が追加されていくので、きちっと整理してください）

1．チーム運営に関し、教員が設定するルール
　チームは、単なる仲良しグループではない。学問を協働し、互いに互いを知的に高めあうと同時に、今後社会でさまざまな協働作業するための経験を積み、ソーシャル・スキルを向上させる目的で結成されたものだ。これらの目的を達成するために、教員からは、最低限、以下のルールを設定する。

①授業欠席が4回に達した者は、チームから外れてもらう
　∵ 授業に参加しないと、授業内容がわからないので、チーム作業に支障がでる。チームに余計な負担をかけさせる仲間がいると、どす黒いエネルギーがチーム内に充満するだろう。楽しいはずのチームが怒りと哀しみにみちたチームになってはたまらない。
　＊欠席の有無は次回からカウントする。
　＊欠席の有無はカードリーダで判断する（裁判法Aの場合）。授業に参加したのに、何らかの理由でカードリーダを通せなかった等は、授業当日、授業開始前後に速やかに教員に伝えること。
　＊これだけの人数がいると、いわゆる「ピ逃げ」等を教員が阻止することはできないが、黒いエネルギーをチーム内にまきちらす行為の一つであることは確か。私利私欲を追求するのではなく、自分の行動がチームにどのような悪影響を与えるのか、よく考えて行動するように。なにせ、社会正義を追求する法学部生なのだから。
　＊欠席が3回に達した者は、ケースマのお知らせ一斉メールで警告する。4回に達した時点で、同じく一斉メールでチーム除名を公示する。いずれも実名は出さないが、学籍番号は出すので、よろしくどうぞ。

②チームから外れるメンバーが出てきた結果、当該チームの数が1人となった場合には、当該チームは解散する。
　＊その1人を救済するために、中川は他チーム編入を試みる。
　＊1人になってしまったという場合でなくとも、何らかの事情によりそのチームから抜けたくなったという人は、第3回課題まで待つように。その後もなお当該チーム離脱の意思が固い場合は、中川に相談するように。中川は他チーム編入を試みる。

③今後出される授業外遂行課題未提出が3回に達したチームは、解散する。
　∵課題を授業外でやらないと、チームで活動する意味がほとんどない。
　　＊私が出した指示に従っていない答案（紙の大きさ、ホッチキスの閉じ方etc）は門前払いとなり、「未提出」扱いになる。一定の状況に応じて、何らかの再提出の機会は提供するが、そもそもそんなことにならないように気をつけるように。
　　＊未提出が2回に達したチームは、ケースマのお知らせ一斉メールで警告する。
④私語をするチームは、状況によって、個人の永久追放（Rにする）またはチーム強制解散を命じる。
　　＊おしゃべりをするためのチームではない。チーム内で、授業中に話しかけてくるやつがいたら、話し相手になるのではなく、「し〜〜っ」と言ってやれ。
　　＊この授業はみなさん熱心で、私語などないので、このような強権発動をしたことは今までない。今年もそうであることを強く期待している。
⑤チームから外れた者、またはチーム解散となった者は、今後後ろの空いている席に着席すること。
　　＊次回に配付する座席表を見れば、空いている席がどこかわかる。

2．チーム運営を通じてソーシャル・スキルを向上させたいと思っている人に、さしあたりお薦めの本

　たいていのチームは、おおむねうまくいくはずだが、中には、うまくいかず、いろいろと悩んでしまう人がいるかもしれない。そんな人は、以下のどれかを読んでみるとよいかもしれない。あなたの心を軽くさせ、ポジティブな気分を復活させる本がこの中にあるかも！？

・高橋克徳ほか『不機嫌な職場——なぜ社員同士で協力できないのか』（講談社現代新書、2008年）
・河合太介ほか『フリーライダー——あなたの隣のただのり社員』（講談社現代新書、2010年）
・片田珠美『一億総ガキ社会——「成熟拒否」という病』（光文社新書、2010年）

・香山リカ『気にしない技術』(PHP新書、2011年)

3．第0.5回課題
　◎以下の課題をチームで遂行しなさい。
①これだけは！シートの1〜2枚目を各自解いた状態でミーティングに臨み、チームで答え合わせをしなさい。
　　＊メンバーのだれも答えられないもの、メンバー間で答えに食い違いが出てきたところは要チェック。
　　＊あまりに正解がわからない人は、チームメンバーに授業の際の姿勢、メモの取り方、復習のタイミングなどについてアドヴァイスを受け、自分の姿勢を改善せよ。
　　＊次回、一定のチームのAさんに教室前に並んでもらい、順番に答えてもらうので、即座に答えられるよう準備しておくように（金3、4クラスの場合。木4クラスは全チームにあてる）。
②テキスト8頁の宿題(1のみ)を各自解いてきて、チームで答え合わせをしなさい。
　　＊「正解は■番！」と答えるだけではなく、全ての選択肢につき、なぜそれが正解なのか（あるいは、なぜそれが間違いなのか）を正確に説明できるよう、チームで準備しておきなさい。
　　＊これも次回、一定のチームのAさんに教室前に並んでもらい、順番に答えてもらうので、即座に答えられるよう準備しておくように（金3、4クラスの場合。木4クラスは全チームにあてる）。
③本日のゲームでみなさんが書きまくったメモをつなぎ合わせ、中川の法的意見表明全体を再現せよ！
　　＊まずはメモをみんな持ちより、つなぎ合わせ、モレや食い違いがないかチェック。
　　＊一応道筋がついたら、チーム・ミーティング終了後に、Bさんがひとつのまとまった文章に整え、チーム人数分コピーして、次回授業開始直前までにチーム内で配付しておくように。文書を作成する際、私がつけた見出しはそのまま使用すること。
　　＊Bさんが作成・配付した文書をもとに、次回の授業時間内にいろいろやる。

だから、必ずやってくること。
④来週に出す課題の一つを予告しておく。「10月13日土曜に國學院で行われる裁判員シンポに出席し、その内容を、ルポライターになりきって、Ａ４用紙１枚の記事にまとめてきなさい。」
　＊土曜はいろいろ用事があると思うが、うまく調整して、各チームの中１人以上の出席者を確保しておくように。裁判員シンポについて知らない人は、大学HPの法学部のページの「イベント」欄に宣伝が出ているので見ておこう。まあ、リンクを貼った一斉メールを改めて出そうとは思っているが。
　＊「ルポライターになりきった記事」の例へのリンクを同じ一斉メールにて提供する。今年３月に卒業した専門職専攻１期生が、布川事件の報告集会の様子を記事にしたものだ。これは大学の授業の宿題でやったわけではなく、あるNGOにインターンシップに行って、その際の業務として遂行したものである。

4．聞きとりゲームの採点結果！
　(1) どうだ！　これが法的意見表明だ。作業シート③で×をつけたが④で○をつけざるを得ず、悲しく思った人々も、これで希望が持てたのでは？　逆に、③で○をつけた人は、今回私がやった法的意見表明に対抗できるだけの主張ができなければ、説得力という点で勝てない。悔しいだろう？　頑張って力を身につけていこう！
　(2)「聴く力」と「メモ力」は、大学の授業についていくための必須能力であると同時に、そっくりそのまま社会人としての基礎能力でもある。会社の同僚が上司の指示を的確にメモを取り、指示に従ってどんどん動き始めているときに、あなたは「ごめん、さっき、あの上司、何て言ってたの？」と尋ねるのか？
　「聴く力」と「メモ力」は、大学の授業に参加する中で、試行錯誤を続けながら、磨いていくものなのだ。大学の授業が「知識を与えてくれるもの（であって自分は何もしなくてよい）」とだけ考えていた人は、即刻、その考えを改めてほしい。授業は、聴いているだけではあまりにももったない、いろいろと修行できる場なのだ。
　(3) さて、みなさんは、既にチームで、中川が話した法的意見表明を一つの文章に仕上げていることだろう。その文章と、以下の採点表を照らし合わせ、ど

れだけ書き取れていたか、チェックしてほしい。19点満点。

見出し	チェック事項	点
0. 問題提起	職務質問に際し、肩に手をかけるという行為が許されるかが問題である。	1
	そして、職務質問を規定しているのは、警察官職務執行法2条1項である。	1
	その中の「停止させて」という文言の解釈が問題となる。	1
1. 他説紹介	「停止させて」を「一定の実力を用いて」と解釈する見解がある。	1
2. 他説のメリット	確かに、この見解に立てば、職務質問を効率的に行い、治安維持に資することができるだろう。	1
3. 反論	しかし、特定の犯罪の嫌疑(容疑)があれば、刑事訴訟法199条以下に規定している逮捕という制度によって身体拘束は可能であるから、先の解釈によらなければ治安維持が不可能というわけではなかろう。	1
4. 他説のデメリット	しかも、この説を採用すると、誰もが違法と認める別件逮捕を行いやすくなるなど、権限濫用の危険性が高まるという問題もある。	1
	実際、警察法1条2項は、「この法律に規定する手段は、……いやしくもその濫用にわたるようなことがあってはならない」と規定し、警察官の権限濫用に対する警戒を示し、かつ、2条3項では、「刑事訴訟に関する法律の規定(すなわち、刑訴法199条以下の規定)によらない限り、身柄を拘束され……ることはない」と規定し、職務質問が真に任意処分に止まるよう要請している。このような立法者の意思、すなわち、権限濫用に対する警戒の姿勢を軽く考えるべきでない。つまり、権限濫用の危険性を軽く考えるべきではない。	1
5. 不採用決定	したがって、この解釈を採用することはできない。	1
6. 自説紹介	そこで、「停止させて」を「呼びとめて」という意味だと解釈する見解を採用すべきである。	1
7. 自説のメリット	この解釈に立てば、物理的な力を用いることは一切許されないことになるので、権限濫用の危険性を最小限に止めることができる。	1
	また、物理的力を用いたか否かで適法か違法かが決まるので、判断基準が明確であり、警察官にとっても都合が良い(自分が現在とった処分が適法か否かを瞬時に判断できるため)だろう。	1
8. 自説のデメリット?に対する反論	もっとも、この解釈に対しては、「させて」という使役動詞を用いている文言の読み方として不自然という批判があるかもしれない。	1
	しかし、もともと警察官職務執行法が国会で審議されたとき、法案作成者は、実力行使を認めるものではないと答弁していた。その意味で、この解釈は、立法者の意思に最も忠実な解釈なのである。	1
	また、この解釈に対しては、職務質問を効率的に行うことができず、治安維持という点からみて問題であるという批判がなされるかもしれない。	1
	しかしながら、本法律ができた昭和23年という時代には、重大凶悪事件の典型である殺人事件が、現在の3倍以上発生していた。これほど治安が悪化していた時代に、当時の国会は、あえて権限濫用の危険性を最小限にすることのほうが大事だという決断をしたのである。当時よりも現在のほうが治安が悪化しているのであればともかく、むしろ三分の一に減少している現在において、当時の国会の意思を覆すに足る合理的根拠はないと言わざるを得ない。	1
9. あてはめ	本件において、警察官Bが肩に手をかける行為は、物理的な力を用いているのであるから、「呼びとめて」の範囲を超えたものである。	1
	したがって、「停止させて」にはあたらない。	1
10. 結論	以上の検討により、本件行為は、警職法2条1項に違反するものである。	1

資料 | 303

5．【コラム】脳の作用に逆らわない、効果的学習法
①知覚した情報を、「必要な情報」と「不要な情報」にふるい分けしているのが、脳の中の「海馬」という部分。

　海馬が「必要な情報」と判断すると、大脳皮質に保管する。「不要な情報」と判断すると、捨てられる（つまり、忘れる）。したがって、刑訴法の知識が「必要な情報」なのだと海馬に判断してもらわないと、記憶できない。

②それでは、どうするか？　海馬の性質から、以下のような方法が推奨されている。
・早いうちに、何度も、復習する。
　　∵海馬は、何度も繰り返して同じ情報を受けると、「重要な情報」と判断しやすい。
　　なお、情報を知覚してから4時間で大半の記憶が捨てられるため、4時間以内の復習が重要。
　　さらに、ほっとくと1カ月くらいで海馬の保持する記憶情報はほとんど消失するため、1カ月以内の複数反復も重要。
・情報知覚の種類を多様化する。
　　ex. ある情報を、❶講義で聴き、❷その内容を手で書き、❸手で書いたものを後から見て、❹人にその情報をわかりやすく口で説明し、❺その情報を使って処理できる問題を解いたり、議論したりする
　　∵単純な知識記憶は忘れやすい。自分の様々な感覚と結びついた「経験記憶」の形にすると、忘れにくい。
　　　意味もわからずただ知識を丸暗記する能力は高校生の頃から急速に衰え、経験記憶が優越していく。
　　　大学生のみなさんは、もはや丸暗記に頼ることができない。大人は、多様な経験を通じて「理解」した情報を記憶しやすい。本授業は協同学習方式を用い、知覚の多様化をしやすい環境を用意している。この環境を活かせるか否かはみなさん次第。
・興味を持って情報に接する。
　　∵興味をもってその情報に接しているときにシータ波が出て、LTP（神経細胞結合）を促進させる。

・喜怒哀楽などの感情を伴わせる。
　∵そうすると、へん桃体という脳みその部位を刺激し、LTPを促進させる。刑訴法で言えば、授業の事案について警察に怒ったり、被疑者に憤ったり、被害者の苦痛を想像したりしながら検討すると、憶えやすいかも。また、チームで議論していて、相手に分かってもらった時に嬉しかったり、逆に矛盾を指摘されてへこんだりすると、記憶しやすい。
　　ただし、あまりに強烈な感情は、トラウマになったりして、かえって記憶を妨げるので注意。
・1日5〜6時間は寝る。
　∵海馬が情報をきっちり整理するのは睡眠中。睡眠時間が少ないと、情報を整理することができなくなり、捨てられていくことになる。

③やる気が出ないという時もあると思う。この「やる気」は脳の中の「側座核」で作られる。この側座核は、ある程度の刺激が来ないと十分な活動をしてくれない。だから、何もしないでいてやる気がでないのは当たり前。
　やる気が出ない時は、まずは何より勉強を開始すること。10分中断しないで勉強し続けると、側座核が働いてくる。つまり、「やる気が出てから勉強する」のではなく、「やる気が出ようと出まいと、とにかく勉強し始める。そうしたらやる気が出てくる」ということ。

④地道に勉強を続けて行くと、一時的に成績が落ちることがある。たくさんの情報の整理がうまくいかなくなって、記憶干渉を起こすのだ。しかし、そこで嫌になって勉強をやめたりせず、コツコツとやり続けると、うまく情報整理ができるようになって、一気に成績がよくなったりする。勉強をコツコツ続けると、知識のかけらが増えて行くだけでなく、かけらを連結させる回路が増えていき、似たような情報が新しく入った場合に、どのように処理すればいいのかを自動的に判別できるようになっていくので、どんどん情報処理のスピードが速くなっていく（この情報処理の仕方に関する記憶を「方法記憶」と呼ぶ。この方法記憶は勉強していくうちに、無意識の中で発達していく）。そうなったらしめたもの。法解釈学の情報処理方法なんてどの分野でも同じだから、一つの科目が得意になれば、他の科目にもその効果が波及していく。

みんながその域にまで達することができればよいのだが。
＊参考文献：池谷裕二『受験脳の作り方——脳科学で考える効率的学習法』（2011年、新潮文庫）

6．中間テストの簡単解説

(1) はじめに

　中間テスト、お疲れさまでした。以下に短答問題の正解と、論述問題の採点方法を記しました。まずはざっと見ておいてください。そして、次回授業までに短答問題の答え合わせと、間違った箇所の見直しをチームでやっておいてください。なぜこれが正解なのか、チームで検討してもわからないという場合は、次回に質問してください。

　さらに、これは予告ですが、第5回課題は、「これまでの学習方法のふりかえり」になります。自分がどのような勉強をしてきたかを、他人にわかるような言葉で説明できるよう、ぼちぼちふりかえっておいてください。

(2) 短答問題について

　実は、中川の密かな本年度授業改善目標の一つに、「短答問題の劇的な平均点上昇」がある。例年、いまひとつ平均点が上昇しないのが短答問題。<u>授業や教科書で得た知識を正確に理解・記憶し、それを問題にあてはめれば良いだけなのだ</u>が……今年はどうなるか！？

番号	正解	一言コメント
1	①	実体的真実主義と適正手続主義の定義を思い出せ！　ちなみに、「形式的真実主義」という概念をこの授業で紹介したことはないぞ！
2	①	「法適用」とは「あてはめ」のこと。「法的三段論法」とは、規範に事実をあてはめて結論を出す一連の流れ。
3	②	なぜこの問題を間違うのか、私にはわからない。ぜひ教えてほしい。
4	①	ナチス刑法を論じた時の授業に出席しておらず、かつ、日本語が読めず、かつ、類推解釈の定義がわかっていないと、間違うかも。
5	②	刑訴法60条。第4回課題の講評に、「ノートにメモっとけ」って書いてあったよね？
6	②	これができていないということは、第4回課題をやっていなかったということか！？
7	①	テキストを読めばわかる。
8	①	ひっかけ問題。「蒸気」と「ガソリン」は似てないよね？　まさに「水と油」……なんちゃって。

| 9 | ② | テキストを読めばわかる。 |
| 10 | ② | テキストを読めばわかる。 |

(3)論述問題

　来週返却されるみなさんの答案には、9つの数字が縦に並んでいるはず。最初の8つが評価ポイント。最後は合計点。評価ポイントの詳細は下記表を参照。期末試験の論述問題も原則このように評価するので、正確に理解しよう。

MAX	項目	ポイント	点数の付け方
5点	問題提起①	緊急逮捕の説明ができているか	基本は5点。必要な情報を記載していない（「刑事訴訟法210条」を書いていないとか）と減点。とはいえ、概していつもより甘く評価。
5点	問題提起②	令状によらなければ逮捕されないの意味が問題となることを書いているか	基本は5点。必要な情報を記載していない（「憲法33条」を書いていないとか）と減点。とはいえ、概していつもより甘く評価。
5点	自説紹介	「令状によらなければ逮捕されない」を自分はどのように解釈するか	基本は5点。正確な表現を用いていない場合は減点。<u>自説が全く書かれていない場合は0点となり、かつ、下の「あてはめ」も0点となり、「結論」はお情けで1点となる（お情け）</u>。
5点	他説紹介	自分が採用する解釈とは異なる解釈を正確に紹介しているか	基本は5点。正確な表現を用いていない場合は減点。
10点	必要性の論証	捜査目的達成の必要性等を適切に論じているか	基本は7点。ちょっと分厚く論じていたりすると8点。論証が薄かったり、誤っていたり、文章がまずかったりすると減点。ちなみに、10点は、よほどのことがない限り付けない。
10点	許容性の論証	権限濫用の問題等を適切に論じているか	基本は7点。ちょっと分厚く論じていたりすると8点。論証が薄かったり、誤っていたり、文章がまずかったりすると減点。ちなみに、10点は、よほどのことがない限り付けない。
5点	あてはめ	あてはめを書いているか	基本は5点。正確なあてはめがない場合は減点。とはいえ、概していつもより甘く評価。
5点	結論	結論を書いているか	基本は5点。「あてはめ」で減点されている場合は「結論」の点数もそれに連動する。

7．裁判員制度シンポ・ルポのコンテストについて

(1) はじめに

　中川はコンテストをやると言っていたのに、忘れてしまっているのではないかと心配しているあなた、お待たせしました！　コンテストの開始です。以下の手順でコンテストに参加してください。

(2) 審査手順

①ケースマの教材フォルダに「裁判員制度シンポ・ルポ選考」というフォルダがある。その中に以下の3つのファイルがあるので、まずはダウンロードしてください。
・ルポ採点表（エクセルファイル）・下級生全ルポ（PDFファイル）・上級生全ルポ（PDFファイル）

②採点の仕方は「ルポ採点表」に書いてあるので、それに従ってまずは個人で採点・書き込みしてください。

　基準はすごくアバウトで、「これを書いた人にチームに入ってもらいたいか」です。私からはこれだけしか提示しませんので、後はみなさんで「チームに入ってもらいたい人とはどんな人か」について具体的基準を作って審査してみてください。

　ものすごく量が多いですが、なに、教員はいつも全部みているわけだし、超有名企業の人事担当者は、何万通ものエントリーシートをさばいていくわけです。学生さんたちが書いたレポートの全てを総覧できる機会（そして相対的かつ具体的に自分のレベルを位置づけることができる機会）は二度とないかもしれないから、めんどいかもしれんが、ぜひ積極的にやってみてくれ！

　なお、「下級生全ルポ」の【3】は、無視してください（このチームは、何故かしらないが、ルポを掲載せずに、欠席者の感想だけが記してあった）。あと、ルポの順番はランダム配置でして、チーム番号ではありません。

　さて、人事担当や大学教員と本当に同じ気分を味わいたいのならば、時間を区切って、その時間内に審査を終えることにチャレンジしてみてください。じっくり考えている時間はありません。迅速にさばき、迷ったときには大胆に決断していく。これが大人の世界です。ちなみに私ならば、この程度の量ならば、まずは2時間でざっと採点し、念のため6時間ほどかけて見直します。つまり、計8時間でやると思います。

③個人の採点が終わったら、チームで集まり、議論して、上級生部門、下級生部門、それぞれ上位3位を決定し、点数とコメントをそれぞれつけてください。

とりまとめ役の人が、採点表ファイルに最終結果を打ち込み、ケースマを通じて送信してください。各チーム1通だけですよ！　締切は全クラス1月11日（金）23:59です。どのクラスであれ、他にも課題が出るから、ぎりぎりまでためておかないで、段取り良くやってよ！

④結果発表は次の週になるでしょう。平均点とコメントを公表するほか、上位3位はチーム名公表＆懸賞！

8．予習課題
　草加事件の最高裁判決を以前読みました。実は、みなさんに読んでもらった判決書には、続きがあります。警察が集めた証拠を裁判所が評価している部分です。これはテキストに掲載していません。そこで宿題です。
　テキスト31〜32頁に、問題4「下記の判決書を1人1部コピーし、次回の講義に持参。」というものがあります。オリジナルの判決書を図書館等に行ってコピーしてこい、という課題です。これを実行してください。
　さらに、ゲットした判決書を読み、56〜59頁の表を完成させてください。穴埋めです。今回は、判決書の叙述順序と違うところもあるので、ちょっと大変です。がんばってね！
　同じ証拠なのに、最高裁と高裁では180度評価が異なるんですよ！　すごく面白いから、早めにやってね！！　次回の授業時に答え合わせをします。以下はアドヴァイスです。
　①31頁下から5行目に「図書館にある」と書いてありますが、國學院の場合、法学部資料室にもあります。全然調べ方がわからない人は、図書館よりも法学部資料室に行ったほうがよいかもしれません。
　②32頁の3行目に「LEX/DBなどの判例検索データベース……」と書いてあります。この意味がわかる人は、こちらの方法でゲットしても結構です。ただし、何も考えないでクリックすると、果てしなく印刷し続けて恐ろしいことになります。印刷する際に、印刷範囲の指定を忘れずにしてください。
　③図書館や法学部資料室に行くときは、できるだけチームで固まって行ってください。350人がおしよせるわけなので、1人1人に対応していると、図書館と法学部資料室はパンクします。固まっていくのが合理的です。

9．第5回チーム課題

(1) テーマ

中間テストも終わったことだし、ここでこれまでの学習をふりかえってみよう。

これまであなたは裁判法Aをどのように学習してきたか（①出席回数・集中力・ノートの取り方など普段の授業の参加方法、②自習の時間・方法、③普段のチーム作業のやりかた、④テスト直前の対策等、裁判法Aの学習に関する全てを対象にせよ）。そしてそれは中間テストの点数にどのように反映されたか。テストの結果をふまえて、学習方法をどのように改善するか（個人作業、チーム作業、双方を含む）。以上について、できるかぎり詳細に、他人が見てわかるように、述べなさい。

＊特にチーム作業のあり方については、レポートを仕上げる前に、チーム全体で話し合っておくこと。

(2) 書式

・今回は、紙で提出するのではなく、ファイルで提出してもらう。
・冒頭に学籍番号、氏名、期末試験の点数を記入すること。
・テキストだけを用いること。

(3) 提出方法・締切

ケースマの裁判法Aのところに、「リポート」という欄があることはご存じの通り。そこに「第5回課題（個人ふりかえり編）」というフォルダを作成した。みなさんが執筆したファイルをそこに送ってください。

＊締切：　　木3クラス　　　→12月19日23:59
　　　　　　金3、金4クラス　→12月20日23:59。

(4) 提出された課題はどう扱われるか

学籍番号と氏名は消して、全てのレポートを1つのファイルに集約し、期末テストの点数順に並べ、HP上にアップする。アップしたら一斉メールでお知らせする。同僚の学習方法を分析して、自分に役立ててください。

(5) 今回の課題の評価方法について
・チームメンバー全員が出したらA。
・1人出さなかったらB。
・2人以上出さなかったらC。
・全員出さなかったら「未」。

(6) 参考：昨年度受講生のサンプル2つ
◎中間テストで95点とった人のレポート
　私は、裁判法Aの授業を受けるにあたって法学にはもともと堅いイメージがあったので身構えていましたが、第1回の講義のイントロのときに先輩方が書いてくれたメッセージを読んで、講義にいろいろな期待を持ったことは、私に大きな影響を与えてくれたように思います。やはり、「嫌だな〜めんどくさいな〜」と思いながら、講義を受けるより「先輩方が楽しい、講義は出たほうがいい」などと言われて、興味を持つと俄然、やる気が変わると思います。
　また、ほかの授業には無いようなチーム性があるとお互いに教えあったり、課題を提出して、いい成績をもらい「やったね！次もがんばろう」と励ましあえるのは私にはとても新鮮で講義も受けやすいものに変わりました。
　出席回数などは、もちろんやむを得ない場合以外は必ず出るようにしています。休んでしまうと、周りのみなさんについていけなくなる気がするので心配だからです。チームで学ぶことができるから、もし私が休んでしまっても教えてもらえると思います。
　講義中の集中力ですが、私はあまりないので常に気張っておくことはできないので波のように抑揚をつけています。例えば、先生が「ここはメモして」と言ったときは聞き逃さないように、きれいな字で書かなくてもよいからノートの端に殴り書きします。あとでもう一度授業で学んだことと合わせて確認しながら、ノートに清書します。
　授業外の自習は課題をするときに、講義の内容を確認するくらいしかしていません。なので、二時間ぐらいは机に向かっています。課題が出た時のチームでの取り組みですが、毎回やっていかないと周りに迷惑がかかるし、差を付けられるのが嫌なので課題はこなしてからチームの集まりに参加するようにしています。みんなが集まったら、人数分のコピーを渡して、課題の主役の人がみんなの前で自分の意見をプレゼンします。ほかの人は、コピーを見ながらプレゼンを聞いて確認し合います。この作業の時に、私はほかの人が自分とどのように違った考えをもっているか、どうやって説明しているに注目します。
　プレゼンが終わるとまずはAさんから、プレゼンした人と聞いていた人の両方に対して、自分の意見を言っていきます。その意見をほかの人が紙にまとめて書いていきます。意見すべてを紙に書いていくのではなく、誰かが言った意見に対しても、「こうではないか？」などと意見を付加していきます。そうすることで私たちのチーム全体の意見が作り上げられていきます。大切なのは誰の意見にも必ず耳を傾けることではないかと思います。チームであるから、自分とまったく同じ意見や考えを持っている人などいないと思うので、誰の意見も自分と違ってい

て新鮮な感じがします。一つの考えに固執せず、新たな意見を受け入れ、吟味して発信する。このようにして、一つの意見を様々な視点からみた意見が出来上がります。私たちのチームはいつもこのようにしています。

　今回の中間試験の学習については、教科書の範囲を繰り返し読んで単語の意味や条文の確認をしました。また、あらかじめ出題されると予告されていた論述についてはチームで集まりお互いに意見を言い合いました。さらに、教科書から出る50点分の範囲についてチームで出題されそうなところを指摘して、わからない箇所をチームで相談して解答を作りました。中間試験の点数はかなりよいものになったので、やはりチーム学習は効果的だと思います。一人でわからないであきらめてしまうことが今までは何度かありましたが、裁判法Aに関しては気軽にチームで話し合えるのでとても力強いです。これからも、チームの中での学習を通して切磋琢磨しあえたらいいと思います。

　今回のテストを振り返ると自分ではできなかったなと思ったのは、短答問題でした。教科書をしっかりと読んだつもりでも、まだまだ読み込めていなかったのが改善すべきところでしょう。期末試験に向けてより一層ほかの人たちの勉強法を学ばせてもらい頑張りたいです。

◎**中間試験で42点をとった人のレポート**
①毎回出席している。先生が言ったことを教科書に書き込む。
②教科書を読み返す。（約10分）
③土日で個人が課題を解いて、月曜日の昼休みにチームで話し合いをする。全員がちゃんと集まるのはあまりない。
④テスト直前は教科書を読んだだけだった。
⑤あまり自習をきちんとやらなかったので、このような低い点数をとってしまったのだと思う。授業を受けたその日にはきちんと復習をしなければいけないと思った。これからは自習をしっかりと行い、最後のテストに励みたいと思う。

◎中間テストの点数差もさることながら、ふりかえり力の差もものすごくあることがわかると思う。他者への情報伝達力もまた然り。みなさんはぜひ、95点をとった先輩のレポートを見習い、それを超えるものにしてほしい。

10. 模擬裁判ガイド＆強制課題
(1) 模擬裁判の目的
　これまでの授業で、草加事件を例に、出された証拠を裁判官がどのように評価しているかを学んだ。しかし、知識として頭の中に入れておくだけでは不十分だ。
　①裁判官として実際に事実認定し、判決書を書いてみると、証拠評価の難しさが実感できる。

②証拠がどのような形で法廷に出てくるのかも理解しておく必要がある。
この2つを達成するためには、模擬裁判が最適なのだ。

　今回の裁判は、模擬ではあるが、みなさん御存じのとおり、実際に事件を発生させ、目撃者の取調べを行うところから始め、時間をかけてシナリオを作成したものであり、かなりリアルである。しかも、主要なところは全てみなさんの同期生が作成したものだ。1年生でも頑張ればここまでできるという例として真剣に見てほしい。

(2) 配役
　どんな人が登場するかをあらかじめ説明しておこう。それぞれの役割を把握してほしい。
①被告人→訴えられた人。捜査段階では「被疑者」と呼ばれていたが、起訴された後は「被告人（告発された人という意味）」と呼ばれる。彼は、自分は無実だと主張しようとしている。
②検察官→この事件を裁判所に訴えた（起訴した）人。被告人を有罪にしてもらうために証拠を出して裁判官と裁判員を説得する。
③弁護人→被告人は一市民に過ぎず、法的知識も技術もない。法的知識と技術を駆使して被告人をサポートし、無罪判決を得ようと努力するのが弁護人である。通常は弁護士さんが担当。
④裁判官→この裁判の進行を司り、かつ、最終的に証拠を評価して判決を出す人。
⑤証人→検察官の主要証拠。本当にちゃんと見たのか、弁護人が反対尋問で確認する。
⑥廷吏→裁判の進行が円滑に進むように裁判官をアシスト。
(⑦刑務官→被告人は勾留されているので、逃亡防止のため両隣に座り、監視。今回はなし)

(3) 強制課題①
　・課題:「本件の判決書を5000字程度で書きなさい」
　・書式:A4に設定したWordファイルが望ましい。冒頭に「学籍番号」「氏名」を必ず記すこと。

・今回の課題の提出の有無＆提出した場合の内容は、期末試験に影響しうる。
  ＊期末試験が50〜59点だった場合に、①今回の課題を出したか否か、②出した場合にその内容、を考慮。
・締切：2013年1月20日（日曜）23:59。第5回課題のようにケースマ提出。「判決書課題」というフォルダに送信。
  ＊成績評価に影響するので締切厳守。なお、この課題は返却しないのであしからず。
・参考
  ＊どう書けばよいか途方に暮れるかもしれないが、私のHPに判決書（ただし、違う事件）の例を2つ挙げておいた。これをまず印刷し、書き方を分析し、見よう見まねで書いてみよう。また、検察官の論告や弁護人の最終弁論で主張されていることを丁寧に紹介し、一つ一つに対し、自分なりの理由を加えて、これまた丁寧に賛成するなり反対するなりしてみよう。もちろん、検察官や弁護人の気付いていない点があればわかりやすく指摘しよう。さらに、証拠評価の基となった証言や調書は、その内容を丁寧に引用しよう。これらのことを心がければ、またたく間に5000字突破するはず。
  ＊見本となった無罪判決を私が分析している。刑事訴訟法判例百選第9版154-5頁参照。必要ないけど。
  ＊シナリオはHPにアップする。判決書を書くときに適宜参照のこと。

(4) 強制課題②
  ・上にも書いたが、今回のシナリオをHPにアップするので、各自印刷し、次回以降の授業時に持参。「台本1」と「台本2」がある。どちらもゲット。

(5) 模擬裁判の進行
  ・進行手順を簡単に説明しておく。法律的争いが生じる部分が多々あるが、その意味はよくわからないだろう。
  でも今回は気にしないように。証拠をちゃんとみて有罪か無罪かを判断することに集中すべし。
①冒頭手続き

・人定(じんてい)質問
　＊人間違いでないか確認。
・起訴状朗読
　＊起訴状の書き方をめぐって小競り合い。
　＊注意！　裁判員裁判の場合、この部分は事前に裏でやる(裁判員に見せない)。
・被告人に権利告知
・意見陳述

②証拠調べ
　［途中省略］

③最終意見
　・検察官、論告・求刑
　［途中省略］

④判決
　→みなさんの判決書に委ねられる。さて、結果はいかに？　裁判官になりきって書いてみよう。

■ 2012年度　裁判法Ａ／刑事手続法概論　これだけは！シート（冒頭部分のみ）

■ テキスト４～６頁途中
１．この授業での「法学」の定義は？

２．法学をマスターするために２つの大目標を設定した。何かな？

３．抽象的に目標を掲げても、具体的に何をしていくのかよくわからないだろう。そこで、今回は、具体的な事例を挙げて検討してみる。
　しかし、その前に、授業で頻繁に使用する基本的な概念や言葉の説明をしなければならない。しばらく「お勉強」になるが、我慢してほしい。
(1) 六法の使い方について。
　・法令索引（目次）は六法のどこにあるかな？
　・条文の読み方として、「条」「見出し」「項」「号」「柱書」という概念を確実に憶えておこう。それぞれ説明できるかな？
(2) 「刑事法」という言葉は、３つの法領域をまとめた概念だ。３つの法領域それぞれがどのような事柄を扱っているか、簡単にイメージできるかな？
　①刑法
　②刑事訴訟法
　③行刑法
(3) ３つの法領域を扱う授業は、様々な名称が付されて設けられている。國學院ではどのような名称の授業があるかな？
(4) さて、刑事訴訟法の領域で対立する２つの正義観を紹介しよう。
　・まずは、「実体的真実主義」。定義を言えるかな？
　・次は、「適正手続主義」。定義を言えるかな？
　・２つの正義観が両立すれば素晴らしいのだが、実際は両立しない場合がある。それは、２つの正義観が指向しているところ（ベクトル）が異なるからだ。どう違う？「権限拡大／縮小」とか「事後救済／事前予防」という言葉を使って説明してみよう。

４．さて、本日のクライマックス、「具体的な事例で正義を考える」だ。

(1) この授業で何を対象に考察していくのか、わかりますね？
　刑事手続の……
(2) では事例です。テキストに書いてあるが、授業で教員がいろいろ補足するのでよく聞いてメモっておくとよい。
(3) まずは素朴に考えてみた。その次に教員がこの事例に関する情報を付加して、もう1度考えなおしてもらった。どんな情報（ストーリー、条文の文言）を付加したっけ？
(4) さらに教員が情報を付加して、さらに考えなおしてもらった。どんな情報（ストーリー、条文の文言）を付加したっけ？
(5) ここまでのプロセスで、結論がずっと同じだったり、途中で変わったりした人がいると思う。みなさんは「実体的真実主義」重視派？　「適正手続主義」重視派？
(6) これまでの作業から得られる教訓を胸に刻んでおこう。
　①データ収集に関して
　②データ分析に関して
　　＊「必要性」（メリット）と「許容性」（デメリット）をどちらも考える
　　　という思考パターンについて
(7) 最後に教員は警察官職務執行法2条1項をみてもらった。特に注目した文言はどこ？
　そして、法律上の結論は、みなさんが正義と考えた結論と一致した？
　一致していたらgood（正義が実現されているわけだ）だが、一致していなかったらbadだ（不正義が実現されている！）。さて、どうする？
　→おっと、この質問には答えなくてもよい。続きは次回！
　ここまでの質問に対する解答を準備し終えたら、テキスト2頁1〜5段落を読み、今回の授業の流れを確認しておこう。論理の流れの把握は大事！

［以下省略］

■第1回アンケートのサンプル(金3クラスのみ)

この講義に参加した動機と抱負を述べてください。
(1) 裁判法Aクラス(3限)
◎刑法を2年で取りたいと思っているので、1年の内に裁判法を学んでみたいと思いました。よろしくお願いします。
◎正直に言いますと、私は裁判法について興味や関心といったものは、あまり持ち合わせておりません。試験において合格者が多いこと、専門科目の下積みに必要であることの2点を考え、この講義に参加しました。
◎講義に参加した理由は、将来法律に関する職業に就きたいと考えており、そのために勉強をしたいと思ったからです。課題など大変そうですが、頑張ります。
◎刑事法を取りたかったし、中川先生がおもしろいって聞いたので、参加しました。課題とか、いろいろ大変そうだけどがんばっていきたいと思います。
◎法学部らしい授業をまだとっていなかったので、この授業を機に勉強しようと思ったから。また、全く法学に関する知識はないですが、精一杯がんばりたいと思う。
◎シラバスを見て楽しそうだと思ったし、先輩からもススメられた。法学部らしい授業を受けたかったし、この講義は1年でしか受講することができないので、ぜひ受けてみたいと思った。
◎基礎演習で、中川先生のやつに落選したのもあるが、興味がある分野で、サークルの先輩のオススメ授業でもあったので、参加しようと思った。
◎1学年では民法、憲法以外の法律を学ぶ機会がなかったこと、裁判法自体に興味があったので参加しました。法律的な書き方をきちんと身につけたいです。
◎憲法の宿題で裁判傍聴に行った時に、初めて刑法について考えさせられて興味を持ったため。
◎興味があったから。
◎民法が難しくて、訳が分からないまま単位を落として困ったので、裁判法Aを取って遅れを取り戻そうと思ったので授業登録しました。半年頑張るのでよろしくお願いします。
◎よくテレビや新聞などで有名な事件や芸能人の裁判などが取り上げられているが、言っている意味がよく分からない。もっと裁判に関わる法律について知り、知識を広めたいと思ったから。授業では毎回出席して、チームのみんなと共に集中して取り組んでいきたい。また、復習をなるべくやる。
◎楽しかった。早くグループ組みたい。
◎法学部として、裁判法というものに興味がとてもあったので参加しました。まだ一年で、法律についてまだまだ知っていることは少ないけど、チームを組んで、最後までがんばっていこうとおもいます。半年間よろしくお願いします。
◎サークルの先輩方から、「法学部だったら、中川先生の裁判法は受けたほうがいいよ!」と言われ、この講義に参加しました。かなりの人がオススメしている授業なので、私も頑張っていきたいと思います。

■座席表

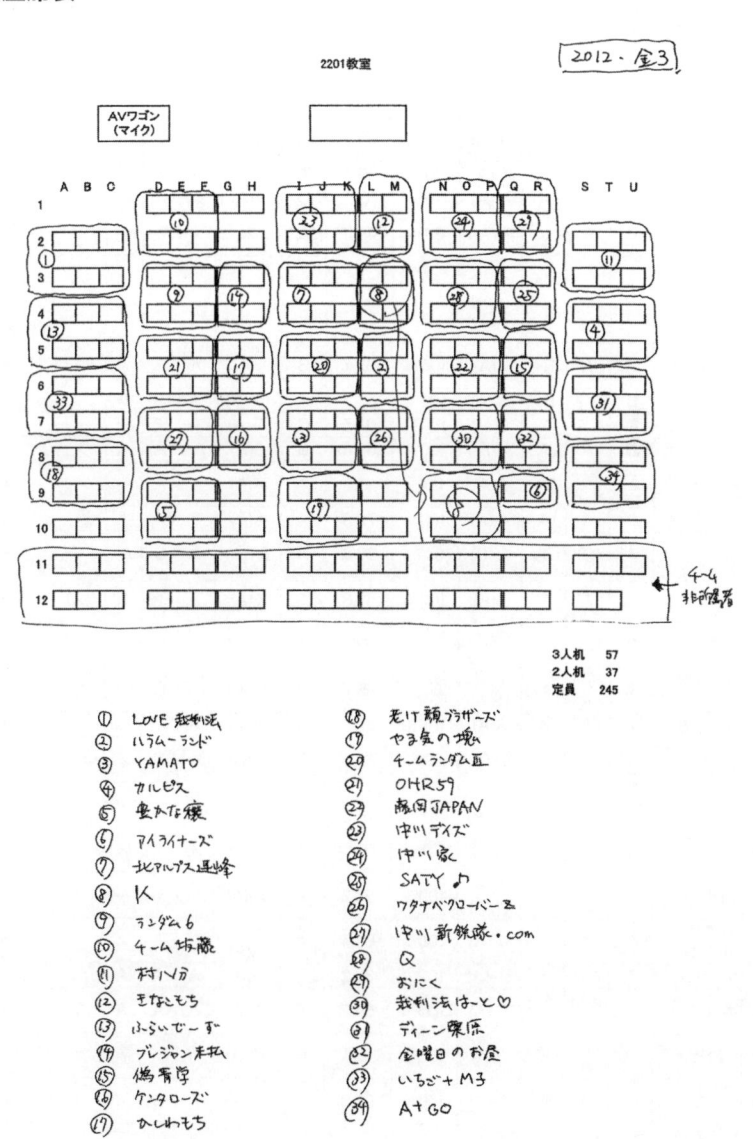

2201教室　　　　　　　　　2012・金3

3人机　57
2人机　37
定員　245

① LOVE 裁判法
② ハラムーランド
③ YAMATO
④ カルピス
⑤ 主たな痕
⑥ アイライナーズ
⑦ 北アルプス連峰
⑧ K
⑨ ランダム6
⑩ チーム坊藤
⑪ 村ハカ
⑫ きなこもち
⑬ ふらいでーず
⑭ プレジデン未払
⑮ 偽育学
⑯ ケンタローズ
⑰ かしわもち
⑱ 老け顔ブラザーズ
⑲ やる気の塊
⑳ チームランダムⅢ
㉑ OHR59
㉒ 藤田JAPAN
㉓ 中川デス
㉔ 中川家
㉕ SATY♪
㉖ ワタナベクローバーZ
㉗ ゆかり新鋭隊.com
㉘ Q
㉙ おにく
㉚ 裁判法はーと♡
㉛ ディーン薬房
㉜ 金曜日のお昼
㉝ いちご+M子
㉞ A+GO

資料 | 319

■チーム成績一覧表（金３クラスの一部[1頁に収まるだけ掲げた]）

チームナンバー／チーム名		1	2	3	4	中テ受験率	中テ平均	5	6	7		ルポ選考	皆勤！
1	LOVE 裁判法	A	A	A	A(A)	100%	78	A	A(A)	A	A	○	★
2	ハラムーランド	A	A？	再→A	A-(A)	100%	65.5	A	B-(B)	A	A-	A	△	★
3	YAMATO	A-	A	A-	A-(A)	80%	59.5	A	A(A)	A	A	A	○	★
4	カルピス	A	A	A	A-(A)	90%	62	C	A(A)	A	A	A	○	★
5	豊かな穣	B	未	再→A-	A-(A-)	60%	49.3	未	未	―	―	―	―	強制解散
6	アイライナーズ	未	未	C	A(A-)	―	―	―	―	―	―	―	外在的事情により解散
7	北アルプス連峰	A	A	B+	A(A)	100%	67.7	B	再→A(A)	A	A	A	○	★
8	K	B	A？	B+	A-(A)	100%	51.3	A	B+(B)	A	B+	A	○	★
9	ランダム6	A-	A-	A-	A-(A)	100%	67.5	C	A-(A)	A	未	未	○	
10	チーム坂藤	B	A	A	A-(A-)	100%	69.6	B	A(A)	A-	A	未	○	
11	村八分	A-	再→A？	B+	A(A)	80%	81.3	A	A(A)	A	A	A-	○	★
12	きなこもち	A-	A	A	A-(A)	100%	78.8	A	A(A)	A	A	A	○	★
13	ふらいでーず	A	A？	B+	A-(B)	90%	58.8	A	B+(A)	A	B	A	○	★
14	プレジャン未払	A	A	A-	A(A)	100%	63.8	A	A(A)	A	B+	A	○	★
15	偽青学	B	A？	C	再→A-(A-)	100%	50	A	B+(A)	A-	A-	A-	○	★
16	ケンタローズ	再→A	A-	再→B-(A)	80%	55.7	B	B(A-)	B+	C	B-			
17	かしわもち	A	A	A-	A(A)	100%	62.8	A	A(A)	A	A-	A-	○	★
18	老け顔ブラザーズ	未→A	A	A-	B+(A)	60%	62.3	C	C(B)	未	未	未		
19	やる気の塊	A	A？	A	再→B+(A)	80%	55.3	B	再→A-(A)	未	未	未		
20	チームランダムIII	A-	A？	A	A(A)	70%	67	A	A(A)	未	未	未	○	
21	OHR59	A-	再→A？	A	再→A-(A)	100%	58.2	A	A-(A)	A-	B+	A-		★
22	藤岡JAPAN	A-	A	C	A-(A)	100%	68.4	A	再→A(A)	A-	A	A		★
23	中川デイズ	A	A？	A-	B+(A)	100%	82.2	B	A(A)	A	A	A	○	★
24	中川家	A	再→A？	再→A	A(A)	100%	66.2	B	A(A)	A	A	A	○	
25	SATY♪	A	再→A？	A-	C(A)	100%	58	B	A-(A)	A	B+	A	○	★
26	ワタナベクローバーZ	A-	A	A-	A(A)	100%	67.3	A	A(A-)	A	B	A	○	
27	中川新鋭隊.com	A-	A	B+	再→B+(A-)	100%	57.8	A	A(A)	A	A	A	○	

■第1回課題シート

裁判法Ａ／刑手法概論　第１回課題シート

> チーム名：金４ ㉓ たまプラーザ
> ミーティング欠席者：なし
>
> Ａ

◎作業の手順
　①まず各人が課題を解く。
　②全員、自分の書いたものをチーム人数分コピー。
　②チームで集まり、Ａのプレゼンを聞き、全員の答案と照らし合わせ、議論。
　③議論の結果、付け加えたり、修正すべきと考えたりした点をＢがとりまとめ、Ａが書いた原本の余白に記入。
　④修正等に同意できない少数派は、Ｂが書いたコメントの近くに、同意できない理由を赤で記入し、（Ｃ）とサイン。　→のような感じ。「同意できない。なぜなら〜だからである（Ｃ）」
　⑤このように書き込みだらけの原本を、■月■日■時までに0715研究室前BOXに提出。　来週木曜16時
　⑥次回の授業時に返却されるので、返却された答案をＡがチーム人数分コピーし、速やかに配付。
　⑦コピーしたものは、各自きっちり保存・管理（いずれ過去の課題を使うときがくる）　若木7階 0715

◎以下の問いに答えなさい。

　國學院大學法学部教員Ｘは、2012年度後期の基礎演習を担当した。例年、遅刻が多いことにいらいらしていたＸは、今年度「3回遅刻した者には単位を与えない。」というルールを作り、第1回授業の冒頭に告知した。
　さて、1月になり、最終授業の日がきた。受講生の遅刻回数等を集計した結果・・・

1．　Ｃ君は演習に来る時は遅れずに来ていたのだが、そもそも来ないことが多く、なんと8回欠席していた。ＸはＣ君に単位をやりたくないのだが、Ｃ君は「いや、欠席はしたんすけど遅刻はしてないっすよ。単位ください」と主張している。Ｘは、欠席した場合のルールをはっきり作っておかなかったことを後悔しつつも、とにかくこの遅刻ルール1本でなんとか乗り切らなければならないと腹をくくっている。
　さて、Ｘになりきって、「遅刻」を拡大解釈し、Ｃ君を撃退してください。

＊アドヴァイス
　①「このルールにいう遅刻とは・・・を意味する」という形式にする。
　②①の「・・・」中に「遅刻」という言葉を使用してはならない（∵同語反復）
　③解釈を記した文と、あてはめ・結論を記した文は、分けて書くように。一文にしないで！

Ⓐ
このルールにいう遅刻とは、
開始時刻に教室におらず、
授業に参加していなかった時間があったということも意味する。　←・一定の時間に遅れ参加していなかったということ
　　　　　　　　　　　　　　　　　　　　　　　　　　　　　　・欠席は参加していない（遅刻×

遅刻はしていなかったものの、欠席という形で
授業に参加していなかったＣ君は、遅刻同等とみなし、
よって単位を与えないものとする。

2．Bさんは、一度も欠席していないのだが、8回遅れてきている。しかしBさんにはかわいそうな事情がある。実はBさんは、10月の連休中、同じ基礎演習に所属しているA君に髪の毛をずたずたに切られるという被害を受けており、精神的ダメージから授業にくることが非常にたいへんだったのだ（この点については次回か次々回の任意課題を待て！）。しかしBさんは欠席することもなく、何とかがんばって最後まで授業に参加した。課題も全て出している。討論にも積極的に参加した。遅れてきたことを除けば、非常にまじめで優秀な学生だったのである。
　Xは、何とかBさんに単位をあげたいのだが、自分が設定したルールを曲げることもしたくない。
　さて、Xになりきって、「遅刻」を縮小解釈し、Bさんに単位を与えてあげてください。

＊アドヴァイス
①この答えも「このルールにいう遅刻とは・・・を意味する」という形式になる。
②①の「・・・」中に「遅刻」という言葉を使用してはならない（∵同語反復）
③解釈を記した文と、あてはめ・結論を記した文は、分けて書くように。一文にしないで！

Ⓐ このルールにいう遅刻とは、
授業に参加するという意欲のある者×以外が、
開始時刻教室におらず、
授業に参加していなかった時間があったことを意味する。

3回以上遅刻はしたものの、
精神的被害を受けていたという明確な事情があり、
課題などはしっかりこなしていた優秀な生徒であることから、
Bさんは単位をもらえるものとする。

3．A君は、文字通り、無遅刻無欠席である。しかし、上述のように同僚であるBさんに危害を加え、反省することもなく、授業中の態度もすこぶる悪い。そこでXはA君に単位を与えないと決断した。
　さて、A君になりきって、上述のルール全体を反対解釈し、単位を与えるようXに反論してください。

＊アドヴァイス
①反対解釈の表現形式に忠実に！　例年、正確に書けないチームが意外に多いので、気をつけろ！　反対解釈の定義に忠実に、真似て書けばよいのだ。
②解釈を記した文と、あてはめ・結論を記した文は、分けて書くように。一文にしないで！

Ⓐ 教員Xが定めたルールは、
3回遅刻した者には単位を与えないというものである。
したがって、無遅刻無欠席であった私は
単位はもらうことができると解される。

■第1回任意課題講評

2012.10.19　中川孝博

１．今回の採点方法
　○が1。△が0.5。合計が1ならC、1.5ならB－、2つならB、2.5ならA－、3つならA。
　要求された「解釈」を形式的にしているかどうかが採点ポイント。「問題提起」や「あてはめ・結論」も書いている答案が結構あったが、そこは採点対象にしていない。
　今年は、A－以上の答案が圧倒的多数で、かつ、C答案が皆無という、ものすごい状況である。みなさん、優秀ですね！

２．コメント
　(1)設問1、2は、おおむねよくできていた。なかには、設問1で「ちょっと拡大しすぎちゃうの！？」というものもあったり、設問2で「縮小したとはいえない（ある観点から見たら縮小しているが、別の観点から見たら拡大している）のでは！？」というものもあったが、まあ良しとしよう。最も多かった答案は、以下のようなもの。
　＊設問1→遅刻とは、授業開始時刻に当該教室にいないことを意味する。
　＊設問2→遅刻とは、やむをえない事情がないにもかかわらず授業に遅れてくること
　を意味する。
　(2)設問3がイマイチの答案が多い。反対解釈の形式は、「ある規定をもとに、それと逆の場合には逆の効果が生じる」というもの(テキスト13頁参照)。今回の事例にあてはめると、「遅刻3回で単位不認定なのだから、<u>遅刻3回未満の場合には単位が認定されると解すべきである</u>」といわねばならない。下線部分が書けていないものが非常に多かった。「後半がない」とか「前半のみ……」などと汚い青文字で記入してある答案がそうである。気をつけよう。
　特に、「本規定は遅刻以外の場合については規定がない」と書いている答案は要注意。反対解釈は「規定がない」と読むのではなく、「<u>遅刻3回未満であれば、全て単位が認定されると規定している</u>」と読み込む、目的論的解釈なのであって、

<u>文理解釈ではない</u>。

　(3)採点対象にしていないのだが、「あてはめ」に問題がある答案も結構あった。「解釈」では「定刻に教室にいないことを意味する」と書いておいて、あてはめでは「Bにはいろいろ事情があったので、単位を与えるべき」と書くなど。「定刻に教室にいないか否か」を基準としたのだから、「いろいろ事情があったか否か」は関係ないはずだ。逆に、いろいろ事情があったか否かを問題にしたいのならば、解釈で「正当な事情なく定刻に教室にいないことを意味する」などと書いておかねばならない。

　あと、もう書くスペースがないが、解釈とあてはめをごっちゃにしないこと。
　今回指摘したことは、結構重要（つまり、直ちに矯正しておかないと、後々まで尾を引くポイントだということ）なので、よくチェックしておこう。

■第2回課題シート

Ⅰ授業内課題
1．取調官役(1〜2人)、検察事務官役(1〜3人)、目撃供述者役(1人)を決める。
　・取調官：目撃者を取り調べる人
　・検察事務官：取調べをもれなく記録する人
　・目撃供述者：取り調べられる目撃者
　　＊取調官と検察事務官は、途中で交代してもよい(どちらも結構たいへんな作業だからね)
　　＊チーム非所属者は、非所属者どうし集まって臨時チームを作るか、1人3役をこなすか、選択。
2．検察事務官に大量の紙をみんなで提供。
3．取調べ開始
　(1) この事件は証拠がほとんどなく、あなたの取調べ結果が唯一の証拠となると考えてください。つまり、犯人をつかまえ、有罪にできるか否かはこの取調べでいかに正確で具体的な供述を得るかにかかっているということです。
　(2) この取調べは、その結果を証拠にするものですから、必要な情報をもれなく得なければなりません。最低限必要な情報とは以下のとおり。①〜⑤は犯罪情報、⑥は供述者の情報。
　　①主体(誰が)　→氏名は特定できないだろうから、それに代わる情報(性別、年齢、身長、体重、容貌、衣服など)
　　②年月日時(いつ)　→特に時刻はできるだけ具体的に
　　③客体(何を)　→できるだけ具体的に
　　④方法（どういうふうにして）　→犯行そのものだけでなく、その前後の様子なども具体的に
　　⑤結果(どうなったか)
　　⑥この供述が信用できることを示す情報
　　　＊客観的条件：はっきり見える位置か、明るかったか、視力は？　など
　　　　→単に「はっきり見える位置でした」とかいう供述では×。犯行場所から何メートルの距離だったか、前に座る学生の頭に隠れて見えなかったとかいうことがなかったかとかいった事実に裏付けられた主張で

なければならない。
　*主観的条件：落ち着いていたか、注意して見たかなど。これも主張と、根拠となる事実、あわせて情報を得る。
　　→単に「注意して見た」とかいう供述では×
　　主張（「注意して見た」）だけでなく、その根拠となる事実もあわせて情報を得る（例えば「その犯人の顔がちょっと自分の好みだったので、ずっと注目していたんです」とかね）

(3) 取調べのやり方は、一般的には次のような方法が推奨されています。
　①ラポール（信頼関係）の確立
　②自由に供述してもらう
　③②で得られなかった必要な情報や、もっと突っ込んで確認したい情報等について質問
　*発問はオープンクエスチョン（質問の中に答えが含まれていない質問）が原則
　*誘導尋問はできるだけ避けること。とはいえ……
　④最終的に写真面割り帳にて確認（写真面割り帳は中川が持っている）
　*暗示・誘導を与えないこと
　　ダメな例：「この中のどれが犯人ですか？」　→なぜダメかわかる？

(4) 検察事務官は、取調べをとにかく詳細かつ正確に書いて書いて書きまくってください。
　*端折ったメモ程度では、あとで「供述調書」という形にまとめるときにものすごく苦労する。
　*通常、話すスピードは手で書くスピードよりも速くなるから、「ちょっと待って」とか随時口をはさんで、書きもらしのないように気を付けること。

Ⅱ授業外課題
1．本日行われた目撃者取調べ（時間切れだった場合には、後でチームがどこかで集まって続行してもよし）の結果を、検察事務官が「供述調書」の形にまとめなさい（A4用紙。複数枚の場合、重ねて左上へホッチキス綴じ。できるだけPCで作成）。検察事務官が複数いるチームは、途中相談したりして作業を行ってほし

いが、とにかく最終的には1通だけ作成。
２．この「供述調書」は、取調べをそのまま記録化するものではなく、目撃供述者が1人で延々と語っているかのような文章スタイルであることが特徴。テキスト79頁にサンプルがのっているから、形を真似ればよい(ただし、このサンプルの「中身」は少々出来が悪い。つまり、情報が少ない。もっともっと書かねば！)。
３．できあがった「供述調書」を「目撃供述者」がチェックし、自分の供述した内容と少しでも異なるところがあったら、朱入れして指摘しなさい。
　　＊中川キソエンのチームは、目撃者と再会する段取りを忘れずに！
４．朱入れした調書原本をチーム分コピーしてチーム内で配付。原本は例によって中川研究室前BOXに提出。期限は■月■日■時。あ、右上に、第1回課題と同じように「チーム名」を書いてください。
　＊なお、この課題は返却しないのでご承知ください。

■第3回課題シート

|木4　金3　金4　チーム番号：|
|チーム名：|
|ミーティング欠席者：|

◎作業の手順
　①まず各人が課題を解く。
　②Bさんは、自分の書いたものをチーム人数分コピー。
　③チームで集まり、Bのプレゼンを聞き、当該解答でよいか議論（日本語、形式、内容の全てを議論）。
　④議論の結果、付け加えたり、修正すべき点（多数決）をCがとりまとめ、Bが書いた原本の余白に記入。
　⑤修正等に同意できない少数派は、Bが書いたコメントの近くに、同意できない理由を赤で記入し、(D)などとサイン。　→のような感じ。「同意できない。なぜなら～である(D)」
　⑥このように書き込みだらけの原本を再びBがチーム人数分コピー。■月■日までに原本を0715研究室前BOXに提出。
　⑦コピーしたものはきっちりチームメンバーに配付し、各自保存・管理（いずれ過去の課題を使うときがくる）

◎以下の問いに答えなさい。
　國學院大學法学部1年生のA君（男性）はX先生の基礎演習に所属していた。このクラスは、構成員の親睦を深めるため、2012年10月7日から8日にかけて、箱根で合宿を行った。この合宿中に事件が発生した。構成員のBさん（女性）が8日朝に起床したところ、自分の頭が丸刈りにされている（出血はしていない）ことを他の女子学生に指摘され、泣き出したのだ。担当教員であるXが調査したところ、次のような事実が明らかになった。
　Bさんを丸刈りにしたのはA君であった。A君は4月の初旬からBさんと交際していた。ところが、Bさんは同じクラスに所属している甲君（男性）のほうを好きになったため、A君との関係を続けながらも、9月の後半から甲君とも密かに付き合い始めた。合宿直後にそれを知ったA君は、どうしたらよいものか悩んでいた。そのような時に、基礎演習で合宿が行われることになったのである。
　ちょいワル学生の乙君（男性）は、1日の晩、担当教員Xが寝るのを待って、まだ起きている学生数人を誘い、酒を飲み始めた。その中にはA君もBさんもいた。

酒に強いＡ君は、みんなが酔いつぶれて眠ってしまった後も平静を保ち、自分の傍で眠りこけているＢさんを眺めながら一人で飲み続けていたが、Ｂさんに対する怒りが抑えられなくなり、彼女に恥をかかせてやろうと考え、Ｂさんの頭をはさみで丸刈りにした。
　さて、本件においてＡ君がＢさんの頭を丸刈りにした行為は、傷害罪に該当するか？　それとも暴行罪か？　授業中に示した「とりあえず便利な法的意見表明の型」に従って、意見表明してみよう。

　　【ヒント】　◎書かれた法
　　・刑法204条⇔208条
　　・髪の毛を切る行為が少なくとも暴行にあたることは問題ない。
　　・暴行罪にとどまるのか、傷害罪にあたるのかは、「傷害」の解釈で決まる。

◎「傷害」に関する解釈(あるべき法)
・身体完全性侵害説：傷害とは、人の身体の完全性を害することをいう。
　［理由］　傷害罪によって守ろうとしている利益は人の身体の安全である以上、骨折させたり病気を感染させたりするなど生理的機能に障害を与える場合だけ傷害とするのでは不十分。髪を切るとか爪を切るとかヒゲを剃るといった行為も含めるべきである。
・生理的機能障害説：傷害とは、人の生理的機能に障害を加えることをいう。
　［理由］　刑法204条の刑罰は重いのだから、それに見合う重大行為、すなわち生理的機能に障害を与える行為のみ傷害と考えるべきである。髪を切るとか爪を切るとかいった行為は、刑法208条の暴行罪で処罰すれば十分である。
　＊刑法の教科書にはこの程度のことしか書いていない。一つ一つの文がマニュアルの何にあたるのか、分析すべし！

◎日本語に関する注意
・段落冒頭は1字分空ける／行を空けない／「である」調で一貫／体言止め禁止／箇条書き禁止／最後左下に「以上」と書く
・主語と述語を正確に対応
　　ダメな例：ここで問題になるのは、刑法204条が問題になる。／この授業を受けた動機は、先輩に勧められたからである

■とりあえず便利な法的意見表明の型

1．問題提起
　・以下の点をもれなく簡潔に記す。
　　①何という法律の
　　②何条の
　　③何という文言(あるいは条文全体)が問題となるか
　　④それはなぜか？　←本件の事実から論点へと結びつける

2．法解釈
(1) 大きな注意点：ある条文の文言の解釈は1つのみ。あらゆる事例をその解釈1つで合理的に解決。
　　＊これまで、1つのルールにつき、事例ごとに異なる解釈をしてきた。これは解釈技術を勉強するためで、実際は、事例ごとに異なる解釈をしてはならない。
　　　∴法的安定性
　第1回任意課題のルールだと、設問1～2の事例にもれなく対処するため、「遅刻」とは、<u>正当な理由なく、授業開始時刻に教室にいないことを意味する</u>。
　などと、全てがあてはまるような解釈を作り上げる必要がある。
　いろんな法学授業で出てくる解釈学説は、このように、さまざまな事例を想定し、それらに全て対応できるように練り上げられたもの。
　　＊したがって、どの解釈がよいかは、出された事例だけで判断してはならず、いろんな事例を想定してみなければならない。<u>出された事例を論証に使うのは原則として禁物</u>。
　　　また、表現としても、「<u>この事例では～～という解釈がとられるべきである</u>」などと書いては絶対にならない。

(2) それでは議論！
　　＊紹介された学説それぞれのメリット、デメリットを、さまざまな事例を想定しながら検討してみよう。検討の手順については、裏面参照。

(3) 意見表明の記述
・「こんなふうに書いてみたらスムーズにいける」と思う「型」を伝授しよう。
　①自分とは異なる学説の紹介　→「この点、〜〜という説がある」
　②その学説のメリットを評価　→「確かにこの説に立つと、〜〜というメリットがある(ようにも思える)」
　③その学説のメリットは必ずしも重要でないことを指摘(できなければ省略)
　　→「しかし、そのような点は、必ずしも重要とは思われない。なぜなら〜〜」
　④その学説のデメリットを指摘
　　→「また、この説を採用すると、〜〜という問題が生じる」
　⑤その学説が採用できないことを指摘
　　→「以上の理由から、この説を採用することは妥当でない。
　⑥自説の紹介
　　→「そこで、〜〜という説を採用すべきである」
　⑦自説のメリットを指摘 (特に、上述した反対学説のデメリットを回避できること)
　⑧自説のデメリットとして反対派が挙げてくる点を紹介し、反論 (内容的には③とかぶる可能性大。その場合は、要領よくコンパクトに)

3．あてはめ・結論
・あてはめと結論を明確に分けて記述。決して端折らない。意外に正確に書けないので注意。
　＊今は単純な事例ばかりだが、高学年になるに従って、あてはめが結構たいへんな事例が登場してくる。新司法試験くらいになると、あてはめだけで1000字以上書かねばならない問題も登場。

■第3回課題答案の例

第3回課題
生理的～説による答案例

カルピス

本件の事例について少し最初に述べた方が良い…

浮気をされたはらいせに A(女性)の髪を丸刈りにした B の行為は傷害(罪)にあたるだろうか？

傷害罪(15年以下懲役50万以下罰金)
と
暴行罪(2年以下懲役、30万以下罰金…)
では刑も大きく違ってくるので、この違いも対比した方が良い…

刑法204条には「人の身体を傷害した者」は傷害罪にあたるとされる。一方で、刑法208条では「暴行を加えた者が傷害するに至らなかったとき」は暴行罪にあたるとされる。

そこで、両者の「傷害」という文言の解釈が問題となる。その解釈によって、傷害罪か暴行罪にあたるのかが決まるからである。

「傷害」について、傷害とは、身体の完全性を害することを言うと解釈する見解がある。(身体完全性侵害説)

確かに、この見解に立てば、傷害ととらえる範囲が大きいため、傷害罪によりよく問うことができるであろう。

一両事ができ、身体の完全性という利益は守られるだろう。と一行加えても良いかも

しかし、そのような点は、必ずしも重要とは思えない。なぜならば、刑法208条で「傷害するに至らなかったとき」という文言があり、傷害にあたらない場合の規定があるからである。また、この説を採用すると刑法204条の刑罰の重さに対して、罪が適切でない可能性がある。

ここに例を付け加えるとより具体性が増すのではないか？「例えば、頭髪1本、爪の1つを損傷されたから傷害に当たる」など不適切な傷害適用が発生しかねない。

など

以上の理由から、この解釈を採用することは名当ではない。

そこで、傷害とは、人の生理的機能に障害を加えることを言うという説を採用すべきである。(生理的機能障害説)

この説であれば、傷害ととらえる範囲が小さくなるため、刑法208条にも、より問うことができるようになり、罪と刑罰の重さを適切にすることができるのである。

「傷害」の意味合いは限定的になる　という解釈(メリット)が立場一致

暴行罪も刑の重さ、傷害の不適切な適用を抑制できる。

身体完全性侵害説のデメリットを回避出来る？

しかし、この説では傷害の範囲が狭まるため、傷害罪に問いにくくなるのではないかが批判されるかもしれないが、前者の説では、刑法208条の「傷害するに至らなかったとき」にあたることがなくなってしまうので、この説でもそれに規定される罪を問うようにすることが妥当である。

このスペースに、「以上から傷害とは、生理的機能に障害を加える程の重大な行為のみを言うと解釈すべきである。」のような文章のまとめを書くべきである。

本件において、A が B の髪を丸刈りにした行為は、生理的機能に障害を加えていないので、「傷害」の範囲外であり、「重大な」を加えていいのかな？　不安、要件を変えない

したがって、刑法204条にいう「人の身体を傷害した者」ではない。

以上から、A の行為は暴行罪にあたる。

→…であり、A 刑法204条にいう『人の身体を傷害した者』ではない。にして、「従って」にした方が読み易いかもしれない。

以上

赤ページで「少なくとも暴行にあたることは問題ない」と書いているので、ここの書き方は「従って A の行為は暴行罪の適用で十分である。」↓「従って A の行為は暴行罪であり、傷害罪の適用はできない。」などとした方が無難である。

※ この課題をやっていてふと思ったのですが、例えば A さんが床屋で、B さんは客で「おまかせで」と言い、A さんが B さんを丸刈りにした場合、A さんは暴行罪に何があたるのでしょうか？課題とは全く関係ありませんが…（笑）

フォーム（作法）がうまくいってる！

B(本人)が同意あるから暴行にならない!?

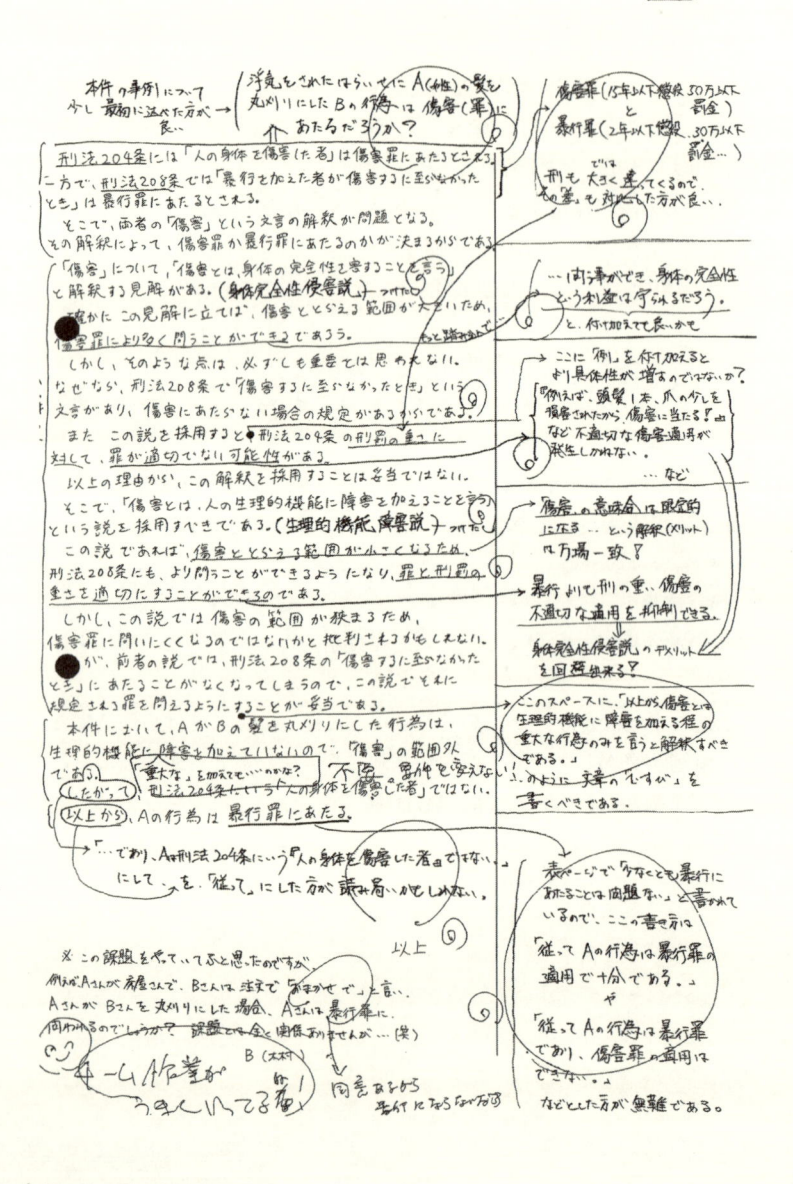

■第3回任意課題講評

2012.11.09　中川孝博

１．採点基準
　「型」をまるっきりわかっていないのではないかという不安をおぼえさせる
　　　　　　　　　　　　　　　　　　　　C or C －
　書き方につきいろいろひっかかる点がある　B － or B
　書き方につき2つひっかかる点がある　　　 B ＋
　書き方につき1つひっかかる点がある　　　 A －
　現時点で、書き方につき特にひっかかる点がない　　A

＊法解釈の内容の部分で、いろいろ言いたいことはあるが、何といってもみなさんはまだ勉強をし始めたばかりだし、この課題の目的は、とにかく法的意見表明の型を身につけることにあるから、論証の中身については（少し書きこんだが）評価の対象外としている（ただし、「出された事例だけで判断するな」原則違反の論証は厳しく減点）。刑法総論と各論を勉強した後にもう一度解くと、各段にレベルの高い中身を書くことができるだろう。お楽しみに。

＊なお、一般的に、自分が書いた答案などはずっと保存しておくとよい。教員というものは、常に学生を成長させることを考えているため、各種課題は「ちょっとがんばれば解ける」ものを設定する。つまりみなさんは、ずうっとがんばり続けなければならず、楽勝で解ける問題には今後あまり遭遇しない。したがって、勉強する過程で、自分の成長を実感することができにくい構造となっている。そんなとき、過去の答案を見返せば、当初の素人レベルからずいぶん遠くまできていることを実感することができる。自己効力感を維持するために、これ重要。

２．問題提起部分について
・問題提起がそもそも書いてない答案がそれなりにあった。だめです。
・「傷害にあたるのかが問題となる」といった書き方をしているものがそれなりにある。それでは不十分だ。「傷害」の解釈が問題になることを端的に書くべし。

資料　｜　333

3．法解釈
(1)型に関わること
・他説や自説を紹介する際に、説の名前だけ紹介して、説の中身を書かない（その説が「傷害」をどのように解釈しているのかを書かない）答案が非常に多い。我々は「傷害」をどのように解釈するのかを問題にしているのだ。解釈そのものを紹介しないでどうするのだ！
・ある解釈が妥当であることを立論する際には一般的に書かねばならない（他の事件でも同じ解釈でいかねばならないから、この事件だけ問題にしてもだめ）、とあれだけ説明したが、残念ながら、やはりそれを守れていない答案が結構ある（髪の毛のことばかり問題にしている答案のこと）。この種の誤りは、早いうちに矯正しておかないと、後々まで尾を引く。答案例を熟読して、自分の答案を直しておこう。
・この時点で、早くも判例を調べ、紹介しているチームが少しあった。凄い！……が、判例の使い方はちょっと難しいのだ。調べるのは結構だが、現時点では答案に出さないでくれ。
(2)中身に関わることについても少しだけ。
・精神的ダメージを重要視する答案が結構あった（特に身体完全性説を採用する答案に多くみられた）。が、精神的ダメージをどこまで考慮するかは微妙な問題だ。これは口頭で説明する。関連して、最高裁第二小法廷平成24年7月24日決定についても触れよう。
・例年、「髪は女性にとって命より大切なものだから」といった理由づけをしてくる答案が少しある。この理由づけは二重の意味で×。なぜだかわかるかな？

4．あてはめ・結論
・あてはめの部分がないor不十分な答案が非常に多い。生理的機能障害説を採用するのならば、「髪を切っても生理的機能に障害を与えたとはいえない」と書かねばならず、身体完全性説を採用するのならば、「髪を切ったことによって身体の完全性が損なわれた」と書かねばならない。これが「あてはめ」だ。このような書き方ができないという点も、早く矯正しておかないと、後々まで尾を引く。今すぐ3回復唱して直してしまおう。

5．日本語
・頼むから、段落冒頭1字アケは守ってくれ！

■第4回課題シート

|木4　金3　金4　チーム番号：|
|チーム名：|
|ミーティング欠席者：|

◎作業の手順
　①まず各人が課題を解く。
　②Cさん（だけでなく全員がやるとよいのだが）は、自分の書いたものをチーム人数分コピー。
　③チームで集まり、Cのプレゼンを聞く、当該解答でよいか議論（日本語、形式、内容の全てを議論）。
　④議論の結果、付け加えたり、修正すべき点（多数決）をDがとりまとめ、Cが書いた原本の余白に記入。
　⑤修正等に同意できない少数派は、Dが書いたコメントの近くに、同意できない理由を赤で記入し、（B）などとサイン。　→のような感じ。「同意できない。なぜなら～である（B）」
　⑥このように書き込みだらけの原本を■月■日■時までに0715研究室前BOXに提出。
　⑦返却後、再びCがチーム人数分コピー。コピーしたものはきっちりチームメンバーに配付し、各自保存・管理（いずれ過去の課題を使うときがくる）

◎以下の問いに答えなさい。
　國學院大學法学部1年生のA君は、結局、Bさんの髪を丸刈りにしたという傷害の被疑事実で逮捕され、引き続いて勾留された。裁判官が発した勾留状には「勾留すべき刑事施設：東京都渋谷警察署留置場」と記載されており、それに従ってA君は渋谷署の代用監獄に勾留されたのである。
　このように勾留場所を代用監獄に指定することは、現在の法律上は認められていそうである。まずそのこと自体を説明しなさい。そのうえで、そのような法律の規定は自由権規約9条3項「裁判官の面前に速やかに連れて行かれる」に反するかについて論じなさい。
　【ヒント】
　◎問題提起について
　・今回の「問題提起」部分は、意外に正確・明快に書くのが難しい。ぜひ時間をかけ、論理的で美しい日本語文章を作ってみてほしい。

- 前提として、現在の「書かれた法」によると被疑者を代用監獄に勾留することが認められていそうだということを示さねばならない。条文を適切に挙げて説明しよう。混乱しやすいので要注意。少なくとも、刑訴法64条1項、被収容者法3条、15条1項柱書の3つを使って説明する必要あり。
- そのうえで、「裁判官の面前に速やかに連れて行かれる」の解釈が問題となることを指摘。なぜこの文言が問題となるか、結論先取りにならないように気をつけつつ、簡潔明瞭に指摘できるとcool。

◎法解釈について
- いつも通り、8段階に沿って書いてみよう。以下は一般的アドバイス。
- 代用監獄反対派は、「速やかに連れて行かれる」を、「裁判官のもとに速やかに連れて行くことを要求している以上、警察のもとに戻すことは禁止している」、と解釈するとよいだろう。論証については、捜査機関にとっては警察の手もとに被疑者を置いておく必要性が高いこと（代用監獄のメリット）に理解を示しつつ、この条文の趣旨（拷問・虐待防止）から、許容性がない（デメリット）ことを主として書けばよい。後述のように、代用監獄賛成派は、代用監獄のもとでも権限濫用防止の手当てがなされていることを反論として述べてくるだろうから、それを紹介しつつ、具体的に反論できればgood。
- 代用監獄賛成派は、「速やかに連れて行かれる」を、「裁判官のもとに速やかに連れて行くことを要求しているだけであり、その後に被疑者の身体をどう扱うかについてはこの条文は何も規定していない」と解釈するとよいだろう。理由については若干注意を要することがある。捜査機関の手元に置かねばならない必要性（自説のメリット）については簡単に書けるだろう。しかし、許容性もあるということ（代用監獄反対派が問題にしている権限濫用の懸念に対する反論）をうまく書けるか？
　　ここで、「権限濫用の懸念は理解できるが、権限濫用することはそれほど重要ではない」という返し方は×。憲法36条が述べているように、拷問は絶対的に禁止されているので、「拷問されてもいいのだ」という言い方は許されない。したがって、現在の代用監獄制度の下でも、権限濫用を防止するための手当ては十分なされているから拷問などは起きにくいといった論証の仕方が必要になってくる。さて、どんな手当がなされているのだろうか？　ここをいかに具

体的に書けるかがポイントとなるだろう。

◎あてはめ・結論について
・今回は、実は事例問題ではない。法律の規定自体が自由権規約9条3項に違反するかどうかを聞いていることに注意。したがって、A君について触れる必要はない。端的に、問題提起の部分で指摘した条文が9条3項に適合しているか、あるいは、違反しているので無効か、を結論として出せばよい。もちろん、簡潔なものでよいから、あてはめもちゃんと書くこと！

◎日本語について
・前回のシートに書いたとおり！

■第4回課題答案の例

A(A) 代監反対派の答案例 by KRT

◎あてはめ・結論について
・今回は、実は事例問題ではない。法律の規定自体が自由権規約9条3項に違反するかどうかを聞いていることに注意。したがって、A君について触れる必要はない。端的に、問題提起の部分で指摘した条文が9条3項に適合しているか、あるいは、違反しているので無効か、を結論として出せばよい。もちろん、簡潔なものでよいから、あてはめもちゃんと書くこと！
◎日本語について
・前回のシートに書いたとおり！

刑事訴訟法64条1項には「…勾留状には、…勾留すべき刑事施設……を記載し…」とあり、また、被収容者法3条柱書には「刑事施設は、次に掲げる者を収容し、これらの者に対し必要な処遇を行う施設とする」と定義され、3号で「…事訴訟法の規定により勾留されるもの」を挙げている。さらに、被収容者法15条柱書には「第3条各号に掲げる者は、…刑事施設に収容することに代えて、留置施設に留置することができる」と規定されている。この留置施設とは、被収容者法19条1項の「都道府県警察に、留置施設を設置する」とあることから、警察が管理、運営する施設のことである。よって、刑事訴訟法64条1項は「勾留すべき刑事施設（または刑事施設に代えて留置施設）…を記載し…」と読まねばならないようなことから、勾留場所を代用監獄に指定することは、法律上は認められていそうである。

自由権規約9条3項は、「被疑者を逮捕後すみやかに裁判官の面前に連れていかなければならない」と定めている。この条約には、被疑者が捜査側の手元に戻るか否かは、記されていないため、「すみやかに裁判官の面前に連れて行かなければならない」の部分をどのように解釈すべきかが問題となる。

「すみやかに裁判官の面前に連れて行かなければならない」を「裁判官のもとに速やかに連れていくことを要求している」だけであり、その後に被疑者の身体をどう扱うかについてはこの条文は何も規定していない」と解釈する見解がある。

確かに、この見解に立って、実効的な取調べを行いやすく、犯人を確実に自白させやすいというメリットがある。

しかし、この解釈を適用してしまうと、警察の実効支配する留置施設では、どのような取調べをしているのか、全て公開することはされておらず、例えば、取調べ中に、警察職員による被疑者への拷問、虐待、長時間に及ぶ取調べがあったとしても、それらを全て表面化することは難しい。そのような行為は、この条文の趣旨である、拷問、虐待の防止からは大きく外れたことであり、認められるものでないとは明らかである。また、そのような苦痛を伴った取調べから

―冒頭―
この事件で裁判所が発した勾留状には、東京都法務省警察所留置場が勾留すべき刑事施設として記載されている。代用監獄におかれるということは捜査機関である警察のもとに勾留されることを意味する。ということであろうか。

つまり刑事施設は、逮捕された後、引き続き勾留される被疑者を収容する施設なのである。この刑事施設は、警察では無く法務省が管轄する。つまり、警察とは独立した機関が管理・運営する施設である。

これを入れる場合の次の文の始まりは「ように」→「しかし」

→メリットに対する反論
そもそも、日本の刑事訴訟法上、起訴前身体拘束期間が短いのは、戦後、刑事訴訟法改正の理念として、公判中心主義の実施を目指していたためであり、捜査はそのために制約されるものと工夫していた。被疑者の取調べのための身体拘束が予定されていたのではない。

資料 | 339

逃れるために、被疑者が無実であるにもかかわらず、自ら容疑を認めてしまうことになり、結果的に冤罪を誘発することにもなるだろう。
　以上の理由からこの説を採用することはできない。
　そこで、「裁判官の面前に速やかに連れていかれる」を、「捜査機関の権限濫用防止のために裁判官のもとへ速やかに連れていくことを要求している関係上、裁判官のもとに連れていったら警察のもとに戻さないことも当然要求している」と解釈すべきである。
　そもそも、本規定の趣旨は被害者への拷問・虐待を防止し、その人権を守ることにあるので、このように解釈することにより、警察官による留置施設での取調べが物理的に行えなくなるので、権限濫用を防止することができる。
　もっとも、この解釈に対して、これらの権限濫用を防止するための手当てがなされている、という指摘があるかもしれない。しかし、そのような手当てを施した現在でも、無実の者が、自白を強要されて容疑を認めるという、明らかに、警察の権限乱用による冤罪事件と思われるものが発生している。
　以上のことから、代用監獄制度は裁判官の面前に連れて行った後、捜査機関の手元に戻すものであるから、被収容者法15条は、自由権規約9条3項に反し、条約違反である。

以上

① 手当ての内容とその現状を書くべき。
○捜査係と留置係を分離
→留置担当官という職名があるわけではなく、留置管理係の警察官が刑事課へ異動することもあり
留置担当官には、長時間・深夜にまで及ぶ取調べに対し、取調べの打切り検討要請ができるだけで、取調べをやめさせる権限なし。

Perfect!

■第4回任意課題講評

2011.11.16　中川孝博

1．採点基準
　(1)原則
　「型」をまるっきりわかっていないのではないかという不安をおぼえさせる
　　　　　　　　　　　　　　　　　　　　　　C or C－
　書き方につきいろいろひっかかる点がある　　B－ or B
　書き方につき2つひっかかる点がある　　　　B＋
　書き方につき1つひっかかる点がある　　　　A－
　現時点で、書き方につき特にひっかかる点がない　A
　＊今回の答案でB＋以上だったら、現時点で結構イケてると考えて結構。
　　Cだった場合、特に法的意見表明の形式について克服すべき緊急課題あり
　　と考えよう。
　(2)知識の正確性・詳細性
　書かれた法につき正確に理解し、表現している(ようにみえる)答案には、かっこ書きでAと記した。
　　A：ひっかからない　　A－：1点ひっかかった
　　B：2点ひっかかった　　C：やばすぎ！

2．問題提起について
　(1) 必要のない条文または文言を写している答案が結構ある。前にも言ったように、問題提起とは、何が問題かを絞り込み、解決に役立たないものをカットする作業を行う部分だ。解決に役立たないものを延々と書かれている答案は、世間でどうみられるかというと、「問題の絞り込みができていない」とか、「本当はよくわかってないんじゃないか？」とか、「いらないことを前置きでいつまでもダラダラと述べていて、困った人だなあ」……てな感じ。ペーパーで、あれだけ注意喚起したのだが……
　　例を示そう。
　・自由権規約9条3項の「又は抑留された」とか、「又は司法権を行使することが法律によって認められている他の官憲」という部分を写す人

→今回関係なし。
・刑訴法64条1項の「引致すべき場所又は」という部分を書く人
　　→これは勾引状に関する規定であって、勾留状に関する規定ではない。
・被収容者法3条の1号から5号まで全部または3号以外を写す人
　　→3号以外は全て無関係
・被収容者法15条1項の1号から4号まで全部または一部を写す人
　　→1項柱書以外は全て無関係
　(2)「裁判官のもとに速やかに連れていかれ」の意味が問題となることを明示しない答案が非常に多い。第3回課題の教訓を活かしていないのはなぜか？
　(3)「拘留」ではなく、「勾留」！　「発布」ではなく、「発付」！　準用条文の表現方法、憶えてね！

３．法解釈について
　法的意見表明のセンスという点で一番やばい答案の指摘から始めよう。「がんばっているのに成績が今一つ」という学生に育っていってしまう可能性が高いため、今のうちにビシッと言っておかねばならない。
　自由権規約9条3項の解釈が論点であるはずなのに、法解釈の部分で代用監獄に賛成か反対かを論点としてしまうチームが少しだけある。こういうチームは、必然的に、9条3項の解釈を適切に紹介できていない。
　9条3項はどのような意味かを論じるのがメイン論点で、代用監獄が良いか悪いかは、あてはめ・結論で答えるのだ。法的意見表明の基本を忘れないように。
　いろいろ調べてみたのに評価が低い答案は要注意。みなさんが調べた文献等は、おそらく、「代用監獄は廃止すべきか」という問題設定のもと書かれているものばかりだろう。「代用監獄は自由権規約9条3項に反するか」という問題設定のもとでは書かれていないだろう。つまり、みなさんが調べた文献等は、設定した問題や視点が今回の課題テーマと違うというか、より広いものになっているため、そこに書かれていることをそのまま写したり、要約したりしても、ピントがずれてしまうのだ。よく答案を見直してほしい。あなたの答案には、代用監獄についていろいろ書いていても、「裁判官の面前に速やかに連れて行かれる」とはどういう意味かをきちんと書いてないでしょ？　ものすごく気をつけよう。
　いろいろ調べた答案は、形式をきっちり守ったものになっていたとしたら、

ずどんと評価がアップする可能性が高い。おおいに調べてほしいが、形式を踏み外さないように。「違う視点から書かれているものを吸収しつつ、自分の課されているタスクに合わせて再構成して書く」というスキルは結構重要。

4．あてはめ・結論について
　あいかわらず、あてはめを書いていない答案が多い。「代用監獄制度は裁判官の面前に連れて行った後捜査機関の手元に戻すものであるから」とか、「代用監獄制度は裁判官の面前に連れていった後の措置に関するものであるから」とか、書かねばならない。どうです？　言われればわかるけれど、なかなか実践できないでしょ？　がんばってね！

5．法解釈をめぐる論証の中身について
　(1) 代用監獄賛成派の正当化
　・メリットとして、取調べの効率性を挙げるものが多かった。
　　→取調べにあたっては長期間にわたって顔を突き合わせることによる信頼関係構築を強調するとよいかも。
　・警察の手元に置いておかないと逃亡や罪証隠滅の危険が増すという指摘をするものも多かったが……
　　→代用監獄に収容しない場合は刑事施設（拘置所）に収容されるから問題ないのでは？
　・「留置担当と捜査担当は分離されているので、権限濫用の危険は少ない」という当局の説明はぜひとも調べて発見してほしかった！　書いているチームは結構あったけどね。
　(2) 代用監獄反対派の正当化
　・取調べの効率性そのものは肯定しつつも重要性に欠けるという指摘をするものが多かった。
　　→勾留は取調べのために行われるのではないことを強調してもよいかも（刑訴法207条1項、60条）
　　みんな、テキストにもメモっておこう！
　・権限濫用の危険が具体化された事例を調べて挙げてあると説得力が増すのだが……

→代用監獄ならではの違法捜査例を一つ紹介しよう。房にスパイを送り込み、被疑者の監視（およびチクリ）と自白誘導をさせたことが発覚した事件として、引野口事件というものがある。拘置所（刑事施設）だと、スパイを同じ房に入れるというコントロールをすることは不可能なので、無理。留置管理官が協力するから可能な技だ。<u>季刊刑事弁護55号172頁</u>に判決書が掲載されているので、図書館や法学部資料室でゲット！

　また、それ以外にも留置管理官が捜査に協力する事例は結構あり、「留置担当と捜査担当の分離」という当局の説明に疑いがもたれている。ちなみに、草加事件でもあった切り違い尋問もまたしかり。これも具体例を調べられたら良いのだが……

6．日本語
- いまだに、段落冒頭1字分空けない答案！　もしかして、オレにかまってほしいのか？
- いまだに、再提出答案続出！　特に金3クラス！　もしかして、オレにかまってほしいのか？

7．参考
- 過去との比較(公表しちゃいけないのかな？)

	2010年度	2011年度	2012年度 (法律専攻のみの暫定版)
A、A−、B＋（一応安心）	47.4%	64.3%	88.5%
B、B−（不安）	12.3%	24.3%	6.6%
C＋、C、C−（むちゃむちゃ不安）	21.1%	7.1%	3.3%
未提出（それはないやろ！）	19.3%	4.3%	1.6%

- 特徴

　今年度は、まあ、とにかく、すげーな！

■中間試験ガイダンス

1．中間試験の内容と配点
  (1) 実施日時
  ・裁判法A受講生：11月30日（金）13:10～14:10（3限）／14:50～15:50（4限）
  ・刑事手続法概論受講生：11月29日（木）14:50～15:50
    ＊試験開始前20分間は、質疑応答＆自習タイムとする。開始5分前には着席していること。
    ＊どのクラスも試験問題は同一＆毎年同じ問題。お試し試験にすぎず、成績評価には関係ないので、問題を入手したりしても無意味というか逆効果（これまでの勉強方法でどこまでの点数がとれるかを試すのが主要目的）
    ＊なお、期末試験はクラス毎に異なる問題となる。もちろん過去問とも違うもの。
  (2) 試験範囲
  ・教科書2-46頁。披見可能物は指定六法のみ（期末テストの時は一切披見不可）。
    ＊自習パートも含む
  (3) 点数配分
  ・知識を確認する短答問題　50点（5点×10問）
  ・法的意見表明技術を確認する問題　50点
    ＊任意課題でいつも出しているような論述式1問。今回は、問題を事前公開（下記参照）
    ＊点数のうちわけ：問題提起10点　法解釈30点　あてはめ・結論10点

2．傾向と対策
  (1) 知識を確認する短答問題について
    ＊講義で伝えた知識で対応できるものが30点分あり、教科書をすみずみまでかっちり勉強しておかないと解けないものが20点分ある。ともに、基礎的知識を問うもの。様々なキーワードの意味が理解できているか、整理しておくとよいだろう。
    ＊参考：だいぶ前の過去問より

> 6．自由権規約9条3項は、身体を拘束された被疑者に対し、「(裁判官の) 面前に速やかに連れて行かれる」権利があると規定している。この規定に基づいて代用監獄を批判しているものは？
> ① 被疑者段階では保釈が認められていないではないか！
> ② 勾留決定があった場合、また警察署に戻されてしまう場合が多いではないか！
> ③ 勾留期間が長いではないか！

(2) 論述問題について
・問題は以下のとおり。事前に個人＆チームで検討しておくこと。叙述の形を非常に重視する。
　代用刑事施設に関する任意課題と全く同じ形式で書くことになるので、参考にすべし。

> 　國學院大學法学部1年のA君は、Bさんの髪を丸刈りにしたという傷害の被疑事実で逮捕され、渋谷署の代用監獄に勾留されたことは既にみなさん御存じのことだと思うが、実は、その逮捕形式は「緊急逮捕」であった。
> 　緊急逮捕を行うことは、現在の法律上では認められていそうである。まずそのこと自体をごく簡単に説明しなさい。そのうえで、そのような法律の規定は憲法33条「令状によらなければ、逮捕されない」に反するかについて論じなさい。

　＊法律文化社のwebページにいけば、参考答案例が掲載されているけれども、はっきりいって、その答案はさほど出来の良いものではない。8段階マニュアルを肉体化したみなさんは、もっともっと良い答案になるように準備しておこう。
(3) チーム課題
・短答問題対策として、みんなで、これまでの授業で得た知識を総確認
・論述問題対策として、各自答案を作ってみて、持ちより、みんなでチェックしじあう
　→法的意見表明の型や日本語も厳しくチェック！　一字アケしてない奴は全部書き直させろ！

■中間試験問題用紙

2012.11.29, 30実施、中川孝博作成

I 次の設問に対し、最も適当なものを1つ選びなさい。(5点×6)

1．捜査機関の権限を拡大する指向性を持つ考え方は？
①実体的真実主義　②適正手続主義　③形式的真実主義

2．法規範の具体的意味を明らかにする作業を（　　）という。
①法解釈　②法適用　③法的三段論法

3．「刑法242条の『占有』とは、適法な占有をいう」→この人は何解釈をしているか？
①拡大解釈　②縮小解釈　③文理解釈

4．ナチス刑法2条は次のような規定であった。

> 「法律において、可罰的なものと宣言された行為、または、刑罰法規の基本観念および健全な民族感情に従って処罰に値する行為をした者は、罰せられる。その行為に、直接適用される刑罰法規が存在しないときは、その行為は、これに対して最も適当な基本観念をもった法律によって処罰される。」

この規定は、いわゆる類推解釈を認めているか。
①認めている
②認めていない
③そもそも類推解釈に関する規定ではない。

5．勾留の目的として、明文規定のあるものはどれか。
①取調べの円滑化　②罪証隠滅防止　③犯人の再犯防止

6．被疑者を警察留置場に勾留できる根拠条文を挙げていった場合、関係ないものは？

① 刑事訴訟法64条1項
② いわゆる被収容者法14条2項1号
③ いわゆる被収容者法15条1項柱書

Ⅱ　次の設問に対し、最も適当なものを1つ選びなさい。(5点×4)

7．ガソリンカー事件において、最高裁はどのように判断したか。
① 刑法129条の「汽車」にはガソリンカーも含まれる。
② 刑法129条の「汽車」にはガソリンカーは含まれない。
③ そもそも刑法129条の問題ではない。

8．ガソリンカー事件において、最高裁が設問7のように判断した理由として妥当でないものはどれか。
① 動力源(蒸気とガソリン)の類似性
② 蒸気機関車とガソリンカーの類似性
③ 刑法129条の趣旨

9．憲法35条にいう「正当な理由」の意味に含まれないものとして妥当なものはどれか。
① 犯罪の嫌疑
② 逮捕の必要性
③ 捜索場所と当該犯罪の関連性

10．以下の事例のうち、憲法35条の趣旨をどう理解するかによって、違法か適法か意見が分かれうるのはどれか。
① 被疑者を逮捕しようとしたところ、被疑者がナイフを出して威嚇し、逮捕を免れようとしたので、捜査官はナイフを令状なく差し押さえた。
② ホテルの1階ロビーで逮捕し、その後同ホテルにおいて被疑者が宿泊していた5階の部屋に行き、令状なく当該部屋を捜索した。
③ 覚せい剤所持容疑で逮捕されようとする者が、逮捕の現場で白い粉末をトイレに流そうとしたので、捜査官は当該粉末を令状なく差し押さえた。

Ⅲ　以下の問いに答えなさい。(50点)

　國學院大學法学部1年のA君は、Bさんの髪を丸刈りにしたという傷害の被疑事実で逮捕され、渋谷署の代用監獄に勾留されたことは既にみなさん御存じのことだと思うが、実は、その逮捕形式は「緊急逮捕」であった。
　緊急逮捕を行うことは、現在の法律上では認められていそうである。まずそのこと自体をごく簡単に説明しなさい。そのうえで、そのような法律の規定は憲法33条「令状によらなければ、逮捕されない」に反するかについて論じなさい。

＊憲法33条：何人も、現行犯として逮捕される場合を除いては、権限を有する司法官憲が発し、且つ理由となつている犯罪を明示する令状によらなければ、逮捕されない。
＊刑事訴訟法210条1項：検察官、検察事務官又は司法警察職員は、死刑又は無期若しくは長期三年以上の懲役若しくは禁錮にあたる罪を犯したことを疑うに足りる充分な理由がある場合で、急速を要し、裁判官の逮捕状を求めることができないときは、その理由を告げて被疑者を逮捕することができる。この場合には、直ちに裁判官の逮捕状を求める手続をしなければならない。逮捕状が発せられないときは、直ちに被疑者を釈放しなければならない。

【アドヴァイス】
＊いきなり書きだすのではなく、まず全体の構成を考え、問題用紙の余白に構成メモを簡単に記してから解答用紙に向かうことをお勧めする。
＊解答欄の右端と左端を少し空けて書くこと。
＊適宜番号をふり、段落分けすること。
＊問題提起→法解釈→あてはめ・結論の順に書くこと。
＊法解釈の部分においては、憲法33条の趣旨に関する叙述を含ませること。
＊あてはめ・結論の部分において、定立した規範とは別のものを発動しないこと。
＊最後に「以上」と書くこと。

■中間試験論述問題答案の例

逆徳の答案例

III

① A君がBさんの髪を丸刈りにしたという傷害の被疑事実で逮捕されたが、その形式は「緊急逮捕」であった。

② まず、緊急逮捕を行う事は法律上認められているようである。その根拠として、刑事訴訟法210条1項は、「…司法警察官は、…急速を要し、裁判官の逮捕状を求める事ができないときは…被疑者を逮捕することができる。」とある。したがって緊急逮捕は法律上認められているのである。

③ しかし上記の条文が、憲法33条の「…令状によらなければ、逮捕されない」という文言に反している可能性があるのだ。

④ その点に関して、広義の逮捕中に令状を発付すれば良いという説がある。この説は広義の逮捕、つまり身体拘束をして逮捕引致をし逮捕留置するまでの流れの中のどこかで令状をとれば良いというものである。

⑤ たしかに、この説に立てば被疑者をすぐに身体拘束できるので、逮捕の確実性は高まるかもしれない。

⑥ しかし、以上の点は必ずしも重要とは思われない。なぜなら憲法33条のいわゆる令状主義は、裁判官の事前審査によって警察官の権利濫用を防ぐ目的がある。その目的と、捜査の確実性を高める目的を比べると、人権保護を目的としている前者の方が必要性が高い事は明らかである。

⑦ また、令状なしにいきなり身体拘束する事により、疑わしい人物を身体拘束し自白させるといういわゆる「みこみ捜査」を生みだしてしまいやすくなるデメリットがある。

⑧ よって、狭義の逮捕前に令状を発付しなければならないという説を採用すべきである。この説は、狭義の逮捕(身体拘束)前、つまり逮捕着手前に令状を発付しなければならないというものである。この説に立てば権利濫用を防げる他、令状がなければ身体拘束できないので、自白による「えん罪」も防げるであろう。

⑨ しかしこの説に立つと、疑わしい犯人を署に連れていけなくなってしまうではないか、という反論があるかもしれないが、その際は被疑者に「任意同行」を頼めば良い。

⑩ したがって緊急逮捕は逮捕着手前の身体拘束を許可しているが、憲法33条の「令状によらなければ、逮捕されない」という文言は、逮捕着手前に令状を発付しなければならないと解釈すべきである。

⑪ よって、緊急逮捕は、逮捕着手前に令状を発付していないので、憲法33条に反する。

　　　　　　　　　　　　　　　　　　以上

■中間試験データ

2008年度

参加者	182人
参加率	75.50%
Ⅰ平均	18.5
Ⅱ平均	11.2
ⅠⅡ計平均	29.7
Ⅲ平均	13.9
計平均	43.6
合格率	21.40%

＊出席強制なし
＊チーム制なし
＊任意課題提出者毎回30人程度
＊240名の受講生

2009年度

参加者	216人
参加率	65.10%
Ⅰ平均	18.8
Ⅱ平均	12
ⅠⅡ計平均	30.7
Ⅲ平均	12.9
計平均	43.6
合格率	15.70%

＊出席強制なし
＊チーム制なし
＊任意課題提出者毎回30人程度
＊300名強の受講生→雰囲気悪い

2010年度

参加者	219人
参加率	71.60%
Ⅰ平均	19.3
Ⅱ平均	11.8
ⅠⅡ計平均	31.2
Ⅲ平均	21.2
計平均	52.3
合格率	37.00%

＊教室分割
＊出席強制なし
＊チーム制導入
＊任意課題提出はチーム毎

2011年度

参加者	269人
参加率	88.50%
Ⅰ平均	18.9
Ⅱ平均	11.8
ⅠⅡ計平均	30.7
Ⅲ平均	30.5
計平均	61.2
合格率	58.00%

＊教室分割
＊出席半強制（チーム離脱の威嚇）
＊チーム制継続
＊任意課題提出はチーム毎→未提出激減
＊200名と100名
＊うざメールシステム導入

2012年度

参加者	278人
参加率	86.10%
Ⅰ平均	20.4
Ⅱ平均	12
ⅠⅡ計平均	32.4
Ⅲ平均	30.9
計平均	63.3
合格率	63.30%

＊教室分割
＊出席半強制（チーム離脱の威嚇）
＊チーム制継続
＊任意課題提出はチーム毎→未提出激減
＊177名と145名
＊うざメールシステム継続
＊これだけは！シート＆答え合わせ、初めから導入

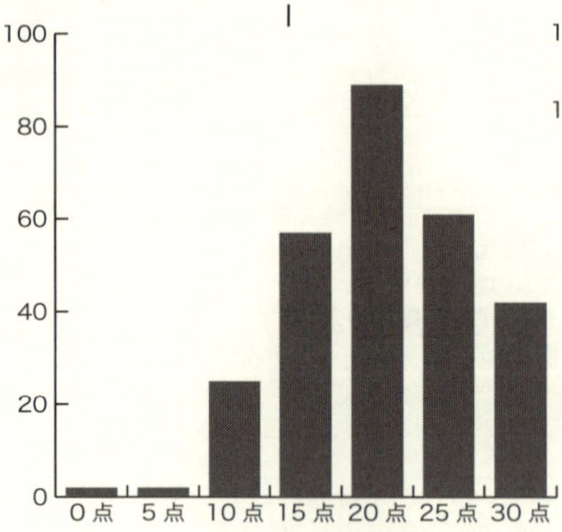
I
100
80
60
40
20
0
0点 5点 10点 15点 20点 25点 30点

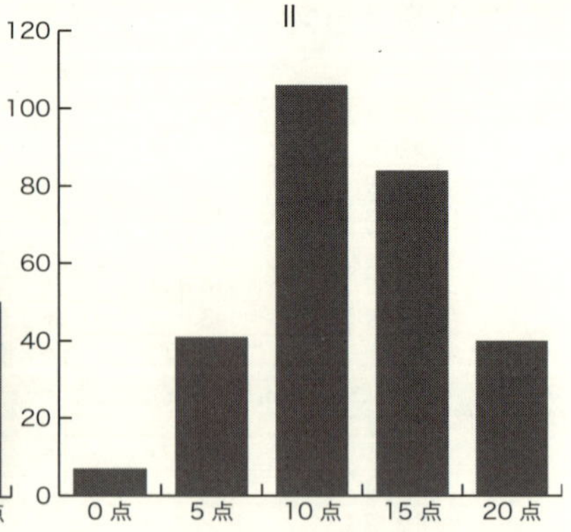
II
120
100
80
60
40
20
0
0点 5点 10点 15点 20点

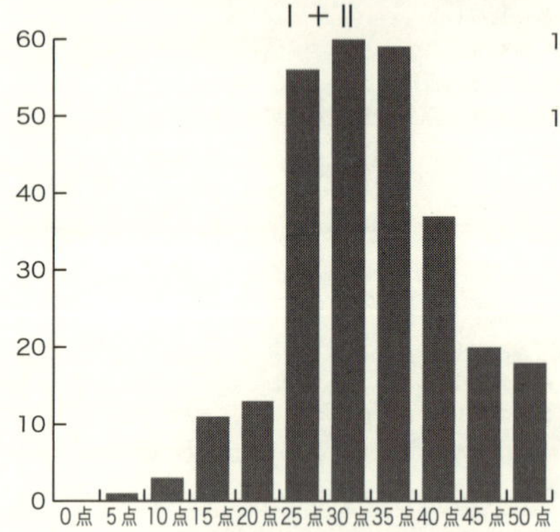
I＋II
60
50
40
30
20
10
0
0点 5点 10点 15点 20点 25点 30点 35点 40点 45点 50点

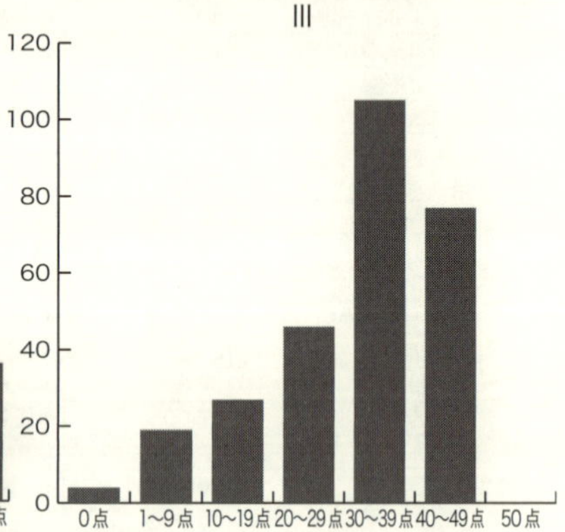
III
120
100
80
60
40
20
0
0点 1~9点 10~19点 20~29点 30~39点 40~49点 50点

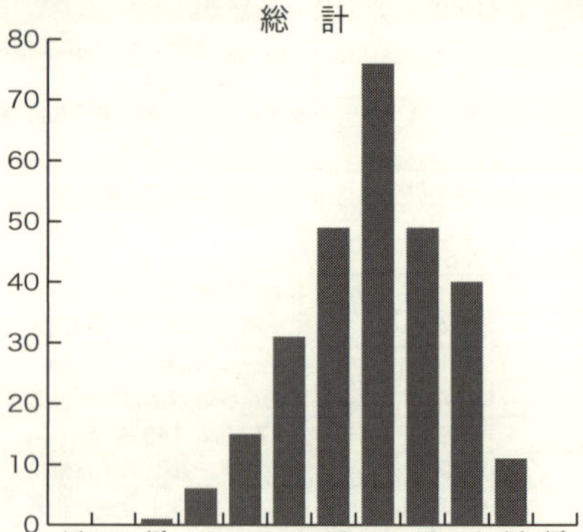
総　計
80
70
60
50
40
30
20
10
0
0点 1~9点 10~19点 20~29点 30~39点 40~49点 50~59点 60~69点 70~79点 80~89点 90~99点 100点

■第6回課題シート

木4　金3　金4　チーム番号：
チーム名：
ミーティング欠席者：

◎作業の手順
　①チームの人数にばらつきがあるので、素案作成者や点検代表者の指定は今後行いません。各チームで話し合い、順繰りに回していってください。
　②今回の提出期限は12月■日。

◎以下の問いに答えなさい。
　髪の毛を切られたことで有名なBさんは、裁判傍聴レポート課題が基礎演習で出たので、東京地裁に行った。当日ぶらりと入った法廷では、殺人事件の審理が行われていた。検察官が提出した証拠は、犯行場面を目撃したという証人Aのみであった。Aは公判廷で、検察官の尋問に対し大要以下のように供述した。

> 「私は殺人が行われた場面を目撃しました。深夜2時のことでした。犯人は中肉中背の35歳位の男性で、眼鏡をかけており、下は紺のジーンズ、上は白色のセーターを着ていました。帽子はかぶっていませんでした。右手に飛び出しナイフを持っていました。被害者の背後から走って近づき、『これまで、さんざんコケにしてくれたな。』と叫んでいました。驚いた被害者がふりかえろうとした瞬間、ナイフが被害者の背中に突き刺さりました。被害者は目を見開いて、何か言おうとしていたようでしたが、ゴボゴボという音を発するだけで何もしゃべることができず、その場に仰向けに倒れました。しばらく全身をぴくぴく痙攣させていましたが、すぐに静かになりました。犯人は『ふん、俺にナメた真似をしたからや』と毒づきながら被害者を見下ろしていましたが、被害者が静かになったのを見届けてから、ナイフを抜き取り、ティッシュのような白い紙で血糊をふき取ったあと、ズボンの右ポケットにナイフをしまい、走り去りました。この犯人は被告人に間違いありません。」

　その後弁護人の反対尋問が行われ、犯行現場には街燈がなかったこと、曇り空で月も見えなかったこと、Aの視力は0.6であったこと、犯人とAが最も近づいたときの距離が30mであったこと、Aと被告人は実は知り合いで、2年前にAは被告人に恐喝された経験があることが明らかになった。
　裁判官は、次のような理由でA証言を信用できると判断し、被告人が犯人で

資料　｜　353

あるとして有罪判決を出した。この裁判官の証拠評価は刑事訴訟法318条に反するか。

> 「弁護人はA証言の問題点について指摘している。確かに、犯行現場は暗く、Aの視力も高くなく、距離も相当あることにかんがみると、Aははっきりと犯人を識別することができなかったのではないかとの疑いも生じる。しかし、現にAは、検察官の主尋問に詳細に答えている。犯行の様子についてこれほど具体的に証言している以上、Aははっきりと現場を見ることができたのだといわざるをえない。実際に見た者でなければ、これほど臨場感に富んだ、迫真的な描写はできないであろう。よって、A証言は信用できる。なお、弁護人は、Aが被告人に恐喝された経験があることを指摘し、被告人に復讐するためにウソの証言をでっち上げた疑いがあると主張しているが、そのような疑いは抽象的なものにすぎず、特にここで考慮すべきものとは思われない。」

【ヒント】
◎問題提起について
　刑訴法318条「自由な判断」の解釈が問題となる（ちなみに、裁判員裁判だと裁判員法62条）。
◎法解釈について
　今回の法解釈パートは2部に分かれる。第1に、現在争いがないが押さえておかねばならない部分の説明。つまり、自由心証主義は法定証拠主義の反省から生まれたものであるから「自由」といっても好き勝手に証拠を評価してよいことにはならず合理的な評価方法が必要であること、の説明である。
　第2に、「それでは合理的評価方法とはどのようなものか」である。主観的・直観的評価方法と客観的・分析的評価方法の2つの対立がある。この対立を紹介し、8段階論証（今回からは判例の紹介を織り込む）を十分に行い、自分の解釈、すなわちどちらの証拠評価方法を妥当と考えるかを明らかにすべし。
　論証についてヒントを。「少ない証拠でも判断できる」というポイントと、「誤判を生じさせにくい」というポイントが対立しているような気がする。……ヒントはこれだけ！
◎あてはめ・結論について
　あてはめは丁寧に！　この裁判官がとっている方法がどのようなものかを丁寧

に説明すること。この裁判官が、「私は主観的・直観的方法を採用している！」とか、「私は客観的・分析的方法を採用している！」とかはっきりいっているわけではないことに注意。したがって、いつものようにスパッと一行であてはめをすませることはできず、この裁判官がどちらの方法を採用しているといえるのか、丁寧に説明しなければならない。

■とりあえず便利な法的意見表明の型：補遺

・法的意見表明の中に判例の紹介を織り込む方法を紹介しよう。

　我々は、書かれた法には複数の解釈がありうることを知っている。そのうち、実際に法を運用する権限を持っている人々は、一定の解釈を選択していることが多い。これが現実の社会だ。私たちは、このような生きた法が妥当かどうかを検討しながら、社会の現実、そして、現実に問題がある場合に社会をどう変えていくべきかにつき、知見を深めていく。したがって、判例を紹介し、それを正当化したり批判したりするという作業は必須のものとなる。……まあ、表現スキルとしてはたいしたことはないのだが。

　というわけで、表参照【次頁】。

基本「型」	判例紹介・検討の織り込み
	←判例がない場合（ex. 自由権規約9条3項） 「この点に関し判例はなく、実務でも解釈が争われている」 ←判例がよくわからない場合（ex. 刑訴法318条） 「この点に関し一貫した判例はなく、実務でも解釈が争われている」 ←判例はあるがその理論がよくわからない場合（ex. 憲法33条） 「この点に関し、〜〜という判例はあるが、結論を述べるだけで、理由を述べていないため、この判例を正当化できるかが争われている」
①自分とは異なる学説の紹介 　→「この点、〜〜という説がある」	←判例理論がこの学説に一致する場合（ex. 刑法204条の傷害につき、判例は生理的機能障害説をとっている。したがって、身体完全性侵害が妥当と考える人は、ここで判例を紹介することになる） 「この点、〜〜という説がある。判例もこのような考え方を採っている」
②その学説のメリットを評価 　→「確かにこの説に立つと、〜〜というメリットがある」	
③その学説のメリットは必ずしも重要でないことを指摘（できなければ省略） 　→「しかし、そのような点は、必ずしも重要とは思われない。なぜなら〜〜」	
④その学説のデメリットを指摘 　→「また、この説を採用すると、〜〜という問題が生じる」	
⑤その学説が採用できないことを指摘 　→「以上の理由から、この説を採用することは妥当でない。	
⑥自説の紹介 　→「そこで、〜〜という説を採用すべきである」	←判例理論がこの学説に一致する場合（ex. 刑法204条の傷害につき、判例は生理的機能障害説をとっている。したがって、生理的機能障害説を妥当と考える人は、ここで判例を紹介することになる） 「そこで、〜〜という説を採用すべきである。判例もこのような考え方を採っている」
⑦自説のメリットを指摘（特に、上述した反対学説のデメリットを回避できること）	
⑧自説のデメリットとして反対派が挙げてくる点を紹介し、反論（内容的には③とかぶる可能性大。その場合は、要領よくコンパクトに）	

■第6回課題答案の例

　Bは東京地裁にて殺人事件の審理を傍聴した。検察官が提出した証拠は、犯行場面を目撃したという証人Aのみであった。しかし実はAと被告人は知り合いでAは以前被告人に恐喝された経験があることが分かった。裁判官はAの証言は信用できると判断した。その理由はAの臨場感や迫真性にあふれる詳細な犯行の描写は、実際に犯行を見ていないとできない、というものであった。

　刑事訴訟法318条は「裁判官の自由な判断による」と明記している。そこで刑事訴訟法318条における「自由な判断」の解釈、そして本件における裁判官の証拠評価が318条に適しているかが問題となる。なお、この点に関し一貫した判例はなく、実務でも解釈が争われている。

　まず、刑事訴訟法318条での「自由な判断」とは、裁判官が好き勝手に証拠を評価していいという意味ではない。現代より科学技術が発達していなかった時代は法定証拠主義がとられていた。これは自白がなければ逮捕することができない、というものだった。これは今と比べて、被告人を犯人とする決定的な証拠が少なかった故の誤認逮捕防止策だったのである。しかし裏を返せばこれは自白があるならば逮捕ができてしまう、というものだったため、自白をさせるための拷問が許容され、厳しい拷問や過酷な取り調べによる冤罪が多発した。この歴史を反省し、318条で「自由」と規定されているのは、有罪とするための証拠は法律で見極めるということ、つまり法定証拠主義を採用しないことを宣言したのである。（自由心証主義）もちろん、冤罪防止の観点から自由心証主義の下でも合理的な証拠評価方法が必要になる。）

　それでは合理的評価方法とはどのようなものだろうか。まず、直感的・主観的証拠評価方法を採用する説がある。これは供述内容の具体性、迫真性、詳細性等に着目する方法で細部にはこだわらず、全体から見た印象を重視している。確かにこの観点に立てば、判断はあくまでその内容の具体性や迫真性に基づき行われるので、少ない証拠でも判断することができる。客観付け証拠が残りにくい犯罪の被告人も裁くことができる。

　しかし調書とは、被告人が直接語った言葉ではなく、あくまで取調官が被告人本人の言葉を元に作成した文章に過ぎず、実際のやり取りはその場にいたものしか知るすべがないため確かめることはできない。たとえ、その内容がどんなに具体的で、迫真性も、詳細性もあったとしても、それは調書を作成した取調官の文章能力が著しいものであったとしか言えない。そもそも調書の信用性を直感的に判断することは極めて難しく、自白内容の中に嘘の証言があったとしても見過ごしてしまうだろう。そして冤罪を引き起こす可能性も大いにあるのでこの説は妥当ではない。

　そこで分析的・客観的証拠評価方法を採用する説がある。これは供述内容の変遷状況や客観的証拠との整合性等に着目する方法である。この説は、冷静にひとつつ、実際の証拠と被告人の自白調書の内容を見比べ確認していくので誤判を生じさせにくい。もしうその供述が含まれていたとしても瞬時にその矛盾に気づき冤罪を防ぐことができる。証拠が少ないときは、この説では判断がつかないのでは？という疑問が起こるかもしれないが

358 ｜ 第2編　実定法初級科目の風景

が、被告人が犯人でないならば犯人しか知りえない秘密の暴露をすることや、真犯人ならば容易に説明ができ、言及するのが当然と思われる事実につき言及することができないはずだ。

さて、本件にて裁判官はどちらの説をとっているのだろうか。A証言の問題点を確認した上で、目撃状況があまりよくなく、Aが被告人の顔を判断できたか疑わしいと指摘している。ところが本件の裁判官はこの証言は臨場感があり迫真的である、という理由で、秘密の暴露の有無や実際の証拠の確認よりも、自白調書の内容を考慮して判断している。この裁判官は直感的・主観的証拠評価方法を採用しているしかし刑事訴訟法318条の解釈としては分析的・客観的証拠評価方法をとることが妥当であり求められている。

「自由な判断」とは直感的・主観的証拠評価方法をではなく分析的・客観的証拠評価方法をとることが妥当である。
よって裁判官の証拠評価は刑事訴訟法318条に反する。

■第6回任意課題講評

2013.01.10　中川孝博

1．採点基準と結果
　（1）形式
　「型」をまるっきりわかっていないのではないかという不安をおぼえさせる
　　　　　　　　　　　　　　　　　　　C
　書き方につきいろいろひっかかる点がある　　B－ or B
　書き方につき2つひっかかる点がある　　　　B＋
　書き方につき1つひっかかる点がある　　　　A－
　書き方につき特にひっかかる点がない　　　　A
　（2）知識の正確性・詳細性
　知識面でやばいか否かについて、カッコ内のアルファベットで示した。
　A：ひっかからない　　A－：少しひっかかった　　B：結構ひっかかった
　C：やばすぎ！

2．講評
　概してよくできていた。その結果、（各チーム固有の問題点はあるにせよ）、全体として、一般的に、みなさんに指摘しておきたいことは、ほとんどない。強いて言えば、以下の3点くらいか。
　①法定証拠主義に関する説明（定義や、拷問が許容されていたこと等）を端折っている答案が多かった。これでは、法定証拠主義について正確に理解しているかどうか、採点者にはわからない。
　②「主観的・直感的方法」と「分析的・客観的方法」それぞれの説明（定義）をちゃんとしない答案が目立つ（A－答案のほとんどがこれ！）。
　③分析的・客観的方法を是とする答案がほとんどだったが、あてはめの際に、「この裁判官は主観的・直感的方法をとっている」とだけ書いているものが多い。論理的には、「この裁判官は主観的・直感的方法をとっており、分析的・客観的方法をとっていない」から、つまり、みなさんが是とする見解をとっていないから違法なのであり、前述のような答案は、説明を一段階端折っている。今回のような問題では、端折っていてもたいしたことはない（採点者がちょっと考えれば

わかる）が、別の問題では、この端折りが致命的になる（採点者が複雑な解釈をしないとわからない→そのような答案は×と評価される）可能性がある。論理の流れを端折らないという点を、法学の世界では必要以上に気を付けるべし。

　これまで頑張ってきたみなさんは、9月時点の自分を思い返してみよう。たった3カ月で一気に成長して法学部生らしくなってきた自分を誉めてあげてはどうだろうか？　油断は禁物だけれども。

　さて、次回は最終課題です。期待しています。目指せ、皆勤！

■**第7回課題シート（最終！）**

| 木4　金3　金4　チーム番号： |
| チーム名： |
| ミーティング欠席者： |

◎作業の手順
　①各チームで話し合い、誰が何を行うかを決めてください。
　②一つの答案につきA4用紙1枚とし、原本を束ねて左上をホッチキスでとじて提出。全ての答案を全部やるのが無理ならば、一部の答案だけでも出してほしい。皆勤マークを狙うならば、全部提出！
　③今回の提出期限は1月■日■時。

◎以下のヒントを参考に、任意課題3、任意課題4、中間テストⅢの答案を書きなおしなさい。

【ヒント1：任意課題3について】
１．問題提起部分の確認
　・刑法204条「傷害」の解釈が問題となる。
２．法解釈部分の確認と補足説明
　・「傷害とは、人の身体の完全性を害することをいう」と解する説（身体完全性侵害説）
　・「傷害とは、人の生理的機能に障害を加えることをいう」と解する説（生理的機能障害説）
　・下記のように、判例は生理的機能障害説をとっている。

> ……刑法第204条の傷害罪は、他人の身体に対する暴行により、その生活機能の毀損即ち健康状態の不良変更を惹起することによって成立するものであるから、毛髪……を裁断……する行為は、これをもって直ちに健康状態の不良変更をもたらしたものということはできない。従って、同条のいわゆる傷害罪に該当しない。
> （大判明45・6・20。ただし、表現を現代日本語風に修正した。）

３．あてはめの確認
　・身体完全性侵害説を採用したのならば……
　　→「髪を切った行為は、Bの身体の完全性を害したか」があてはめの問題

- 生理的機能障害説を採用したのならば、あてはめは……
  → 「髪を切った行為は、Bの生理的機能に障害を加えたか」があてはめの問題

【ヒント2：任意課題4について】
1．問題提起部分の確認
  - 自由権規約9条3項「裁判官の面前に速やかに連れて行かれ」の解釈が問題となる。
2．法解釈部分の確認と補足説明
  - 「裁判官の面前に速やかに連れて行かれ」とは、連れて行ったら捜査機関の手元に戻さないという意味である、と解する説
  - 「裁判官の面前に速やかに連れて行かれ」とは、連れて行った後のことは特に規制しないという意味である、と解する説
  - この問題に関する判例はない。
3．あてはめの確認
  - 「裁判官の面前に速やかに連れて行かれ」とは、連れて行ったら捜査機関の手元に戻さないという意味である、と解する説を採用したのならば……
    → 「代用監獄制度が、裁判官の面前に被疑者を連れていった後に警察の手元に戻すものか」があてはめの問題
  - 「裁判官の面前に速やかに連れて行かれ」とは、連れて行った後のことは特に規制しないという意味である、と解する説を採用したのならば……
    → 「代用監獄制度が、裁判官の面前に被疑者を連れていった後のことに関するものなのか」があてはめの問題

【ヒント3：中間試験Ⅲについて】
1．問題提起部分の確認
  - 憲法33条「令状に依らなければ逮捕されない」の解釈が問題となる。
2．法解釈部分の確認と補足説明
  - 「逮捕着手前に令状が発付されていなければならない」という意味である、と解する説
  - 「広義の逮捕中に令状が発付されていなければならない」という意味である、と解する説

- 判例は、緊急逮捕を合憲とする結論は示しているが、理由、つまり、憲法33条をどのように解釈して、どのようにあてはめて、結論を出したのかについては何も述べていない。つまり、結論しか述べていない(最判昭30・12・14)。
3．あてはめの確認
- 「逮捕着手前に令状が発付されていなければならない」という意味である、と解する説を採用したのならば……
    - →「緊急逮捕が、逮捕着手前に令状が発付される形態になっているか」があてはめの問題
- 「広義の逮捕中に令状が発付されていなければならない」という意味である、と解する説を採用したのならば……
    - →「緊急逮捕が、広義の逮捕中に令状が発付される形態になっているか」があてはめの問題

■期末試験ガイダンス

◎披見不可
◎問題形式は、お試し中間試験と同じ。
Ⅰ．授業でやったところから出る3択問題6個(5点×6＝30点)
　＊出題範囲のメインは、中間試験実施後にやったところ、すなわち、テキスト47～54、64～67、89頁(&配布レジュメ)だ(省略した部分を除く)。第5回課題をきっかけに、授業への参加の仕方を変えてがんばり始めた人を勇気づけるために、範囲を限定するわけだ。
　＊とはいえ、それ以前にやった重要なところも少しは出す。特に、基本的解釈技術や法的意見表明の基礎を教えた部分や、捜査における身体拘束に関する部分は、できる限り復習しておいてほしい。
Ⅱ．テキスト中の「自習パート」から出る3択問題4個(5点×4＝20点)
　＊こちらは復習ができるので全範囲 (9～11、18～20、43～46、60～63、84～88、96～98頁)。
Ⅲ．論述問題(50点)
　＊法的意見表明の型に沿って意見表明できるかをチェックするもの。今まで全く勉強していない論点(第3回課題のような、刑法の条文の解釈を問うタイプの問題にする。次年度以降の刑法授業にスムーズにつながれば良いなという願いをこめて)につき、必要最低限のヒントを試験用紙の中で提供するから、このヒントだけをもとに、出された事例につき法的意見表明をせよ！
　＊じっくり考えたりする時間はない。法的意見表明の型を事前に「肉体化」(いちいち考えなくても自動的に叙述の流れを組み立てられること)しておくとよい。
　＊解き方につき戦略を練り上げておくことが重要。過去に出した問題とヒントを掲載しておくから、これに対する答案を40分程度で書ききることができるよう練習しておくとよい。

> 　Bさんの髪を丸刈りにしたことで有名な國學院大學法学部1年のA君は、結局執行猶予となり、刑務所に収容されることなく大学に復帰した。
> 　なんと、A君は、フタマタをかけていたBさんに対する恨みをいまだ保持していた。いや、むしろ恨みの感情はますます高まっていた。もともとBさんがフタマタをかけていたのが問題なのであって、本来非難されるべきなのはBさんであるはずなのに、自分

だけが(執行猶予がついたとはいえ)有罪判決を受けるとは……と憤っていたのである。

さて、大学に復帰したA君は、久しぶりにキャンパスを訪れたところ、知らない男と腕を組んで歩き、楽しそうに笑っているBさんを目撃した。かっとなったA君は、「どこまでオレをコケにしたら気が済むんだ！ 死ね！」と叫び、たまたま持っていたカッターナイフをBさんの腹に突き刺した。Bさんは出血多量で死亡した。

A君は殺人罪の被疑事実で逮捕された。しかし本件の捜査主任である警察官Pは、捜査中に新たな事実を突き止め、悩んでいた。なんと、Bさんは、A君が自分を殺すのを予期し、それでも良い、自分にも非はあったのだから、どんな結果になっても受け容れる、と考えていたようなのだ。だとすると、殺人(刑法199条)ではなく、同意殺人(刑法202条)の嫌疑に切り替えなければならないかもしれない。

さて、自分が殺されるのに同意していたBさんを殺したA君（Bさんが同意していたことをA君は認識していない）の行為は刑法202条「人の承諾を得て殺した」にあたると考えるべきか？

【ヒント】
◎条文
・刑法199条　人を殺した者は、<u>死刑又は無期若しくは5年以上（20年以下）の懲役</u>に処する。(重い)
・刑法202条　……人を……その承諾を得て殺した者は、<u>6月以上7年以下の懲役又は禁錮</u>に処する。(軽い)
◎解釈
①説：202条にいう「承諾を得て」とは、<u>被害者本人が死ぬことに同意していること</u>を意味する。
【理由】202条の法定刑が199条よりも軽いのは、被害者本人が生命という利益を放棄している以上、保護すべき必要性が低いことによる。したがって、被害者の同意があったことを行為者が認識していたか否かは関係ないはずである。
②説：202条にいう「承諾を得て」とは、<u>被害者本人が死ぬことに同意し、かつ、被害者が承諾したことを行為者が認識していること</u>を意味する。
【理由】　行為者は「同意なき殺人」という重い罪(199条)の故意を抱いているのにもかかわらず、被害者がたまたま同意していたという偶然の事情によって軽い罪(202条)が成立するというのは不合理である。
＊この問題に関する判例はない。

■補助レジュメ
第6講　少年審判における少年の主体性　補助レジュメ

Ⅰ　はじめに
Ⅱ　少年審判における少年の権利保障
　　1　少年審判の特徴
　　2　趣旨　→これ以降は省略し、以下の説明に代える

・「少年法は甘い！」と言われると、どのような返答をするか？
　　　→即座に何か意見を返したくなるが……
　　　×この命題の多義性・不正確性・情緒性
　　　　→こういうのを「不良設定問題ill-defined problem」という
　　　∴正確な知識と問題の明確化が必要

・まずは少年法から離れ、身近な事件で、有害行為に対するアプローチの違いをイメージ
　　＊授業妨害をする学生がいる。あなたが教員ならば、授業妨害をどのようなものと捉え、どのような対処をするか？
　　　a．制裁の対象　→授業追放・単位剥奪・停学・退学等の懲戒処分
　　　　∵（本人を）社会的排除：特別予防①
　　　　　（他者への）みせしめ：一般予防
　　　b．教育のきっかけ（サイン）　→人格調査、環境調査、面接のうえ、保護監督等の処分
　　　　∵自己と向き合う機会提供＋環境調整→社会的包摂：特別予防②

・大雑把に言えば、aが刑法的アプローチ、bが少年法的アプローチ
　→テキストにあった、少年審判の3つの特徴の意味がわかったかな？
　→さて、aよりbが甘いとは、いかなる意味でか？　そもそも同一平面上で比較できるのか？
　→この問題につき考える価値があると思ったならば、将来少年法を履修してみてください。

■期末試験問題用紙
＊この問題用紙は持ち帰ること。

Ⅰ　次の設問に対し、最も適当なものを1つ選びなさい。（5点×6）

1．法的三段論法における「大前提」とは？
　　①法規範　　②事実　　③あてはめ

2．逮捕の目的として適切なものは？
　　①取調べのため　　②再犯防止のため　　③罪証隠滅防止のため

3．被疑者の取調べに関し、現在の日本において、規則上明文をもって要求されているものは？
　　①弁護人の立会い　　②巡察の実施　　③取調べの全部録音・録画

4．「請求」と「申出」。相手に応答する法的義務を負わせるのは？
　　①請求　　②申出　　③請求と申出

5．「不告不理の原則」というものがある。「不告不理」の意味は？
　　①告発なければ審理なし　　②申告なければ受理なし　　③告訴なければ真理なし

6．犯罪を行った本人に対し、何らかの働きかけを行い、再犯を防止することを何という？
　　①一般予防　　②特別予防　　③普通予防

Ⅱ　次の設問に対し、最も適当なものを1つ選びなさい。（5点×4）

7．事実の存否が不明であるときに、不利益な判断を受ける当事者の負担。これ何？
　　①挙証責任　　②主張責任　　③証拠提出責任

8．証拠として使用することが認められる資格のことを何と呼ぶ？
　①証拠価値　　②証拠能力　　③証拠力

9．違法収集証拠を証拠として使うことを禁じる明文規定は刑事訴訟法上にある？
　①ある　　②ない　　③以前はなかったが、最高裁判例の登場後、明文規定が新設された。

10．一事不再理効に関する最高裁判例の内容と合致するものは？
　① 無罪判決に対する上訴は憲法39条により禁止される。
　② 同一の事件においては1つの危険が継続している。
　③ 一事不再理と二重の危険とは関係がない。

Ⅲ　以下の問いに答えなさい。(**50点**)

　Bさんの髪を丸刈りにしたことで有名な國學院大學法学部1年のA君は、結局起訴猶予となり、裁判にかけられることもなく大学に復帰した。一方、起訴猶予とされたことに不満をもち、かつ、いっこうに反省する様子を見せないA君に恨みを抱き続けていたBさんは、仕返しの機会をうかがっていた。
　さて、大学に復帰したA君は、帰宅途中に明治通りを歩いていたところ、突如歩道に突っ込んできたトラックに轢かれ、即死した。A君を尾行していたBさんはその現場を目撃し、A君の人生のあっけない幕切れにしばし呆然としていたが、ふと、A君のかばんの中身が散乱しており、その中に、犬のぬいぐるみがあるのに気がついた。それは、A君と付き合い始めたときに、Bさんがプレゼントしたものだった。
　ある種の感慨をおぼえたBさんは、警察が来る前にこのぬいぐるみを自分のかばんに入れ、持ちかえった。
　刑法235条は、「他人の」財物を窃取した者を処罰すると規定している。Bさんの行為は「他人の」財物を窃取したといえるか。以下のヒントを参考にして答えなさい。

【ヒント】
◎問題提起：刑法235条「他人」の意味が問題。
◎法解釈
①説：本条の「他人」とは、犯人以外の人間で、生きている人のみを指す。
　【理由】死者に意思がない以上、財物を占有(支配)することは不可能である。
　　刑は軽くなるが占有離脱物横領罪もあり、死者が有していた物を持ち去った者を処罰することは可能(窃盗だと最高10年。占有離脱物横領罪だと最高1年)。
②説：本条の「他人」とは、犯人以外の人間であればよく、生きていようが死んでいようがかまわない。
　【理由】被害者が死亡していたとしても、なお被害者自身が死後もその財物の占有を継続して有すると考えるべきである。
　　同じ犯罪行為をしているのに、被害者が生きているか死んでいるかによって窃盗になったりならなかったりするのは不合理である。

　＊判例は①説によっている（本当は判例はもっと複雑なのだが、はしょることにする。詳しくは刑法各論で！）